国家社科基金
后期资助项目

劳动刑法的体系建构与适用

System Construction and Application of
Labor Criminal Law

叶小琴　著

北京大学出版社
PEKING UNIVERSITY PRESS

图书在版编目(CIP)数据

劳动刑法的体系建构与适用/叶小琴著. —北京:北京大学出版社,2020.12
国家社科基金后期资助项目
ISBN 978-7-301-22486-1

Ⅰ. ①劳…　Ⅱ. ①叶…　Ⅲ. ①劳动法—研究—中国 ②刑法—研究—中国
Ⅳ. ①D922.504 ②D924.04

中国版本图书馆 CIP 数据核字(2020)第 068277 号

书　　　　名	劳动刑法的体系建构与适用
	LAODONG XINGFA DE TIXI JIANGOU YU SHIYONG
著作责任者	叶小琴　著
责 任 编 辑	郭薇薇
标 准 书 号	ISBN 978-7-301-22486-1
出 版 发 行	北京大学出版社
地　　　　址	北京市海淀区成府路 205 号　100871
网　　　　址	http://www.pup.cn
电 子 信 箱	law@pup.pku.edu.cn
新 浪 微 博	@北京大学出版社　@北大出版社法律图书
电　　　　话	邮购部 010-62752015　发行部 010-62750672
	编辑部 010-62752027
印 刷 者	天津中印联印务有限公司
经 销 者	新华书店
	730 毫米×1020 毫米　16 开本　16.75 印张　292 千字
	2020 年 12 月第 1 版　2020 年 12 月第 1 次印刷
定　　　　价	58.00 元

国家社科基金后期资助项目
出版说明

后期资助项目是国家社科基金设立的一类重要项目,旨在鼓励广大社科研究者潜心治学,支持基础研究多出优秀成果。它是经过严格评审,从接近完成的科研成果中遴选立项的。为扩大后期资助项目的影响,更好地推动学术发展,促进成果转化,全国哲学社会科学规划办公室按照"统一设计、统一标识、统一版式、形成系列"的总体要求,组织出版国家社科基金后期资助项目成果。

全国哲学社会科学规划办公室

目　　录

第一章　劳动刑法的体系性思考

第一节　我国劳动刑法学的研究路径

一、劳动刑法与和谐劳动关系

2015 年 3 月 21 日中共中央、国务院《关于构建和谐劳动关系的意见》(以下简称《劳动关系意见》)旗帜鲜明地指出建立和谐劳动关系的重大意义,点明劳动关系是否和谐,事关广大职工和企业的切身利益,事关经济发展与社会和谐。同时,《劳动关系意见》进一步阐述了加强构建和谐劳动关系法治保障的重要性,认为劳动关系矛盾处于凸显期和多发期,体现为劳动关系主体及其利益诉求的多元化,劳动争议案件逐年增长,部分地区拖欠工资等损害劳动者权利的现象比较突出以及群体性事件与集体停工时有发生。和谐劳动关系的法治保障包括宪法保障、民法保障、劳动法保障以及刑法保障。宪法是对公民劳动权利与义务的总纲领规定。民法主要从民事权利能力与合同法领域对劳动法提供支持。劳动法属于社会法领域,具有公法与私法交叉的特点,侧重点在于对用人单位及劳动者权利、义务的设定。刑法作为其他部门法的保障法,对于涉及生产劳动的国家利益、社会利益、用人单位财产权利、劳动者财产权利、人身权利的保护至关重要。因此,建构劳动刑法学作为刑法分支学科的理论体系,具有重大的学术及应用价值。

第一,劳动刑法学的研究有助于扩宽刑法理论研究路径。我国著名刑法学者十余年前提出劳动刑法属于对劳动关系的刑法保护范畴,必须十分重视劳动权利保护的特殊之处。[1] 此后,劳动刑法的概念开始得到关注并逐渐成为一项学术议题。不过,这项学术议题并没有从此蓬勃发展。劳动刑法学在《中华人民共和国刑法》(以下简称《刑法》)分则没有专章或者专节的罪刑条文作为基础是关键因素。目前,刑法分支学科研究得到普遍认同的是经济刑法。学者们通常认为狭义的经济刑法指《刑法》分则第 3 章破坏社会主义市场经济秩序罪;广义的经济刑法还包括侵犯财产罪、贪污贿赂罪。对基本概念的共识促进了经济刑法学的理论研究,而且金融刑法、财产刑法、证券刑法

---

[1] 参见陈兴良:《对劳动权利的刑法保护造就了劳动刑法》,载《工人日报》2005 年 7 月 18 日第 7 版。

的研究也在该范畴内逐步兴起。刑法的分支学科如果只能以刑法典的立法结构为核心，理论发展如果只有经济刑法学一座"独木桥"，无疑会束缚刑法学的理论发展。劳动刑法学理论建构路径与经济刑法学属于不同类型，有关劳动刑法的概念、基本原则等方面的研究有助于拓宽刑法理论研究路径，强化作为保障法的刑法与关联学科如劳动法、环境法之间的理论互动。

第二，劳动刑法学的研究根植于社会变迁过程中劳动生产领域的重大现实问题。"黑砖窑事件"[①]、"8·12天津滨海新区爆炸事故"及"山西朔州1·17矿难"等重大安全生产事故中的责任人员都受到了刑法制裁，群体性劳动争议事件引发的刑事案件也居高不下，但劳动生产领域发生的造成特别重大人身伤亡、财产损失的恶性犯罪现象仍然屡禁不止，刑法在该领域的法益保护机能受到严峻挑战。目前过于具体而且碎片化的理论回应缺乏解决问题的理论高度和整体思维，因此建立劳动刑法学的理论体系并对相关立法及司法现象进行系统研究迫在眉睫。

二、我国劳动刑法研究的学术趋势

劳动刑法是基于劳动法与刑法交叉研究形成的概念，不是传统刑法的核心领域。劳动刑法的正当性怎样、其研究对象如何界定，都需要重新审视。因此，首先应该梳理该领域的学术研究脉络。根据对劳动刑法相关中文期刊论文与中文著作采用文献计量学方法进行的梳理，我国劳动刑法的学术趋势具有如下七个特征。

第一，劳动刑法尚未成为一个学科定位明确的专门问题领域，刑法、劳动法等部门法学者均从不同角度进行研究。有些刑法学者从经济刑法角度研究劳动刑法的立法及司法问题。这类研究成果通常从宏观理论切入劳动刑法立法问题。如有学者以经济刑法的法益为切入，认为应当实现从秩序到利益的转变，并认为资本配置利益属于超个人法益，提出将劳动刑法相关规定设置专节规定，并增设侵害劳动关系的犯罪。[②] 刑法、劳动法及其他部门法学者均有从侵犯劳动者权益犯罪直接切入的研究成果。如有劳动法学者主张我国应增加关于侵犯劳动者权益的危险犯，预防对劳动者权益造成不可逆伤害的行为；增设招用童工罪等新罪；在《刑法典》中专章规定侵犯劳动权益犯罪。[③] 不过，针对这类观点此前就有刑法学者提出反对意见，认为将侵犯劳动者权益犯罪在刑法中单设一个类罪尚不具有可行性：一是侵犯的客体具

① 2005年初至2007年6月期间，山西洪洞县等地多家无营业证、无资源许可证、无税务登证的"三无"黑砖窑，通过非法拘禁农民工或者非法收买和使用被拐骗儿童，强迫多人每天长达14小时到16小时从事危重劳动，并且不给任何劳动报酬。
② 参见魏昌东：《中国经济刑法法益追问与立法选择》，载《政法论坛》2016年第6期。
③ 参见韩桂君：《完善劳动者权益刑法保护的研究》，载《中国劳动》2016年第3期。

有多样性,难以归纳在同一客体之下;二是从立法技术上分析,目前规定的侵犯劳动者犯罪数量显然太少。①

　　第二,对于劳动刑法的学术关注度不高,且与劳动刑法领域的重大事件具有同步性;同时该领域的核心作者非常集中。

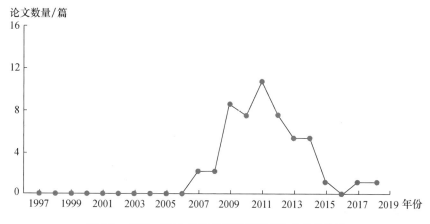

图 1-1　1997—2019 年关于"劳动刑法"的学术关注度

　　如图 1-1② 所示,一方面,关于"劳动刑法"的学术关注度不高,期刊发表论文最高的 2011 年也仅为 10 篇,2018 年、2019 年分别仅发表 1 篇论文(表1-1 的论文 22 与 23)。1997—2019 年,在中国知网以"篇名:劳动刑法"或"摘要:劳动刑法"或"关键词:劳动刑法"进行期刊论文检索,总数仅有 26 篇。排除 1 篇系论点摘编(表 1-1 的论文 26)外,实际发表的论文仅为 25 篇,相比2018 年 3 月的 21 篇(详见表 1-2),一年期间仅新增 4 篇论文。其中,"篇名:劳动刑法"的为 19 篇;"摘要:劳动刑法"或"关键词:劳动刑法"的为 6 篇。另一方面,关于"劳动刑法"的学术关注呈阶段性,主要论文发表于 2007 年至2012 年的 5 年里。图 1-1 显示,2007 年才开始有关于劳动刑法的论文发表,而 2007 年恰恰是山西"黑砖窑事件"引起全国多家媒体关注并形成全国性新闻风暴的时期。因此,学术上对劳动刑法的关注始于对这一重大社会事件的理论回应。最新的重要论文是《劳动权刑法规制的解构与进路》。该文提出劳动权刑法规制具有理论应然性和刑法逐渐专业化背景下的现实契机性,并对我国刑法现行的劳动权规制主体范围、罪过形式、刑罚等五个方面予以解构。③

---

① 参见叶良芳:《劳动权刑法保护论纲》,载《法治研究》2007 年第 8 期。
② 统计数据源自中国知网,检索日期为 2020 年 1 月 20 日。
③ 参见杨猛宗:《劳动权刑法规制的解构与进路》,载《甘肃社会科学》2017 年第 4 期。

同时,论文的核心作者呈现高度集中性。如表 1-1① 所示,全部论文的第一作者为 12 人,姜涛教授 2007—2012 年期间共发表了其中的 14 篇论文,属于该领域的高产作者,其中 4 篇论文被引频次超过 10 次,另外张勇教授的 1 篇论文被引频次也超过 10 次。中文著作的文献回顾研究也表明,前述两位学者构成了劳动刑法学术研究的核心作者。

劳动刑法的中文著作成果不多,不过初步搭建了劳动刑法的理论框架。根据"当当网"的数据,劳动刑法领域的重要中文图书有 3 本,即 2011 年出版的《劳动刑法:侵权与自救的刑事一体化研究》《劳动关系法律调整中的刑事责任问题研究》及 2013 年出版的《劳动刑法制度研究》。《劳动刑法:侵权与自救的刑事一体化研究》一书侧重劳动刑法各论的研究,从劳动权的刑法保护出发,基于劳动刑法与刑事一体化理论分析了侵犯劳动自由权利犯罪、危害劳动安全卫生犯罪、侵犯劳动报酬权利犯罪、劳动领域渎职侵权犯罪这四种劳动侵权犯罪的构成要件。同时,该书就劳动犯罪的刑事立法完善提出建议,主张在刑法典中专章规定劳动侵权犯罪,并将侵犯劳动平等权等严重劳动侵权行为犯罪化,同时就在司法中贯彻宽严相济刑事政策进行了具体探讨。《劳动关系法律调整中的刑事责任问题研究》一书主张免责原则、刑罚必要性与谦抑性相结合原则是劳动关系法律调整中的特有原则,并建议在刑法犯罪概念中明确增加公民劳动权的内容。《劳动刑法制度研究》一书侧重劳动刑法总论的研究,从比较法的角度分析了西方主要国家劳动刑法的相关立法以及理论,阐述了劳动刑法的基本范畴,以倾斜保护劳动者作为逻辑起点提出了劳动刑法在我国的发展路径。

另外,如表 1-1,全部年份"劳动刑法"热门被引文章统计表显示,相关论文被引频次不高,且主要引用核心作者的论文。

表 1-1 1997—2019 年"劳动刑法"热门被引文章统计表

序号	文献名称	作者	文献来源	发表时间(年-月-日)	被引频次
1	劳动刑法:西方经验与中国建构	姜涛	环球法律评论	2009-03-28	26
2	论劳动刑法的建构及其法理	姜涛	中国刑事法杂志	2007-09-15	17
3	劳动刑法若干问题研究	姜涛;刘秀	河北法学	2007-04-05	15
4	劳动刑法视野下劳动用工违法犯罪的惩治与预防机制对策	张勇	河北法学	2008-04-05	14
5	劳动刑法:概念模型与立论基础	姜涛	政治与法律	2008-10-05	13

---

① 统计数据源自中国知网,检索日期为 2020 年 1 月 20 日。

（续表）

序号	文献名称	作者	文献来源	发表时间 (年-月-日)	被引频次
6	劳动刑法研究三题——知识产权立法的"中国奇迹"	姜涛	法学评论	2010-05-13	12
7	劳动刑法:理念转变与立法完善	姜涛	法学论坛	2009-03-10	11
8	集体劳资争议的刑事责任研究——以日本《劳动组合法》第1条第2款为中心	姜涛	浙江社会科学	2011-10-15	11
9	问题与出路:对我国劳动刑法出场形态的慎思	姜涛	西南政法大学学报	2010-10-15	9
10	劳动刑法视阈下集体劳资纠纷的刑法规制模式	姜涛	刑事法评论	2009-12-31	6
11	劳动法治视域下劳动刑法制度创生的法理求证	姜涛	法制与社会发展	2011-03-10	4
12	民生保护政策视域下的劳动刑法图景	姜涛	江淮论坛	2012-01-30	3
13	德国劳动刑法的当代发展述评	姜涛	德国研究	2011-12-30	3
14	放任与压制之外——劳动刑法的中国出场形态	姜涛	法学论坛	2010-11-10	3
15	劳动刑法:学术视域与核心命题	姜涛	刑法论丛	2009-08-15	3
16	劳动权刑法规制的解构与进路	杨猛宗	甘肃社会科学	2017-07-25	2
17	关于拒不支付劳动报酬司法解释的若干思考	李海明	长春工业大学学报（社会科学版）	2013-05-20	2
18	劳动侵权犯罪若干问题研究	龚义年	重庆理工大学学报（社会科学）	2010-08-25	2
19	劳动刑法的机能探析	张铖;唐树开;解音音	云南开放大学学报	2014-09-15	1
20	加强对民生的刑法保护	邹凯	法制博览	2015-06-25	1
21	奴役劳工罪设立之构想	唐旭东;李克英	法学杂志	2009-04-15	1
22	谦抑与扩张:中国劳动刑法的基本走向	张素敏;张二军	广西社会科学	2019-03-15	1
23	我国劳动刑法的发展	刘昭陵	法制博览	2018-04-05	1
24	《中华人民共和国刑法修正案（八）》十二大亮点解读（下）	颜梅生	农村百事通	2011-07-10	1
25	终极解救——智障劳工权益的刑法保障研究	钱岩	理论界	2011-07-10	0
26	劳动刑法:理念转变与立法完善	姜涛	公安研究	2009-08-10	0

　　第三,虽然自 2014 年以来,关于劳动刑法发表论文的数量较少,但 2016 年对劳动刑法研究仍然保持了一定的用户关注度,且关注度与社会重大事件具有相关性。如图 1-2① 所示,劳动刑法相关论文在 2016 年全年保持了月平均下载量 45 次的用户关注度,最高下载量达到 70 次,全年呈起伏,表明有研究人员对该领域继续保持关注。

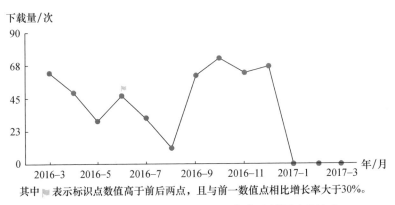

　　其中 🚩 表示标识点数值高于前后两点,且与前一数值点相比增长率大于30%。

图 1-2　2016 年 3 月—2017 年 3 月"劳动刑法"用户关注度

　　不过,如图 1-3② 所示,2018 年 4 月至 2019 年 4 月期间劳动刑法相关论文的月平均下载量为 27 次,只有 2016 年的 60%,月度最高下载量为 59 次,表明该领域的用户关注度呈现持续下降趋势。

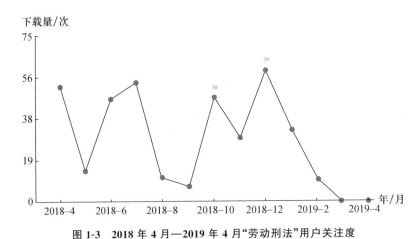

图 1-3　2018 年 4 月—2019 年 4 月"劳动刑法"用户关注度

　　再结合表 1-2 分析,可以发现劳动刑法的用户关注度与劳动刑法领域重大事件具有相关性。2015 年"8·12 天津滨海新区爆炸事故"发生后,2016

---

① 统计数据源自中国知网,检索日期为 2017 年 4 月 26 日。该统计仅显示一年期间数据。

② 统计数据源自中国知网,检索日期为 2019 年 5 月 26 日。

年 11 月该事故相关系列刑事案件一审宣判。在此期间,劳动刑法保持了一定数量的用户关注度。而且,表 1-2 所示下载频次第一的论文《"黑砖窑事件"引发的法律思考》表明,2017 年对劳动刑法的用户关注度集中于劳动刑法的理论研究如何回应劳动领域的犯罪。不过,2018 年至 2019 年对劳动刑法的关注体现了对基础理论的适度回归。根据中国知网学术趋势(trend. cnki. net)统计数据,2019 年 4 月劳动刑法排名前 5 的热门下载论文为表 1-1 所示论文的 15、1、7、5 与 13,下载次数分别为 68、44、36 与 20。前述 5 篇论文主题均为劳动权的刑法规制体系。

表 1-2　2017 年 3 月—2018 年 3 月"劳动刑法"热门相关下载文章统计表

序号	文献名称	作者	文献来源	发表时间(年-月-日)	下载频次
1	"黑砖窑事件"引发的法律思考	董保华	甘肃社会科学	2009-11-25	93
2	劳动法治视域下劳动刑法制度创生的法理求证	姜涛	法制与社会发展	2011-03-10	79
3	劳动刑法:西方经验与中国建构	姜涛	环球法律评论	2009-03-28	78
4	劳动刑法视阈下集体劳资纠纷的刑法规制模式	姜涛	刑事法评论	2009-12-31	56
5	德国劳动刑法的当代发展述评	姜涛	德国研究	2011-12-30	53
6	集体劳资争议的刑事责任研究——以日本《劳动组合法》第 1 条第 2 款为中心	姜涛	浙江社会科学	2011-10-15	53
7	劳动刑法研究三题——知识产权立法的"中国奇迹"	姜涛	法学评论	2010-05-13	52
8	论劳动刑法的建构及其法理	姜涛	中国刑事法杂志	2007-09-15	43
9	劳动刑法:理念转变与立法完善	姜涛	法学论坛	2009-03-10	42
10	劳动刑法视野下劳动用工违法犯罪的惩治与预防机制对策	张勇	河北法学	2008-04-05	38
11	劳动刑法:学术视域与核心命题	姜涛	刑法论丛	2009-08-15	34
12	劳动刑法若干问题研究	姜涛;刘秀	河北法学	2007-04-05	33
13	民生保护政策视域下的劳动刑法图景	姜涛	江淮论坛	2012-01-30	32
14	问题与出路:对我国劳动刑法出场形态的慎思	姜涛	西南政法大学学报	2010-10-15	29
15	放任与压制之外——劳动刑法的中国出场形态	姜涛	法学论坛	2010-11-10	27
16	劳动刑法:概念模型与立论基础	姜涛	政治与法律	2008-10-05	27

（续表）

序号	文献名称	作者	文献来源	发表时间（年-月-日）	下载频次
17	关于拒不支付劳动报酬司法解释的若干思考	李海明	长春工业大学学报（社会科学版）	2013-05-20	15
18	劳动刑法的机能探析	张铖；唐树开；解音音	云南开放大学学报	2014-09-15	14
19	终极解救——智障劳工权益的刑法保障研究	钱岩	理论界	2011-07-10	11
20	奴役劳工罪设立之构想	唐旭东；李克英	法学杂志	2009-04-15	9
21	劳动刑法：理念转变与立法完善	姜涛	公安研究	2009-08-10	8

第四，对劳动刑法进行体系研究的绝大部分为刑法学者，劳动法学者很少，劳动法与刑法学的交叉研究或合作研究很少。表 1-2 所示 21 篇论文中 17 篇论文的作者是刑法学背景。另外 4 篇论文中，《关于拒不支付劳动报酬司法解释的若干思考》《"黑砖窑事件"引发的法律思考》2 篇论文的作者为劳动法学者，都是从拒不支付劳动报酬等具体问题论及劳动刑法体系性思维的必要性，未深入探讨劳动刑法的基本理论问题；《劳动权刑法规制的解构与进路》作者亦是劳动法学者，分析劳动权刑法规制应当坚持的基本立场和域外劳动刑法理念的引进；《奴役劳工罪设立之构想》的作者则为检察官，主张设立奴役劳工罪以惩处奴役劳工行为。

第五，劳动刑法领域学术关注度稍高的是拒不支付劳动报酬罪，学术关注周期与《刑法修正案（八）》的施行呈现同步性，大约维持了 3 年的"学术保鲜期"。

如图 1-4① 所示，2011—2019 年期间共发表有关拒不支付劳动报酬的论文 263 篇。2011 年 5 月 1 日施行的《刑法修正案（八）》新规定拒不支付劳动报酬罪，因此该主题从 2011 年以来持续得到学术关注，且 2011—2013 年期间关注度持续上升，自 2014 年以来学术关注度有所下降。2015 年论文数虽回升到 41 篇，但 2015 年 11 月 1 日《刑法修正案（九）》施行后，新的学术热点出现，2016 年以后该主题的学术关注度显著下降。然而在 2018 年，仍有 18 篇论文对于拒不支付劳动报酬罪进行讨论，主要是分析本罪法律适用。

第六，对"拒不支付劳动报酬"的学术关注面更广。有关拒不支付劳动报

---

① 统计数据源自中国知网，检索日期为 2019 年 5 月 26 日。

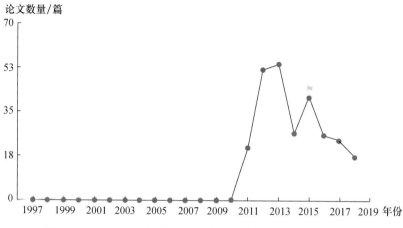

图 1-4　1997—2019 年关于"拒不支付劳动报酬罪"的学术关注度

酬的论文中,没有高产作者,作者来源广泛,学术背景多元。同时如表 1-3①所示,2018 年被引频次最高的前 10 篇核心论文,频次相对于劳动刑法更高,最高的达到 55 次;核心论文被引频次均达到 20 次以上。根据中国知网学术趋势的统计数据,2019 年 4 月"拒不支付劳动报酬罪"热门被引的前 10 名论文中,只有第 1 名变化很大,为《〈刑法修正案(八)〉解读(二)》(作者:黄太云),被引频次高达 90 次,而第 2 至 5 名高引论文仍然为表 1-3 所示的论文 1、2、3、4,被引频次分别为 58、52、51、40,一年期间增加的频次很低,仅增加 0—4 次。这表明,有关"拒不支付劳动报酬罪"的学术关注集中于刑事立法解读,有关该罪司法适用的学术关注度持续降低。

表 1-3　2017 年 3 月—2018 年 3 月"拒不支付劳动报酬罪"热门被引文章前 10 统计表

序号	文献名称	作者	文献来源	发表时间(年-月-日)	被引频次
1	拒不支付劳动报酬罪的司法认定	杜邈;商浩文	法学杂志	2011-10-15	55
2	拒不支付劳动报酬罪的法律适用问题探讨	谢天长	中国刑事法杂志	2011-11-20	48
3	拒不支付劳动报酬罪立法研究	赵秉志;张伟珂	南开学报(哲学社会科学版)	2012-03-20	47

① 统计数据源自中国知网,检索日期为 2018 年 3 月 26 日。

(续表)

序号	文献名称	作者	文献来源	发表时间(年-月-日)	被引频次
4	对《刑法修正案(八)》新增的"拒不支付劳动报酬罪"若干问题探讨	康均心;吴凤	时代法学	2011-10-20	40
5	拒不支付劳动报酬罪法律适用问题研究	孟传香	行政与法	2011-10-20	30
6	论《刑法修正案(八)》中的拒不支付劳动报酬罪	陈志军	山东警察学院学报	2011-07-20	29
7	"拒不支付劳动报酬罪"的刑法分析	贾楠	学术探索	2011-10-15	29
8	拒不支付劳动报酬罪之我见	张建	上海政法学院学报(法治论丛)	2011-07-15	23
9	拒不支付劳动报酬罪的规范性解读——基于"双重法益"的新立场	王海军	法学评论	2013-09-13	23
10	拒不支付劳动报酬行为的司法认定	宋伟卫	河北大学学报(哲学社会科学版)	2011-05-09	22

第七,2016 年以来"拒不支付劳动报酬"仍然保持了比较高的用户关注度。如图 1-5① 所示,2016 年全年对该主题的用户关注度保持了一定水准,月度最高下载量达到 550 次,最低也在 100 次,表明仍有相当数量的研究人员继续研究该主题。

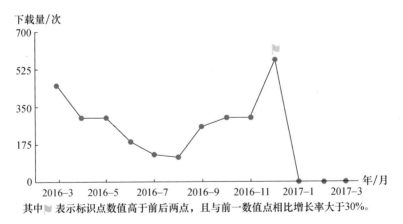

其中 ᚾ 表示标识点数值高于前后两点,且与前一数值点相比增长率大于30%。

图 1-5   2016 年 3 月—2017 年 3 月"拒不支付劳动报酬罪"用户关注度

①   统计数据源自中国知网,检索日期为 2017 年 4 月 26 日。

　　再如图 1-6 所示[①]，自 2018 年以来对"拒不支付劳动报酬罪"的用户关注度同比略有上升，2018 年 4 月的下载量为 679 次，2018 年 11 月的下载量为 687 次，均超过图 1-5 所示的 2016 年 12 月峰值 525 次。表明作为刑法增设的罪名，"拒不支付劳动报酬罪"仍然保持了一定的用户关注度。不过，2018 年 12 月至 2019 年 4 月期间该主题的用户关注度显著下降。这表明前期关注该罪相关学术论文的用户仍处于论文写作过程中，而且 2018 年年末以来将该罪作为选题的研究不多。

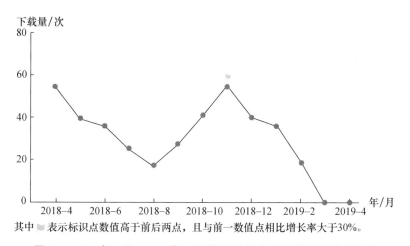

其中 ▨ 表示标识点数值高于前后两点，且与前一数值点相比增长率大于30%。

图 1-6　2018 年 4 月—2019 年 4 月"拒不支付劳动报酬罪"用户关注度

　　如表 1-4[②] 所示，拒不支付劳动报酬罪的司法适用是 2017 年至 2018 年用户关注的热点。而且 2014 年 6 月 23 日最高人民法院公布的指导性案例"胡克金拒不支付劳动报酬案"也助推了对前述主题的继续研究。根据中国知网学术趋势的统计数据，2018 年 4 月至 2019 年 4 月"拒不支付劳动报酬罪"热门被下载前 10 的论文中，表 1-4 所示论文仅有论文 2、5 仍然在列。热门被下载第一的论文为《法律大数据视角下的拒不支付劳动报酬罪研究》（作者：王蓓、刘淼），下载频次 333 次，与表 1-4 所示论文 1 基本相当；热门被下载第 4 的论文为《拒不支付劳动报酬罪的行政附属性规定研究》（作者：李梁），下载频次 166 次，与表 1-4 所示论文 5 大致相当。这表明，对拒不支付劳动报酬罪的关注进入了刑法新增罪名的第二个深入研究阶段，即从对大样本裁判文书的定量分析以及该罪行政犯的刑法共性基础两方面挖掘学术创新点。这种用户关注度的变与不变显示，采用实证研究方法分析具体罪名适用现状以归纳理论争议路径的研究模式深入发展，由此表 1-4 所示论文 5 仍然保持

　　① 数据源自中国知网，检索日期为 2019 年 5 月 26 日。
　　② 数据源自中国知网，检索日期为 2018 年 3 月 26 日。

了 146 次的下载量,同时《法律大数据视角下的拒不支付劳动报酬罪研究》对拒不支付劳动报酬罪 1599 份公开裁判文书的分析受到后续研究者高度关注。

表 1-4　2017 年 3 月—2018 年 3 月"拒不支付劳动报酬罪"
热门相关下载文章前 10 统计表

序号	文献名称	作者	文献来源	发表时间(年-月-日)	下载频次
1	拒不支付劳动报酬罪的法律适用问题探讨	谢天长	中国刑事法杂志	2011-11-20	341
2	拒不支付劳动报酬罪立法研究	赵秉志;张伟珂	南开学报(哲学社会科学版)	2012-03-20	291
3	拒不支付劳动报酬罪的司法认定	杜邈;商浩文	法学杂志	2011-10-15	268
4	拒不支付劳动报酬罪的司法检视与完善路径	张锋学	河北法学	2015-10-23	203
5	拒不支付劳动报酬罪研究——以 40 例拒不支付劳动报酬案件为分析样本	舒平锋	中国刑事法杂志	2013-02-20	186
6	对《刑法修正案(八)》新增的"拒不支付劳动报酬罪"若干问题探讨	康均心;吴凤	时代法学	2011-10-20	174
7	拒不支付劳动报酬罪的规范性解读——基于"双重法益"的新立场	王海军	法学评论	2013-09-13	157
8	论《刑法修正案(八)》中的拒不支付劳动报酬罪	陈志军	山东警察学院学报	2011-07-20	146
9	拒不支付劳动报酬罪在当下适用之不足及完善——以 2014 年司法判例分析为视角	梅锦;何莹	中国劳动	2015-06-23	138
10	论拒不支付劳动报酬罪的几个重要问题——对《刑法修正案(八)》的解读	黄继坤	当代法学	2012-05-10	125

三、我国劳动刑法研究的学术贡献

(一)对劳动刑法概念的正当性、研究对象与学科定位进行了初步论证

2005 年开始,我国学者开始提出"劳动刑法"学术概念,从研究对象的特殊性角度主张劳动刑法具有相对独立性,主要有以下观点。

第一,劳动刑法的存在依据是劳动权利的保护、劳动者集体行动关联的

社会关系和社会问题,这构成了独立的社会关系和问题类群。① 何谓对劳动权的刑法保障? 通说认为这种保障是对严重侵犯劳动权构成犯罪的行为应追究刑事责任,以保证劳动权安全实现。②学者们认为,劳动刑法领域第二个重要的问题就是劳动争议的刑事免责。有观点提出,大量非法定的正当化行为在法律上没有规定,这是刑法规定和道义的冲突;群体性劳动争议即使符合某些罪名的形式特征,在认定构成犯罪时也应该慎重。③ 有学者进一步认为,处理劳资争议中用人单位的责任问题时,如果能认定劳动者是基于保护基本权利而依法实施的集体行动,适用法律时应该考虑民事和刑事免责原则。④

第二,所谓劳动刑法的问题出发点,在于刑法如何介入劳动关系和劳动争议,即刑法涉及劳动问题时应采用何种原则。根据市场经济发展的历史经验考察,完全自由市场经济阶段刑法在劳动关系中的重心是保护雇主利益;20 世纪 50 年代之后,刑法在劳动关系法律调整中的作用逐步向保护雇员利益方向转移,主要包括雇员的生命、健康、自由等各项人身权利以及结社、集体行动等民主权利。⑤

第三,劳动刑法作为刑法和劳动法的分支⑥,既具有劳动法学属性,也具备刑法学特征⑦,是劳动法学与刑法学交叉学科。劳动刑法主要由两部分组成,包括对劳动自由等劳动权利进行保护的狭义劳动刑法部分,以及劳动权利被威胁或侵害时劳动者共同行动可能涉及的罪与非罪、此罪与彼罪或者量刑问题。⑧

(二) 对劳动刑法基本原则进行了全面概括

第一,学者们一般都主张倾斜保护是劳动刑法的基本原则,认为不应拘泥于形式上的平等保护原则,应该基于实质劳动刑法观,对弱势劳动者倾斜保护。有学者提出倾斜保护原则是劳动刑法学理论的核心概念,该原则的机能不局限于保障个人自由,其更高层级的价值在于实现社会正义;对于用人

---

① 参见陈步雷:《劳动刑法具有相对独立的地位》,载《工人日报》2005 年 7 月 18 日第 7 版。
② 参见周章金:《劳动权的刑法保障》,载《就业与保障》2006 年第 6 期。
③ 参见陈兴良:《对劳动权利的刑法保护造就了劳动刑法》,载《工人日报》2005 年 7 月 18 日第 7 版。
④ 参见常凯:《劳动争议法治化亟须建立劳动刑法学》,载《工人日报》2005 年 7 月 18 日第 7 版。
⑤ 同上。
⑥ 参见陈步雷:《劳动刑法具有相对独立的地位》,载《工人日报》2005 年 7 月 18 日第 7 版。
⑦ 参见姜涛:《劳动刑法制度研究》,法律出版社 2013 年版,第 19 页。
⑧ 参见黄京平:《劳动刑法的成熟需要学界的努力》,载《工人日报》2005 年 7 月 18 日第 7 版。

单位与劳动者之间的争议与冲突,应该根据实质正义理念对处于弱势地位的劳动者实行倾斜保护,以便对刑法面前人人平等原则形成有益补充。① 还有学者进一步据此论证恶意欠薪或逃匿欠薪入罪的合理性,认为在劳资双方强弱分明的情况下,欠薪行为不只是一般的侵犯财产行为,还是一种违背社会信用行为,当欠薪行为严重侵害弱势劳动者权益,刑法之外的其他法律手段已经不能给予其应有权利保障、对社会公共利益的危害达到国家不可容忍程度时,就应当将其入罪,而不一定以穷尽民事、行政法律手段为前提。②

第二,有观点从人权刑法与劳动刑法的交叉性出发,提出劳动权保障的民生刑法观,对倾斜保护从人权保护角度作了进一步延伸。民生刑法观主张,劳动就业权是社会民生领域最基本的人权,保障劳动权是最大的民生问题,应该将人本价值理念融入劳动刑事立法和司法当中,加大对劳动弱势群体的保护,《刑法修正案(八)》的通过一定程度上标志着我国民生刑法体系已经基本形成。③

第三,还有学者从"社会权"与"自由权"价值上的内在紧张与冲突出发,主张劳动刑法应该坚持福利国家、社会优位理念,从弱势平等角度进一步阐释倾斜保护。具体而言,福利国家理念主张刑法以保护公民自由权为主旨,但也不能放任社会强者对社会弱者利益的侵害,应通过刑法手段强化对劳动者的社会保护;社会优位理念认为法律不能停留在国家场域的概念来讨论哪些劳资冲突应纳入刑法的调控,而应该从社会立场分析刑法规制是否有利于实现劳资关系的和谐发展、是否有利于减少因劳资关系纠纷而引发的劳资领域外犯罪(边缘治安犯罪),以刑法手段保障劳动者与雇用者之间契约的实现,达到社会保护的目的。④

(三)对劳动刑法的调整对象、法益、概念界定进行了初步研究

劳动刑法不属于传统刑法的理论范畴,界定其概念需要对劳动刑法调整对象、法益进行研究。我国当前学术研究主要形成了以下观点。

第一,认为劳动刑法是对劳动权或者劳动关系的刑法保护,劳动刑法的目标在于保护劳动法益,以实现劳动上的实质公平。⑤有学者提出,劳动刑法

① 参见姜涛:《劳动法治视域下劳动刑法制度创生的法理求证》,载《法制与社会发展》2011年第2期。
② 参见张勇:《劳动刑法:侵权与自救的刑事一体化研究》,上海人民出版社2011年版,第76—77页。
③ 同上书,第69—70页。
④ 参见姜涛:《劳动刑法制度研究》,法律出版社2013年版,第190—195页。
⑤ 参见张勇:《劳动刑法:侵权与自救的刑事一体化研究》,上海人民出版社2011年版,第76页。

的调整对象涉及劳动权利的保护,但是刑法中涉及劳动关系的罪名范围比较狭窄,通常仅仅将劳动权视为公民人身权利的一部分。虽然保护劳动权益是劳动刑法的核心问题之一,但同时也应该遵循刑法的谦抑性。刑法有不同立法体例,我国刑法采取集中式立法模式,全部有关犯罪与刑罚的实质规则都统一由刑法典规定。当产生某些涉及劳动法的特别问题时,刑法相应规则的缺乏以及立法滞后性会导致很多问题。① 前述观点注意到刑法平等保护不等同于同等保护,也发现劳动力市场上用人单位普遍居于主导地位的情况,从而将劳动刑法的价值定位为实质正义。

第二,总结劳动刑法领域的不同犯罪类型。有学者从刑法学角度,进一步将侵犯劳动权的犯罪分为侵犯不纯正劳动权、侵犯纯正劳动权的犯罪,前者包括《刑法》分则第 4 章侵犯公民人身权利罪中的非法拘禁罪等,后者包括《刑法》第 134 条规定的重大责任事故罪、第 135 条的重大劳动安全事故罪、第 244 条的强迫劳动罪、第 255 条的打击报复会计、统计人员罪等。② 还有学者基于刑事一体化思想下的行为人、被害人与刑事环境理论模式,将涉及劳动权刑法保护的犯罪视为劳动犯罪,分为劳动侵权犯罪与劳动自救犯罪,前者是用人单位侵犯劳动者的犯罪,后者是劳动者采取私力救济方式维权导致的犯罪行为;劳动侵权行为与劳动者私力救济行为及其正当性与违法性之间存在着因果互动关系,刑法应该通过及时追究劳动侵权犯罪从而减少劳动自救犯罪。③ 前述两位学者的分类,主要是根据犯罪主体以及被害人对于涉及劳动法的犯罪在刑法领域进行划分。不过纯正劳动权与不纯正劳动权这类学术概念与纯正单位犯罪、不纯正单位犯罪这类通行的学术表达还有不同之处,后者往往指主体不同而外延明确,但纯正劳动权这组概念则不具备含义明确的区分功能。至于后一类侵权与自救的区分,注意到了刑法涉及劳动法犯罪的不同事实发生原因以及不同的适用原则,不过没有注意到劳动法社会法的特征,忽略了劳动法不仅仅涉及个人法益保护这一事实。

还有些学者从犯罪学角度界定劳动犯罪的类型。首先,有学者从用人单位侵权、劳动者维权以及个人、集体两组维度,对劳动犯罪的类型进行研究。该学者将劳动领域的犯罪分为劳动者维权型犯罪和雇用者侵权型犯罪两大类,前者还包括劳动者单独维权型犯罪和劳动者集体维权型犯罪,后者又分

---

① 参见陈兴良:《对劳动权利的刑法保护造就了劳动刑法》,载《工人日报》2005 年 7 月 18 日第 7 版。

② 参见严励、刘志明:《我国劳动权刑法保护研究》,载《山西大学学报(哲学社会科学版)》2002 年第 3 期。

③ 参见张勇:《劳动刑法:侵权与自救的刑事一体化研究》,上海人民出版社 2011 年版,第 96—97 页。

为雇佣者侵犯单独劳动者权益的犯罪、雇佣者侵犯集体劳动者权益的犯罪。① 不过,该学者又在另外的场合加入了劳动者维权正当性的维度,认为可将劳动犯罪分为雇用者侵犯劳动法益的犯罪、单纯型劳动者犯罪、维权过当型劳动者犯罪、维权正当型劳动者犯罪。② 该学者后来总结认为,劳动犯罪有广义与狭义之分,狭义的劳动犯罪是指用人单位侵害劳动者合法权利的犯罪,例如强迫劳动罪等;广义的劳动犯罪是指由于劳资纠纷所引发的应受治安管理处罚行为,不仅包括由个别劳资纠纷引发的故意伤害、非法拘禁等,还包括不正当集体争议引发的妨害公务罪、放火罪、聚众扰乱社会秩序罪等。③ 概括而言,该学者认为劳动犯罪是由于劳动侵权或劳动维权所引发的违法、犯罪行为。这种分类方法实际是采取了劳动犯罪的社会学概念,将劳动纠纷引发的违法行为作为劳动刑事犯罪行为的后备现象,试图从犯罪原因方面进行整体研究,从而在犯罪预防的刑事政策领域给出整体思路。

第三,借鉴日本以及我国台湾地区关于广义劳动刑法与狭义劳动刑法的概念,提出广义劳动刑法概念。日本很早就确立了广义与狭义的劳动刑法概念,狭义概念从劳动法实施角度考虑,主要指对严重违反劳动法强行规则行为给予刑罚处罚的实体规则;广义劳动刑法则以社会通行的规范为前提,指一般意义上的刑法规范。④ 我国台湾地区学者借鉴日本的区分性概念,将狭义劳动刑法解释为旨在为劳动法规范设定直接而且排他效力的强行法规范。⑤ 广义与狭义的分类实质上是对劳动刑法性质的不同理解,狭义概念仅仅将刑法理解为劳动法规则的保障性立法,而不考虑劳动法规则的实质合理性;广义概念则考虑到刑法规则必须以具有相当性的社会生活规范为前提,也应有独立的价值考虑。正因为如此,日本刑法对于集体劳动争议中劳动者行为与正当防卫的适用一直争论不休。

我国有学者直接采纳了日本学者的概念⑥,有的学者则借鉴日本和我国台湾地区有关广义劳动刑法的概念,认为劳动刑法是旨在预防劳动犯罪并规范劳动者集体争议的相对强制性规范,同时也是具有轻轻重重罪刑结构的复合法律规范体系⑦;并从外延上将劳动刑法分为广义与狭义的劳动刑法,前

① 参见姜涛:《劳动刑法:学术视域与核心命题》,载赵秉志主编:《刑法论丛》2009 年第 3 卷(总第 19 卷),法律出版社 2009 年版,第 271—272 页。
② 参见姜涛:《劳动刑法:西方经验与中国建构》,载《环球法律评论》2009 年第 2 期。
③ 参见姜涛:《劳动刑法制度研究》,法律出版社 2013 年版,第 371 页。
④ 参见〔日〕庄子邦雄:《劳动刑法》(总论),日本有斐阁 1975 年版,第 1 页。
⑤ 参见黄越钦:《劳动法新论》,中国政法大学出版社 2003 年版,第 38 页。
⑥ 参见张勇:《劳动刑法:侵权与自救的刑事一体化研究》,上海人民出版社 2011 年版,第 45 页。
⑦ 参见姜涛:《劳动刑法制度研究》,法律出版社 2013 年版,第 155 页。

者是指涉及劳资纠纷的聚众扰乱社会秩序罪等罪名,后者指强迫劳动罪等针对用人单位侵害劳动者权利而设立的犯罪。① 简而言之,日本劳动刑法的广义与狭义区分在于前者关注集体劳资关系,后者关注个别劳资关系,广义劳动刑法并不包括狭义劳动刑法,两者是平行概念。不过,我国学者重新提出的劳动刑法概念实际上是日本广义与狭义劳动刑法概念的综合,但又并未贯彻广义与狭义劳动刑法的界分。而且没有注意到日本劳动刑法的广义与狭义区分与阶层性犯罪成立判断模式具有相关性,广义劳动刑法在违法性判断方面可以在实质违法性中找到理论空间;但是广义与狭义的界分与我国平面耦合式的犯罪成立判断模式并无必然联系,这种概念上的分野无法映射到司法实践中。

（四）对西方国家劳动刑法的经验及借鉴进行了初步研究

劳动刑法的既有研究成果非常注重西方国家立法以及理论经验的比较研究,并且进一步提出借鉴的建议。

第一,学者们对于美国、日本、德国、法国、英国的劳动刑法法律体系进行了初步梳理,认为西方国家确立了"倾斜保护"的刑法立场。有学者从刑法分类角度,认为西方国家的行政刑法大致形成了经济刑法、环境刑法、人权刑法、劳动刑法四大类型,日本学者将前述四类归入附属刑法范畴,法国学者将人权刑法与劳动刑法合二为一,在简要分析国外劳动刑法理论特色的基础上总结认为:(1) 西方国家劳动刑法概念的产生源于用劳动法学方法解释劳动领域的犯罪现象与问题;(2) 刑法如何规范劳动者联合起来以罢工等形式实施的集体劳动争议是西方劳动刑法核心命题;(3) 国外劳动刑法理论围绕两大命题,即如何运用刑法保护劳动者正当利益,以及对于劳动者保护自身利益而实施的私力救济方式给予必要的非犯罪化处理。②

还有学者从个别劳资关系、集体劳资关系两方面,对于美国、日本、德国、法国、英国劳动刑法的法律体系进行初步描述,侧重分析集体劳资关系领域法律规制现状,回顾了劳动者的罢工等集体争议在前述国家起初被禁止,后来被立法或判例承认劳动者团结权的过程。③

第二,有观点认为,应借鉴法国的经验强化基本劳动权利的刑法保护。有学者提出,与法国学界近年来出现的一种"去刑法化"思想相反,法国在基

---

① 参见姜涛:《劳动刑法制度研究》,法律出版社 2013 年版,第 155—156 页。
② 参见张勇:《劳动刑法:侵权与自救的刑事一体化研究》,上海人民出版社 2011 年版,第 45—47 页。
③ 参见姜涛:《劳动刑法制度研究》,法律出版社 2013 年版,第 48—102 页。

本劳动权利刑法保护方面没有减弱,反而有所加强;在保护雇员劳动中的生命权和健康权方面,法国劳动刑法比我国安全事故方面的刑法更为严厉。首先,罪名上,法国把安全生产方面的犯罪定性为"过错杀人或伤害罪",认为这些犯罪侵犯的客体直接是人的生命权和身体完整权;而我国把这方面的犯罪规定在"危害公共安全犯罪"中,认为犯罪侵害的客体是公共安全秩序,罪名上分别设为"重大责任事故罪"和"重大劳动安全事故罪"。其次,法国对劳动安全犯罪构成要求比较低,认为不论是否有人身伤害的实际发生,只要有违反安全卫生法规的行为,就可以追究刑事责任。再次,法国对安全卫生犯罪的刑罚比较严厉。对于构成普通杀人罪的劳动安全犯罪,对当事人处以 3 年监禁和 4.5 万欧元罚金;对于构成严重杀人罪的,处以 5 年监禁和 7.5 万欧元罚金。我国《刑法》第 134 条规定造成至少 1 人死亡的重大责任事故罪最高刑罚是 3 年有期徒刑,情节特别恶劣的处以 3—7 年有期徒刑。关于集体劳动争议的处理,法国首先确认了罢工权原则,其次宣布某些罢工非法,特别提出罢工权的行使不得影响他人劳动权行使、不得破坏他人财产权。最后,对罢工过程中出现的某些紧急状态采取司法干预措施,由负责紧急程序的司法官来处理。[①] 不过,我国有关后续研究没有拓展对法国劳动刑法经验的比较分析。

第三,有观点认为,应借鉴德国经验建构我国劳动刑法体系。有学者提出,德国劳动刑法范式以社会国家、社会优位和弱势平等为基本理念,成为其他国家之劳动刑法建构的"参照版本";纵观德国劳动刑法发展史,基于劳动者在劳动关系中处于弱势地位且容易成为雇用者在追逐利润中侵害对象的实证,劳动刑法大致经历了从对劳动权的压制到对劳动权的放任、再到对劳动权的积极保护三个阶段,这不仅包括对劳动权的刑法保护,而且包括对罢工等集体争议行为的规范。[②] 这种对德国经验的借鉴为多数学者所赞同。

（五）对我国劳动刑法的立法完善进行了全面研究

学者们认为,劳动者权利保护的切实实现有赖于法律规则中对于权利内涵以及外延的具体界定,并借助刑法来保障其实施[③],我国有关劳动者权利保护的法律与当前社会背景不相符合,与现时大量侵害劳动权现象极不适应,民事、行政处罚乏力,刑事法律责任的合理界定对劳动者权利保护十分必要。学者们基于国外与我国劳动权刑法保护状况的比较研究和"危险社会"理论,主张法益保护的早期化,提出了一系列立法完善建议。

[①]　参见郑爱青:《法国劳动刑法对劳动权利的保护》,载《工人日报》2005 年 7 月 18 日第 7 版。

[②]　参见姜涛:《德国劳动刑法的当代发展述评》,载《德国研究》2011 年第 4 期。

[③]　参见姜涛:《劳动刑法制度研究》,法律出版社 2013 年版,第 346 页。

第一,在立法模式上,采取附属刑法或《刑法》专节规定侵犯劳动权的犯罪。有学者建议,"我国劳动刑法建设,在与罪刑法定原则相协调的情况下,可以借鉴大陆法系的二元立法模式,通过附属刑法进行立法"。① 对此,个别学者旗帜鲜明地反对,认为我国应该维护刑事法律整体的统一性,避免行政刑法过于膨胀,造成刑法渊源过于分散等不利因素。②

还有学者建议《刑法》专节规定劳动犯罪,在分则第四章"侵犯公民人身权利、民主权利罪"增加"侵犯公民劳动权利罪"一节,使本章成为"侵犯公民人身权利、民主权利、劳动权利罪"。③学者们多赞成此观点,认为这样可以使散布于刑法各章节的劳动侵权犯罪集中完整地表现出来,有利于维护刑法典的统一性和系统性④;"有利于公众了解劳动侵权犯罪的特征表现,也有利于劳动者对自身劳动权益的保护"。⑤

第二,将一些严重的劳动侵权行为犯罪化。学者们提出了两种犯罪化的模式。第一种模式是增设概括性罪名。有学者建议,增加"劳动侵权罪",采取列举式罪状以包括各种劳动侵权行为表现形式。⑥ 劳动侵权罪是指用人单位违反国家劳动法律、法规的规定,严重侵犯劳动者劳动权益的行为,该法条的列举式罪状可以规定:用人单位有下列行为之一,严重侵犯劳动者劳动权益的,对单位判处罚金,并对其直接负责的主管人员和其他直接责任人员,处 3 年以下有期徒刑或者拘役:(1) 违法解除与劳动者的劳动合同,情节恶劣或者给劳动者造成严重后果的;(2) 违反国家劳动法律、法规关于劳动时间的规定,强迫劳动者加班加点的;(3) 克扣、拖欠、拒付劳动者工资,数额较大或者克扣、拖欠、拒付多人次工资的;(4) 违反劳动安全卫生法规或者违反女职工、未成年工劳动保护法规,对劳动行政部门的责令改正要求在规定期限内拒不执行的;(5) 不为劳动者办理社会保险,或者不按时缴纳社会保险金,人数较多或者数额较大的。

这里的"情节恶劣"是指用人单位多人次违法解除劳动合同的情形;"给劳动者造成严重后果"是指因用人单位违法解除劳动合同造成劳动者较大经

---

① 陈步雷:《劳动刑法具有相对独立的地位》,载《工人日报》2005 年 7 月 18 日第 7 版。

② 参见孙燕山:《劳动关系法律调整中的刑事责任问题研究》,中国人民公安大学出版社 2011 年版,第 232—234 页。

③ 参见严励、刘志明:《我国劳动权刑法保护研究》,载《山西大学学报(哲学社会科学版)》2002 年第 3 期。

④ 参见葛欹:《论劳动侵权行为的犯罪化问题》,载《天津市政法管理干部学院学报》2004 年第 3 期。

⑤ 参见张勇:《劳动刑法:侵权与自救的刑事一体化研究》,上海人民出版社 2011 年版,第 184 页。

⑥ 参见葛欹:《论劳动侵权行为的犯罪化问题》,载《天津市政法管理干部学院学报》2004 年第 3 期。

济损失或者造成劳动者身心健康重大损害的情形。对这种建议,有学者也提出反对,认为"将各种社会危害性及程度不同、应配置不同轻重法定刑的劳动侵权行为笼统地规定为一种罪名,在刑罚设置上会出现顾此失彼、罪刑失衡的情况,并且与刑法中的其他相关罪名产生法条竞合现象,为司法处理带来不必要麻烦和苦难"。①

第二种模式是根据劳动侵权行为的类型,增加相应的具体罪名。有学者建议,一方面应该处罚给劳动者具有物质内容权利造成损害的行为;另一方面应当增加危险犯的刑法规范。② 具体而言,处罚给劳动者具有物质内容权利造成损害的行为应规定:"用人单位或雇主有支付能力,拒不支付劳动者工资或拒不交纳应当由用人单位或雇主交纳的保险费,情节严重的构成犯罪。"侵犯劳动权的危险犯应增加三项行为的规定:(1)严重违反国家法律法规关于劳动时间规定,尚未给劳动者身体造成伤害的;(2)违反劳动安全卫生法规受过行政处罚,再次违反该法规的,或违反劳动安全卫生法规,劳动行政部门责令改正、停产,在规定期限内拒不改正、停产的;(3)违反女职工、未成年工劳动保护法律法规受过行政处罚再次违反该法规的,或违反该类法规,劳动行政部门责令改正,在规定期限内拒不改正的。

多数学者赞同对具体的严重危害社会行为实行犯罪化,有学者进一步具体建议,"可在我国刑法中增设招用童工罪、虐待用工罪、欺诈招工罪、隐瞒重大事故隐患罪、职业病扩散罪、恶意拖欠克扣工资罪、拒缴职工社会保险金罪、妨碍工会活动罪等"。③ 还有学者建议,"为了有力保障劳动者的劳动权益,建议我国刑法增设恶意拖欠工资罪、欺诈招工罪、恶意拖欠职工养老和待业保障基金缴纳罪"。④

第三,修改有关罪名,以便更好地保护劳动权。有学者建议,修改重大劳动安全事故罪的规定,用人单位或雇主违反劳动安全卫生法规,因而发生重大伤亡事故的,构成重大劳动安全事故罪;同时,用人单位或雇主违反劳动安全卫生法规受过行政处罚,再次违反该法规的,或违反劳动安全卫生法规,劳动行政部门责令改正、停产;在规定期限内拒不改正、停产的,因而给劳动者

---

① 参见张勇:《劳动刑法:侵权与自救的刑事一体化研究》,上海人民出版社 2011 年版,第 184 页。

② 参见严励、刘志明:《我国劳动权刑法保护研究》,载《山西大学学报(哲学社会科学版)》2002 年第 3 期。

③ 参见张勇:《劳动刑法:侵权与自救的刑事一体化研究》,上海人民出版社 2011 年版,第 186 页。

④ 孙燕山、孙凤君、顾维忱:《论劳动权益的刑法保护》,载《政治与法律》2004 年第 2 期。

人身造成伤害的,构成一般劳动安全事故罪。①

第四,对单位犯罪增设资格刑。有学者认为,《刑法修正案(八)》将"单位"增设为强迫劳动罪的犯罪主体是妥当的,然而罚金刑不足以实现制裁效果,应该对单位犯罪设置资格刑,如停业整顿和竞业禁止,前者定期剥夺单位从事某种工商活动的权利;后者剥夺单位从事某种工商活动的权利。②

第五,刑事立法应考虑劳动者维权行为的免责。劳动者维权包括个体维权行为以及集体维权行为,目前《刑法》等法律并未规定对此类行为免责。学者们非常关注该问题,认为刑事立法与司法应重视解决劳动者集体行动的非罪化或刑事免责问题,集体劳动争议中的集体行动是否具有违法性、如何处理的问题,应通过刑法修正或司法解释方式,把诉求正当、已穷尽体制内救济手段而未获有效救济的集体行动,列入"违法阻却"情形。③ 也有学者认同"国家中立理论",认为司法权对集体争议不应轻易介入,争议权是刑法保障的基本权利,刑法应当规定劳动者正当的集体争议(罢工等)免责,禁止与限制不正当罢工。④ 还有学者从劳动者在自身劳动权遭受不法侵害时采取私力救济的角度分析,认为刑法应当认可私力救济的法律效力,个体劳动者作为权利人在紧急状态下实施的必要限度自救行为可以免责;劳动者正当、合法的集体维权行动或者劳动者的集体维权行动侵害其他法益且所侵害的法益比劳动者争取的正当劳动法益相同或更小时,应当免除责任,即使被侵害的法益比劳动法益更大时,也应当减轻刑事责任。⑤

第六,根据"行为无价值与结果无价值综合论"建构劳动刑法领域"轻轻重重"的罪刑结构。有学者从倾斜保护原则出发,认为刑法对劳动者单独维权型犯罪应强化"轻轻"责任,对劳动者侵权型犯罪应强化"重重"责任;如果劳动者为讨薪而非法拘禁雇用者应当从轻、减轻或者免除处罚,同时将妨害工会活动、非法买卖劳动力的行为纳入犯罪圈。⑥

(六)对我国劳动刑法的刑事司法政策进行了初步研究

相比立法完善建议,学者们对劳动刑法刑事司法政策的研究不多,主要

---

① 参见严励、刘志明:《我国劳动权刑法保护研究》,载《山西大学学报(哲学社会科学版)》2002年第3期。
② 参见张勇:《劳动刑法:侵权与自救的刑事一体化研究》,上海人民出版社2011年版,第187页。
③ 参见陈步雷:《劳动刑法具有相对独立的地位》,载《工人日报》2005年7月18日第7版。
④ 参见姜涛:《劳动刑法制度研究》,法律出版社2013年版,第407—408页。
⑤ 参见张勇:《劳动刑法:侵权与自救的刑事一体化研究》,上海人民出版社2011年版,第194—203页。
⑥ 参见姜涛:《劳动刑法制度研究》,法律出版社2013年版,第383—384页。

形成了以下观点。

第一,通过会议纪要或司法解释对涉及劳动者集体行为的罪名作出司法解释。有学者认为,现在的问题是在劳动权利保护方面的罪名体系尚不完整,一方面需要劳动法专家们的努力,以促进刑法的修订;另一方面,在刑法修订之前,司法解释起着很大作用,因此可以推动对可能涉及劳动者集体行为的罪名作出司法解释;如果不能起草司法解释,也可以由权威机关下发会议纪要之类文件,以便全国各地能够统一劳动争议引发的群体性事件的处置方式。①

第二,劳动刑事司法中的宽严相济刑事政策应对劳动侵权犯罪当严则严,对劳动者自救犯罪当宽则宽。具体而言,在劳动犯罪入罪门槛的设定上,对于某些严重侵犯劳动者权益的行为作犯罪化处理,轻微的则作非犯罪化处理;在刑罚裁量中,对外来民工的偶然、初次犯罪行为尽量适用缓刑;在刑罚执行中,尽量给予减刑、假释的机会。②

第三,提高劳动刑事司法的社会公众参与度并尽量适用刑事和解。有学者主张,组织和动员公民社会组织的力量,使其积极参与到劳动领域的刑事司法之中,从而促进劳动关系的和谐。同时,从诉讼法层面保障劳动犯罪更多地适用刑事和解,给予被侵权的劳动者以补偿和救济,以消解劳资矛盾,从根本上预防劳动违法犯罪。③

四、国外劳动刑法理论研究的特点

英美法系国家以普通法作为特色,理论研究、刑罚规则与判例的重点在于如何认定犯罪,理论研究方面不强调刑法分类以及刑法分支学科,没有普遍承认劳动刑法。大陆法系学者通常在行政刑法或经济刑法范畴内认可劳动刑法概念,并结合本国法律体系,进行了一系列劳动刑法理论研究。德国、日本的研究具有以下特点。

(一) 德国劳动刑法理论研究的特点

德国刑法理论承认劳动刑法的概念,并且在经济刑法范畴内研究。在德国,少数学者认为经济刑法是旨在保护国家在经济领域调控措施的那一部分刑法,自20世纪60年代的经济改革运动以来,广义经济刑法概念成为通说,

---

① 参见黄京平:《劳动刑法的成熟需要学界的努力》,载《工人日报》2005年7月18日第7版。
② 参见张勇:《劳动刑法:侵权与自救的刑事一体化研究》,上海人民出版社2011年版,第224—236页。
③ 同上书,第237—244页。

多数学者认为经济刑法的现代定义应当大为拓展,通过《德国违法秩序法》这部行政法与《德国刑法典》共同对经济犯罪进行控制;经济调控与经济秩序、经济主体的违反义务行为、劳动刑法、环境刑法、消费者保护刑法也是经济刑法重要组成部分。德国学者认为,现代经济刑法的显著特征在于其对于超个人法益的保护,经济刑法的概念是由整体结构中的系列诸要素"集合"而成;诸要素之间并非截然分离,而是聚拢成群,从而共同构成经济刑法之具体性和一般性的概念。经济生活的一个重要现象是依赖性的雇佣关系,经济刑法的完整定义中也有必要包括劳动生活领域里的犯罪,这个领域不仅包含劳动保护、非法雇用以及不正当的劳工转让,还包含非法扣留应当缴纳的职工社会保险费。① 不过必须注意,德国的行政刑法与经济刑法具有前后相继的立法沿革特征,第二次世界大战以前动乱的经济形势迫使德国以行政性法律规制经济中的应受刑罚处罚行为,"二战"以后行政刑法的立法则顺利被经济刑法所取代。②

简而言之,德国的经济刑法是广义刑法范畴,涉及经济违法行为、经济犯罪行为的法律责任,劳动刑法学在德国是一个跨学科的概念,其理论研究具有以下特点。③

第一,德国基于特殊的历史背景没有制定工会法,合乎程序的罢工不是刑事处罚对象。德国在 19 世纪根据 1845 年《普鲁士工商业条例》《德国民法典》等直接禁止工会及劳动结社,将此类行为视为违反秩序罪。④ 后来,雇主也逐步认识到,工会组织能力足够强就可以将劳动者照顾好,从而有利劳资双方公开进行集体谈判,所以罢工不会乱来,其实对雇主也有好处。1918 年企业界和工会关于劳动共同体的协议承认工会有资格作为劳动者代表。⑤ 因此,只要是合乎程序的罢工,绝不可能成为刑事处罚的行为。再者,德国基于特殊的历史没有制定工会法,因为所有德国的社会组织,只有工会没有在纳粹时期合污。所以德国在原先歧视、后来尊重的双重历史背景之下,到现在都没有制定专门的工会法。

第二,工会与雇主协会的集体协商是双方在宪法上受保护的利益。《德国基本法》第 9 条第 3 款规定任何人均享有劳动结社自由。于是,国家将劳资纠纷经由立法规范,只要一方有意见,均可以到宪法法院起诉。因此,立法

---

① 参见〔德〕汉斯·阿亨巴赫:《德国经济刑法的发展》,周遵友译,载《中国刑事法杂志》2013 年第 2 期。
② 参见程凡卿:《行政刑法立法研究》,法律出版社 2014 年版,第 48 页。
③ 对德国劳动刑法理论的理解,特别感谢与德国奥斯纳布吕克大学中国法律与经济研究所所长葛祥林教授(Georg Gesk)的交流。
④ 〔德〕雷蒙德·瓦尔特曼:《德国劳动法》,沈建峰译,法律出版社 2014 年版,第 30 页。
⑤ 同上书,第 33—34 页。

者通常采取被动的立法模式。组织率高的行业,薪资比普通行业高。这样的社会现实表明,罢工作为劳资谈判手段,促使相关行业更有竞争力,所以整体而言不会损及生产力。相反,组织率低的行业,近几年反而被立法者强制实行最低工资制度。总之,德国自 2015 年 1 月 1 日才开始实施第一部全国性最低工资法,即《德国关于规制一般性最低工资的法律》,是因为个体劳工标准的立法保护一向不为德国工会所青睐,工人更强调通过劳资双方力量平衡的集体谈判来解决矛盾;最低工资立法的最终出台表明,德国工会采用实用主义的复兴策略加强传统的集体谈判制度。[①]

第三,劳动刑法在德国的首要问题是劳动条件及劳动卫生等方面的保护利益。劳动卫生等事项,往往成为特别法的规范内容。也因为如此,依德国的立法习惯,在特别法中依相同规范目的,在规范架构中同时说明安全及不安全等行为的立法定义,雇主及劳动者双方之权利义务,各自可能承担的民事、行政及刑事责任分配等等,这样便为劳资双方制定了体系性规范,然后各方依照规则行事。

第四,刑法学者通常采用经济刑法这类刑法分类的概念,立法者本身没有运用此种刑法内部分类的概念。立法者考虑主刑法即刑法典与附属刑法即其他法律中的刑罚规定相较而言,何种模式符合刑法中法保持的特殊价值并在执行上比较有利。[②] 例如,环境刑法过去几十年在主刑法以外发展,但由于平行规范过多,使得规范凌乱且部分内容相互矛盾,所以立法者将大部分条文由行政刑法纳入主刑法,同时促使相关条文体系化。《德国刑法典》第29 章"针对环境的犯罪行为"就是附属刑法逐渐为主刑法系统化的表现。然而,由于这些条文继续大量运用行政法所订定的标准、许可等,所以仍然与一般主刑法中的规定不同,也因此维持被单独研究的价值。

第五,德国经济刑法领域采纳二元立法体例。德国刑法理论认为,应出于法治国家手段与目的相当原则区分刑事不法与行政不法,并采取行政刑法与刑法典并立的立法模式。[③] 刑罚的前提是伦理上苛责的可能性,但企业缺乏此可责性,所以另颁布《违反秩序法》对企业进行制裁。《违反秩序法》中的制裁模式远超过罚金刑/罚锾,也涵盖吊销营业执照、停产、改组董事会等等,所以刑法学者通常认为,如果废除,则会放纵企业的相关犯罪行为。因此,二元立法体例德国法中的经济刑法以经济运作中的重要要素为规范课题,但规

---

① 参见罗斯琦、余敏:《"危机"还是"希望"——从最低工资立法看德国的工会运行》,载《德国研究》2016 年第 2 期。

② 参见〔德〕汉斯·海因里希·耶赛克、托马斯·魏根特:《德国刑法教科书》(上),徐久生译,中国法制出版社 2017 年版,第 163—164 页。

③ 参见黄河:《行政刑法比较研究》,中国方正出版社 2001 年版,第 9—10 页。

范的对象与我国不同,我国刑法关注企业可否成为犯罪主体及刑罚对象。就具体的刑法分类而言,在德国经济刑法中另应注意金融刑法。金融刑法在经济上的重要性很大,不过一律规范在附属刑法中。

(二) 日本劳动刑法理论研究的特点

日本学术研究中,劳动刑法与经济刑法是并列关系,均属于行政刑法研究范畴。日本学者很少使用"附属刑法"这一概念,一般把刑法分为一般刑法(又称普通刑法)、特别刑法、行政刑法;其中一般刑法是指刑法典,特别刑法相当于我国的单行刑法,而行政刑法除了消费者权益保护等传统的行政刑法之外,还包括劳动刑法、租税刑法(税收)、经济刑法、环境刑法等。[①] 日本有学者进一步总结认为,对违法行为采用刑罚制裁的法律称为"刑罚法规",外延包括刑法典和特别刑法;特别刑法包括两类,第一类是对刑法典规定的犯罪类型加以补充、扩张的单行刑罚法规,即所谓"准刑法",第二类是各类行政法规末尾"罚则"对违反行政准则行为予以制裁的刑罚规范,即所谓"行政刑法",其中控制经济活动的行政管理法规中的罚则又被称为"经济刑法"。[②] 简而言之,日本的行政刑法、经济刑法、劳动刑法等概念均指称相应的刑罚法规体系。另外,日本刑法典中与劳动者有关的罪名主要包括懈怠业务上必要的注意因而致人死伤的业务过失致死伤罪、多人聚集实施暴力或者胁迫的骚乱罪、在多人为实施暴力或者胁迫而聚集的情形下有权公务员三次以上发出解散命令仍不解散的多人不解散罪。[③]

日本有关劳动刑法的规范以行政刑法形式规定,学者在行政刑法范畴内研究劳动刑法,20 世纪 50 年代至 70 年代学术关注度比较高,20 世纪 80 年代以来随着工会运动整体出现弱化,学术关注度逐渐弱化。刑法教科书中"可罚的违法性理论"以及"基于《刑法》第 35 条的违法阻却"是与劳动刑法相关的内容。作为劳动刑法的体系性研究著作,庄子邦雄教授的《劳动刑法(总论)》《劳动刑法(各论)》(日本有斐阁 1975 年版)理论水平高,但年代比较久远。近年来中山研一教授对劳动刑法中集体争议事件的刑事免责问题有所研究,即《判例变更与溯及处罚——以岩教组事件第二次上诉审判决为契机》(《刑事法研究》单行本,2003 年 11 月)、《争议行为煽动罪的检讨——判例的变迁及其异同的分析》(《刑事法研究第三卷》单行本,1989 年 1 月)。随着日

---

① 参见〔日〕山中敬一:《刑法总论》(第 2 版),日本成文堂 2008 年版,第 11—12 页。
② 参见〔日〕西田典之:《日本刑法总论》,王昭武、刘明祥译,法律出版社 2013 年版,第 5 页。
③ 参见〔日〕松宫孝明:《刑法各论讲义》,王昭武、张小宁译,中国人民大学出版社 2018 年版,第 45、279、283 页。

本社会福利法体系的完善以及工会运动的衰落,当代日本学者很少研究劳动刑法主题,学术关注度比较高的是经济刑法。具体而言,日本劳动刑法的理论研究主要具有以下特点。①

第一,日本劳动刑法是随着第二次世界大战后劳动者工会运动的蓬勃发展而逐步形成的,工会运动的自由与刑事免责是主要问题。日本劳动者工会运动蓬勃发展是基于第二次世界大战后的民主主义改革。在第二次世界大战前,劳动者运动是《治安警察法》的取缔对象,同时《治安维持法》也镇压劳动者的结社以及政治活动。20 世纪 30 年代,劳动者运动逐渐式微,在太平洋战争之前,所有的工会组织被命令解散,并成立了"大日本报国会"。战败以后,美国占领军废除了天皇制的旧体制,工会运动被完全合法化,这是工会运动后来蓬勃发展的原因。宪法明确规定了劳动者的团结权、团体交涉权、团体行动权(争议权),基于此日本制定了《日本劳动组合法》②。此外,《日本宪法》保障劳动者生存权与勤劳的权利,在法律层面制定了《日本劳动基准法》。

第二,日本工会运动在民间(私营)与"官公劳"(国家以及自治团体职员的工会)中呈现出不同样态,法律层面对团体性劳动关系与个别性劳动关系分别规制。工会运动是与团体性劳动关系相关的运动,战后的工会运动主要与团体性劳动关系相关。"劳动权刑法保护"的主要课题是在工会运动中限制国家对工会运动的规制,在刑罚中保障自由。劳资双方纠纷基本是通过当事人双方的交涉加以解决。因为个体劳动者力量弱小,因此他们需要团结,结成团体进行团体交涉与争议行为。对此,国家在一定限度内将其视为正当行为(日本《刑法》第 35 条)而不予处罚。《劳动组合法》第 1 条第 2 项对劳动争议行为设置了刑事免责规定。因此,劳动刑法的主要问题不在于劳动权刑法保护,而是工会运动的自由与刑事免责。但是,另一方面企业与劳动者之间存在固有的利益与权利(财产权、经营权、所有权等)关系。工会运动中,两者权利冲突的情况不少,在这种情况下,争议行为与企业方应对行为相对立的构图中,何种程度的行为将会被认定为刑事免责,则成为问题。

第三,日本对劳动刑法的研究包括集团性劳动关系与个别性劳动关系两

---

① 对日本劳动刑法理论的理解,特别感谢与日本甲南大学齐藤丰治名誉教授及律师(斉藤豊治,日本甲南大学名誉教授、弁護士)的交流,同时非常感谢武汉大学法学院李颖峰老师协助翻译。

② 本文引用的日本法律条文,均参见日本法务省主办的官方网站 http://www. japaneselawtranslation. go. jp. 其中,"劳动、公共福利事务和社会福利法"(Labor, Public Welfare Affairs and Social Welfare),参见 http://www. japaneselawtranslation. go. jp/law/list/? ft=3&re=02&dn=1&ia=03&x=54&y=21&bu=2048,2020 年 1 月 20 日最后访问。

方面,但并没有关于劳动刑法统括的定义。集团性劳动关系研究的问题是劳动争议的刑事免责;而个别性劳动关系处罚的是企业、劳资关系中对劳动者的异常榨取,因此,研究的问题是保护具有劳动力的劳动者。对团体性劳动关系,学者们从刑事法学与劳动法学两个方面进行研究,立场也分为倾向于劳动者的立场与倾向于使用者(企业)的立场。第二次世界大战后初期,不论是民间还是"官公劳"的工会运动都十分活跃,原因在于从长期的镇压中解放以及战败后的经济困难。争议行为的样态在战后初期主要表现为生产管理,此后是同盟罢工、团体交涉。在工会运动中产生了工会侦查员对罢工的保护、传单张贴等各种与刑法相关的问题。另一方面,"官公劳"的劳动关系中存在独特问题。因为国家机构的公务员与职员是具有公共性的劳动者。根据《国家公务员法》《地方公务员法》,公务员的团体性劳动关系适用与民间劳资关系不同的规制。根据职业种类,工会的结成与参加本身是被禁止的(团结权没有得到保障)。而且在保障团结权的场合,团体性交涉以及伴随的劳动运动虽然被认可,但是争议权并没有得到保障,劳动争议的领导者还是会被追究刑事责任。

立法方面,关于个别性劳动关系中劳动者保护的特别法中存在相当数量罚则,重要的例如《劳动卫生安全法》等。关于集团性劳动关系,重要的是公务员争议行为的禁止。相关条款包括:《日本国家公务员法》第 98 条第 2 款前段、第 110 条第 1 款第 17 项;《日本地方公务员法》第 37 条第 1 款前段、第 61 条第 1 款第 4 项。对公务员的争议行为能否适用可罚的违法性理论及其范围是长期以来争议的问题,理论上还没有得到解决。

关于国营企业与公共企业的劳动关系,其规制不同于一般的国家公务员。公共企业体包括日本国有铁道(国铁)、日本专卖公社、日本电信电话公社等。公共企业适用《日本公共企业体劳动关系法》,并存在禁止争议行为(第 17 条)的规定。不同于公务员法,对前述企业劳动者违反上述禁止性规定没有直接规定处罚条款,因此很多案件中围绕构成要件该当行为与《刑法》第 35 条违法阻却的范围广泛争论。

20 世纪 80 年代,中曾根内阁时代进行了民营化,国铁变成了 JR、专卖公社变成了 JT、电电公社变成了 NTT。民营化的结果,导致相关法律也变成了《日本国营企业劳动关系法》。此外在 2000 年,根据小泉内阁推行的行政改革,日本推进了公务的独立法人化,进而制定了《日本特定独立行政法人劳动关系法》。在完全实现民营化的场合,劳动者变成了民营劳动者,其争议行为的规制也遵从相应规定。具有代表性的是邮政事业。邮政事业曾是代表性的国营企业,但是随着邮政的民营化,被日本邮政、邮政银行所取代。

第四，随着日本资本主义的复苏与发展，工会运动逐渐弱化，使得自 20 世纪 80 年代以来日本学者很少讨论劳动刑法，不过并未就有关争议问题达成共识。工会运动的这种弱化始于民间工会运动。第一波就是"清共运动"。日本共产党在战后得到解放的工会运动中具有很大影响力。但是随着"冷战"开始，占领军开始实行明确的反共政策，共产党派系的劳动运动领导人和指挥人一起被解雇。此外，日本的工会是以企业为单位组成的，而没有在某个产业领域内超出企业范围的工会组织，因此劳动者具有很强的作为企业一员的意识。企业发展则劳动者生活质量提升，企业倒闭则劳动者生活难以维系，因此劳动者与企业之间会产生"心理上的一体化"。企业在激烈的竞争中抑制薪酬上涨，以企业为单位的工会在劳资关系中更多是考虑协调与妥协，而非对立。

20 世纪 60 年代末，民间工会运动逐渐式微，这成为日本经济发展的一个条件。此外，煤炭产业被石油产业取代也是重要原因之一，因为煤炭产业的工会运动在民间工会运动中尤其强势。此外，产业结构变化对工会运动产生的影响也很大。官公劳以及公社的工会运动在 20 世纪 70 年代末仍保有力量。与民间劳动者相比较，对公务员的工会运动应当以何种形式给予刑事免责，是长期争论的问题，最高裁判所判例的态度也几经变化。官公劳的工会运动主张恢复宪法规定的"劳动三权"，1977 年曾进行过长时间罢工，但后来失败了。进入 20 世纪 80 年代以后，官民双方的工会运动开始"体制内化"，在工会具有斗争性质的企业中也开始出现接受企业意向的第二工会，并逐渐占据多数。在工会运动整体上出现弱化的过程中，对工会运动刑事免责的研究也逐渐减少。

与此相关，自 20 世纪 80 年代以后，公共企业与国营企业被民营化，变成了民营企业。其结果是，罢工权虽被逐渐认可，但劳动运动本身在这一领域开始急速弱化。劳动运动被企业间竞争的浪潮淹没，确保企业利润成了重要课题。

总之，日本劳动刑法的议题与日本劳资争议解决方式的变迁密切相关。自 20 世纪 80 年代以来，日本学者很少讨论劳动刑法，劳动组合的弱化是主要原因。有关劳动刑法的争议问题并没有达成共识，相反当时的争论非常激烈。官公劳以及公共企业、国营企业劳动者劳动运动的刑事规制，在 20 世纪 70 年代末是重要研究课题。在这些争议中，试图通过可罚的违法性理论限制处罚范围的观点非常有力，这对最高裁判所的判例也产生了很大影响。最高裁判所受这种观点影响，曾对公务劳动者的争议行为作出了限制处罚范围的判决。对此感到惊愕的自民党政权行使最高裁判所法官任命权，从上至下任命了倾向于政府的法官,这导致判例的立场再次发生改变,并持续至今。

五、推进我国劳动刑法学研究的学术路径

我国学者对于劳动刑法研究作出了一定的学术贡献。但是,对比国内外劳动刑法研究现状,笔者认为还可以从刑法学与劳动法学体系性思考与比较刑法学研究两方面进一步提升劳动刑法的理论研究水平。

第一,从刑法学与劳动法学体系性思考角度对"劳动刑法是劳动权的刑法保护"命题进行深入分析,厘定劳动刑法学的研究范围。所谓劳动刑法的问题,实质是刑法作为保障法对劳动生产过程中发生的严重危害社会行为采取何种原则进行刑事立法与司法,从而解决劳动法上严重违法行为的犯罪化与非犯罪化、重刑化与轻刑化、机构化与非机构化问题。而我国刑法没有专章或专节规定这些犯罪,所谓劳动刑法涉及的罪名具有分散性。这些分布于刑法各章的罪名具有何种特殊性? 是否需要专门的理论研究? 是否有独特的理论视角? 对此学者们多从"劳动权的刑法保护"角度论证,同时又将劳动权分为个体劳动权、集体劳动权,从而借鉴了日本的狭义劳动刑法、广义劳动刑法概念。总之,学者们一般认可前述命题,不过并没有阐述劳动权的概念,也没有据此明确劳动刑法学的研究范围。

但是,我国《宪法》规定"劳动的权利",《劳动法》规定"劳动权利",劳动权在我国不是法律概念而是学理概念。以"劳动权的刑法保护"为研究路径来考查劳动刑法的法益和研究范围,忽视了劳动权的多维属性以及各国法律对劳动权的不同规定。关于劳动权的界定,主要有"劳动基本权、劳动权区别说"以及"工作权和工作中的权利说"的区别。"劳动基本权、劳动权区别说"认为,劳动基本权指结社权、集体谈判权、集体行动权;劳动权即是勤劳的权利,及国家对劳动者帮助寻找适当的劳动机会。"工作权和工作中的权利说"认为,工作权是指人人获得职业的权利,工作中的权利是由就业派生的权利。① 同时,日本宪法规定了劳动基本权,而我国宪法没有。那么,在我国,"劳动权的刑法保护"这一命题中的"劳动权"如何界定? 刑法是保障法,在某些权利没有宪法或其他法律依据的情况下,劳动刑法中该命题的正当性何在? 这些问题的进一步分析与论证,都需要从刑法与劳动法体系性思维的角度反思。劳动刑法的概念如何界定? 劳动刑法的法益具有什么特点? 劳动刑法学的研究范围如何? 只有进一步清晰解决了前述劳动刑法的基础理论问题,才能展开劳动刑法的具体适用研究。

---

① 参见王益英主编:《外国劳动法和社会保障法》,中国人民大学出版社 2001 年版,第 414—417 页。

第二,反思"倾斜保护劳动者是劳动刑法的基本原则"命题,并对劳动生产中发生的重要犯罪类型进行系统化研究。"倾斜保护原则是指劳动法倾斜保护劳动者合法权益"。① 劳动法作为社会法,劳资关系中劳动者处于弱势地位,因此劳动法必须确立国家强行规范以维护劳动者权益,最低工资、劳动安全卫生等劳动基准法就是典型立法例。的确,劳动刑法是劳动生产领域严重危害社会行为相关的刑事立法、司法问题,但是据此认为劳动刑法的基本原则也是"倾斜保护"并不具备充分理由。劳动刑法的基本原则应立足于刑法的性质和机能,再结合劳动法的特殊性来思考。而且,劳动法的基本原则还有劳动权平等原则、劳动自由原则。② 因此劳动刑法的特殊性需要进一步研究,劳动刑法的基本原则应该重新思考。

同时,也应该结合劳动刑法基本原则的重新思考,系统研究劳动刑法中重要犯罪类型的立法与司法适用问题。对此,应根据劳动生产的不同过程进行梳理。具体而言,劳动就业过程涉及《刑法》第 100 条的前科报告制度与就业歧视、劳动权平等原则的关系。劳动关系过程主要包括强迫、强制劳动行为、雇用童工行为、职场性骚扰行为、拒不支付劳动报酬行为、劳动者举报用人单位遭报复行为、群体性劳动争议事件、非典型劳动关系中的刑法适用等问题。劳动基准过程主要包括安全生产保护与职业卫生管理中的刑法适用等问题。劳动权利救济过程主要涉及劳动权利救济与刑法保护之间的关系,如拒不支付劳动报酬罪与拒不执行判决、裁定罪的立法取向与司法适用。

第三,从评价比较法的角度进一步分析德国、法国、日本在劳动刑法领域的可借鉴性。德国学者耶塞克教授认为,"国内法范畴比较刑法学有两大任务:改善国内司法实践状况与改善国内刑法规范学理论"。③目前我国学者对于国外劳动刑法经验的研究程度,按照充分性从高到低排序,依次是德国、日本、美国、英国、法国。不过这些研究还有进一步提升的空间。其一,目前的比较研究是一种叙述的比较法研究。与其说是比较法研究,不如说是外国法研究,只是论者根据本人观点组织了碎片化的外国法资料,并没有比较前述国家异同及其发展趋势的评价比较法研究。其二,比较研究中不区分制度史与思想史,从而造成对外国法律、案例、理论的混杂叙述。目前的比较法研究没有注意到劳动刑法这一规范体系与劳动刑法学这一理论体系之间的区别,没有分析理论与立法、司法的互动关系。从而,论者实际上是"建构"了所谓前述西方五国的劳动刑法经验,进而将某些外国法中并不显著的概念或者法

---

① 参见林嘉:《劳动法的原理、体系与问题》,法律出版社 2016 年版,第 52 页。
② 同上书,第 48—50 页。
③ 马克昌主编:《近代西方刑法学说史》,中国人民公安大学出版社 2016 年版,第 595 页。

律"嫁接"到我国。德国、法国、日本均承认劳动刑法的概念,应结合其劳动刑法理论,进一步分析这三个国家劳动刑法的立法特点及发展趋势,以提出切合中国现状的立法完善与司法适用建议。

第二节　我国劳动刑法的体系创新

一、劳动刑法的概念

（一）德国、法国、日本的劳动刑法概念分析

界定劳动刑法必须考虑我国劳动刑法的特殊性,即我国劳动刑法解决什么犯罪与刑罚的问题。从这个角度思考,对德国、法国、日本以及我国学者关于劳动刑法的概念尚需进一步反思。

1. 德国的劳动刑法概念分析

德国学者认为,"劳动刑法是经济刑法的一个分支,它涵盖了所有特定劳动力市场有关的刑罚和罚款[①]"。前述概念包括了三个因素:经济刑法、劳动力市场、刑罚和罚款,分析可借鉴性时必须注意德国劳动刑法的特点。

第一,我国采纳的狭义经济刑法概念不包括劳动刑法。在德国,广义经济刑法概念是通说,指通过《违法秩序法》《刑法》对经济犯罪进行控制的法律规范,包括经济调控与经济秩序,经济主体的违反义务行为、劳动刑法、环境刑法、消费者保护刑法。[②] 德国经济犯罪概念的核心在于对经济秩序这种"超个人法益"的保护,是对整体或部分经济秩序的侵害或威胁。[③] 德国的经济刑法概念包括劳动刑法,是因为德国从产品与市场角度界定经济刑法,将经济刑法视为生产、销售或分配经济产品的规则,同时也调整参与生产、销售或分配经济产品双方的行为准则,由此消费者保护、劳动力市场也被纳入经济刑法范畴。我国《刑法》第三章"破坏社会主义市场经济秩序罪"单列,"破坏环境污染保护罪"被置于"妨害社会管理秩序罪"之下,而有关劳动力市场之类的罪名则分散于各章。因此,立法方面从来没有将劳动刑法内容置于经

---

① Alexander Ignor, Stephan Rixen: Grundprobleme und gegenwärtige Tendenzen des Arbeitsstrafrechts-Das Gesetz zur Erleichterung der Bekämpfung von illegaler Beschäftigung und Schwarzarbeit und die Sanktionsregeln des neuen Arbeitsver-mittlungsrechts-NStZ, 2002, p. 510.

② 参见〔德〕汉斯·阿亨巴赫:《德国经济刑法的发展》,周遵友译,载《中国刑事法杂志》2013 年第 2 期。

③ 参见涂龙科:《经济刑法规范特性研究》,上海社会科学院出版社 2012 年版,第 14—15 页。

济刑法范围之内。理论上,我国通常所指的经济刑法是狭义的经济刑法,与
"破坏社会主义市场经济秩序罪"对应。即使有些场合采纳扩张的经济刑法
概念,也是认为还可以包括"侵犯财产罪""贪污贿赂罪",乃至"妨害社会管理
秩序罪""渎职罪"中某些与经济相关的犯罪。因此,我国学者主要从经济管
理角度理解经济刑法,德国学者则认为经济刑法是有关经济的刑法,德国经
济刑法之下的劳动刑法的概念根植于其特有的法律体系及相关法律概念。

　　第二,我国不采纳广义刑法的概念,严格区分违法与犯罪。德国采纳广
义刑法概念,刑法典属于真正刑法。随着1952年德国《违反秩序法》的颁布,
联邦德国开始将广义刑法区分为真正的刑事法和违反秩序法,此后继续深化
这种区分,犯罪行为与违反秩序行为在可罚性上存在区别,后者科处罚款。[①]
我国刑法显然明确区分罚金与罚款这两种法律责任,两者既规定在不同法律
中,概念上也没有广义刑法这类上位概念。因此"刑罚和罚款"中,我国只能
借鉴"刑罚"这个因素。

　　第三,我国可以借鉴"劳动力市场"的概括定义模式。德国劳动刑法在经
济刑法之下,所以还是一以贯之地从市场角度界定劳动刑法,并且采纳了"劳
动力市场"这个切入点。实际上,德国劳动刑法中劳动力市场是规制重点,严
重的非法就业被犯罪化。《雇员转让法》是劳动领域中熟悉的专业术语,也
称作'雇员借用法',属于劳动刑法中的核心内容"[②],雇主未经批准借用外国
雇员5人以上的构成犯罪。同时,《促进打击非法就业和打黑工行为法》对各
种非法就业行为进行了规范,雇主未经批准雇用外国雇员5人以上的行为同
样构成犯罪。因此,德国劳动刑法的概念是对德国相关法律的总结。劳动力
市场、非法就业之类,尚没有构成我国劳动刑法特殊的问题域,我国劳动刑法
的概念中不宜借鉴"劳动力市场"。不过,这种在劳动刑法概念中植入劳动法
特有因素的模式值得借鉴。劳动刑法必须从劳动法中寻求核心因素。不过,
是否一定要局限于劳动者、劳资关系、劳动权这类概念,值得进一步思考。

　　2. 法国的劳动刑法概念分析

　　法国的劳动刑法概念主要从劳动关系角度界定劳动刑法。简单型定义
如"劳动刑法是主要适用于雇员与雇主之间关系的刑事法律规范总和";叙明
型定义如"劳动刑法是适用产生于私人雇主与在他们借助于薪水补偿权威之

---

① 〔德〕汉斯·海因里希·耶赛克、托马斯·魏根特:《德国刑法教科书》(上),徐久生译,中国
　法制出版社2017年版,第84—88页。

② Alexander Ignor, Stephan Rixen: Grundprobleme und gegenwärtige Tendenzen des
　Arbeitsstrafrechts-Das Gesetz zur Erleichterung der Bekämpfung von illegaler Beschäftigung und
　Schwarzarbeit und die Sanktionsregeln des neuen Arbeitsver-mittlungsrechts-NStZ,2002,p. 512.

下劳动的人之间形成的个别或集体关系的法律规范总和"①。前述两个定义都聚焦劳动生产领域的参与双方,即雇员、雇主;叙明型定义对于雇员从实质层面作了具体界定,同时明确劳动关系的具体内容即个别关系、集体关系。法国劳动刑法的定义模式采取了与德国类似的概括式定义,只是从劳动法中选取的特征元素不同。考察我国劳动刑法相关法律现象,我国劳动刑法如果采纳"适用于劳动者与用人单位之间关系的刑事法律规范总称"②这类定义并不妥当。因为法国劳动刑法的概念是对法国劳动法、刑法立法体例以及主要内容的总结,其定义模式不适用我国。

第一,法国在社会立法方面有专门的《劳动法典》,劳动刑法的特有犯罪主要由该部法典规定。因此,法国的劳动刑法是从适用于法国劳动法的刑法角度界定的。《劳动法典》将劳动法的执行与刑罚相连,立法逻辑在于以刑罚作为保障劳动法被遵守的法律责任形式,从劳动关系考虑,雇主或雇员的哪些行为应该被犯罪化。当然,绝大多数场合,都是雇主的严重违法行为被犯罪化,涉及雇员刑事责任的条款很少。如《法国劳动法典》第 L8261-1 条不允许雇员超过最高工时(48 小时)进行有偿工作,第 R8262-1 条对雇员超过最高工时有偿工作的行为以五级违警罪处罚。③ 但实际上,检察机关极少对雇员进行刑事追诉。④

第二,法国虽然将劳动刑法界定为刑事法律规范,但相比我国而言,其刑法概念仍为广义刑法。前述《法国劳动法典》第 R8262-1 条规定的五级违警罪,根据《法国刑法典》131-13 条⑤,属于最重的违警罪,罚金等级为 1500 欧元以下;而且累犯得依条例部分之规定加重至 3000 欧元,但法律规定违警罪

---

① cours de droit,载法律课程网,http://www.cours-de-droit.net/droit-penal-du-travail-a126527676,2020 年 1 月 31 日访问。

② 劳动关系的双方,外国法一般称雇主、雇员,我国《劳动法》规定为用人单位、劳动者。本书论及外国法、我国法时分别采纳前述两组概念,但是雇主与用人单位、雇员与劳动者是表达功能相同的法律概念。

③ France,Code du travail,art. L8261-1,art. R8262-1.《法国劳动法典》第 L8261-1 条、第 R8262-1 条。《法国劳动法典》条文序号采用千位制,与其他国家法典不同。千位为部分、百位为卷、十位为编、个位为章,连字符后为章内条文序号。如"L8261-1 条",就是第 8 部分、第 2 卷、第 6 编、第 1 章的第 1 条。条文序号以 L 开头的是议会立法部分,以 R 开头的是最高行政法院的法令(条例)部分。根据《法国刑法典》总则规定,重罪、轻罪只能由立法机关规定,违警罪由条例规定;违警罪分为五级,第五级为最重。本书全部法国法律条文,引自法国法律查询数据库(https://www.legifrance.gouv.fr/),以下所引条文,不再一一标注来源。

④ Droit du travail en France,载维基百科,https://fr.wikipedia.org/wiki/Droit_du_travail_en_France,2020 年 1 月 31 日最后访问。

⑤ France,Code pénal,art. 131-13,即《法国刑法典》第 131-13 条,该法典即通常论及的法国新刑法典,1992 年颁布,1994 年 3 月 1 日施行,历经多次修订,最新的是 2020 年 1 月 1 日所作修订。《法国刑法典》的条文序号采百位制,与其他国家法典不同。百位为卷、十位为编、个位为章,连字符后为章内条文序号。第 131-13 条,指第 1 卷、第 3 编、第 1 章的第 13 条。

之累犯构成轻罪者,不在此限。理解前述规定,绝对不能望文生义,教条主义的将此类规定视为刑事罚则从而与我国《刑法》进行类比。"全部比较法的方法论的基本原则是功能性原则,……因此,任何比较法研究作为出发点的问题必须从纯粹功能的角度提出,应探讨的问题在表述时必须不受本国法律制度体系上的各种概念所拘束。"①《法国劳动法典》罚金与监禁适用非常广,劳动刑法概念包括前述违警罪之类的规定。如果将法国刑事法律规范的这种理解植入我国,可能会形成误解。因为我国法律中的罚金、罚款对应的均是法文中的罚金(la peine d'amende)这个词,但是从功能主义角度分析,《法国劳动法典》的罚金不一定相当于我国的刑事罚则,违警罪也不一定相当于我国《刑法》规定的犯罪。

理解法国刑法中的违警罪、罚金,必须注意两点。其一,法国没有"治安管理处罚法"这类对治安违法行为处以行政处罚的专门法律,但刑法规定了违警罪,没有情节显著轻微、危害不大不认为是犯罪的法律条文或者刑法理论。法定刑最高罚金1500欧元的是违警罪(累犯3000欧元),3750欧元以上罚金的是重罪、轻罪。在法律渊源方面,重罪、轻罪及其刑罚只能由法律规定,违警罪由最高行政法院或者政府的法令、条例规定,但刑罚等级由法律规定,条例只规定属于几级违警罪。

其二,《法国刑法典》将犯罪分为重罪、轻罪、违警罪,违警罪的主刑是罚金,第五级违警罪可能构成轻罪。根据1810年《法国刑法典》第1条规定,刑事犯罪分为重罪、轻罪、违警罪,受违警刑处罚的属于违警罪;以惩治刑处罚的属于轻罪;适用身体刑或名誉刑的属于重罪。② 1992年《法国刑法典》删除了前述规定,不过第111-1条仍规定,犯罪依其严重程度分为重罪、轻罪、违警罪。根据1992年《法国刑法典》第131-1至第131-49条的规定,重罪是适用禁锢③、徒刑、罚金三类主刑的犯罪,轻罪是适用监禁、公共利益劳动、罚金三类主刑的犯罪,违警罪是适用罚金的犯罪。

徒刑、监禁与罚金可以合并适用或者独立适用;附加刑有禁止权利、丧失权利或资格等几十种,三类罪各有规定。禁锢适用于国事犯重罪,是"危害国家基本利益罪"这编犯罪唯一适用的刑罚。徒刑是普通犯罪重刑,由重罪法

---

① 〔德〕K·茨威格特、H·克茨:《比较法总论》,潘汉典、米健、高鸿钧等译,法律出版社2003年版,第46—47页。
② France, Code pénal de 1810, art. 1. 1810年《法国刑法典》,1810年2月22日第1810-02-12号法律创制,1992年12月16日第92-1336号法律(1994年3月1日施行)废止。
③ 有学者翻译为"拘押",《法国新刑法典》,罗结珍译,中国法制出版社2003年版,第11页。不过,后来《法国刑法典》增加了"刑事拘束"的附加刑,为了避免混淆,笔者参照我国香港、澳门特别行政区的译法,翻译为"禁锢"。

院宣告,在时间上为无期或有期(10 年以上 30 年以下),在监狱或禁锢所执行,所犯之罪为法律所特别规定者,可能受固定刑罚执行期限制。所谓固定刑罚执行期,根据《法国刑法典》第 132-23 条规定,获判有期徒刑之宣告刑,并不得缓刑,而徒刑刑期为 10 年以上,且所犯之罪为法律所特别规定者,受刑人于一定固定刑罚执行期间内,不得享有刑罚之暂停或分期、外役监、允许外出、半释放、假释;前款之固定刑罚执行期,为宣告刑期的一半,宣告无期徒刑者该期间为 18 年;重罪法院得以特别决定将此期间定为宣告刑的 2/3,宣告刑为无期徒刑者,得加至 22 年;法院亦得减短该期限;于其他情形法院宣告刑为 5 年以上,并不得缓刑者,亦得宣告此固定刑罚执行期,此期间不得超过宣告刑刑期的 2/3。监禁,是轻罪的剥夺自由刑,期限为 2 个月以上 10 年以下,在看守所执行,例外时在监狱执行,可能被日罚金、公民资格培训或限制、剥夺一些权利所代替。公共利益劳动是指经被判刑人同意,无偿为公法人或公共事业组织提供劳动。

重罪、轻罪、违警罪三类犯罪的区别,体现在法国刑法和刑事诉讼法的方方面面,甚至可以说刑事法就是依据三类犯罪构建的。在未遂犯、狭义共犯、追诉时效、行刑时效、管辖法院、诉讼程序、附加刑、累犯条件等方面,三类犯罪都有不同。有些轻罪,在具备结果加重犯或者累犯、再犯、手段、对象等其他加重情节时,可能构成重罪。违警罪内部分等级,一级违警罪最高罚金 38 欧元,二级违警罪最高罚金 150 欧元,三级违警罪最高罚金 450 欧元,四级违警罪最高罚金 750 欧元,五级违警罪最高 1500 欧元(条例规定累犯的场合,数额可加至 3000 欧元;法律规定违警罪之累犯构成轻罪者,不在此限)。前四级违警罪没有累犯,也不可能因为多次犯罪而构成轻罪,但五级违警罪在条例规定了累犯的场合可以构成轻罪,刑罚直接按相应的轻罪判。

因此,法国刑法采取一元立法体例,其犯罪或者刑法相比较我国而言是广义的。《法国劳动法典》或者其他法典中,以 R 或 D 开头条文规定的罚金,一般场合可以类比为行政罚款;但是 L 开头或者没有字母的条文则是法国法中适用于重罪或者轻罪的主刑,相当于我国《刑法》规定的刑罚。同时,还必须注意,五级违警罪可能构成轻罪,具有行政违法、犯罪的双重性质,大致相当于我国《刑法》规定的犯罪;一级至四级违警罪则相当于我国的行政违法行为。法国劳动刑法的概念是对《法国劳动法典》规定的劳动刑法特有罪名、《法国刑法典》规定的涉及劳动刑法的普通罪名这些刑事规范的概括,其关注点在于雇员或者雇主违反劳动法相关规定时的行政与刑事罚则。我国劳动刑法概念是对分散于《刑法》中的相关罪名以及司法现象的概括,并不局限于劳动法规定的劳动者或者用人单位行为。如果采纳劳动关系来界定劳动刑法的特征,有可能不当缩小劳动刑法的范围。例如,根据最高人民法院《关于审理拒不支付劳动报酬刑事案件适用法律若干问题的解释》第 7 条,用人单位不限于根据劳动法与劳动者正式签订劳动合同的用工人,即使不具备用工主体资格的单位或者个人违法用工同时拒不支付劳动报酬的,也能够成拒不支付劳动报酬罪。该司法解释将拒不支付劳动报酬罪的主体扩张解释到非法用工主体。再如,我国重大安全生产事故屡禁不止,监管不力是主要原因,劳动监察机关渎职行为的刑法适用,可能也需要在劳动安全生产与职业卫生的刑法规制议题之下进行整体研究。

3. 日本的劳动刑法概念分析

日本劳动刑法的概念有广义与狭义两种理解。狭义的主要指严重背离劳动法基准而应适用刑罚的刑事实体法规则;广义劳动刑法是指通常意义上以社会一般生活规范为违法性判断前提的罚则。[①] 日本劳动刑法的广义与狭义区分性概念,为我国台湾地区学者所借鉴,将狭义劳动刑法解释为旨在为劳动法规范设定直接而且排他的强行法规范。[②]

日本采取广义、狭义的区分定义模式,是基于对两组立法与司法现象的观察。其一,个体与集体劳动关系;其二,劳动者或者用人单位实施的与劳动关系相关的普通犯罪以及与劳动法特别相关的犯罪。日本劳动刑法概念的特点在于认为前述两类犯罪都属于劳动刑法范畴,广义劳动刑法外延所及的犯罪虽然不与劳动法特别相关,但既然涉及集体劳动关系,也当然属于劳动刑法的范畴。这种模式没有通过概括式定义总结两类犯罪行为的共性特征,而采用区分方式列举各自的范围。区分定义模式的优点在于狭义、广义之间界限明显,而且狭义劳动刑法的范围比较确定。但是,广义劳动刑法概念的首要功能在于承认劳动刑法具有扩展性,从而包括一些劳动者或者用人单位实施的与劳动关系相关的普通犯罪行为。那么,采取广义的劳动刑法概念应该进一步综合劳动相关犯罪的特征,给出概括式定义,以明确劳动刑法外延。这一点,值得我们进一步思考。

(二) 我国劳动刑法概念及特征的重新审视

1. 我国劳动刑法的概念

我国有学者直接采纳日本学者概念。[③] 还有学者则借鉴日本以及我国

---

① 参见〔日〕庄子邦雄:《劳动刑法》(总论),日本有斐阁 1975 年版,第 1 页。

② 参见黄越钦:《劳动法新论》,中国政法大学出版社 2003 年版,第 38 页。

③ 参见张勇:《劳动刑法:侵权与自救的刑事一体化研究》,上海人民出版社 2011 年版,第 45 页。

台湾地区有关广义劳动刑法的概念,认为劳动刑法是旨在预防劳动犯罪与规范劳动者集体争议的相对强制规范,主要采取轻轻重重模式①;并从外延上将劳动刑法分为广义劳动刑法与狭义劳动刑法,前者是指与劳资纠纷相关的罪名,包括聚众扰乱社会秩序罪等,后者指特别针对用人单位侵害劳动者权利所设立的犯罪,包括强迫劳动罪等。② 我国学者借鉴日本劳动刑法概念,从规范形态等维度进行界定,有一定的合理性。不过,"所谓定义,主要是划定不同事物之间的界限,以便概念的语词可以形成一个特定范畴"。③ 劳动刑法概念的重要功能在于限定特征,以便与经济刑法、环境刑法这类概念区别。从这一点上分析,如果以前述概念分析我国刑法典,似乎还难以确定符合该定义的规则体系。对此,哈特研究"法律是什么"的逻辑过程可以给我们启示。哈特讨论法律的定义时首先提出三个问题,即:法律与以威胁保证实施的命令之间的相同点以及不同点? 法律与道德的相同点以及不同点? 规则的根本属性以及规则能够视为法律的要素?④

遵循哈特的研究路径,对于劳动刑法还有三个问题可能需要重新审视。(1) 劳动刑法与经济刑法、环境刑法的联系与区别是什么? (2) 劳动刑法涉及宪法、劳动法、环境法与刑法等多部门法的交叉,是否意味着其性质也是"复合法律规范体系"而不是刑法? (3) 我国劳动刑法的概念是建构性的,从而是学者主张的劳动刑法应然规范模式? 还是描述性的,从而属于我国有关劳动法的刑事立法与司法现象的实然规则总结?

简而言之,一方面应该借鉴德国、法国及日本劳动刑法概念来确定我国劳动刑法的核心要素,另一方面也应该注意到三个国家劳动刑法概念的法律基础与我国不同。德国劳动刑法是经济刑法的一个分支,法益也在于保障经济秩序,所以劳动刑法的重心在劳动力市场,《刑法》只是规范劳动报酬方面的内容,非法用工领域单行法是立法和司法的重心之一。法国劳动刑法的重心在于劳资关系,广义刑法的概念以及专门劳动法典的立法体例,使得劳动刑法的概念包括所有解决雇员与雇主之间关系的行政法与刑法规则。日本劳动刑法的概念区分为广义与狭义,分别对应集体劳动关系与个别劳动关系。我国涉劳动关系的犯罪不专属于《刑法》分则第三章"破坏社会主义市场经济秩序罪",也没有劳动领域犯罪的专门立法,同时我国宪法也不承认集体劳动关系即所谓"劳动三权",因此借鉴德国、法国、日本的劳动刑法概念,关

---

① 参见姜涛:《劳动刑法制度研究》,法律出版社 2013 年版,第 155 页。

② 同上书,第 155—156 页。

③ H. L. A. Hart, *The Concept of Law*, reprinted by China Social Sciences Publishing House, 1999, p. 13.

④ 参见同上。

键在于承认"劳动刑法特殊性",刑事立法与司法方面涉及劳动领域犯罪与刑罚问题时应该充分考虑劳动法的特点。综上,劳动刑法是规制劳动生产过程中犯罪及刑罚问题的刑法分支部门。

之所以劳动与生产并称,是因为我国劳动法中《中华人民共和国劳动法》(以下简称《劳动法》)、《中华人民共和国安全生产法》(以下简称《安全生产法》)属于核心法律规范,前者主要采用"劳动关系""用人单位与劳动者"这组法律术语,后者采用"安全生产工作""生产经营单位与从业人员"这组术语,不过两部法律往往交叉适用,故而往往劳动生产并称,劳动刑法的概念也应如此。确定"劳动生产过程"作为劳动刑法核心要素的主要原因在于,我国刑法总则仅有个别条款与劳动生产领域相关,分则相关罪名比较分散,无论是劳动法还是刑法,"拒不支付劳动报酬罪"的司法实践都承认事实劳动关系;而且我国广泛存在的劳务派遣、非全日制工作、劳务外包等非典型劳动关系对于刑事司法也有影响。因此,劳动刑法的调整范围并不局限于劳动者与用人单位依据《劳动法》签订劳动合同建立的典型或标准劳动关系所引发的刑事责任问题,劳动关系并不足以概括其中的立法或司法现象,"劳动生产过程"这样动态的事实性概念更能准确涵盖劳动刑法所需关注的问题领域。下面结合前述三个问题进一步分析劳动刑法的特征。

2. 我国劳动刑法的特征

第一,劳动刑法的调整对象是劳动生产过程中发生的犯罪行为,内容具有特殊性,与经济刑法、环境刑法具有交叉性。对于劳动关系参与主体的法律概念,我国《劳动法》第 2 条、《劳动合同法》第 2 条、《中华人民共和国职业病防治法》(以下简称《职业病防治法》)第 2 条均采纳"劳动者""用人单位"的称谓,《安全生产法》第 2 条、第 6 条则采纳"从事生产经营活动的单位"(即生产经营单位)、"生产经营单位的从业人员"的法律概念。因此,劳动法领域,劳动、生产有时可以互相替代,有时劳动生产合用,以表示工作的过程。笔者采纳"劳动生产"这个术语来限定劳动刑法的范围。

劳动生产过程应该与我国劳动法的范围一致。我国劳动法的内容包括劳动就业法(包括就业调控、公平就业、就业管理、就业服务)、劳动关系法(包括个别劳动法、集体劳动法)、劳动基准法(包括工资、工作时间与休息休假、劳动安全卫生)、劳动权利救济法(包括劳动监察、劳动争议处理)。[①] 刑法是保障法,是保障劳动法实施的刑罚规范。因此劳动刑法涉及劳动就业、劳动关系、劳动基准、劳动权利救济这四个领域严重危害社会行为的犯罪化与非

---

① 参见林嘉:《劳动法的原理、体系与问题》,法律出版社 2016 年版,第 44 页。

犯罪化、定罪量刑问题。犯罪化与非犯罪化是劳动刑法的立法完善问题,定罪量刑是劳动刑法的司法适用问题。

第二,劳动刑法调整对象的特殊性与劳动刑法性质的明确性并不矛盾,劳动刑法是刑法的分支。前文关于德国、法国、日本劳动刑法概念的分析均表明,劳动刑法均属于刑法分支。日本稍微有些特别,因为日本特别关注集体劳动争议刑事免责问题,这涉及刑法总论规则,所以日本对于劳动刑法形成了广义和狭义两种不同理解。德国以及法国的劳动刑法概念均是指刑法各论的专门规范体系。劳动刑法概念是对刑法这个部门法之下特定亚部门法规则的体系归纳。笔者赞成前述三个国家关于劳动刑法属于刑法规则体系的定位。当然,这绝非否认劳动刑法与劳动法具有交叉性。正是基于这一点,我国有学者主张,劳动刑法不同于刑法,也不同于劳动法律,具有交叉性,劳动刑法研究并不明确区分刑法学与劳动法学之间的界限。①　笔者认为,这种论断并不太妥当,劳动刑法的调整对象与劳动刑法的法律定位是两个问题,不可混淆。劳动刑法的调整对象当然与劳动领域具有高度相关性,因此具有其特殊性。实际上,经济刑法也有类似特点。但不能因此认为经济刑法既不是刑法也不是经济法,而是所谓自成体系的法律规范。而且,劳动刑法还可能涉及劳动权的性质、用人单位不落实污染防治"三同时"制度的法律责任、劳动者背信行为的法律责任等问题,实际还与宪法、环境法、经济刑法等相关。显然,劳动刑法与相关部门法具有高度交叉性,但这并不妨碍劳动刑法属于刑法的分支法律规范体系。鉴于德国、法国法采纳广义刑法概念,基于功能主义比较法,笔者认为将劳动刑法定义为刑罚法而不是刑法更加符合其特征。

第三,劳动刑法属于刑法规则中的特定类型,应该借鉴外国劳动刑法概念,从实然角度归纳我国有关劳动法的刑事立法与刑事司法现象特征。劳动刑法是刑法的下位概念,刑法又是法律的下位概念,因此劳动刑法概念要体现与法律概念的联系与区别,阐述劳动刑法作为刑法规则体系中专门组成部分的特征。所以,劳动刑法作为特定法律规则类型可以采取轻轻重重的罪刑结构,从而强化劳动法相关规则的执行力。劳动刑法的基本原则、立法完善建议之类,可以在劳动刑法学的理论框架内研究,但不是劳动刑法这个法律下位概念的特征因素。

另外,劳动刑法的调整对象不包括公部门劳动者工作过程中发生的犯罪行为。我国《劳动法》第 2 条规定,凡是我国境内的企业、个体经济组织、国家

---

①　参见姜涛:《劳动刑法制度研究》,法律出版社 2013 年版,第 17 页。

机关、事业组织、社会团体即用人单位和与之形成劳动关系的劳动者,适用本法。前述国家机关、事业组织、社会团体中的一般劳动者即聘用制人员。不过,国有事业单位的全员聘任制改革已经全面铺开,单位工作人员均签订劳动合同,是否意味着涉及公部门劳动者工作过程中的犯罪行为也属于劳动刑法的范畴呢? 这个问题需要结合外国法经验与我国具体情况分析。外国法中,劳动法对于公部门、私部门劳动关系分别立法,劳动刑法调整私部门涉及的犯罪行为。世界各国对于公部门、私部门的劳动关系都是分别立法的。公部门劳动关系有其特殊性,其刑事责任与私部门劳动关系有区别。例如,日本分别制定《日本劳动关系调整法》适用于私营企业的劳动关系,《日本国家公务员法》与《日本地方公务员法》适用于公务员的管理,《日本关于特定独立行政法人等的劳动关系的法律》①规范国营企业以及特定独立行政法人。而且,日本关于集团性劳动关系的劳动刑法规范是禁止公务员争议行为的,相关条款包括《日本国家公务员法》第 98 条第 2 款前段、第 110 条第 1 款第 17 项;《日本地方公务员法》第 37 条第 1 款前段、第 61 条第 1 款第 4 项。

总之,结合我国《刑法》第 93 条的规定,我国的公部门劳动关系主要指公务员或者参照公务员管理的人员与单位之间的关系,包括国家机关、事业单位、人民团体中国家工作人员与单位的劳动关系,以及国有公司、国有企业中国家工作人员与单位的劳动关系。国家机关、事业单位、人民团体工作过程中遵循组织法等行政管理规范而非劳动法,是纯正的公部门。国有公司、国有企业中的人事管理分为公务员管理、聘用制管理两部分,不过作为公司、企业,还是具有《安全生产法》第 2 条规定的"生产经营单位"性质,因此发生在国有公司、国有企业劳动生产过程中的犯罪行为,属于劳动刑法范畴。

二、劳动刑法的法益

我国没有学者专门论述劳动刑法的法益。不过论证劳动刑法的价值或者规范定位时,对该问题有所涉及。总体看来,有劳动法益、劳动权益、劳动权三种学术观点。劳动法益论将劳动领域的公平视为劳动利益的核心,包括机会均等与保护力度均衡,以及劳动者与用人单位的利益平衡。②简而言之,劳动法益论认为,劳动刑法的法益是劳动法益,劳动法益是指劳动上的实质平等。因此,该观点实际主张劳动者的公平劳动权是劳动刑法的法益。同

---

① 即 1948 年制定的《日本公共企业体等劳动关系法》,该法 1986 年修订为《日本国营企业劳动关系法》,1999 年更名为《日本国营企业及特定独立行政法人劳动关系法》,2002 年更名为《日本关于特定独立行政法人等的劳动关系的法律》。

② 参见张勇:《劳动刑法:侵权与自救的刑事一体化研究》,上海人民出版社 2011 年版,第 76 页。

时,劳动权益论认为,劳动者在生产劳动过程中应当获取的利益受不同法律的梯度保护,刑法作为最为严厉的法律调控手段,对劳动者权益自应发挥最终保护作用;但在现实社会生活中,侵犯劳动者合法权益的行为却屡禁不止,而且司法机关很难对其进行刑事制裁,关键在于刑法没有具体规定,因此立法机关必须加强劳动权益保护的刑事立法。① 同时,按照劳动权益论的理解,劳动刑法的法益在于劳动者的权益。最后,劳动权说为多数学者所倡导。其核心论点是刑法的首要机能是法益保护,当严重的社会危害行为发生显著变化时,刑事立法也应该随之调整,但是我国保护劳动权的法律法规通常是与计划经济体制匹配的,对于当前社会以及经济形态的变化回应不足;在行政法实施效果不明显时刑法的介入是最佳选择。② 还有学者进一步提出,劳动权保护是社会政策领域的核心概念之一,在社会契约论之下,人类所构建的刑法图景仅仅实现了形式上平等,另一半实质正义需要刑法对处于社会弱势地位的劳动者规定特殊的罪刑规范。③ 因此,劳动权说认为,劳动刑法的法益是劳动权。

综上,实际上前述三种观点殊途同归,本质都认为劳动刑法是对劳动权的刑法保护。基于这种理论逻辑,其根本观点还是主张劳动刑法的法益是劳动权。笔者认为,这种观点不妥,理由如下。

第一,"劳动权"在我国不是法律概念而是学理概念,对其性质与定义尚有不同理解。首先,《中华人民共和国宪法》(以下简称《宪法》)第 42 条使用"劳动的权利"概念,规定公民有劳动的权利和义务。从规则的内容分析,我国《宪法》第 42 条规定具有浓厚的社会主义制度情结,主要是强调新中国公民绝不能像资本家一样不劳而获、剥削人民,因此"劳动"被赋予了政治含义,"劳动模范"成为国家政治生活的一项重要内容,"劳动"作为一种权利的法律属性在宪法中并不明确。"劳动权"在宪法中的地位如何,尚需要劳动宪法学进一步研究。我国学者根据我国宪法的结构、权利主体与客体的内在关系等论证,宪法中"劳动的权利"是目的性权利而非工具性权利。④ 不过,这种观点尚未成为主流观点。

《劳动法》使用"劳动权利"概念,第 3 条规定了劳动者享有的平等性就业、择业以及获取报酬、享受休假、保险和福利、获得安全卫生保护、接受技能培训、提请劳动争议处理等劳动权利。因此,"劳动权"在我国只是学理概念,

---

① 参见孙燕山、孙凤君、顾维忱:《论劳动权益的刑法保护》,载《政治与法律》2004 年第 2 期。
② 参见严励、刘志明:《我国劳动刑法保护研究》,载《山西大学学报(哲学社会科学版)》2002 年第 3 期。
③ 参见姜涛:《劳动刑法制度研究》,法律出版社 2013 年版,第 210—211 页。
④ 参见刘强:《论劳动权的权利性质》,载《学术交流》2018 年第 9 期。

劳动法学者通常围绕劳动法讨论劳动者享有哪几种具体的劳动权利。也有劳动法学者提出,应该以劳动权的概念为轴心建立起劳动法学的理论体系,广义上的劳动权是指劳动者个人或团体享有的所有与劳动有关的权利,包括个体劳动权和集体劳动权、宪法上的劳动权和劳动法上的劳动权、劳动关系中的劳动权和与劳动关系密切联系的社会关系中的劳动权、实体劳动权和程序劳动权、消极性的自由权和积极性的社会权(受益权);狭义的劳动权则指就业权,是指劳动者期待国家和社会提供充足工作岗位的权利,是一种积极性的社会权(受益权)。①

同时,必须充分认识我国与日本、德国劳动权概念的差别。日本与德国关于劳动权的理解在外延方面略有不同。日本通常侧重于从为劳动者提供就业岗位角度理解劳动权,其权利内容一方面包括期待国家提供充足的工作岗位以使劳动者获取薪酬,属于劳动权的积极面向,另一方面包括对于用人单位单方解除劳动合同的限制,使得劳动者能够根据法律的强行性规则抵制用人单位的非法解约行为,这是劳动权的消极面向。不过随着经济的发展以及劳动者维权诉求的日益增长,职业培训、工作岗位信息公开等也成为劳动权的固有内容。在德国,劳动权的概念通常比较宽泛,包括求职并获取劳动报酬,以及享受休假和职业卫生保护等权利。② 德国自 1919 年《魏玛宪法》开始,在宪法中将劳动权规定为社会基本权利的一种,并非保障所有国民都有工作机会,而是国家基于"可能性保留"原则在可能与适宜范围内保障劳动者的尊严。③ 分析德国与日本劳动权的概念,既包括劳动者获得工作的内容,也包括保障劳动条件的权利内容,两者之间界限不清晰。日本所谓积极的劳动权实际上就是实体劳动权,即就业权;消极劳动权就是程序救济权,属于就业保护权,是对劳动权的程序保障。

因此,无论是分析《劳动法》第 3 条还是国内外学理的广义劳动权概念,目前形成的共识是劳动权属于综合性权利,涉及公民权利的不同层面,范围非常广泛,与劳动生产或与劳动相关。正因为如此,采用"劳动权"这样法律定位不明确且外延限定性不强的概念来界定劳动刑法的法益并不妥当。

第二,劳动权与人身权、财产权等民事权利属于私权不同,是社会权的一种。很早之前,民法学者即将劳动权作为民事权利的一种,将其视为人身权中的身体权④,这种观点并没有得到立法支持。理论上对于个人信息权的性

① 参见林嘉:《劳动法的原理、体系与问题》,法律出版社 2016 年版,第 65 页。
② 参见冯彦君:《劳动权论略》,载《社会科学战线》2003 年第 1 期。
③ 参见张晓明:《宪法权利视野下的劳动权研究》,知识产权出版社 2013 年版,第 31—32 页。
④ 参见郭明瑞、房绍坤、唐广良主编:《民商法原理(一)民商法总论·人身权法》,中国人民大学出版社 1999 年版,第 415—420 页。

质有争议,《中华人民共和国民法总则》(以下简称《民法总则》)第 110 条"等
权利"①、第 111 条"自然人的个人信息受法律保护"的规定,为在民事权利范
围内从与隐私权界分角度讨论个人信息权的概念、性质初步提供了立法基
础。但是,"民事权利"这章并没有特别规定劳动权,因此在民事权利范围内
讨论劳动权尚缺乏立法基础。正是基于保障民事权利的需要,人身权、财产
权通常被视为侵犯人身犯罪、侵犯财产罪的法益,劳动权属于劳动者享有的
权利,并不属于民事权利范畴,将之视为劳动刑法的法益尚没有充分理由。

　　劳动权是社会权,兼具公权与私权的性质。如果将劳动权视为劳动刑法
的法益,可能有以偏概全之嫌。将权利分为公权与私权是大陆法系的传统。
"法律根据说"以权利所依据的法律作为区分标准,根据公法之规定者为公
权,根据私法之规定者为私权。② "法律保障说"认为公法所保障的权利为公
权,私法所保障的权利为私权。③ 由于公法与私法相互融合发展,学理上逐
步承认了社会权,又称受益权、积极权利或社会基本权利,是一种请求国家积
极作为的权利而非消极的防御权,一般不具有可诉性而难以被法院执行。④
社会权的不可诉性是基于国家义务纲领性规定理论,认为宪法条文的内容需
要通过其法律的配合才能实施,而具体立法的规定又需要考虑国家政策。⑤
日本有学者对前述理论提出批评,认为劳动权、教育权等作为生存权的侧面具
有社会权性质,国家应负有积极干预的义务,如果国家不履行该义务,公民可对
其提出"不作为违宪"的诉讼。⑥ 但这种观点并没有获得广泛支持。

　　因此,基于劳动权第三种权利的性质,劳动者的劳动权利不限于人身权、
财产权。《刑法》分则规定的劳动特有犯罪分散于不同章节。强迫劳动罪、雇
用童工从事危重劳动罪属于侵犯劳动者人身权的犯罪,拒不支付劳动报酬罪
属于侵犯劳动者财产权的犯罪,重大劳动安全事故罪、重大责任事故罪等属
于危害公共安全的犯罪。所以,劳动特有犯罪并非仅仅只有用人单位(包括自
然人)才能构成。劳动关系领域严重违反劳动法,行为构成犯罪的,主要是用人
单位,如强迫劳动、雇用童工、拒不支付劳动报酬等。不过,劳动基准领域,《安

---

① 我国原《民法总则》第 110 条规定:"自然人享有生命权、身体权、健康权、姓名权、肖像权、名
　誉权、荣誉权、隐私权、婚姻自主权等权利。法人、非法人组织享有名称权、名誉权、荣誉权
　等权利。"
② 参见梁慧星:《民法总论》,法律出版社 2001 年版,第 78 页。
③ 参见林来梵:《从宪法规范到规范宪法:规范宪法学的一种前言》,法律出版社 2001 年版,第
　79 页。
④ 参见张千帆主编:《宪法学》,法律出版社 2004 年版,第 217—218 页。
⑤ 参见林嘉:《劳动法的原理、体系与问题》,法律出版社 2016 年版,第 67 页。
⑥ 参见〔日〕大须贺明:《生存权论》,林浩译,吴新平审校,法律出版社 2001 年版,第 13—14
　页。

全生产法》第 3 章同样规定了从业人员(劳动者)的安全生产义务,劳动者严重违反劳动基准的行为同样构成犯罪,例如重大责任事故罪。

因此,劳动权在我国不属于法律概念,论及劳动刑法的法益时从劳动权利角度研究更合理,"劳动刑法是劳动权的刑法保护"命题具有一定的片面性。同时劳动刑法是劳动法的保障法,劳动法作为社会法,国家强行法占有相当重要比重。劳动法为用人单位、劳动者等均设定了权利、义务,同时也为劳动监察机构、安全生产监督管理部门等相关劳动保障行政机关规定了职责,前述三方不依据劳动法履行义务或职责的行为如果具有刑罚必要性,都有可能触犯劳动刑法,构成劳动特有犯罪或者劳动关联犯罪。劳动刑法并不具有单一法益,其法益属于共同法益。基于个人法益、社会法益、国家法益三分法,劳动刑法的法益主要包括:(1)劳动者的劳动权利,这是劳动刑法的核心法益,劳动权利可能分别具有人身权或财产权属性,属于个人法益范畴。这类一般是用人单位(含自然人)实施的严重侵犯劳动者劳动权利的犯罪,例如强迫劳动罪、拒不支付劳动报酬罪等。(2)公共安全、国家机关的正常活动,属于社会法益或国家法益范畴。这类主要发生在安全生产保护与职业卫生管理领域。如《安全生产法》第 1 条①对于立法目的之规定并不局限于劳动者个人的人身及财产权利。因此,生产经营单位、从业人员、用人单位(包括自然人)、安全生产监督管理部门等相关劳动保障行政机关的严重违法行为所侵害的法益已经超出了个人法益范畴,而成为社会法益,即公共安全;或者国家法益,即国家机关的正常管理活动。(3)用人单位(含自然人)的人身权或财产权,也属于个人法益范畴。这类主要是劳动者实施的劳动关联犯罪,如暴力"讨薪"严重侵害用人单位(含自然人)人身权或财产权的行为。(4)公共秩序,属于社会法益范畴。这类主要发生在群体性劳动争议事件中,即使遵循刑法谦抑主义,劳动者或者组织劳动者进行集体行动人员也可能涉嫌妨害公务罪、聚众扰乱社会秩序罪,此时劳动关联犯罪的法益又涉及公共秩序。

可能有论者会认为,劳动刑法的法益既然都可以为刑法已有犯罪包括,那么劳动刑法概念的价值何在呢?笔者认为,劳动刑法概念最重要的贡献在于,刑事立法、刑事司法中必须注重劳动刑法的特殊性,从而对于劳动生产过程中发生的严重危害社会行为在思考犯罪化与非犯罪化、定罪量刑等问题时建立体系性思维。劳动刑法法益并非单一法益,恰恰表明,即使这些规则分散规定于《刑法》分则各章,不属于我国刑法传统的同类客体范畴,也应该从

---

① 我国《安全生产法》第 1 条规定:"为了加强安全生产工作,防止和减少生产安全事故,保障人民群众生命和财产安全,促进经济社会持续健康发展,制定本法。"

劳动刑法的法益保护机能出发,根据劳动法不同领域规则的目的解释劳动就业、劳动关系、劳动基准、劳动权利救济中严重违法行为的刑罚必要性。实际上,德国劳动刑法也如此,其法益并不在于对侵害具体个人合法权益(如生命,健康,自由)行为的刑罚和罚款,它更多是保护面向未来的共同法益,法益具有模糊性,部分规范通常通过目的解释扩大其适用范围,模糊的共同法益又反过来给含糊的法律条文提供定罪解释方向。①

三、劳动刑法的体系

劳动刑法学的价值在于对劳动生产过程中严重危害社会行为的犯罪化与非犯罪化、定罪量刑问题进行专门理论研究,因此劳动刑法学是与经济刑法学并列的刑法分支学科。经济刑法学是以《刑法》分则第三章"破坏社会主义市场经济秩序罪"为基本研究对象的刑法分支学科。劳动刑法学的研究对象是劳动生产过程中的犯罪行为,因此不可避免会与经济刑法学有交叉性。例如国有企业劳动者实施的侵害用人单位的经济犯罪行为涉及劳动刑法学、经济刑法学的交叉研究。另外,劳务派遣工等非典型劳动者的身份认定涉及刑法学与劳动法学的交叉研究。但是,诚如经济刑法学与财税法、证券法等经济法学问题的交叉,与该分支学科的基本任务在于解决经济犯罪的刑事立法与司法问题并不冲突。因此,劳动刑法学是研究劳动生产过程中严重危害社会行为的犯罪化与非犯罪化、定罪量刑问题的刑法分支学科。

借鉴国外以及我国台湾地区的理论研究路径,笔者认为应该结合我国劳动生产的法律分析我国劳动刑法立法、司法现象,从刑法总论与各论两方面界定劳动刑法的体系。

(一)劳动刑法的总论问题

劳动刑法的总论问题,主要包括劳动刑法的概念、法益和基本原则、我国《刑法》第 37 条之一职业禁止条款、《刑法》第 100 条前科报告条款与劳动权平等原则的关系。劳动刑法的基本原则涉及劳动刑法的整体立法、司法指导思想,其重要性不言自明,本书下文专门论述。《刑法》第 37 条之一职业禁止条款涉及该条款在劳动生产过程中的具体适用问题。同时,我国《刑法》第

---

① Alexander Ignor, Stephan Rixen: Grundprobleme und gegenwärtige Tendenzen des Arbeitsstrafrechts-Das Gesetz zur Erleichterung der Bekämpfung von illegaler Beschäftigung und Schwarzarbeit und die Sanktionsregeln des neuen Arbeitsver-mittlungsrechts-NStZ,2002, p. 511.

100 条①规定的犯罪记录报告制度是否涉及就业歧视也是一个理论议题。劳动就业过程主要遵循劳动权平等原则，关键在于反歧视。世界各国刑罚一般不介入就业歧视领域，我国刑法分则也没有相关罪名，但我国《刑法》第 100 条的规定可能会导致用人单位以及社会公众了解求职者的犯罪事实。而且，对刑满释放人员或多或少还有些淡漠以及不信任的社会心理存在，社会公众这种法律之外的社会评价对于国家希望刑满释放人员尽快复归社会的政策导向会形成阻碍作用。② 显然，用人单位如果知晓求职者的前科，很可能会影响行为人平等就业的机会。因此，我国《刑法》第 100 条与劳动权平等原则的关系是劳动刑法总论议题。

此外，有学者主张集体劳动争议的刑事责任属于刑法总论及各论有关犯罪化的问题。该学者主张，集体的劳资冲突通常是对象性的，既包括劳动者依托工会或者多人共同实施的维权行动，也指用人单位以各种手段阻碍劳动者共同维权行动的行为；因此我国刑法应考虑增设危害工会活动相关罪名，规制自然人或者单位通过暴力等形式阻碍劳动者合法集体维权行动的行为。③ 同时，认为《日本劳动组合法》第 1 条第 2 款对集体劳资争议在区分正当与不正当的基础上分别规定不同的刑事责任模式，对中国劳动刑法具有重要借鉴意义；提出正当的集体劳资争议应该被认定为违法阻却事由，同时可以依法追究不正当集体性劳资争议的刑事责任。④ 笔者认为，集体劳动争议的刑事责任尚不属于我国刑法总论问题，日本劳动刑法重视该议题有其特别的立法与历史背景。而且，《劳动关系意见》第一部分采取了"集体停工和群体性事件时有发生"的措辞。因此，该问题在我国劳动刑法视域内应表述为"群体性劳动争议事件的刑法适用"，是与劳动刑法特殊性相关的罪名适用议题，属于劳动刑法各论中涉及集体劳动关系的刑法适用问题。

日本劳动刑法具有与我国不同的立法背景。集体劳动争议的刑事责任成为日本劳动刑法的核心议题，与日本立法受美国法影响有关。台湾地区受日本立法影响，进而该议题也成为劳动刑法总论的重要理论问题。美国国会 1935 年通过了《美国国家劳动关系法》即《瓦格纳法案》，是美国联邦劳工法

---

① 我国《刑法》第 100 条规定："依法受过刑事处罚的人，在入伍、就业的时候，应当如实向有关单位报告自己曾受过刑事处罚，不得隐瞒。犯罪的时候不满 18 周岁被判处 5 年有期徒刑以下刑罚的人，免除前款规定的报告义务。"

② 参见于志刚：《"犯罪记录"和"前科"混淆性认识的批判性思考》，载《法学研究》2010 年第 3 期。

③ 参见姜涛：《劳动刑法视域下集体劳资纠纷的刑法规制模式》，载陈兴良主编：《刑事法评论》第 25 卷，北京大学出版社 2009 年版，第 568、573 页。

④ 参见姜涛：《集体劳资争议的刑事责任研究——以日本〈劳动组合法〉第 1 条第 2 款为中心》，载《浙江社会科学》2011 年第 10 期。

的最基本立法。《美国国家劳动关系法》组建了国家劳资关系委员会,并规定私部门雇员有权组建工会,就更好的劳动合同条款及工作条件进行集体谈判,必要时采取包括罢工在内的集体行动。① 前述立法规定的基本劳动权利被称为"劳动三权",即劳动者的结社权、集体谈判权和集体行动权②;也可以将前述权利统称为团结权,即指劳动者成立工会并通过工会进行集体谈判和集体行动的权利。各市场经济国家劳动法律的立法与司法都以"劳动三权"作为制度基石。③ 日本劳动刑法受美国法影响,1946 年日本《宪法》第 28 条规定,"保障雇员结社、集体谈判、集体行动的权利",在宪法中明确赋予劳动者基本权利。这条规定成为日本有关集体劳动权后期立法的基本原则。随后,《日本劳动组合法》的制定实现了日本劳动刑法对集体劳动关系刑法规制的重大转向。根据 1949 年《日本劳动组合法》第 1 条第 2 款,《刑法典》第 35 条第 2 款("依照法令或者基于正当业务而实施的行为,不处罚")的规定应该适用于团体交涉或者其他为了保障雇员在工会中自愿组织起来与雇主平等交涉的正当工会活动,但任何使用暴力的场合不能视为工会活动。

　　因此,日本由于第二次世界大战后受美国联邦劳动法影响的历史背景以及日本《宪法》第 28 条、《劳动组合法》第 1 条第 2 款、《刑法典》第 35 条规定的立法现状,工会活动在何种情形下属于正当从而适用刑法免责成为 20 世纪 50 年代至 70 年代劳动刑法的核心理论议题。并且 20 世纪 80 年代以后,随着民间工会活动的衰落,中央与地方政府的公务员以及国营与公共企业雇员的集体行动在何种情形属于《刑法》第 35 条违法阻却的范围也继续成为劳动刑法的议题。与日本类似,我国台湾地区"劳工法"调整两方面社会关系,一为劳动关系,主要是劳资关系,二为附随劳动关系的一些社会关系,如保障工会活动等所涉及的社会关系。④ 刑法上对于团结权经历了立法禁止到保障、规范的过程。台湾地区将劳动刑法分为四种类型:(1)逮捕劳动者的刑罚,如初期压制劳动者的法规,包括团结权的禁止;(2)劳动保护的刑罚,如对严重违反劳动基准的行为处以刑罚;(3)保障团结的刑罚,如对阻碍保障团结权的行为施以刑罚;(4)规制团结活动的刑罚,即对于劳工运动运用刑罚法规进行介入。⑤

---

① 29 U.S.C. § 157.

② 我国有学者也称为团结权、集体谈判权、争议权,参见程延园:《"劳动三权":构筑现代劳动法律的基础》,载《中国人民大学学报》2005 年第 2 期。笔者根据直译原则,采取结社权、集体谈判权和集体行动权的学术概念。

③ 参见同上。

④ 参见杨鹏飞:《劳动法律制度比较研究》,法律出版社 2016 年版,第 11 页。

⑤ 参见黄越钦:《劳动法新论》,中国政法大学出版社 2003 年版,第 39 页。

综上,我国《宪法》《刑法》《工会法》与日本的规定不同,群体性劳动争议事件的刑法适用是劳动刑法各论的重要议题,不过尚不涉及总论。我国《宪法》第 42—45 条规定了公民在劳动方面的权利和义务,第 42 条"中华人民共和国公民有劳动的权利和义务"主要从工作权的角度规定。《宪法》第 35 条规定"中华人民共和国公民有言论、出版、集会、结社、游行、示威的自由",为劳动者的结社权提供了宪法保障。《工会法》第 6 条规定了"平等协商和集体合同制度"。宪法与法律并没有特别规定劳动者的集体行动权,集体谈判权也规定不全面。同时,《刑法》也没有依照法令行为、正当业务行为这类概括性刑事免责事由的规定,仅在第 20 条、第 21 条规定了正当防卫、紧急避险,《刑法》第 13 条但书也只是在社会危害性程度方面具有出罪功能。因此,我国司法实务没有将构成要件该当性与违法性分阶层进行判断的裁判规则,期待可能性等所谓"超法规免责事由"在我国没有立法与实践基础。如果将群体性劳动争议事件的刑法适用视为劳动刑法总论问题,则是忽视了比较法研究中域外法律制度与本国社会关系之间的根植性问题。简而言之,集体劳动争议的刑事责任在日本劳动刑法中是与《刑法典》第 35 条违法阻却事由相关的总则条款适用问题。在我国,劳动者的集体行动权尚无法律规定,《刑法》没有适用超法规免责事由的总则条款,因此群体性劳动争议事件的刑法适用不涉及《刑法》总则刑事免责事由相关议题。劳动者的集体行动权是否规定,是《宪法》或《工会法》的立法完善议题,这当然涉及劳动刑法与宪法、劳动法的交叉性研究,但尚未成为劳动刑法的总论议题。

(二) 劳动刑法的各论问题

1. 劳动关系、劳动基准及劳动权利救济三个领域

劳动刑法的各论问题,主要涉及劳动关系、劳动基准及劳动权利救济三个领域。

第一,劳动关系领域主要包括强迫、强制劳动行为、雇用童工行为、职场性骚扰行为、竞业禁止、侵犯商业秘密、非典型劳动关系中的刑法适用等劳动刑法问题。建立、履行、解除、终止个别或集体劳动合同过程中主要遵循劳动自由原则,同时解雇则遵循倾斜保护(劳动者)原则,我国主要依据《劳动合同法》《工会法》《集体合同规定》规范劳动关系。在定罪量刑方面,典型的劳动关系涉及《刑法》第 244 条的强迫劳动罪、第 244 条之一的雇用童工从事危重劳动罪、第 276 条之一的拒不支付劳动报酬罪,这是劳动刑法的特有犯罪。也许有论者会提出,前述犯罪属于人身犯罪、财产犯罪的研究范畴,传统刑法理论足以解决相关定罪量刑问题。但是,劳动刑法的特殊性在于,劳动生产

过程中的犯罪行为涉及劳动者、用人单位在劳动法上的权利与义务,认定某些行为是否构成犯罪时必须结合劳动法整体思考,而这些是传统人身犯罪与财产犯罪理论所不考量的。例如,刑法只规定了强迫劳动罪,如果从普通人身犯罪角度分析,解释重心必然在犯罪构成要件方面。但从劳动刑法的视野分析,强制劳动行为也同样必须禁止。《劳动合同法》第 31 条①对于加班问题进行了详细规定。因此,变相强制劳动的实质是强迫劳动,例如用人单位以开除、降薪、降职相威胁的强制劳动者免费加班行为。因此是否应将强制劳动行为扩张解释到强迫劳动罪中,还是单独增设罪名,都是劳动刑法中值得思考的议题。竞业禁止、侵犯商业秘密通常指雇员违反法律或合同规定的职业选择或保密义务,也涉及非刑事法律对相关义务的规定与刑法中构成要件之间的关系。

　　第二,劳动基准领域包括安全生产与职业卫生中的刑法适用问题等。劳动基准过程主要遵循倾斜保护原则,我国《安全生产法》《职业病防治法》《劳动保障监察条例》等规定了国家强制性规则,这其中涉及刑法的综合适用问题。这些问题首先涉及劳动刑法的特殊性与刑事司法。例如,《刑法》第 134 条至 139 条的重大安全事故罪等涉及安全生产事故的罪名及生产、销售不符合安全标准的产品罪②等犯罪构成要件的解释与适用。又如,用人单位排放、倾倒或处置有害物质的行为如果违反安全劳动生产基准的同时造成环境污染,劳动刑法与环境刑法的交叉性问题如何解决? 再如,《安全生产法》等法律规定了对安全生产负有监督管理职责的部门、卫生行政部门、劳动保障行政部门的管理职能,重大安全生产事故中的滥用职权罪、玩忽职守罪在主观方面与危害后果的认定方面是否具有特殊性? 同时劳动基准领域也涉及刑事立法的综合考量。保障劳动基准法实施的刑罚法,是否仅仅限于过失犯罪或不作为犯罪,还是应该将法益保护提前,对用人单位的严重违规行为予以犯罪化? 另外,既然劳动法上对于安全生产、职业卫生给予同等的法律保障,那么职业卫生管理领域是否有犯罪化的必要? 等等,前述问题均应成为劳动刑法学的研究议题。

　　第三,劳动权利救济领域包括劳动权利救济与劳动者权利刑法保护之间的关系,具体包括拒不支付劳动报酬行为、保护雇员举报雇主行为的刑法规制以及群体性劳动争议的刑法适用三个主要问题。劳动权利救济主要遵循

---

　　① 我国《劳动合同法》第 31 条规定:"用人单位应当严格执行劳动定额标准,不得强迫或者变相强迫劳动者加班。用人单位安排加班的,应当按照国家有关规定向劳动者支付加班费。"

　　② 刘泽均、王远凯等生产、销售不符合安全标准的产品案,重庆市第一中级人民法院刑事判决书[(1999)渝一中刑初字第 130 号]。该案是 1999 年"1·4"重庆綦江虹桥垮塌事件系列刑事案件之一。

倾斜保护原则,《劳动争议调解仲裁法》等法律保障劳动者与劳动争议相关的调解、仲裁、诉讼权利。这个领域涉及的刑法问题主要是国家工作人员在劳动争议仲裁、劳动案件审判过程中涉及的渎职犯罪,例如《刑法》第 399 条规定的民事、行政枉法裁判罪,执行判决、裁定失职罪,执行判决、裁定滥用职权罪,第 399 条之一规定的枉法仲裁罪。当然,理论上劳动争议涉及的该类犯罪具有特殊性。司法实践中,劳动争议处理相关的渎职刑事案件很少,并不存在重大安全生产事故中往往涉及渎职犯罪行为的情形。

劳动争议处理法律制度主要问题在于,"仲裁"前置模式增加了当事人的个人成本与公共成本,同时《劳动争议调解仲裁法》第 47 条对部分劳动争议实行有条件的一裁终局,但适用率不高,导致劳动争议法律解决机制的社会效果不佳,劳动争议处理涉及的刑法适用疑难问题并不突出。当然,这个领域的问题实际与劳动合同订立及履行中涉及的拒不支付劳动报酬罪设立初衷相关,即劳动法规定的劳动权利救济机制无法实现保护劳动者报酬权益的目的时,是否意味着符合刑法的补充性原则,刑法有必要成为"最后手段"?即使劳动救济领域具有刑罚必要性,《刑法》第 313 条拒不执行判决、裁定罪是否足以实现法益保护机能?拒不执行判决、裁定罪与拒不支付劳动报酬罪在立法、司法中的关系如何?因此,劳动权利救济与劳动者的权利尤其是财产权(主要是获取报酬权)刑法保护之间的关系,成为劳动刑法各论的重要议题。

同时,外国劳动法中有关于保护雇员举报雇主行为的法律,并且也有一些将雇主报复行为刑罚化的规范。例如,日本《公益通报者保护法》保护举报人,也包括举报雇主的雇员。同时,《最低工资法》第 39 条对于雇主针对雇员举报的报复行为犯罪化,规定凡雇主因为雇员向劳动基准监察部门举报有关工作场所违规行为而开除该员工或者给予其他不利处置的,应该被处以 6 个月以下惩役或 3 万日元以下罚金。我国劳动刑法对于该领域还没有特别规定,与用人单位报复劳动者举报行为相关的可能有两个普通犯罪,即《刑法》第 254 条的报复陷害罪,第 255 条的打击报复会计、统计人员罪。我国用人单位对举报的劳动者给予开除等不利处置的行为并不鲜见。由此,从劳动刑法的特殊性思考,从劳动者举报用人单位遭受报复的角度思考报复陷害罪、打击报复会计、统计人员罪的立法完善或者司法应对成为问题。

2. 劳动特有犯罪与劳动关联犯罪两种类型

劳动刑法各论问题即犯罪类型,又可以分为劳动特有犯罪与劳动关联犯罪。

第一,劳动特有犯罪是劳动法领域特有的犯罪,属于严重违反劳动法应受刑罚处罚的行为。通常由用人单位(含自然人)实施,也有少部分由劳动者或其他人员实施的。例如强迫劳动罪、雇用童工从事危重劳动罪、拒不支付劳动报酬罪、重大责任事故罪、强令违章冒险作业罪、重大劳动安全事故罪、不报或瞒报安全事故罪等。对于劳动刑法特有犯罪,其犯罪化与非犯罪化、司法适用均需要根据劳动刑法的基本原则以及劳动法的特别规定整体考虑。

第二,劳动关联犯罪是指用人单位(含自然人)、劳动者由于劳动法上的权利义务争议而实施的普通犯罪(构成要件与劳动法无关)或劳动者身份影响定罪量刑的犯罪。例如,劳动者暴力"讨薪"涉嫌的非法拘禁罪、绑架罪、故意伤害罪、故意杀人罪、过失致人死亡罪等,以及劳务派遣人员身份认定涉及的职务侵占罪与贪污罪、非国家工作人员受贿罪与受贿罪的区分,安全生产及职业病防治中涉及的渎职犯罪,等等。劳动关联犯罪的构成要件并不具有劳动法的专属性,因此主要问题是这些犯罪涉及劳动生产过程时,应该在刑事司法中承认劳动刑法的特殊性,从而采取特别的立场。除了前述犯罪,劳动关联犯罪还有三个比较重要的领域,即非典型劳动关系中的刑法适用、职场性骚扰行为、群体性劳动争议事件。

首先,非典型劳动关系中的刑法适用是指劳动者身份影响定罪与量刑的相关问题。非典型劳动关系与传统用人单位和劳动者之间签订全日制劳动合同的劳动关系不同,不过仍然体现了劳动者为了获取酬劳而加入用人单位劳动生产环节的新型就业方式①;包括非全日制就业、远程就业、季节性就业、临时性就业以及劳务派遣、劳务外包、自雇就业等。② 非典型劳动关系中的刑法适用主要涉及劳动者、用人单位身份与是否成立犯罪、成立何种犯罪的认定。

其次,职场性骚扰行为也是劳动刑法规制的重要一环。我国《妇女权益保障法》和2012年国务院《女职工劳动保护特别规定》对于禁止针对女性劳动者的职场性骚扰都有具体规定,不过对性骚扰目前仍没有具体的法律界定。《北京市实施〈妇女权益保障法〉办法》③中对性骚扰定义比较科学,值得推广。因此,我国《刑法》第237条的"侮辱"能否对"性骚扰"概念的某些元素有所吸收,职场性骚扰乃至性侵害的刑法规制,涉及工作场所的强制侮辱罪、强奸罪认定,也是劳动刑法各论的问题。

最后,群体性劳动争议事件涉嫌的聚众扰乱社会秩序罪、妨害公务罪等,

---

① 参见班小辉:《非典型劳动者权益保护研究》,法律出版社2016年版,第30页。
② 同上书,第24—29页。
③ 《北京市实施〈中华人民共和国妇女权益保障法〉办法》第33条第1款规定:"禁止违背妇女意志,以具有性内容或者与性有关的语言、文字、图像、电子信息、肢体行为等形式对妇女实施性骚扰。"

也属于劳动关联犯罪的重要议题。我国《宪法》与《劳动法》中没有规定劳动者的集体行动权包括罢工权,因此劳动者集体停工、怠工过程中,相关人员可能触犯刑法。主要原因在于农民工民间维权非政府组织(NGO)的法律地位不明确,如珠三角 10 家维权机构均在工商部门注册登记,提供法律服务,解决农民工与企业的摩擦与纠纷,但面临组织身份合法性存疑、经济资源筹集能力有限等困境。① 影响比较大的如常德沃尔玛停工事件、广东裕元鞋厂停工事件,有些组织劳动者进行集体行动的人员被以聚众扰乱社会秩序罪、妨害公务罪等追究刑事责任。典型案例如 2016 年“曾飞洋、汤欢心、朱小梅聚众扰乱社会秩序案”。该案件中行为人利用 1988 年注册的广州市番禺区市桥西城“打工族文书处理服务部”为平台组织劳工,并不是穷尽法律救济之后迫不得已才组织集体维权行动,而是主动将劳动监察部门、司法机关的介入拒之门外,利用大规模停工干扰企业正常生产经营,结果企业盈利减少、工人的工资福利也得不到保障,这种行为并不是合法合理的集体维权行动,而是聚众扰乱企业的正常生产秩序。② 虽然我国法律没有规定劳动者的集体行动权,但是也未禁止,而且也对集体谈判权做了规定。因此,对于群体性劳动争议事件引发的刑事案件,即使涉及聚众扰乱社会秩序等普通类型的犯罪,也不能以传统刑法观点看待,而应该从劳动刑法特殊性角度探讨罪与非罪以及刑罚适用的问题。

综上所述,劳动刑法的体系主要包括以下特殊问题群:(1)劳动刑法总论问题,包括劳动刑法的概念、法益、基本原则、《刑法》第 37 条之一的职业禁止条款、《刑法》第 100 条前科报告条款与劳动权平等原则的关系;(2)劳动关系中的刑法适用,主要包括:强迫或强制劳动行为、雇用童工行为、职场性骚扰行为、竞业禁止、侵犯商业秘密、非典型劳动关系与定罪量刑;(3)劳动基准中的刑法适用,包括劳动安全生产与职业卫生管理中的刑法适用等问题;(4)劳动权利救济中的刑法适用,主要涉及劳动权利救济与劳动者权利刑法保护之间的关系,包括拒不支付劳动报酬行为及劳动者举报用人单位遭报复行为的刑法适用、拒不支付劳动报酬罪与拒不执行判决、裁定罪在立法、司法中的关系、群体性劳动争议的刑法适用等问题。

鉴于以上问题群具有劳动刑法总论与劳动刑法各论、劳动特有犯罪与劳动关联犯罪、刑事立法与刑事司法三方面的交叉性,本书后文的论述分为三

---

① 参见余章宝、杨淑娣:《我国农民工维权 NGO 现状及困境——以珠三角地区为例》,载《东南学术》2011 年第 1 期。

② 参见新华社记者:《起底“工运之星”——曾飞洋等人聚众扰乱社会秩序犯罪案件透视》,载《检察日报》2016 年 9 月 27 日第 2 版。

部分。第一部分是劳动刑法总论问题,第 2 章专门讨论基本原则、《刑法》第
37 条与第 100 条。第二部分是劳动特有犯罪刑法适用的特殊性,包括立法
完善与司法适用问题,第 3 章至第 5 章从劳动关系中的刑法适用、劳动基准
中的刑法适用、劳动权利救济中的刑法适用三个角度分别展开。前述三章对
于强迫或强制劳动行为等具体劳动特有犯罪的论述只侧重争议点,或者是刑
法完善问题,或者是刑事司法适用难题,或者是刑法与劳动法的衔接问题等
等,并不面面俱到地论述立法或司法的全部问题。这三章因为各章或各节侧
重点不同,所以论述结构将呈现差异性,仅有部分章节包括与外国法的比较
研究或者犯罪学的犯罪原因研究。第三部分是本书的总结部分即第 6 章,包
括劳动刑法立法完善的体系性问题、劳动关联犯罪刑法适用特殊性的总体
论述。

第二章 劳动刑法的总论问题

第一节 劳动刑法的基本原则

一、倾斜保护劳动者原则的不妥当性

我国有些学者主张倾斜保护劳动者是劳动刑法的基本原则,理由主要有两点。理由之一,为了补充形式上刑法面前人人平等原则的不足,倾斜保护原则有利于促进实质平等。有学者提出,不应拘泥于形式上的平等保护原则,面对用人单位与劳动者之间的矛盾与纠纷,对于相对弱势的劳动者一方在刑法上给予特别的保护与照顾符合劳动刑法强制性的要求[1];在劳资双方弱强分明的情况下,有必要对弱势劳动者进行倾斜保护,通过法律层面对劳动者各项权利的保障达到与用人单位的平等,以便实现社会平衡发展的目标。[2]

理由之二,劳动刑法旨在保护劳动者权益,无须遵循刑法的补充性原则。基于倾斜保护原则,恶意欠薪或欠薪逃匿入罪具有合理性,欠薪行为不只是一般的侵犯财产行为,还是一种严重的背离契约精神行为,劳动者的核心利益就是获取劳动报酬,当薪酬的拖欠已经无法从其他法律手段得到足够救济时,就已经构成了对社会公共利益的威胁,此时将情节严重的不支付劳动报酬行为犯罪化具有相当的合理性。[3] 笔者认为倾斜保护不应该成为劳动刑法原则,理由如下。

第一,劳动刑法属于刑法的分支,罗尔斯正义论的差别原则适用于劳动法,但与劳动刑法的机能不相容。认为倾斜保护是劳动刑法基本原则的主要理论依据在于罗尔斯正义论差别原则,其认为应该通过差别原则把结果不平等保持在合理的限度内,使劳动者与用人单位达到实质上的平等。[4] 不可否

---

① 参见姜涛:《劳动法治视域下劳动刑法制度创生的法理求证》,载《法制与社会发展》2011年第2期。

② 参见姜涛:《论劳动刑法的建构及其法理》,载《中国刑事法杂志》2007年第5期。

③ 参见张勇:《劳动刑法:侵权与自救的刑事一体化研究》,上海人民出版社2011年版,第76—77页。

④ 同上书,第76页。

认,"自由、正义和文明是人类历史上经常相互斗争以推动历史进步的三种力量"①,劳动刑法当然必须考量正义。但是,根据罗尔斯的正义论并不能推导出劳动刑法应该遵循正义的差别原则,从而以倾斜保护作为基本原则。罗尔斯陈述了正义的两项原则,第一项原则是指每个人在自由体系之内都是平等的,第二项原则是差别保护应该符合所有人的利益,同时被特别保护的机会对所有人开放,第一项原则优先于第二项原则。② 罗尔斯关于正义的两个原则关注事实上的平等,具有重要的理论价值。不过,诚如罗尔斯所述,正义的两项原则主要与社会基本制度的构建相关,旨在解决原始的分配正义问题,与保障公民的平等自由权利以及社会经济的差别性保护格局无关。因此,劳动法作为社会法,以国家强行法介入劳动关系等领域,为劳动者、用人单位设定权利、义务,参照罗尔斯的正义论,主要通过设定用人单位义务来保障劳动者的劳动权利,采纳倾斜保护原则是合理的。这符合罗尔斯关于正义的两个原则,因为,所有公民的劳动权利都是平等的,用人单位、劳动者是向社会所有人开放的,国家强行法根据合理的差别原则保障劳动者权利从而维护和谐劳资关系,进而使得用人单位受益,符合劳动者、用人单位和社会的利益。

但是,刑法是属于确定与保障公民平等自由方面的社会规则体系,应该适用正义的第一个原则即平等原则,而这是优先于差别原则的。保护法益与保障人权,到底何者在刑法的社会机能中居于优先地位,刑法理论中有争议。对于此问题的回答可以分为两种立场,实质犯罪论优先考虑刑法的法益保护,认为只有为了保护公民的生命或财产权才能设定犯罪以及刑罚;形式犯罪论认为法益保护只是刑法的工具性价值而非目的性价值,通过保护法益来保障社会各项制度良性运行才是刑法的根本目的,因此刑法规则应该具有可预测性,事先明文规定犯罪行为的标准并且只处罚符合该种标准的犯罪,将法益保护和人权保障两项功能良好协调的刑法制度才能获得好的实施效果。③ 但是,无论形式犯罪论还是实质犯罪论,都不会否认现代社会中刑法是人权保障法,目的在于限制国家刑罚权的滥用。刑法只有通过保护公民个人的财产以及人身法益不受侵害并预防犯罪才能实现维护社会秩序的价值④,保障人权是刑法乃至劳动刑法具有正当性的社会基础。因此,按照平等原则,自由的基本原则就是禁止歧视,没有正当性理由不能给予特定群体特

---

① 〔英〕约翰·埃默里克·爱德华·达尔伯格·阿克顿:《自由与权力》,侯健、范亚峰译,凤凰出版传媒集团、译林出版社 2011 年版,第 27 页。
② 参见〔美〕约翰·罗尔斯:《正义论》,何怀宏译,中国社会科学出版社 1988 年版,第 60—62 页。
③ 参见〔日〕大谷实:《刑法总论》,黎宏译,法律出版社 2003 年版,新版序第 1 页。
④ 参见同上书,第 3 页。

别保护,因为每一位公民或者公民集合体的基本权利是相同的。① 那么,劳动者、用人单位(包括自然人)在刑法保障人权这个层面,必须仍然遵循平等原则。

第二,认为倾斜保护是劳动刑法的基本原则,实质是将部分劳动秩序作为法益,这不符合刑法理论对犯罪本质的理解。实际上,关于劳动法基本原则的内容,劳动法学者观点各异。劳动法学者通常认为倾斜保护或保护弱者原则只是劳动法的原则之一,劳动法需要兼顾劳动者合法权益与用人单位利益。有学者认为,劳动法的原则包括维护劳动者合法权益与兼顾用人单位利益相结合原则、贯彻按劳分配为主体与公平救助相结合原则以及劳动行为自主与劳动标准制约相结合的原则。② 有学者进一步指出,劳动法基本原则是具有理论概括性而且并列独立的,不能是劳动者某项权利或义务的概括。③总之,劳动法的基本原则应该包括劳动权平等原则、劳动自由原则以及倾斜保护劳动者合法权益原则,三项原则均贯穿劳动就业法、劳动合同法、劳动基准法、劳动保护法四个领域。④

因此,倾斜保护只是劳动法的三大原则之一,特定的劳动秩序不能成为劳动刑法的法益。实际上,对于经济犯罪的法益,理论界有经济自由与经济秩序之争,近年来秩序法益观受到了很多学者的批评。经济秩序是社会秩序的一种,是各种社会主体进行经济往来的制度基础,刑法应当在该领域发挥法益保护机能;但刑法的保护必须有合理而明确的边界点,如果经济秩序被极大地扩张解释,造成的结果就是与经济相关的犯罪都可能属于秩序范畴,刑法对经济的保护将可能演变成对经济纠纷的不当干预,法益对立法的限制将荡然无存。⑤ 因此,行为对重要法益形成严重侵害是实质犯罪概念的核心标准,抽象的违反劳动行政秩序行为不能被追究刑事责任,因为如果仅仅只是违反行政规范,则属于行政不法的范畴,与刑罚无关,否则就会导致刑法处罚范围的不当扩展。例如,英国刑法出现了一种值得深思的现象,就是将某些行为贴上犯罪的标签已经成为一种常态化国家管理手段,刑法的最后性特征没有被坚守。⑥我国劳动刑法根据倾斜保护原则,已经将用人单位(含自然人)拒不支付劳动报酬行为犯罪化,那么遵循这种逻辑继续推演,用人单位

---

① 参见〔美〕约翰·罗尔斯:《正义论》,何怀宏译,中国社会科学出版社1988年版,第61页。
② 参见郭捷主编:《劳动与社会保障法》,中国政法大学出版社2004年版,第22—26页。
③ 参见王全兴:《劳动法》,法律出版社2017年版,第54页。
④ 参见林嘉:《劳动法的原理、体系与问题》,法律出版社2016年版,第46—54页。
⑤ 参见何荣功:《经济自由与经济刑法正当性的体系思考》,载《法学评论》2014年第6期。
⑥ See Andrew Ashworth and Lucia Zedner, "Defending the Criminal Law: Reflections on the Changing Character of Crime, Procedure, and Sanctions", *Criminal Law and Philosophy*, 2008, pp. 21-51.

(含自然人)的很多行为都应该入罪。例如,用人单位不支付劳动者社会保险金的行为,是不是也应该入罪? 可是,显然基于现代刑法的"可责性"原则,这类行为是用人单位违反劳动关系法中强行性规则的行为,属于"禁止的恶",违法性程度较自然犯低,刑罚必要性值得斟酌。

二、法益保护区分原则的合理性

劳动刑法的基本原则要解决的是劳动刑法作为刑法分支部门的特殊性问题,即针对劳动生产中发生的严重危害社会行为,思考犯罪化、非犯罪化以及定罪量刑问题时,除了考虑刑法的基本原则之外,还需要特别遵循何种准则。我国《刑法》第 3 条前段规定了法益保护原则,这是与行为规范相匹配的原则,据此刑法处罚范围的划定必须依赖于行为对法益的侵害程度。[1] 笔者认为,法益保护区分是劳动刑法的基本原则,即保护属于劳动刑法共同法益范围的个人法益、社会法益、国家法益时应贯彻不同的立法原则及司法政策。具体而言,劳动刑法中对于不同类型法益在确定刑法处罚范围时应注意法益保护的区分性。

第一,公共安全属于劳动刑法的核心法益之一,法益保护应该提前。我国《安全生产法》第 1 条规定,该法目的在于"保障人民群众生命和财产安全,促进经济社会持续健康发展"。因此,生产经营单位、从业人员、用人单位(包括自然人)、安全生产监督管理部门等相关劳动保障行政机关的严重违法行为所侵害的法益已经超出了个人法益范畴,属于社会法益。如 2015 年"8·12"天津滨海新区爆炸事故造成 165 人遇难,包括参与救援处置的公安现役消防人员 24 人、天津港消防人员 75 人、公安民警 11 人,事故企业、周边企业员工和居民 55 人。安全生产保护领域的严重危害社会行为,绝不仅仅侵害劳动者、用人单位利益,同时往往严重威胁或者侵害公共安全,而且并不亚于放火、爆炸、投放危险物质、决水等以危险方法危害公共安全类犯罪。因此,对于劳动安全生产保护中劳动者、用人单位(含自然人)、劳动行政管理机关的严重危害社会行为应该实行犯罪化,而且立法技术角度应该考虑"法益保护的提前",即不仅仅局限于结果犯,也需要考虑抽象危险犯的犯罪类型。实际上,《刑法修正案(九)》对于危险驾驶罪增加了"违反危险化学品安全管理规定运输危险化学品,危及公共安全的"等行为,这就是生产经营活动中抽象危险犯的立法例。不过,基于劳动刑法的体系性思维,对安全生产中的安全法益保护早期化应该成为常态。

---

[1]　参见苏永生:《论我国刑法中的法益保护原则——1997 年〈中华人民共和国刑法〉第 3 条新解》,载《法商研究》2014 年第 1 期。

　　第二,劳动者人身权利属于核心法益之一,应该全面保护。《刑法修正案(四)》增设雇用童工从事危重劳动罪,《刑法修正案(八)》将强迫职工劳动罪扩展为强迫劳动罪,都体现了对劳动者人身权的重点保护。例如在劳动者非法"讨薪"案件中,用人单位相关人员的人身权可以适用非法拘禁罪、绑架罪等劳动关联犯罪予以保护。但是,劳动者的劳动权利包括不同于普通公民的特别人身权利,需要劳动特有犯罪的全面保护。例如,我国《劳动法》第3条规定的"获得劳动安全卫生保护的权利""休息休假的权利",均应该得到劳动刑法的全面保护。具体而言,《安全生产法》第6条①规定了安全生产的基本原则,《职业病防治法》第4条也规定了职业卫生保护的权利。因此,刑法应该从保护劳动者人身权利角度,对劳动生产中用人单位在安全生产保障、职业卫生保护方面严重侵害劳动者权利的行为,在侵犯公民人身权利罪这章予以保护。同时,刑法应保障劳动者"休息休假的权利",强迫劳动被犯罪化,强制劳动也应该被考虑,用人单位违反工时制度,强迫或变相强迫劳动者加班行为的刑法规制也应该成为立法议题。

　　第三,劳动者财产权利应该遵循刑法谦抑主义,谨慎介入。《劳动法》第3条规定劳动者享有取得劳动报酬、享受社会保险和福利等具有财产属性的权利。法律当然应该保护劳动者的这些权利,但动用刑法介入保护劳动者财产权利时应该慎重,充分考虑刑法的补充性、不完全性、宽容性。中国传统法律文化以秩序作为最高的法律价值。② 根据这样的逻辑,似乎用人单位逃避支付劳动者劳动报酬并且经劳动行政部门责令支付而不支付的行为需要入罪。但是,现代自由刑法观认为刑法的机能主要在于保障人权,刑法调控范围具有收敛性,刑法属于公法范畴,只能限于调整公共关系,个人与个人之间的关系只有涉及公共性时,才能成为刑法的调整对象。③ 如果说,拒不支付劳动报酬罪的法益是劳动者取得劳动报酬的权利。那么劳动者享受社会保险和福利的权利是否也需要刑法加以保障呢?"公共性本身表现为一个独立的领域,即公共领域,它和私人领域是相对应的。有些时候,公共领域说到底是公共舆论领域,它和公共权力机关直接相抗衡。"④用人单位逃避支付劳动报酬或者社会保险和福利的行为的确非常普遍,但实际并未达到与劳动等行政机关、法院等司法机关直接抗衡,从而必须动用刑法介入劳动关系这个主要适用劳动自由原则的领域。因此,将用人单位不履行劳动合同法上义务从

---

① 我国《安全生产法》第6条规定:"生产经营单位的从业人员有依法获得安全生产保障的权利,并应当依法履行安全生产方面的义务。"
② 参见陈晓枫:《中国法律文化研究》,河南人民出版社1993年版,第218页。
③ 参见刘树德:《政治刑法学》,中国法制出版社2011年版,第38页。
④ 〔德〕哈贝马斯:《公共领域的结构转型》,曹卫东等译,学林出版社1999年版,第2页。

而损害劳动者财产权利行为规定为犯罪时,必须重申刑法谦抑主义。

第四,用人单位(雇主)权利也应给予适当保护。劳动刑法的法益保护机能并非仅仅指向劳动者,也指向用人单位与社会。用人单位严重侵犯劳动者劳动权利的行为应该受到刑罚处罚,劳动者严重违反劳动义务的行为,同样应该如此。劳动安全生产领域,劳动刑法的法益是社会法益,劳动者与用人单位都可能触犯法网。集体劳动关系领域,劳动者的集体行动如果超出法律限制,侵害社会法益包括用人单位的利益,也可能涉嫌犯罪。个别劳动关系领域,劳动刑法主要保护劳动者的劳动权利,但同时也要确保劳动者履行义务,维护用人单位合法权益。竞业禁止、保守商业秘密是劳动者所具有的两项重要义务。劳动者严重违反这两项义务,侵犯用人单位权益的,无论用人单位是国有单位还是非国有单位,《刑法》都应给予适当的平等保护。

第二节　平等就业权视野下劳动刑法总则条款的教义学解释

一、《刑法》第 37 条之一职业禁止条款的适用

对于我国《刑法》第 37 条之一职业禁止条款的规定①,笔者有以下理解。

第一,职业禁止条款属于我国刑法规定的非刑罚处罚措施,与国外的资格刑不同。职业禁止条款规定于《刑法》第 37 条非刑罚处罚措施之下而非第 33 条、34 条主刑或附加刑之下,其性质当然应该属于非刑罚处罚措施,这一点与国外的资格刑不同。例如,《德国刑法典》第 44 条、第 45 条规定了禁止驾驶、禁止担任公职等附加刑。②《德国刑法典》的这两条规定,在我国分别对应三类犯罪的后果。禁止驾驶的附加刑,相当于我国《刑法》第 37 条之一的职业禁止条款。禁止担任公职等附加刑,相当于《公务员法》《教师法》《律师法》等其他法律、行政法规限制或者禁止前科人员从事相关职业。被选举权及选举权的丧失,相当于《刑法》第 34 条的附加刑剥夺政治权利。因此,讨

---

① 我国《刑法》第 37 条之一规定:(1) 因利用职业便利实施犯罪,或者实施违背职业要求的特定义务的犯罪被判处刑罚的,人民法院可以根据犯罪情况和预防再犯罪的需要,禁止其自刑罚执行完毕之日或者假释之日起从事相关职业,期限为 3 年至 5 年;(2) 被禁止从事相关职业的人违反人民法院依照前款规定作出的决定的,由公安机关依法给予处罚;情节严重的,依照"拒不执行判决、裁定罪"的规定定罪处罚;(3) 其他法律、行政法规对其从事相关职业另有禁止或者限制性规定的,从其规定。

② 《德国刑法典》第 44 条规定,对于犯罪发生于驾驶机动车时,或与之有关或由于违反驾驶人员的义务,而被判处自由刑或罚金刑的,法院可禁止其于街道驾驶任何或特定种类的机动车,其期间为 1 个月以上 3 个月以下;第 45 条规定,因犯重罪被判处 1 年以上自由刑的,丧失为期 5 年的担任公职的资格和从公开选举中取得权利的资格。参见《德国刑法典》(2002年修订),徐久生、庄敬华译,中国方正出版社 2004 年版,第 15—16 页。

论我国刑法职业禁止条款必须首先明确其性质属于非刑罚处罚措施。但是，该条款与第37条的区别在于其通常与刑罚措施并处。即《刑法》第37条是法院对被告人定罪但是免予刑事处罚，同时予以非刑罚处罚措施；而第37条之一是授权法院在刑事案件中对被告人定罪、适用刑罚的同时裁判3至5年的职业禁止，是对刑事审判机关判决职业禁止的立法授权。

第二，公民的劳动权是宪法性权利，职业禁止条款的核心价值在于对刑事审判权裁判范围的立法授权，只有刑法、其他法律、行政法规的职业禁止条款才能作为判决职业禁止的法律依据。对于刑法与其他法律、行政法规的关系，有学者聚焦"从其规定"的解释，提出对第3款规定进行立法修改的建议。该观点认为，司法实践中人民法院极少依据《刑法》第37条之一第3款的"从其规定"援引其他法律、行政法规判处从业禁止，从其规定属于法律拟制性的授权规定，应该从纵向和横向两个向度对"从其规定"所援引的其他法律、行政法规范围进行限缩；"从其规定"的核心含义是规定人民法院在审判刑事案件时也可以参照其他法律或者行政法规判处被告人3年以下或者5年以上的职业禁止期间，虽然"从其规定"的前面没有"可以"二字，却也不能将该款理解为强制性规定，建议立法层面明确增加"可以"二字，从而明确该款任意性规定的性质。[①] 笔者认为，这种观点对于审判机关判决职业禁止时如何适用刑法与其他法律、行政法规具有很好的指导价值。

《宪法》第42条规定公民具有劳动的权利和义务。因此，公民劳动的权利是宪法性基本权利，刑事司法解释以及司法文件不能设定职业禁止条款，只能对第37条之一中的职业便利或者要求进行解释。2015年最高人民法院、最高人民检察院《关于办理危害生产安全刑事案件适用法律若干问题的解释》第16条对于危害生产安全领域的职业禁止作了具体规定。[②] 对于前述司法解释，如果理解为适用缓刑的被告人，法院原则上可以判决职业禁止，这并不符合刑法的规定。虽然《刑法》第72条规定可以对于宣告缓刑的被告人同时禁止其在缓刑期限内从事特定活动，进入特定区域、场所，接触特定的人。但是前述禁止令只是针对特定活动，并非从事特定职业。职业禁止条款的适用前提条件是犯罪活动与职业的相关性，而非缓刑的附随法律后果。至于前述司法解释删除了第37条之一有关职业便利的规定，这是合理的，因为

[①]　参见欧阳本祺：《我国刑法中的"从其规定"探究——以〈刑法〉第37条之一第3款的规定为分析对象》，载《法商研究》2017年第3期。

[②]　对于实施危害生产安全犯罪适用缓刑的犯罪分子，可以根据犯罪情况，禁止其在缓刑考验期限内从事与安全生产相关联的特定活动；对于被判处刑罚的犯罪分子，可以根据犯罪情况和预防再犯罪的需要，禁止其自刑罚执行完毕之日或者假释之日起3至5年内从事与安全生产相关的职业。

危害生产安全犯罪通常都由业务过失导致,被告人一般是因为违背职业要求的特定义务从而构成犯罪。

第三,职业禁止条款的适用现状表明应该在劳动刑法框架内进一步明确"预防再犯罪的需要"之具体条件。

以中国裁判文书网作为数据库①,检索法律依据为"《中华人民共和国刑法》第三十七条之一"的刑事案件一审判决书,结果为 409 份。经人工复核判决书内容,删除重复判决书 8 份和无关判决书 11 份,得到符合要求的判决书 390 份。

数据显示,适用职业禁止条款的判决书呈现两个趋势。其一,适用职业禁止的刑事案件呈逐年增长趋势。相关判决的年份分布为:2015 年 5 份,2016 年 46 份,2017 年 113 份,2018 年 175 份,2019 年 1 至 5 月 51 份。显然,判决时间分布不均衡,2017 年开始适用率明显提升,全年案件首次突破 100 件,2018 年继续保持上升态势。考虑到判决书上网的滞后性以及上网率没有达到 100%,2019 年相关案件至少与 2017 年持平。其二,适用职业禁止的判决法院呈现地域集中性。河北省、江苏省、河南省、天津市、福建省公开的判决书数量依次位居前五,而且合计约占全部判决书的 50%。表明这五个省级司法辖区的法院适用职业禁止条款的积极性更高。

综上所述,判决书有关职业禁止的详细裁判情况详见表 2-1。

表 2-1　刑事判决书适用职业禁止条款一览表

序号	罪名	判决书的职业禁止主要内容
1	生产、销售有毒有害食品罪	(a)禁止从事食品的生产、销售职业;(b)禁止从事保健食品的生产、销售及相关活动;(c)禁止从事保健食品的销售及相关活动;(d)禁止从事蔬菜类食用农产品种植活动;(e)禁止从事食品经营活动;(f)禁止从事食品和药品经营活动。
2	生产、销售不符合安全标准的食品罪	(a)禁止从事肉类经营活动;(b)禁止从事食盐销售活动;(c)禁止从事食品生产、销售及相关活动;(d)禁止从事食品生产、销售的相关职业。

①　本节统计数据检索日期均为 2019 年 5 月 30 日。2020 年 1 月 20 日,以相同条件检索裁判日期为 2019-01-01 至 2020-01-20 期间的案件,检索结果显示"暂无数据"。这可能由于两个原因造成:已上网的文书被撤回;网站高级检索功能的技术调整。

（续表）

序号	罪名	判决书的职业禁止主要内容
3	生产、销售假药罪	(a)禁止从事药品生产、销售及相关活动；(b)禁止从事药品销售及相关活动；(c)禁止从事药品经营活动；(d)禁止从事食品和药品经营活动。
4	走私普通货物罪	被告人作为被告单位直接负责的主管人员，系主犯，禁止从事进出口贸易经营活动。
5	重大责任事故罪	(a)禁止从事与安全生产相关的职业；(b)禁止从事与焊接作业相关的职业。
6	重大劳动安全事故罪	(a)禁止从事建筑工程承包活动；(b)禁止组织人员从事建筑工程活动；(b)禁止从事建筑工程活动。
7	危险驾驶罪	(1)不得驾驶机动车；(b)禁止驾驶机动车从事校车业务；(c)禁止五年内重新取得机动车驾驶证。
8	非法经营罪	禁止从事食盐销售及相关活动
9	假冒注册商标罪	(a)禁止从事酒类产品的生产、销售及相关活动；(b)禁止从事酒类生产、加工职业；(c)禁止从事服装生产及销售。
10	非法制造、销售非法制造的注册商标标识罪	禁止从事与印刷业及制造、销售标识有关的职业
11	虐待被看护人罪	禁止从事看护工作
12	挪用资金罪	禁止从事会计职业
13	开设赌场罪	禁止从事游戏、娱乐行业的经营、管理工作
14	容留卖淫罪	(a)禁止从事洗浴、按摩及相关行业；(b)禁止经营旅馆业及相关活动；(c)禁止从事美容美发业务。
15	污染环境罪	(a)禁止从事机械、汽车配件加工职业；(b)禁止从事电镀职业；(c)禁止从事模具咬花职业。
16	玩忽职守罪	禁止从事煤炭生产技术管理职业

　　同时，如表 2-1 所示，判决书适用职业禁止条款呈现两个基本特点。特点一是适用率极低，而且大多数与缓刑期间的禁止令条款同时适用。2015年1月1日至2019年5月30日期间，中国裁判文书网数据库中的刑事判决书总量为 3541502 份，适用职业禁止条款的仅为 390 份，比例约为 11/100000。同时，被告人适用缓刑的，判决书的法律依据通常同时引用《刑法》第 72 条缓刑期间的禁止令条款以及第 37 条之一的职业禁止条款，第 72 条"禁止从事特定活动"也具有职业禁止的法律效果。当然，必须注意，第 72 条

的职业禁止效果适用于缓刑考验期间,而第 37 条之一则从刑罚执行完毕之日或者假释之日开始具有法律效力,缓刑考验期满之日视为刑罚执行完毕之日。由于缓刑属于非监禁刑执行方式,所以基于特殊预防的目的,法院对于适用缓刑的被告人通常同时适用前述两条作为法律依据,此时职业禁止的法律效果有叠加效应,即包括缓刑考验期间以及缓刑考验期满之日起 3 至 5 年。

特点二是适用的罪名集中度非常高。生产、销售有毒有害食品罪,生产、销售不符合安全标准的食品罪与生产、销售假药罪 3 个罪名的适用率依次居于前三名,适用率占比共为 81%。其中生产、销售有毒有害食品罪适用率占比为 45%,其与生产、销售不符合安全标准的食品罪适用率占比合计为 75%。适用率居第 2 梯队的是危害生产安全犯罪,即重大责任事故罪、重大劳动安全事故罪,适用率占比为 0.06%,这与 2015 年最高人民法院、最高人民检察院《关于办理危害生产安全刑事案件适用法律若干问题的解释》第 16 条有一定关系。显然,利用职业便利实施犯罪的重灾区在生产、销售食品行业,其次是生产、销售药品行业,实施违背职业要求的特定义务犯罪集中于危害生产安全犯罪。

第四,只有制定行政机关与刑事司法机关互相配合的具体措施,职业禁止判决的执行才不会落空。职业禁止判决需要刑事司法机关与劳动监察等相关行政机关互相配合才能确保执行。但是实际上相关配套措施的缺乏导致判决实际上是“空判”,仅仅具有象征意义。首先,刑事司法机关并没有将相关人员的刑事判决书抄送相关行政机关,法院、公安机关、司法局与其他行政机关也都没有制定相关的衔接工作机制。不同部门之间工作衔接的漏洞导致职业禁止的判决难以执行。其次,刑事司法机关对于职业禁止条款的执行也没有行之有效的工作机制。被告人如果被判处缓刑,缓刑期间是基层公安机关、基层司法行政机关社区矫正部门的监督对象;如果被判处监禁刑,刑罚执行完毕后属于刑满释放人员,5 年内是基层行政司法机关安置帮教的对象。基层司法行政机关社区矫正与安置帮教的职能通常是县或区司法局同一个科室即社区矫正科负责。笔者根据从事 12 年社区矫正志愿者过程中的参与式观察了解的情况,社区矫正科人少事多,主要负责政策指导,完成本局及上级机关交办的任务,具体监督工作主要依靠各街道司法所工作人员。不过通常每个司法所仅有 1 至 2 名工作人员,没有能力也没有意愿关注职业禁止条款的执行。对于社区服刑人员及刑满释放人员,基层司法工作重心在于预防重新犯罪,无暇顾及职业禁止条款的执行。而且,预防成年罪犯重新犯罪的核心工作在于帮助其重新就业。因此,实际上只要社区服刑人员或刑满释放人员不从事违法或者犯罪活动,即使从事判决书禁止的职业,司法工作人员往往也缺乏监督的动力。

因此,《刑法》第37条之一的职业禁止条款处于适用率极低、判决执行基本落空的状态。如果要改变这种状态,需要以积极追究相关国家工作人员执行职业禁止判决中渎职行为的法律责任为切入点。第37条之一规定"被禁止从事相关职业的人违反人民法院作出的决定的,由公安机关依法给予处罚"应该解释为公安机关、司法行政机关及劳动监察等相关行政机关对于职业禁止判决的执行负有监督义务。如果相关国家机关工作人员渎职,刑事司法机关应积极追究相关国家工作人员渎职罪的刑事责任。本条既然规定公安机关有处罚权,当然也意味着公安机关对于职业禁止判决的执行负有监督义务。同时,大多数被判决职业禁止的被告人都是适用缓刑的服刑人员,对其依法实行社区矫正,那么司法机关对这类人员当然也负有监督义务。此外,如表2-1所示的食品生产经营、药品生产等职业,从业人员需要办理相关从业人员资格,相应的行政审批机关一方面应该建立"黑名单库",对于相关人员的从业资格申请不予以审批;另一方面还应该在日常行政监管中积极核查名义从业人员与实际从业人员的身份是否匹配,预防相关人员借用他人身份继续从事判决禁止的职业或者活动。当然,追究其他行政机关渎职行为责任的前提是刑事司法机关应当履行职责。

总之,职业禁止条款的执行既要从刑事立法层面进一步规定执行以及监督机关,也要从刑事司法层面完善行刑衔接制度。同时,还必须考虑到劳动的权利是宪法规定的公民基本权利,判决书中应该进一步贯彻明确性原则,尽量具体、合理地限定职业禁止范围和时间。如表2-1所示的判决书中"从事食品生产、销售的相关职业"等职业禁止内容具体如何解释,也建议尽快出台司法解释或者司法文件作为参考,以便判决书内容规范并便于执行。

二、《刑法》第100条前科报告条款的适用

我国《刑法》第100条规定了前科报告制度,但该条款适用于就业时应综合考虑劳动法上的法律效果进行体系解释,具体理由如下。

第一,应根据平等就业原则对"如实报告"具体形式等进一步明确,防止就业歧视。求职者履行前科报告义务的具体形式、范围、时间节点以及用人单位对于求职者报告前科内容的保密义务,从劳动刑法视角应该有进一步具体规定。因为,《宪法》第42条规定了国家对于公民劳动权利的保障①,同时

---

①   我国《宪法》第42条规定:"中华人民共和国公民有劳动的权利和义务。国家通过各种途径,创造劳动就业条件,加强劳动保护,改善劳动条件,并在发展生产的基础上,提高劳动报酬和福利待遇。"

《劳动法》第 3 条规定劳动者享有平等就业的权利。因此,我国公民无论是否有前科,都具有平等就业权。应该从劳动刑法体系性思考的角度,规定可操作性的配套措施,防止用人单位因为求职者有前科而区别对待,排斥录用。如果用人单位对于有前科者形成就业歧视,结果只会导致求职者尽量隐瞒本人受刑罚处罚的情况,造成双方在信息不对称情况下签订劳动合同,埋下劳动纠纷的隐患。《刑法》第 100 条规定涉及公民个人信息权与用人单位知情权的平衡,应该防止用人单位对有前科的人员形成就业歧视,保护公民的平等就业权,因此需要具体制度安排以便合理保护。

第二,如实报告的对象是前科而非犯罪记录。犯罪记录是对犯罪事实的纯粹客观记载,通常不会被彻底消灭;前科是法律基于犯罪记录而在一定时间内对行为人进行的规范性评价,"犯罪记录"和"前科"之间是评价对象与评价结论的关系。[①] 我国法律仅对特定未成年人罪犯规定了前科消灭制度。[②] 在我国前科制度中,犯罪记录的刑事评价主要体现为累犯制度(《刑法》第 65 条与第 66 条)和再犯制度(《刑法》第 356 条毒品再犯);非刑事评价主要包括《刑法》第 100 条、民事或行政法律中对于犯罪人特定资格的限制或者剥夺。

同时,特定人员可以免除前科报告义务。《刑法》第 100 条对于刑事诉讼法规定的未成年人犯罪记录封存后免予前科报告义务的条款重新进行了确认,此类人员无须报告。另外,《刑法》第 37 条规定了非刑罚处罚措施。[③] 因此,即使有犯罪记录,但是免予刑事处罚的,也可以免予前科报告义务。

第三,具备刑罚消灭事由的都可以免除前科报告义务。对于《刑法》第 100 条中"依法受过刑事处罚的人"的理解有以下不同观点:(1) 经过法定程序被判决为有罪的人,包括免予刑事处分;(2) 被人民检察院作出相对不起诉和经过法定程序被判决为有罪的人;(3) 被人民法院判决有罪并被执行过刑罚的人,不包括免予刑事处罚以及被判缓刑的人;(4) 被人民法院判决过刑罚的人。[④] 笔者认为,受过刑事处罚与有犯罪记录不同,不应包括免予刑事处罚的人,但应该包括被判处缓刑的人,同时也不应包括具备刑罚消灭事

---

① 参见于志刚:《"犯罪记录"和"前科"混淆性认识的批判性思考》,载《法学研究》2010 年第 3 期。

② 我国《刑事诉讼法》第 286 条规定:"犯罪的时候不满 18 周岁,被判处 5 年有期徒刑以下刑罚的,应当对相关犯罪记录予以封存。"

③ 我国《刑法》第 37 条规定:"对于犯罪情节轻微不需要判处刑罚的,可以免予刑事处罚,但是可以根据案件的不同情况,予以训诫或者责令具结悔过、赔礼道歉、赔偿损失,或者由主管部门予以行政处罚或者行政处分。"

④ 安卫栋、刘志勇:《如何理解〈刑法〉第 100 条中的"依法受过刑事处罚的人"》,载《河北法学》1997 年第 6 期。

由的人。① 而且,凡是具备《刑事诉讼法》第 16 条规定的 6 种不追究刑事责任情形的,就业时都可以免除前科报告义务。例如犯罪已过追诉时效或者经特赦令免除刑罚的,刑事处罚既然没有被判决或者已经被免除,其法律效果当然应该归于消灭,无需向用人单位报告。

第四,如实报告应限制解释为求职者签订劳动合同期间向用人单位告知与工作相关的刑事处罚记录。《劳动合同法》第 8 条规定了劳动者的如实说明义务②,2016 年 8 月 8 日人力资源和社会保障部发布的《人力资源市场条例(征求意见稿)》第 7 条也对此进行了具体规定。③ 应根据前述劳动者的如实说明义务解释《刑法》第 100 条,报告范围限于与工作直接相关的刑事处罚记录。因为求职者受刑事处罚记录属于个人信息,根据《民法总则》第 111 条公民个人信息受法律保护的规定④,属于受法律保护的公民人格权范围。因此,《刑法》第 100 条对劳动者前科报告义务的规定,与《劳动合同法》第 8 条用人单位知情权是对应的,应对报告的"受过刑事处罚"的类型、"就业""有关单位"均进行限制解释。而且,就业不应该被泛化为边界模糊的"找工作"。通常而言,就业是公民获得通过本人劳动取得薪酬的机会。那么,是不是意味着曾受过刑事处罚的人在面对短期或长期、固定或临时就业机会出现时,都必须毫无隐瞒地披露自己曾经受过刑罚处罚的个人信息呢?⑤ 答案显示是否定的。

对于雇主是否有权了解雇员的犯罪前科,德国劳动法的经验值得借鉴。德国劳动法中,由于缺乏帮助有犯罪前科的人重新融入社会以摆脱"污点"的法律,雇主是否可以询问求职者犯罪前科的问题还没有明确答案。然而,联邦宪法法院认定,帮助有犯罪前科的人员重返社会是宪法的基本价值之一,这种价值在和宪法保护的其他法益发生冲突时并不总是退居其次。德国联

---

① 我国《刑事诉讼法》第 16 条规定:"有下列情形之一的,不追究刑事责任,已经追究的,应当撤销案件,或者不起诉,或者终止审理,或者宣告无罪:(一)情节显著轻微、危害不大,不认为是犯罪的;(二)犯罪已过追诉时效期限的;(三)经特赦令免除刑罚的;(四)依照刑法告诉才处理的犯罪,没有告诉或者撤回告诉的;(五)犯罪嫌疑人、被告人死亡的;(六)其他法律规定免予追究刑事责任的。"

② 我国《劳动合同法》第 8 条规定:"用人单位招用劳动者时,应当如实告知劳动者工作内容、工作条件、工作地点、职业危害、安全生产状况、劳动报酬,以及劳动者要求了解的其他情况;用人单位有权了解劳动者与劳动合同直接相关的基本情况,劳动者应当如实说明。"

③ 《人力资源市场条例(征求意见稿)》第 7 条规定:"劳动者求职,应当向用人单位或者人力资源服务机构如实告知与应聘岗位直接相关的知识技能、工作经历、就业现状等情况,不得有隐瞒、欺诈等行为。"

④ 我国《民法总则》第 111 条规定:"自然人的个人信息受法律保护。任何组织和个人需要获取他人个人信息的,应当依法取得并确保信息安全,不得非法收集、使用、加工、传输他人个人信息,不得非法买卖、提供或者公开他人个人信息。"

⑤ 参见刘方权、张森锋:《〈刑法〉第 100 条之我见》,载《河北法学》2001 年第 4 期。

邦劳动法院在 20 世纪 50 年代形成了以下观点：雇主只能就在招聘的岗位上可能重犯的"相关犯罪前科"提问。所有其他的犯罪前科都属于求职者的"私事"，雇主不得询问。所以，雇主只能问卡车司机是否有交通方面的犯罪前科，青少年辅导员是否曾经犯过猥亵罪或者其他性犯罪，收银员是否有过偷盗之类的犯罪记录。德国《联邦中央登记法》第 53 条确认并发展了前述原则。如果雇员在数年以前犯过与岗位相关的罪行，而且该罪行已经从犯罪登记册中被删除，那么雇员可以宣称自己没有前科。也就是说，在这种情况下，即使是有"相关犯罪前科"，雇员也可以隐瞒。另外，某罪行为的追诉时效已经届满的，或者某犯罪行为由于大赦没有被追究责任的，也就不用再被提起了。雇主也不能询问求职者检察院是否曾经对其展开过侦查程序。案例如，某个建房互助储蓄信贷社招用了一名速记员，虽然她在就职 3 个月之前因为参加某个被禁止的社团而被判处两个月自由刑，但是获得缓刑，而她否认了自己有任何犯罪前科。联邦劳动法院认为，该犯罪前科与她要从事的工作毫无关系，所以雇主对此没有知情权，雇员可以就此非法的问题给出虚假回答。①

第五，不如实报告的法律责任应该结合劳动法、合同法确定，适用劳动合同无效的法律制度处理。《刑法》第 100 条以及刑法分则并没有设置相关法律责任条款，应该在法律体系中综合考虑不如实报告的法律后果。《劳动合同法》第 26 条与第 27 条对劳动合同无效规定了具体制度。② 因此，劳动者没有履行前科报告义务，可能涉嫌以欺诈手段订立劳动合同。根据《劳动法》第 18 条规定，劳动者以欺诈手段获取劳动权益，可能导致劳动合同无效。无效合同自始没有法律约束力，劳资双方的权利义务没有固定。

同时，根据《合同法》，劳动者不履行前科报告义务后订立的劳动合同也可能无效。根据《合同法》第 52 条的规定③，劳动合同除了岗位涉及国家秘密之外，通常不会损害国家利益。不过《刑法》第 100 条是法律的强制性规定，所以劳动者不履行前科报告义务订立的合同，可以根据违反法律的强制性规定条款认定为无效。但是，《刑法》第 100 条属于管理性而非效力性强制

---

① 参见〔德〕沃尔夫冈·多伊普勒：《德国劳动法》（第 11 版），王倩译，上海人民出版社 2016 年版，第 147 页。

② 我国《劳动合同法》第 26 条规定："下列劳动合同无效或者部分无效：（一）以欺诈、胁迫的手段或者乘人之危，使对方在违背真实意思的情况下订立或者变更劳动合同的；（二）用人单位免除自己的法定责任、排除劳动者权利的；（三）违反法律、行政法规强制性规定的。对劳动合同的无效或者部分无效有争议的，由劳动争议仲裁机构或者人民法院确认。"
　我国《劳动合同法》第 27 条规定："劳动合同部分无效，不影响其他部分效力的，其他部分仍然有效。"

③ 我国《合同法》第 52 条规定："有下列情形之一的，合同无效：（一）一方以欺诈、胁迫的手段订立合同，损害国家利益；（二）恶意串通，损害国家、集体或者第三人利益；（三）以合法形式掩盖非法目的；（四）损害社会公共利益；（五）违反法律、行政法规的强制性规定。"

规定,所以违反此类规范并不必然导致行为在私法上无效;只有劳动者隐瞒前科导致不能胜任岗位时,劳动者才构成欺诈并导致劳动合同全部无效。①劳动合同即使被认定无效,根据 2001 年最高人民法院《关于审理劳动争议案件适用法律若干问题的解释》第 14 条的规定②,劳动者还可以获得工作期间的薪酬。

第六,外国籍申请就业者也应该履行犯罪记录报告义务,且其报告义务系要式行为。与我国法律不同,外国法律规定了前科消灭制度。例如,美国联邦及各州除了对未成年罪犯普遍规定前科消灭制度外,成年罪犯在特定情形下也可以申请犯罪记录封存或消灭,犯罪记录封存或消灭之后通常仅有本人或者本人涉嫌犯罪时执法机关可以查询。某条犯罪记录被封存或消灭之后,如果行为人没有其他犯罪记录,执法机关出具的记录将载明"No Criminal Record"或者"No Public Criminal Record"。因此,犯罪记录包括公开犯罪记录与封存或消灭的犯罪记录,前科消灭制度导致特定犯罪记录被申请封存或消灭之后公众无法查询。但是,如果外国人在我国申请就业,应遵循属地管辖原则,根据我国法律履行前科报告义务。

同时,外国人对是否受过刑罚处罚事实的报告应为要式行为。根据我国《外国人在中国就业管理规定》第 7 条的规定,"无犯罪记录"是外国人在我国就业时必须具备的条件。因此,外国人应提供书面报告,证明其本人在国籍国和中国没有犯罪记录。《刑法》属于法律,其规定的报告对象是"受过刑事处罚记录",《外国人在中国就业管理规定》属于行政规章,对外国人在我国就业时的报告范围规定为"犯罪记录",后者范围更宽泛,对此应进行体系解释。总之,报告范围为犯罪记录,但是必须注意比较法的分析,因为中外刑法关于犯罪的法律规范不同。我国对于违法与犯罪采取《治安管理处罚法》与《刑法》的二元立法模式,但许多西方国家则采取一元立法模式,全部违反法律的行为只有民事侵权与犯罪两种类型,外国法上的犯罪往往相当于我国的违法以及刑事犯罪。因此,对于外国法上的犯罪记录应该限于实质的刑事犯罪记录,不包括轻罪(美国联邦及部分州的 misdemeanor 等)、违警罪(美国部分州的 infraction 或 violation、法国的 contravention 等)、简式起诉罪(英国的 summary offence、加拿大的 summary conviction offence 等)之类,外国人到我国就业时无须报告。

---

① 参见叶小琴:《公民就业权视域下劳动者前科报告义务的体系解释——以美国雇员案犯罪记录争议为切入》,载《法学评论》2019 年第 2 期。
② 最高人民法院《关于审理劳动争议案件适用法律若干问题的解释(一)》第 14 条规定:"劳动合同被确认无效后,用人单位对劳动者付出的劳动,一般可参照本单位同期、同工种、同岗位的工资标准支付劳动报酬。"

第三章　劳动关系中的刑法适用

第一节　劳动者行为的刑法规制

劳动法作为社会法,其内容包括与劳动有关的社会各个方面,除了劳动安全事故等问题侧重处罚用人单位(雇主)外,在有些领域劳动者(雇员)的行为也可能需要刑法规制,如竞业禁止、侵犯商业秘密这两类行为。

一、竞业禁止行为的刑法规制

(一) 竞业禁止的概念与价值

随着经济全球化的进一步加深,我国经济飞速发展的同时,人才流动也愈发频繁,很多商业秘密随着人才的流动而流失。但我国目前法律规定的碎片化状态对竞业禁止法律规范的体系性提出了挑战。公司企业法对违反竞业禁止行为的责任形式规定混乱,根据所有制不同或者企业法律形式不同配置了差别化的保护制度。行政法没有具体规定竞业禁止违法行为,相关规则主要体现于行政法规及地方性法规层级。这些法规是由国务院针对专门区域或者某地区自己发布的,对竞业禁止的规定较为具体,但也只适用于特定地区。在刑事责任上,我国竞业禁止的刑事责任仅仅适用于国家工作人员,同样的行为仅仅因为身份不同就会在罪与非罪方面呈现不同的法律后果,与刑法平等原则不相适应。本书首先分析竞业禁止的概念,然后考察外国的竞业禁止制度各项特点,最后厘清我国竞业禁止刑事责任的有关争议问题,并给出立法建议。

竞业禁止在各国概念内涵差别显著,如美国从禁止竞争协议的角度进行立法,英国则主要着眼于限制交易的协议。从通常的法律特征分析,竞业禁止的核心特点在于与特定经营者具有法律规定或者合同约定特定关系的人员,不能从事某些与特定经营者具有商业竞争关系的业务或者签订相关协议。具体而言,这是用人单位保护本单位竞争优势的一种措施。通常情况下,用人单位为了保护本单位的商业秘密,根据公司企业法或者本单位内部管理制度,往往要求劳动者在劳动合同期间以及在劳动合同终止后一定时期内,本人不能在形式上或者实质上从事与用人单位存在竞争关系的生产经营活动,也不能到其他与该单位存在竞争关系的公司企业任职。总之,竞业禁止是禁止所有知悉商业秘密的劳动者从事特定生产经营活动或者到特定行业就业的规范。有学者将我国公司法相关规定称为竞业禁止义务,劳动合同法则规定用人单位可以与劳动者订立离职后的竞业限制条款。不过,前述两类规范均属于广义上的竞业禁止范畴。① 竞业禁止的产生可以追溯到代理制度,其最初目的旨在防止代理人滥用代理期间知悉的商业信息,以保护被代理人的正当权利。最高人民法院 2009 年《知识产权案件年度报告》认为,竞业禁止纠纷需要具体分清楚性质以确定诉讼性质,如果纠纷与商业秘密以及知识产权保护无关,则应该纳入劳动争议的范畴;2011 年《民事案件案由规定》中的劳动合同纠纷之下也列举了竞业禁止纠纷作为子类。

(二) 外国竞业禁止制度的特点

1. 美国

美国劳动法也贯彻了合同法的契约自由精神,立法层面并没有对于竞业禁止设定任何强行性规则。竞业禁止事项通常属于劳动合同的重要条款,是合同双方当事人自由约定的内容,所以在缺乏单行法律规定的情况下,美国关于竞业禁止制度的确立和规则发展均由一系列判例完成。同时,美国实行联邦制,联邦与州属于各自独立平行的司法辖区,并没有适用于全美的商业秘密保护法,竞业禁止并不属于联邦立法权限之内的事项,各州立法机关对于劳动合同双方当事人自愿签订的合同中竞业禁止条款的效力问题有明显分歧,主要有竞业禁止条款有效以及竞业禁止条款无效两种观点。②

有些州如加利福尼亚州等,采取竞业禁止条款无效的立场,主要原因在于劳动自由是劳动法的重要原则之一,根据这一原则劳动者在不违反法律强行性规定的情况下应该具有自主选择职业的权利,这种权利不应该仅仅因为劳动者与用人单位之间的劳动合同而被限制,而且这种协议也会妨碍市场的自由竞争,使得人才不能人尽其才。因此,采取这种立场的州,通常会完全否定竞业禁止协议相关条款的效力。另外,与劳动或者就业相关的法律通常会对于限制或者禁止公民自由选择合法工作或者自主进行生产经营活动的合同条款效力进行规定,制定此类条款无效的强行性规则。同时,法院的判决也会在司法程序中宣布此类条款无效,保护劳动者的自由就业权。

另外有些州则采取竞业禁止条款有效的立场,主要理由在于劳动法不能

---

① 参见王林清:《公司法与劳动法语境下竞业禁止之比较》,载《政法论坛》2013 年第 1 期。

② 参见祝磊主编:《美国商业秘密法律制度研究》,湖南人民出版社 2008 年版,第 148 页。

一味保护劳动者权利,也应当注意用人单位利益的保护。因为,如果不能对用人单位合法保有的商业秘密及其衍生利益进行保护,从长期来看同样会妨碍技术革新,最终不利于社会经济稳定运行。不过这种竞业禁止条款有效的立场其实是效力待定的立场,从程序上建立了竞业禁止条款合理性审查程序,从而在司法中具体裁量此类条款是否有效。这种合理性标准通常包括三项,其一为协议的保护范围不能明显超过雇主商业秘密及其衍生利益范围;其二是雇员履行协议时不会对其本人的工作以及生活带来过度困难;其三是不应该与社会及公共利益抵触。

2. 英国

竞业禁止在英国属于限制交易的法律制度范畴。英国立法对于竞业禁止协议的法律地位经历了历史性的变革过程。初期的英国判例法立场鲜明,坚持采取否定的立场,不仅认定此类协议没有法律约束力,甚至有的场合认定此类行为涉嫌限制或者禁止竞争,有的雇主可能会因此被追究刑事责任。直至 18 世纪晚期,英国才逐渐改变立场,基本认为约定竞业禁止条款的合同具有法律约束力。到了 19 世纪晚期,判例的立场则完全改变为通常认为雇主有合理的理由要求雇员签订竞业禁止协议,只要这种协议不背离社会及公共利益。这些合理性的审查规则具有三个特征:(1)竞业禁止应该仅仅与相关信息的保护相关,或者是为了保护雇主合法拥有的商业秘密,或者是基于保护雇主在合法经营过程中获取的客户隐私信息;(2)竞业禁止条款自身应该有一定限制,不能是无固定期限或者没有地域范围限制;(3)这种协议不背离社会及公共利益。[①]

同时,英国在公司法意义上有违反忠实义务与篡夺公司机会两种竞业禁止。前者指董事等公司高级管理人员舍公司利益而谋私。后者指董事等公司高层管理人员将可能属于公司的商业机会据为己有或提供给其他公司。[②]

3. 德国

德国的雇主和雇员分别称为商人与商业辅助人,《德国商法典》关于竞业禁止协议主要参见第 74、75 条,其中对于竞业禁止的不同形式、条款内容、期限等进行了详细规定。具体而言,《德国商法典》第 74 条规定的特点如下:(1)商人和商业辅助人之间的劳动合同终止后,双方之间可以签订对于商业辅助人生产经营活动或者就业范围进行合理限制的协议,这种协议必须采取书面的要式方式,同时这种协议还有附件,即商人向商业辅助人交付证书,证

---

① 参见黎建飞、丁广宇:《竞业禁止义务规范研究——以英国法为比较视角》,载《法学杂志》2006 年第 4 期。

② 参见翟业虎:《竞业禁止的域外法律实务考察》,载《法学杂志》2013 年第 12 期。

书中包括双方之间有关竞业禁止条款的具体约定,以作为商业辅助人离开商人之后从事相关活动的必要条件。(2)商人有义务在竞业禁止期间支付赔偿,并且只有当商业辅助人在每一个竞业禁止年度取得的赔偿至少达到离职前上一年度全部薪酬的一半时,竞业禁止才有拘束力。

同时,《德国商法典》第75条规定如下:(1)商业辅助人因商人的违约行为而依第70条和71条的规定解除雇用关系的,商业辅助人于终止后1个月期间届满前书面表示其不受协议的拘束时,竞业禁止无效。(2)商人终止雇用关系的,竞业禁止以同样的方式无效,但由于商业辅助人一方原因导致协议终止时,或商人在终止时表示愿意向商业辅助人给予全部的、最后由其取得的约定给付的,不在此限。(3)商人因商业辅助人的违约行为而依第70条和第72条规定解除雇用关系的,商业辅助人不享有赔偿请求权。

德国上述法律的规定可以总结为有条件承认竞业禁止。主要的限制性条件包括:(1)竞业禁止协议不能采取口头形式而必须采取书面形式;(2)禁止竞业协议不能是无固定期限的,其期限不能超过法定期限,法定期限是劳动合同终止之日开始,最长为2年;(3)雇员基于竞业禁止协议而在可能利益方面的损失,雇主应该支付相应的补偿费用,如果没有约定补偿费用则竞业禁止协议无效,补偿费用的金额最少是雇员离职前上年度全部薪酬的50%;(4)竞业禁止协议只能对于雇员的生产经营活动或就业行为进行合理限制,协议内容必须具体约定限制的时空标准以及行业范围。[①] 同时,《德国商法典》对于竞业禁止协议也规定了认定无效的几种情形:雇员未成年、第三人代雇员履行义务、违反善良风俗。[②] 此外,《德国股权法》第88条规定,董事等公司高级管理人员在执行“属于公司业务种类的交易”时,不得将得到的情报为自己或他人的利益加以利用而致害公司。[③]

(三)我国竞业禁止制度刑事立法的完善

综合前述各国的做法,我们可以发现,各国普遍肯定董事等公司高级管理人员对公司的忠实义务,但对于竞业禁止协议的基本立场则是肯定论基础上的折中观点。即劳动者与用人单位之间可以签订竞业禁止协议,对于劳动者在与本单位劳动合同终止之后的生产经营活动或者就业行业进行一定限制,但是这种限制应该合理,既不危害社会及公共利益,也不过分限制劳动者

---

① 参见邓恒:《德国的竞业禁止制度与商业秘密保护及其启示——兼论〈劳动合同法〉第23、24条的修改》,载《法学杂志》2017年第3期。

② 参见《德国商法典》,杜景林、卢谌译,中国政法大学出版社2000年版,第28—32页。

③ 参见翟业虎:《竞业禁止的域外法律实务考察》,载《法学杂志》2013年第12期。

的劳动自由权利。同时,德国所代表的欧洲大陆国家还认为应该给予劳动者一定的经济补偿金。总之,各国的基本立场是可以签订竞业禁止协议,但是雇主不能滥用这种权利,应该严格限制其适用范围。同时,前述国家规制竞业禁止的基本模式是通过民事法律规范,违反该类协议的救济方式是追究民事责任,刑法通常没有介入竞业禁止协议领域。在我国,违反竞业禁止行为虽然主要涉及民事责任,但也与刑事责任有关,因此接下来分析我国竞业禁止涉及的刑事责任问题。

我国刑法针对竞业禁止问题有专门的罪名即非法经营同类营业罪。根据《刑法》第 165 条的规定,非法经营同类营业罪是指国有公司、企业的董事、经理利用职务上的便利,自己经营或者为他人经营与其所任职公司、企业同类的营业,获取非法利益,数额巨大的行为。显然,前述刑法规定在国有与非国有公司企业人员是否能构成本罪方面进行了选择性立法,这引起了很大争议。笔者也认为该条文有其不合理之处,理由如下。

第一,非法经营同类营业罪主体范围的限定与我国公司法等法律法规相矛盾。我国《公司法》《合伙企业法》《个人独资企业法》和《中外合资经营企业法实施条例》等都对公司、企业有关人员的竞业禁止行为作了明文规定。包括《公司法》第 148 条①,《合伙企业法》第 32 条②、《个人独资企业法》第 20 条③、《中外合资经营企业法实施条例》第 37 条④等规定。总之,同样的竞业禁止行为在多部行政法律中都有规定,但是刑法与其他的法律规定不相

---

① 我国《公司法》第 148 条规定:"董事、高级管理人员不得有下列行为:(一)挪用公司资金;(二)将公司资金以其个人名义或者以其他个人名义开立账户存储;(三)违反公司章程的规定,未经股东会、股东大会或者董事会同意,将公司资金借贷给他人或者以公司财产为他人提供担保;(四)违反公司章程的规定或者未经股东会、股东大会同意,与本公司订立合同或者进行交易;(五)未经股东会或者股东大会同意,利用职务便利为自己或者他人谋取属于公司的商业机会,自营或者为他人经营与所任职公司同类的业务;(六)接受他人与公司交易的佣金归为己有;(七)擅自披露公司秘密;(八)违反对公司忠实义务的其他行为。董事、高级管理人员违反前款规定所得的收入应当归公司所有。"

② 我国《合伙企业法》第 32 条规定:"合伙人不得自营或者同他人合作经营与本合伙企业相竞争的业务。除合伙协议另有约定或者经全体合伙人一致同意外,合伙人不得同本合伙企业进行交易。合伙人不得从事损害本合伙企业利益的活动。"第 99 条规定"合伙人违反本法规定或者合伙协议的约定,从事与本合伙企业相竞争的业务或者与本合伙企业进行交易的,该收益归合伙企业所有;给合伙企业或者其他合伙人造成损失的,依法承担赔偿责任。"

③ 我国《个人独资企业法》第 20 条规定:"投资人委托或者聘用的管理个人独资企业事务的人员不得有下列行为:……(六)未经投资人同意,从事与本企业相竞争的业务;(七)未经投资人同意,同本企业订立合同或者进行交易";第 40 条规定:"投资人委托或者聘用的人员违反本法第 20 条规定,……给企业造成损失的,依法承担赔偿责任;有违法所得的,没收违法所得;构成犯罪的,依法追究刑事责任。"

④ 我国《中外合资经营企业法实施条例》第 37 条规定:"总经理或者副总经理不得兼任其他经济组织的总经理或者副总经理,不得参与其他经济组织对本企业的商业竞争。"

匹配,这就造成了法律衔接上的问题,属于法律漏洞,需要尽快完善。

第二,对国有经济与非国有经济差别保护的规定与公平原则不相符合,对于加害方与被害方同样如此。依照这一规定,实施竞业禁止行为的行为人仅仅因为身份认定方面的不同,即使实施了同样的行为,但在结果方面体现为罪与非罪的差别,导致在国家出资企业中,国有控股、参股企业工作人员的行为认定,因为身份差别而天差地别。因此,根据自然人身份差异而在刑法层面保护不同,与我国任何人平等适用刑法的法律原则相悖。虽然我国刑法中存在身份不同而在构成要件方面有差别的罪名,如贪污罪和职务侵占罪、受贿罪和非国家工作人员受贿罪等,但这种差别的前提是对于被侵害法益均给予刑法保护。这只是基于我国国有经济在国民经济中居于主体地位的现状,给予公共财产在刑法上以特别的保护。立法层面对于法益的重要性程度有不同评价,从而规定在不同类型的犯罪之中。如贪污罪侵犯的是复杂客体,侵害公共财产所有权的同时也侵犯国家工作人员职务行为的廉洁性,社会危害性比较大;而职务侵占罪侵犯的客体仅包括公司、企业或其他单位的财物所有权,社会危害性相对较小,因此受到刑法的特殊对待。所以,贪污罪与职务侵占罪这类立法例有一定合理性。

但是,非法经营同类营业罪却仅仅对于国有公司、企业董事、经理的竞业禁止行为进行犯罪化,这与市场经济规律不符合。例如陈某、苑某被诉非法经营同类营业罪案件中,陈某担任中国海运(集团)总公司上海公司副总经理,分管亚太部、欧洲部的航运,具有根据公司《运价审核体系管理规定》对航线的基准价格以及优惠价格幅度和时段等事项进行审核、管理等权力,但陈某同时与苑某等人合伙出资成立了洋晨公司并参与实际经营管理,陈某在经营管理过程中特别将优惠的运费价格或者更高的操作费返点审批给洋晨公司,使得洋晨公司在货运市场的成本得以降低从而在市场竞争中居于优势地位,逐步发展成为海运上海公司日本航线的主要货运代理客户,非法获利金额经《司法会计鉴定意见书》认定高达约700万。法院判决被告人有罪的理由之一在于,非法经营同类营业罪的立法目的是在市场经济发展过程中达到国有公司企业经济利益的最大化,并防止企业高管人员的不正当竞争行为,如果国有公司企业的董事或经理等高级管理人员利用本人的职务便利另外实质上进行相同或者类似生产经营活动,其结果肯定是进行利益输送,国有企业的经济利益受损,而高管本人经营的公司获利丰厚。[①] 如果将法院的裁判逻辑推而广之,非国有公司企业中出现前述案件中"害群之马"高级管理人

---

① "陈某、苑某非法经营同类营业案",参见上海市虹口区人民法院刑事判决书[(2014)虹刑初字第875号]。

员的可能性同样不低,而且其行为对于公司同样也会造成严重的经济损失。

因此,非法经营同类营业罪差别性立法体现的逻辑为对国有经济给予刑法保护,而对非国有经济不给予刑法保护,这不是保护力度强或者弱的问题,而是刑法保护与不保护的问题,属于质的差别。同时,从劳动法的角度看,这也相当于对于劳动者与用人单位之间义务设定的不平等。同属于劳动者,如果违反基于法律或者合同约定的竞业禁止义务,所应该承担的责任应该相同。但目前本罪的构成要件设置却导致,仅仅因为身份的不同,违反竞业禁止义务所应该承担的责任不相同,国有公司企业的高管需要被追究刑事责任并承担民事责任,而非国有公司企业的人员则只需要承担民事责任。但从竞业禁止行为对于公司企业的利益侵害性来说,并不会因为企业的所有制性质而有太大差别。因此,既然刑法的立法逻辑是竞业禁止行为具有刑事可罚性,那么非国有公司、企业的董事、经理的同类营业行为当然也不能被排除在外。否则与国有企业处于同一市场竞争环境之下的非国有企业将处于弱势地位,这是对平等自由市场秩序的侵蚀。所以非法经营同类营业行为的行为人不应该仅仅因为公司企业的所有制不同而呈现差别性立法。

同时,差别性立法没有注意到我国的公司企业性质已经有了巨大变化。除了很多中字头的央企或者地方政府国有企业的母公司还保持国有独资企业形态,实际上国有企业都在引进战略投资者,实现股东多元化策略,作为母公司的国有企业是国有独资公司,很多成员企业往往都是国有控股或者国有参股企业。这些企业在刑法中都属于国家出资企业范畴。通过将非法经营同类营业罪中的国有公司、企业扩张解释为国家出资企业,司法判决实际已经将本罪的主体扩张到混合所有制企业。那么立法上的空白仅仅剩余纯粹的非国有企业即民营企业。这些非国有企业的高级管理人员如果从事非法经营同类营业行为,由于不能通过刑事报案的方式维护企业权益,公司的利益受损,实际是一位或多位高管的行为侵害了用人单位股东以及其他普通劳动者的财产权益,这显然是不公平的。因此,"现代社会条件下的非公有制经济,具有形式上的私人性质与实质作用上的社会公共属性之双重属性"①,对于非法经营同类营业罪的立法应该进行修改,要么废止这个罪名,要么保留这个罪名但是扩张主体,将该条中的"国有"限制性条件删除。如果立法要体现对于国有企业的特别保护,可以同时增加一款,规定国有公司、企业的董事、经理犯非法经营同类营业罪的,从重处罚。

---

① 张军:《非公有制经济法律地位的变迁及其启示》,载《中国法学》2007年第4期。

二、侵犯商业秘密行为的刑法规制

随着市场经济的发展,防止商业秘密泄露已经成为企业经营管理中的首要任务,很多欧美大型企业会为了避免商业秘密的泄露,专门设立情报室以应对日益突出的侵犯商业秘密行为。我国各种新闻中披露的商业间谍事件总量大而且处于上升趋势,但是判决行为人有罪的案件极少。主要原因在于难以取证,以及相关公司出于商业利益考虑不愿意将涉及商业秘密的案件纳入刑事程序解决,而往往选择通过协商或者民事诉讼方式解决。不过,有的商业秘密实际与社会及公共利益相关,某种程度上兼具国家秘密的性质,刑法中侵犯商业秘密罪的法益保护机能需要进一步发挥。本书旨在通过比较法的分析厘清商业秘密的概念以及相关立法及司法难题,并结合我国侵犯商业秘密罪的疑难问题给出立法建议。

(一)刑法保护商业秘密的必要性

关于商业秘密的概念,各国有不同的定义。《美国经济间谍法》[1]、《加拿大统一秘密法草案》[2]、《与贸易有关的知识产权协议》[3]对此都从不公开性、经济性、特别保护性等方面作出了规定。我国《刑法》第 219 条也对此进行了专门规定。[4] 综上所述,我们可以总结出商业秘密具有价值性、合法性、管理性、秘密性这几个特点,世界上各国运用刑法手段保护商业秘密的必要性体现为以下几点。

第一,商业秘密属于权利人的合法财产性利益。商业秘密涉及公司企业的知识产权或者经营秘密,是企业在激烈的市场竞争中赖以生存的法宝。很多企业已经意识到了这一点,投入大量的人力和资金用于开发商业秘密,并

---

[1] 《美国经济间谍法》第 1839 条规定:"商业秘密是指各种形式与类型的财务、商务、科学、技术、经济或工程信息。包括资料、计划、工具、机制、组成、公式、设计、原形、制造过程、程序、程式码、商务策略。不论它是有形还是无形,也不论它是存储、编辑、文字,还是以物理性、电子、图形或照相记载,只要符合信息由于未被一般公众所知悉,或因公众利用合理方式无法立即确定、取得或开发出来,而且具有现实或潜在的独立经济价值。"

[2] 《加拿大统一商业秘密法草案》将商业秘密定义为"已经或将要用于行业或业务之中,在该行业或业务中尚未被公众所知,且具有经济价值。在特定情况下,为防止其被公众所知已尽合理保密努力的对象"。

[3] 《与贸易有关的知识产权协议》第 39 条规定,符合以下几个相关的条件就可以成为商业秘密:(1) 某种意义上属于秘密,即未被从事有关信息工作的人普遍知悉或容易获得其整体或内容;(2) 要具备一定的商业价值;(3) 合法的信息控制人在特定情势下已对相关的信息采取了合理的保密措施。

[4] 我国《刑法》第 219 条规定:"本条所称商业秘密,是指不为公众所知悉、能为权利人带来经济利益、具有实用性并经权利人采取保密措施的技术信息和经营信息。"

且花费很大的代价来维持,目的就是想在竞争中立于不败,保持其优势,这已经是一项十分有效的战略措施。不过恰恰由于商业秘密前期投入的巨额经济成本和超长的回报周期,以及获取秘密之后的巨大经济性价值,使得侵害商业秘密行为对于公司企业合法财产性利益的危害非常严重,其后果远远高于盗窃等行为造成的普通财产损失。

第二,保护市场的公平竞争。随着市场经济的不断发展,商业秘密的重要性已经不言而喻,对商业秘密的侵犯行为绝对不仅仅是对个人法益的侵害,同时还是对社会法益的严重威胁或者侵害。因为市场经济的核心是建立公平的市场竞争秩序,非法侵犯他人商业秘密是非常严重的侵害公平竞争行为,严重损害了不同市场主体通过合法经营进行公平竞争的环境。因此,侵害商业秘密的行为从本质上来看就是一种破坏良好竞争秩序的行为。也正是因为如此,侵害商业秘密这类行为被许多国家或地区并入到竞争法所调整的序列。我国 1997 年修订刑法典时吸收《反不正当竞争法》第 10 条,在破坏社会主义市场经济秩序罪一章设立相关犯罪,更加体现了刑法价值中对于秩序的保护。因此,我国刑法对于侵害商业秘密行为进行犯罪化的立法出发点在于维护不同市场主体之间公平竞争的自由市场经济秩序。

第三,商业秘密的重要性不亚于知识产权,同样属于刑法应该保护的重要法益。商业秘密虽然与知识产权在专有性和时间性等特征方面有所不同,但是其权利内容在某种程度上具有无形资产的性质。而且境外立法包括英美法系国家,也已经有将商业秘密作为知识产权保护的立法例,同时越来越多的境外立法或者司法判例都倾向于将商业秘密视为一种独立的民事权利进行保护。因此,商业秘密与著作权、专利权、商标权一样,具有同等的需保护性,威胁或侵害商业秘密的行为也具有严重的社会危害性,刑法将此类行为进行犯罪化并给予刑罚处罚是应有之义。

(二) 我国侵犯商业秘密行为刑事规制的不足

首先,疏忽大意导致商业秘密被泄露行为的犯罪化问题。根据《刑法》第 219 条第 2 款有关间接侵犯商业秘密行为的规定,"应知"一词在刑法中的含义一般理解为知道或应当知道,疏忽大意的过失也符合这种情况。因此,如果行为人没有尽到相应注意义务导致商业秘密被泄露,也可以追究行为人的刑事责任。这种规定的合理性尚需斟酌,理由如下。

第一,权利人商业秘密被他人以不正当方式获取,这种危害结果的发生属于行为人预见范围才能追究其刑事责任。刑法条文中的"应知"是对于侵犯商业秘密罪主观方面包括疏忽大意过失的立法指示，而对于疏忽大意过失的含义在理论与实务界都有通行的观点。"应知"的潜台词就是行为人应当知道自己的行为可能发生导致权利人商业秘密被第三人以不正当方式获取的危害社会后果，而因为疏忽大意没有预见。这里面的核心要件是预见义务与预见可能。但是这与商业秘密本身的秘密性实际上是冲突的。在没有法律、合同、业务或者明确的先行行为前提下，不能随意认定行为人知晓商业秘密的内容并具有保守商业秘密的义务；也不能期待行为人在正常的科学技术交流以及传播中时刻进行是否泄露商业秘密的自我审查。因此，如果在缺乏正当性依据的情况下在法律上直接设定第三人对于商业秘密被泄露的危害社会结果承担结果预见义务并追究其刑事责任，那么行为人进行正常的科学技术以及商业信息沟通时将会顾虑重重，合法行为边界的模糊性将会严重阻碍人们交流以及沟通的积极性，最终受损的将是技术革新以及整个社会的进步。①

　　第二，《刑法》第219条有关直接与间接侵犯商业秘密行为均构成犯罪的规定存在内在冲突。《刑法》第219条第1款规定了3种侵犯商业秘密的行为，包括不正当获取商业秘密、泄露不正当获取的商业秘密、违约泄露商业秘密的行为。这些行为的具体规定从法律解释角度，毫无疑问都是对于行为人主观方面属于故意的规定。例如获取、使用、披露之类的客观方面行为类型的描述，都表明行为人实施相应行为时明知自己的行为将发生侵害权利人商业秘密的危害后果，却仍然希望或者放任这种结果的发生。这样的规定，显然是将过失排除在本罪主观方面之外。如果立法规定过失能构成本罪，通常的立法体例是在第2款继续规定，过失侵犯商业秘密行为的也应当追究刑事责任。我国刑法对于过失犯罪的处罚以刑法明文规定为前提，这种规定通常不是默示的。不过《刑法》第219条第2款将"应知"与"明知"并列，从法律解释上通常认为立法条文应从有效性这一基本原则出发，合理的解释只能是认为"应知"实际指示本罪可以由过失构成。问题是，第2款的规定从行为方式分析，是对于间接侵犯商业秘密行为的犯罪化规定，第1款的规定则是属于直接侵犯商业秘密的行为。显然，基于过失的罪过直接侵犯商业秘密的行为在社会危害性程度方面显然重于间接侵犯商业秘密的行为。不过目前法律解释的结论却是，前者不构成犯罪，而后者却要被追究刑事责任。这种结论显然不合理，因此必须反思刑法规定的合理性。

---

① 参见赵秉志、刘志伟、刘科：《关于侵犯商业秘密罪立法完善的研讨》，载《人民检察》2010年第4期。

第三,境外立法给予刑事犯罪化的侵犯商业秘密行为通常专门指向商业间谍,而对于过失侵犯商业秘密的行为通常没有进行犯罪化。例如美国将商业秘密作为无形财产保护,在民事法律中赋予其独立的民事权利地位,刑法只是对于保护商业秘密起补充作用,犯罪化的重心在于盗窃行为以及专业商业间谍侵犯商业秘密的行为。同时,美国在商业秘密领域确立了本国企业商业秘密权利人利益最大化的保护原则,一方面贸易代表办公室发布的《特别301报告》对中国商业秘密的立法与执法问题不断提出质疑和负面评价;另一方面美国政府将商业秘密视为现实主义国家安全层面的国家战略考量要素,2018年制裁中兴公司,2019年一直以华为公司涉嫌窃取其商业秘密并威胁其国家安全为由对华为公司进行持续调查,此外通过2016年《美国商业秘密保护法》中的豁免权条款对中兴公司雇用的美国律师通过举报方式泄露其商业秘密的行为实施了保护。[1] 德国主要是通过反不正当竞争法相关法律制度,对于侵害商业秘密的行为重点给予行政处罚,同时对于若干严重危害社会的行为给予刑事处罚,而且设定为自诉罪名,给予被害方以充分的自主决定权,以顾全商业的考量。[2]

当然,也有少数几个国家规定了过失侵犯商业秘密构成犯罪的条文。例如加拿大刑法中对于过失侵犯商业秘密的行为也给予刑事处罚[3],不过这种前提是立法本身对于侵犯商业秘密犯罪的成立设定了十分具体而严格的要件,在司法审判中对于是否构成犯罪也持谨慎立场。因此,在限制性入罪的刑事实体规定以及层层审查的刑事诉讼流程相结合模式之下,实际追究过失犯罪行为的很少。同时,《日本不正当竞争防止法》中包括了重大过失的内容,不过与加拿大类似,其详细要件的规定过于严格,实际使得其适用空间非常小。当然,我国的侵犯商业秘密行为实际犯罪状况与外国不同,刑事立法模式也有差别,完全模仿外国立法并不合理。不过外国立法对于侵犯商业秘密行为犯罪化模式的规定也应该充分考量。其中体现的对过失侵犯商业秘密行为不作为犯罪处理或者即使刑法文本上犯罪化但是司法中尽量作无罪化处理的共识值得我国刑法借鉴。

其次,侵犯商业秘密罪不完全符合刑法的明确性原则。刑法规定的侵犯商业秘密罪是结果犯,具体表现为重大损失或者特别严重后果。但是,这种立法概念采纳了结果犯通行的标准,在本罪中具体如何衡量重大以及如何计

---

① 参见宋世勇、邢玉霞:《美国〈特别301报告〉商业秘密问题综述与中国对策分析》,载《法学杂志》2019年第5期。

② 参见齐文远、唐子艳:《德国商业秘密刑法保护规定及其启示》,载《中南民族大学学报(人文社会科学版)》2013年第4期。

③ 参见杨小兰:《论侵犯商业秘密的过失行为可否入罪》,载《社科纵横》2012年第2期。

算损失数额都缺乏具体标准。2004 年最高人民法院、最高人民检察院《关于办理侵犯知识产权刑事案件具体应用法律若干问题的解释》将权利人损失 50 万以上规定为本罪的后果。2010 年最高人民检察院、公安部《关于公安机关管辖的刑事案件立案追诉标准的规定(二)》第 73 条对于重大损失又进行了全面而具体的规定,除了包括权利人损失数额 50 万以上,还包括违法所得数额 50 万以上、权利人破产等情形。

但是,前述文件的效力仅仅及于起诉阶段,效力比较低,实际上只能视为侦查机关的内部指导性司法文件,对于刑事审判实际没有法律约束力,不属于司法解释的范围,其作用在于统一办案标准,而非对于本罪主观以及客观构成要件进行符合法律的具体解释。社会生活实践中,侵犯商业秘密行为造成的后果有的是直接损失,短期内能够以金钱加以计算。可是很多损失往往是间接损失,例如丧失竞争优势,知识产权被他人模仿并注册等等,因此对于商业秘密这种无形资产的损失并不能将确定的直接经济损失作为严重后果的核心标准。除了前述司法文件规定的几种情形之外,还有许多衡量本罪可罚性的情节,例如行为人不正当获取商业秘密的具体手段、行为人不正当获取商业秘密的频率、行为人在不正当获取商业秘密利益链条上的层级、被不正当获取的商业秘密对于权利人生产经营的重要性程度,等等,这些情况应该以类型化的方式包括于侵犯商业秘密罪的刑法规定之中,或者以司法解释形式进一步明确。[①]

(三) 我国侵犯商业秘密行为刑事规制的完善

1. 立法完善建议

第一,谨慎斟酌《刑法》第 219 条第 2 款"应知"规定的合理性。建议将刑法第 219 条中"应知"的规定删除,因为"应知"通常解释为"知道或者应当知道",此种规定从文本解释上很容易得出过失也能构成本罪的结论。而且,司法实践中,应当知道商业秘密的人员范围通常采用推定方法认定,刑法的规定会导致将因为疏忽大意而导致商业秘密泄露的行为被纳入刑法规制范畴,从而导致处罚的扩大化。

第二,增设其他严重情节。在刑事立法中类型化地规定侵犯商业秘密罪后果,将其他严重情节与严重后果并列,同时明确规定严重性的判断标准。具体包括,其一,被不正当获取的商业秘密价值的全面评估。商业秘密的价值不仅仅包括经济价值,还包括对于权利人竞争优势以及技术革新计划的削

---

① 参见徐选礼:《侵犯商业秘密罪:50 万元起刑点是否合适》,载《检察日报》2009 年 6 月 15 日第 7 版。

弱,因此应该全面评估其价值。商业秘密价值越大自然反映出行为的社会危害性越大以及情节越严重。其二,随着网络越来越普及,商业秘密披露的范围越广泛,价值的降低就愈为严重。比如利用网络或媒体非法披露或非法许诺多人同时非法使用某商业秘密。其三,因为商业秘密的披露从而对企业经营状况产生的影响,比如造成企业减产、破产等等。总之,其他严重情节和重大损失只要二者符合其一即可定罪。

2. 劳动刑法视野下的司法适用建议

我国《刑法》第 219 条第 1 款第 3 项规定,违反约定或者违反权利人有关保守商业秘密的要求,披露、使用或者允许他人使用其所掌握的商业秘密的行为,构成侵犯商业秘密罪,这类犯罪行为涉及劳动合同中劳动者保守商业秘密义务的刑事责任问题,在定罪量刑时具有其特殊性,下面结合案例分析。典型案件的具体情况详见表 3-1。

第一,侵犯商业秘密罪发案率极低。2004 年至 2019 年期间公开的侵犯商业秘密罪一审刑事判决书仅为 83 份[1],其中自最高人民法院《关于人民法院在互联网公布裁判文书的规定》2014 年 1 月 1 日正式实施以来的判决书仅为 48 份。这些案件的特点在于被告人或者共同被告人都是与商业秘密权利人之间签订了全日制劳动合同的劳动者。商业秘密权利人通常是公司,被告人或者共同被告人之一利用在职期间掌握的商业秘密非法牟利,从而涉嫌侵犯商业秘密罪。而且,基本都是共同犯罪,有的是内外勾结,有的是公司之内不同岗位的员工互相勾结侵犯商业秘密。这类案件的量刑都不高,通常为1 年至 3 年,1 年至 1 年 6 个月的居多。同时,此类案件呈现地域集中性,主要涉及北京、天津、河北、上海、江苏、浙江、福建、江西、湖南、广东、贵州 11 个省级行政区,其中案件数量最多的是江苏、广东、浙江。

第二,分析表 3-1,劳动者违反法律规定侵犯商业秘密主要包括四种类型。第一类是员工离职后私自利用工作期间以不正当方式获取的技术资料与他人合开经营项目相同或类似的公司。如蒋某、武某侵犯商业秘密案中,被告人武某工作期间非法获取了权利人大山公司的冷芯机冷芯盒及射频机2 项相关技术图纸,离职后与被告人蒋某合开同类型的公司牟利。虽然该案二审中二被告人被判决无罪,不过这种侵犯商业秘密的行为却代表了实践中的一种侵权行为模式。本案无罪的理由是商业秘密的认定证据不确实充分,因为不能排除涉案两项技术信息已经被使用公开的合理怀疑。[2]

---

[1] 统计数据源自北大法意数据库,检索日期为 2020 年 1 月 20 日。
[2] "蒋光辉、武利军侵犯商业秘密案",参见江苏省无锡市人民中院刑事判决书[(2017)苏 02 刑终 38 号]。

表 3-1 侵犯商业秘密罪典型案例一览表

序号	案例名称	案号	行为人与权利人关系	商业秘密	量刑	备注
01	惠某侵犯商业秘密案	（2014）鼓知刑初字第1号	在职员工	公司系列产品的技术资料	有期徒刑1年6个月，缓刑2年，罚金15万元	
02	王某侵犯商业秘密案	（2013）鼓知刑初字第6号	在职员工	拷贝公司检测工艺流程、操作规范、财务报表；获取核心技术	有期徒刑1年6个月，罚金55万元	获取核心技术，但未破译成功
03	袁某侵犯商业秘密案	（2015）宁铁知刑初字第00005号	离职员工	公司系列产品相关技术信息	有期徒刑1年，罚金8万元	
04	蔡永某、蔡连某侵犯商业秘密案	（2017）黔03刑初115号	在职员工	茅台酒中的防伪溯源数据	有期徒刑1年2个月，罚金5万元	公司员工非法披露信息给其他人
05	吴某侵犯商业秘密案	（2012）浦刑（知）初字第42号	离职员工	89个新型化合物结构式	有期徒刑3年6个月，罚金10万元	在职时窃取资料被发现，离职后在网上公开
06	程某侵犯商业秘密案	（2013）深罗法知刑初字第6号	离职员工	服装设计纸样	有期徒刑3年，缓刑4年	在职时窃取服装设计纸样，离职后私自制作服装

（续表）

序号	案例名称	案号	行为人与权利人关系	商业秘密	量刑	备注
07	邹某、王某侵犯商业秘密案	（2014）新知刑初字第1号	离职员工	公司360离心机图纸	有期徒刑1年6个月，罚金15万元	
08	胡某、谢某侵犯商业秘密案	（2011）深罗法知刑初字第13号	离职员工	公司UT300系列的源代码和UT301分系列的源代码和电路原理图	有期徒刑1年4个月，罚金10万元	
09	华某、刘某等侵犯商业秘密案	（2016）赣0429刑初36号	在职员工	公司"卡波"产品的相关技术资料	有期徒刑2年10个月，罚金100万元	
10	吴某侵犯商业秘密案	（2012）杭拱刑初字第281号	无劳动关系	公司交流伺服电机控制系统的商业秘密	有期徒刑2年6个月，缓刑3年，罚金12万元	明知是他人窃取的秘密，仍入股投资、生产，被认定为主犯
11	金某侵犯商业秘密案	（2013）汕金法知刑初字第1号	离职员工	公司系列产品全部设计图纸和配置、明细等资料	有期徒刑1年6个月，缓刑1年6个月，罚金1万元	
12	谢某、宋某侵犯商业秘密案	（2015）温鹿刑初字第1818号	在职员工	公司相关过滤管技术	有期徒刑1年6个月，罚金70万元（谢某）；有期徒刑9个月，罚金30万元（宋某）	公司员工宋某非法泄露公司商业秘密给谢某，后被谢某利用

（续表）

序号	案例名称	案号	行为人与权利人关系	商业秘密	量刑	备注
13	林某、潘某等侵犯商业秘密案	（2011）杭江刑初字第521号	无劳动关系	电视收视样本户信息	有期徒刑3年，缓刑4年，罚金10万元（林某、潘某）；有期徒刑1年，缓刑1年，罚金2万元（王某、钟某）	非法获取被害公司的样本户信息
14	刘某侵犯商业秘密案	（2013）江恩法刑初字第206号	离职员工	"高速自动化糊底纸袋机组"技术机密文件	有期徒刑3年，缓刑3年，罚金2万元	
15	刘某侵犯商业秘密案	（2012）深南法知刑初字第32号	在职员工	埃塞现网站点及配置总表V1.0（20110811），属于中兴公司的涉密文档	有期徒刑1年，罚金10万元	
16	刘某侵犯商业秘密案	（2013）汕阳法刑一重字第3号	离职员工	公司"300自动焊织链机"的所有技术资料、拼装图纸	有期徒刑1年11个月，罚金140万元	
17	秦某、田某某、于某侵犯商业秘密案	（2014）雨知刑初字第1号	在职员工	南京中兴公司IPTV游戏平台相关文档和模块	罚金13万元（秦某）；罚金12万元（田某某）；罚金8万元（于某）	单处罚金

（续表）

序号	案例名称	案号	行为人与权利人关系	商业秘密	量刑	备注
18	任某等侵犯商业秘密案	（2013）海刑初字第2957号	在职员工	产品的客户资源、销售价格等经营信息	有期徒刑1年，罚金20万元（任某）；有期徒刑1年，缓刑1年，缓刑6个月，罚金10万元（王某）	在职泄露本单位商业秘密并自己入股同类营业公司
19	宋某犯商业秘密案	（2015）廊开刑初字第058号	离职员工	公司"色氨酸提取技术方案"	有期徒刑5年，罚金55万元	
20	徐某侵犯商业秘密案	（2012）台临刑初字第729号	在职员工	公司订单信息、客户名单	有期徒刑3年3个月，罚金117万元	在职泄露本单位商业秘密并自己入股同类营业公司
21	陈某侵犯商业秘密案	（2013）徐知刑初字第19号	在职员工	公司破碎机中的技术信息	有期徒刑3年，处罚金人民币60万元	
22	张某、泽某侵犯商业秘密案	（2014）徐刑（知）初字第12号	离职员工	研发产品核心PCBA板设计的有关技术信息	有期徒刑1年3个月，缓刑1年3个月，罚金5万元	
23	张某、钟某侵犯商业秘密案	（2017）闽0902刑初428号	在职员工	公司工艺流程、拉线技术、芯片技术	有期徒刑1年6个月，罚金80万元（张五堂）；有期徒刑8个月，罚金20万元（钟开富）	

（续表）

序号	案例名称	案号	行为人与权利人关系	商业秘密	量刑	备注
24	章某、丁某侵犯商业秘密案	（2014）绍新刑初字第265号	在职员工	公司电动升降桌驱动系统的相关技术	有期徒刑2年，罚金6万元（章某）；有期徒刑8个月，缓刑1年，罚金2万元（丁某）	
25	章某侵犯商业秘密案	（2014）温庵刑自字第6号	无劳动关系	微孔过滤管及过滤机技术信息和经营信息	无罪	自诉案件中自诉人无法提供有效证据
26	赵某侵犯商业秘密案	（2010）北刑初字第105号	在职员工	公司专利产品制造图纸、相关数据以及所掌握的客户信息	有期徒刑1年，罚金10万元	
27	浙江福瑞德公司、张某、缪某侵犯商业秘密案	（2014）滨汉刑初字第66号	缪某系被害公司在职员工	公司工艺流程图、设备图和技术参数	无罪	第一，无法认定缪某负有保密义务；第二，无法判断缪某给张某的内容是否侵犯商业秘密

（续表）

序号	案例名称	案号	行为人与权利人关系	商业秘密	量刑	备注
28	李某等人侵犯商业秘密案	（2014）覃中刑终字第326号	离职员工	公司焊接驱动轮的设计图	有期徒刑3年,罚金5万元（李某湘）;有期徒刑3年,宣告缓期4年,罚金5万元（朱某）	
29	曾某、林某侵犯商业秘密案	（2014）肇中法刑一终字第110号	离职员工	公司生产热稳定剂的核心技术及客户信息	有期徒刑3年6个月,罚金35万元	
30	蒋某、武某侵犯商业秘密案	（2017）苏02刑终38号	武利军系被害公司离职员工	公司冷芯盒射芯机相关技术图纸	无罪	不能排除涉案两项技术和信息已经被使用公开的合理怀疑
31	李某侵犯商业秘密案	（2014）常刑二终字第64号	在职员工	药品"天麻首乌片"的相关技术资料	有期徒刑2年6个月,缓刑3年,罚金5万元	
32	黄某,邢某某犯商业秘密案	（2013）深中法知刑终字第35号	离职员工	固态硬盘源代码信息	有期徒刑3年,缓期4年,罚金30万元	
33	李某某侵犯商业秘密案	（2015）夏刑终字第590号	在职员工	百信公司的客户名单	无罪	对侵害商业秘密造成损失的认定事实不清,证据不足

数据来源:北大法意数据库,检索日期为2020年1月20日。

　　第二类是员工离职后利用工作期间掌握的商业秘密开设与权利人经营项目相同或类似的公司。例如,曾某、林某侵犯商业秘密案中,被告人曾某作为品管部主任,掌握权利人森德利公司热稳定剂方面的技术,被告人林某作为销售经理,掌握该公司的客户信息。两人辞职后,以他人名义注册鸿建公司并实际共同经营该公司,生产与森德利公司同类的化工产品。鸿建公司没有自主的知识产权,被告人曾某违反了与森德利公司有关保守商业秘密的约定,利用本人掌握的技术,生产与森德利公司相同的化工产品进行销售。同时,被告人林某则利用掌握的森德利公司客户资源,积极营销,将鸿建公司化工产品销售给森德利公司客户,非法获利大约 167 万元。[①]

　　第三类是员工工作期间以盗窃等不正当方式非法获取权利人商业秘密,然后有偿非法披露给他人使用。如蔡某拿等侵犯商业秘密案中,被告人蔡某拿通过窃取、复制等手段非法获取权利人贵州茅台酒股份有限公司的商业秘密茅台酒防伪溯源系统数据 700 余万条,向被告人蔡某刚有偿提供,非法获取好处费约 3 万元;蔡某刚将数据与他人共同做成电子标签后销售非法获利大约 23 万元。[②]

　　第四类是员工工作期间利用工作便利将掌握的商业秘密披露给他人非法牟利。例如,被告人陈某在权利人新春兴再生资源公司工作,参与制造蓄电池破碎分选机工作,双方签署了保密合同。后来陈某接受利升公司法定代表人委托,又利用本人掌握的技术制造了一台破碎机,该台破碎机与新春兴公司的破碎机所反映的工艺流程、设备结构具有实质相同性。[③]

　　综上所述,前述案件判决的定罪量刑符合法律以及当前商业活动实际,焦点问题均体现了劳动刑法的特殊性,即被告人与权利人公司之间劳动合同及保密合同的具体内容以及合同履行情况对于本罪认定至关重要。具体而言,焦点问题包括三项。

　　其一是商业秘密的认定。法院一般根据秘密性、价值性、保密性三项标准来衡量。武某等侵犯商业秘密案中,二审法院判决两位被告人无罪,主要是根据涉案相关技术的公开性文献分析,认定涉案的所谓商业秘密并非权利人公司所专有的,实际上无须付出代价或者付出极低的代价即可,从其他公开渠道都可以获得两项技术信息,因此不属于不为公众所知悉的技术信息。

---

① "曾万兴、林荣琳侵犯商业秘密案",参见广东省肇庆市中级人民法院刑事判决书[(2014)肇中法刑一终字第 110 号]。

② "蔡永拿、蔡连刚侵犯商业秘密案",参见贵州省遵义市中级人民法院刑事判决书[(2017)黔03 刑初 115 号]。

③ "陈洪全侵犯商业秘密案",参见江苏省徐州市中级人民法院刑事判决书[(2013)徐知刑初字第 19 号]。

法院认定技术信息是否属于公知信息的判断标准主要是根据中国知网的相关专利数据库及文献、知识产权部门等相关官网的信息公开程度。而认定经营信息的秘密性，则更加依赖权利人与被告人之间劳动合同的约定。

其二是行为人使用、披露或允许他人使用商业秘密行为的非法性。侵犯商业秘密案件中的权利人公司员工获得商业秘密有的是基于职务便利，此时处于技术性岗位的员工与公司之间除了劳动合同之外通常还有保密合同[例如前述曾某、林某侵犯商业秘密案中，曾某与权利人公司之间签订了《商业秘密保护和竞业限制协议》]；不过掌握客户信息的销售部门人员往往没有特别的保密合同。还有的员工则是基于工作便利，通过窃取等非法方式获得商业秘密。此种情况下员工与权利人公司之间一般只有劳动合同关系。例如前述蔡某拿等侵犯商业秘密案。员工与权利人公司之间有保密合同的，法院一般根据《刑法》第 219 条第 1 款第 3 项定罪；如果没有保密合同的，则通常根据前述条文第 1 项与第 2 项定罪。因此，侵犯商业秘密案中权利人公司员工因为与公司的劳动合同内容不同，其行为构成本罪的类型不同。而其中关键在于劳动合同，包括保密合同的内容及其解释，这个问题完全属于劳动关系中双方权利义务的设定。

劳动合同相关条款的解释这一点上，往往与商业秘密的秘密性认定有所交叉。例如前述曾某、林某侵犯商业秘密案中，判决书认定曾某掌握的技术信息属于商业秘密且曾某非法使用该商业秘密，原因在于曾某与权利人公司之间签订了专门的保密协议，并且曾某离职后公司还支付了 1 万元的竞业限制补偿费。同时认定林某具有侵犯商业秘密行为，也考虑了其与权利人公司之间的劳动合同。虽然林某因为是掌握客户信息，没有专门与公司签订保密合同，不过双方之间的劳动合同包括了保密条款，因此其知晓的客户信息也应属于商业秘密范畴。林某主动给森德利公司客户打电话并将部分客户变成鸿健公司客户，也属于侵犯商业秘密的行为。本案中的秘密性体现在森德利公司与上诉人曾某的保密条款注明了遵照商业秘密保护条例执行，并且在上诉人曾某离职后公司支付了 1 万元的竞业补偿费。上诉人林某虽然没有得到公司支付的竞业补偿费，但在其与公司签订的劳动合同中同样有保密条款，从其与曾某合作的角度出发，在明知曾某侵犯商业秘密的情况下还积极参与，也应认定为侵犯商业秘密的共同犯罪。

其三是侵犯商业秘密行为给权利人造成的损失认定。侵犯商业秘密罪案件中，被告人及其辩护人通常提出的一个辩护观点就是鉴定意见不能作为定案根据。例如，前述曾某、林某侵犯商业秘密案中，公诉人提供的证据为鉴定意见书，广州市科技咨询中心鉴定森德利公司的损失达到 3800 多万元。

被告人及其辩护人对鉴定方法以及鉴定人资质等均提出异议,认为该鉴定意见不能作为定案依据。主要理由在于,广州市科技咨询中心及其鉴定人员没有经广东省司法行政部门审核和登记,不具有合法性。同时该中心出具的评估报告是根据与本案有利害关系的权利人森德利公司提供的资料评估的,不具有客观性。法院对此辩护观点不予采纳,理由在于广州市科技咨询中心在鉴定报告中附件提供的资质材料已经证实,广州市科技咨询中心已于 2003 年被最高人民法院列入司法鉴定人名册,同时根据公开渠道查询的资料可以证明,该中心已经入选广东省高级人民法院 2012—2013 年度的司法委托专业技术机构。该项鉴定意见的鉴定专家有的具有高级工程师职称,有的具有专利代理人资格,具有与该鉴定业务相关的专业知识。

对于被告人造成的具体损失认定,法院认为是指侵权行为造成的实际经济损失,包括市场份额的减少(包括亏损甚至破产)、保密费损失、商业秘密的研制开发成本等。其中保密费损失与权利人公司与相关劳动者保密合同条款解释具有相关性。本案中,评估报告对于保密费用损失的评估大约为 11 万元,根据系权利人于 2010 年至 2013 年期间支付给相关员工的全部保密费,不仅仅是支付给两位被告人的保密费。法院认定评估报告中这部分的保密费损失不合理,判决根据有支付凭证等客观证据证明的权利人公司实际支付给被告人曾某的保密费 1 万元计算更符合客观事实。同时法院对前述评估报告中对于因秘密遭侵犯而造成的技术扩散预估损失大约 2200 万元没有支持,理由在于没有证据证明两位被告人的行为造成了森德利公司的技术扩散、技术扩散的范围以及由此造成的损失。

简而言之,根据公安部《关于在办理侵犯商业秘密犯罪案件中如何确定"给商业秘密权利人造成重大损失"计算方法的答复》规定,对难以计算侵犯商业秘密给权利人所造成的损失的,司法实践中一般可参照《反不正当竞争法》规定的民事赔偿额计算方法。又根据最高人民法院《关于审理不正当竞争民事案件应用法律若干问题的解释》《关于审理专利纠纷案件适用法律问题的若干规定》相关规定,我国司法实践中确定了四种计算侵犯商业秘密罪中重大损失的方法:权利人的损失、侵权人的获利、商业秘密许可费的倍数以及商业秘密的商业价值。前述四种方法有适用的先后次序,即只有在依据前一种计算方法不能或者难以确定侵犯商业秘密罪中"重大损失"时,才考虑采用后一种计算方法。[①]

---

①　参见闫洪师:《论侵犯商业秘密罪中"重大损失"计算范围的确定》,载《中国检察官》2017 年第 17 期。

总之,侵犯商业秘密罪的劳动刑法特殊性体现为,司法实践中案件总量不多的侵犯商业秘密罪案件与作为在岗或离职员工对于用人单位技术信息或经营信息的严重侵权行为具有高度相关性,劳动合同以及保密合同相关条款的解释对于定罪量刑非常关键。技术岗位的员工,与作为权利人的公司之间往往有保密及竞业禁止协议,销售等岗位的员工,往往也在劳动合同中有保密条款约定对相关经营信息应该保守秘密。因此,无论是行为对象、行为非法性还是行为造成损失的认定,都需要根据商业秘密技术信息与经营信息的不同,审视被告人与权利人公司的合同具体内容,从而认定相关信息是否属于商业秘密以及行为人行为是否具有非法性,同时合理认定损失。

第二节　用人单位行为的刑法规制

本节主要涉及强迫或强制劳动、雇用童工行为的刑法规制。当然,前述两类犯罪行为的主体并不局限于劳动法规定的用人单位。但是这其实是所谓"用人单位"强迫建立事实劳动关系的相关犯罪行为,因此本书仍然冠之以用人单位行为的刑法规制,旨在强调涉嫌犯罪的往往是雇主。

一、强迫或强制劳动行为的刑法规制

马克思曾说:"任何一个民族,如果停止劳动,不用说一年,就是几个星期,也要灭亡。"强迫或强制①劳动是劳动方式异化的产物,国际劳工组织于2012 年公布了关于"全面消除强迫劳动"的《劳工情况报告总结》,提出强迫或强制劳动在当今世界各国都是不容回避的问题。报告指出我国也存在大量强迫劳动现象,主要原因之一是国内剩余劳动力过多。2007 年山西黑砖窑事件,2011 年河南"智障奴工"等事件触目惊心。目前不少国家已经在宪法高度上明确禁止强迫劳动,许多国家通过刑法或附属刑法或劳动法等对强迫或强制劳动行为作出相应约束和规制。我国也一直旗帜鲜明地打击惩处强迫劳动行为,同样对性质恶劣的强迫劳动行为以最具威严性的刑事手段予以惩治。从强迫职工劳动罪的增设,到强迫劳动罪的演变,与时俱进的立法转变充分体现了我国希望消灭强迫劳动现象的决心。

从理论界已有的研究成果以及司法实践的现状来看,强迫劳动罪仍存在一些尚待厘清的问题。以下问题的提出和解决有助于更好地在司法实践中适用强迫劳动罪。一方面,关于强迫劳动罪罪与非罪的界限,有三个值得探讨的问题,包括劳动范围的具体界定、列举的犯罪手段之合理性与局限性,以及刑法领域与劳动法领域关于强迫劳动问题的衔接。另一方面,在辨析此罪

---

① 本书对"强迫劳动"与"强制劳动"在使用上不作区分。

与彼罪时,强迫劳动罪与非法拘禁罪、雇用童工从事危重劳动罪、故意伤害罪之间的异同都值得梳理分析。

（一）强迫或强制劳动行为的法律规制

1. 强迫或强制劳动行为的国际法分析

（1）国际劳工组织的相关规定

20世纪以前,世界各国普遍存在强迫或强制劳动现象,劳动者的合法权益得不到法律的有效保障,容忍被强迫或强制劳动甚至成为劳动者的一项"义务"。[①] 时至今日禁止强迫劳动的基本人权特征已经在国际范围内获得公认,体面劳动成为市场经济新阶段的特征。联合国以及国际劳工组织的各项国际公约开始将禁止强迫或强制劳动作为主要内容,国际社会纷纷谴责强迫或强制劳动的行为。

第一,《强迫或强制劳动公约》的规定。国际劳工组织第29号公约即《强迫或强制劳动公约》第2条首次对强迫或强制劳动一词给出定义,包括客观要件与主观要件。构成强迫或强制劳动,客观方面要求存在"以任何惩罚相威胁",对于"任何"二字的理解十分广泛,不局限于暴力、威胁、限制人身自由等手段。有观点认为,允许任意约定违约金也是公约中所指的惩罚,当劳动者不愿意支付或无力支付违约金,被迫留在用人单位继续工作时,属于劳动者的非自愿,完全符合公约对"强迫劳动"的定义,由此可见,任意约定违约金有强迫劳动的性质,是国际社会所禁止的。[②] 构成强迫或强制劳动,主观方面要求"非本人自愿"。公约第25条还明确规定,任何形式的非法强迫或者强制劳动行为都应该被追究刑事责任,缔约国有义务在国内法律中落实这项义务并且在刑事司法中严格执行这一条款。但是,符合上述主客观要件的行为并非必然构成强迫或强制劳动,《强迫或强制劳动公约》第2条规定了兵役、公民义务、法院判决、紧急情况、小型公用事业这5项例外情形。[③] 为防止各国对例外情形的滥用,公约以大量篇幅对可设定强迫或强制劳动义务的目的和程序作出了严格限制。

---

① 参见王胜华:《对强迫劳动罪之"强迫劳动"的规范诠释》,载《贵州职业警官学院学报》2012年第4期。

② 参见余洪峰:《我国劳动合同违约金制度研究》,西南政法大学2009届硕士学位论文,第25页。

③ 《强迫或强制劳动公约》第2条将以下5种情形明确排除在强迫劳动之外:(1)根据义务兵役制的法令,为纯军事性质的工作而要求从事的任何劳动或服务。(2)作为完全自治国家公民的正常公民义务一部分的任何劳动或服务。(3)根据法院判决强制任何人从事的任何劳动或服务,但是这种劳动或服务系置于公共当局的监督和控制之下,而且该人不得由私人、公司或社团雇用或安置。(4)在紧急情况下,即发生战争、灾害或灾害威胁,如火灾、水灾、饥荒、地震、恶性流行病或动物流行病,动物、昆虫或有害植物寄生虫的侵害等,总之,在一切可能危及全体或部分居民的生存或安宁的情况下强制付出的劳动或服务。(5)村镇的小型公用事业,即由该村镇的成员为该村镇直接利益从事的事业,由此可视为该村镇成员应尽的正常公民义务,但是村镇成员或其直接代表应有权要求就此类公用事业有无需要的问题和他们进行协商。

　　第二,《废除强迫劳动公约》的规定。1957 年国际劳工组织第 105 号公约即《废除强迫劳动公约》实则为第 29 号公约的补充,第 1 条强制性禁止 5 种情形下任何形式的强迫或者强制劳动。具体包括:① 政府机关采纳劳动进行常规性政治教育,或者对于发布与该政府机关支持的政治、经济、文化或社会制度观点处于对立状态言论的惩罚;② 对社会中具有劳动能力的人员进行总动员,以作为发展经济的通常手段;③ 通过各种劳动纪律实际上给予劳动人员极强的约束性,实际上强迫劳动成为劳动纪律的一种措施;④ 劳动者集体停工、怠工或者罢工行为的处罚形式之一;⑤ 基于种族、民族、宗教等歧视性理由针对特定群体安排劳动。因此,前述 5 类强迫或强制劳动行为,属于公约绝对禁止的行为,体现了国际社会减少强迫劳动的决心。

　　总之,国际劳工组织是斥责强迫或强制劳动恶行的重要引导者,将消除一切形式的强迫或强制劳动作为国际劳工组织的四项基本原则之一。《强迫或强制劳动公约》和《废除强迫劳动公约》均是对强迫或强制劳动的有力声讨。

　　(2) 联合国的相关规定

　　第一,《公民权利与政治权利国际公约》的规定。1966 年联合国《公民权利与政治权利国际公约》第 8 条明确规定了禁止强迫或强制劳动的行为。①一方面,公约将禁止强迫或强制劳动与禁止奴隶制度作为同一个层面进行禁止。另一方面,对于具有合理性的短期强迫劳动行为进行了例外性规定,例外主要基于合法的司法机关判决、兵役服务的要求之一、紧急状态下的强制服务、正常劳动行为的一部分。

　　第二,《联合国打击跨国有组织犯罪公约关于预防、禁止和惩治贩运人口特别是妇女和儿童行为的补充议定书》的规定。我国已经加入该补充议定书,议定书是对联合国打击跨国有组织犯罪公约的补充,要求签订协议的国家必须进行配套性国内立法或采取其他措施,议定书第 3 条②所列的各项行

---

① 《公民权利与政治权利国际公约》第 8 条规定:"(1) 任何人不得使为奴隶;一切形式的奴隶制度和奴隶买卖均应予以禁止。(2) 任何人不应被强迫役使。(3) (甲)任何人不应被要求从事强迫或强制劳动;(乙)在把苦役、监禁作为一种对犯罪的惩罚的国家中,第三款(甲)项的规定不应认为排除按照由合格的法庭关于此项刑罚的判决而执行的苦役;(丙)为了本款之用,'强迫或强制劳动'一词不应包括:(1) 通常对一个依照法庭的合法命令而被拘禁的人或在此种拘禁假释期间的人所要求的任何工作或服务,非属(乙)项所述者;(2) 任何军事性质的服务,以及在承认良心拒绝兵役的国家中,良心拒绝兵役者依法被要求的任何国家服务;(3) 在威胁社会生命或幸福的紧急状态或灾难的情况下受强制的任何服务;(4) 属于正常的公民义务的一部分的任何工作或服务。"

② 《联合国打击跨国有组织犯罪公约关于预防、禁止和惩治贩运人口特别是妇女和儿童行为的补充议定书》第 3 条规定:"在本议定书中:(a) '人口贩运'系指为剥削目的而通过暴力威胁或使用暴力手段,或通过其他形式的胁迫,以诱拐、欺诈、欺骗、滥用权力或滥用脆弱境况,或通过授受酬金或利益取得对另一人有控制权的某人的同意等手段招募、运送、转移、窝藏或接收人员。剥削应至少包括利用他人卖淫进行剥削或其他形式的性剥削、强迫劳动或服务、奴役或类似奴役的做法、劳役或切除器官;(b) 如果已使用本条(a)项所述任何手段,则人口贩运活动被害人对(a)项所述的预谋进行的剥削所表示的同意不相干;(c) 为剥削目的而招募、运送、转移、窝藏或接收儿童,即使并不涉及本条(a)项所述任何手段,也应视为'人口贩运';(d) '儿童'系指任何 18 岁以下者。"

为规定为犯罪。具体而言,对基于强迫或者强制劳动、奴役或者类似目的,通过暴力、胁迫或者其他方法,聚集、转送、窝藏或者接收人员的行为,公约认定应属于犯罪。

总之,在 20 世纪以前,世界各国普遍存在强迫或强制劳动现象,劳动者的合法权益得不到法律有效保障,容忍被强迫或强制劳动甚至成为劳动者的一项"义务"。[①] 时至今日,禁止强迫劳动作为基本人权的特征已经获得国际社会公认,各种公约、议定书开始逐步规定禁止强迫或强制劳动条款,国际社会纷纷谴责强迫或强制劳动的行为。

2. 我国对强迫或强制劳动行为的劳动法规制

无论是我国还是其他国家,劳动法领域的诸多法律条款实际上都是对禁止强迫强制劳动或禁止变相强迫强制劳动的直接或间接体现,例如《日本劳动基准法》第 16 条规定"禁止雇主签订预先规定不履行劳动契约时的违约金或损坏赔偿金额的契约"实质也是禁止强迫劳动的体现。值得注意的是,即使不属于劳动法意义上的劳动者,普通的个人也享有不受强迫或强制劳动的权利,禁止强迫或强制劳动可以进一步上升到人权高度。

在我国,作为劳动关系领域的两部重要立法,《劳动法》与《劳动合同法》中的许多条款也都体现了对强迫或强制劳动行为的禁止。其一,用人单位聘用劳动者时,不应该超出合理期间扣押劳动者的身份证或者其他身份证件原件,也不能以前述手段作为录用劳动者或者发放薪酬的条件。如果用人单位有前述行为,劳动行政部门一经发现,应当责令用人单位及时退还,并依照有关法律对用人单位给予行政处罚。其二,用人单位以胁迫手段使劳动者在违背真实意志的情况下订立的劳动合同属于无效合同,用人单位需要承担相应的赔偿责任,支付一定数额的经济补偿金。如果劳动者已经完成了相应工作任务,用人单位应当支付相应的薪酬。其三,劳动者享有协商一致解除劳动合同的权利、预告辞职的权利、在用人单位存在过错时即时解除劳动合同的权利、充分保证劳动者自由进行劳动的权利。同时具体规定,如果用人单位采取暴力、胁迫或者其他不正当方式剥夺或者限制劳动者人身自由,旨在强制性要求劳动者在特定时间、特定区域完成特定工作任务,劳动者有权立即解除劳动合同,无须提前 1 个月通知用人单位。而且,劳动监察部门一经发现此类行为,应对用人单位进行行政处罚,责令用人单位赔偿劳动者损失,对涉嫌犯罪的移交刑事侦查机关。

[①]　参见王胜华:《对强迫劳动罪之"强迫劳动"的规范诠释》,载《贵州职业警官学院学报》2012年第 4 期。

3. 我国对强迫或强制劳动行为的刑法规制

产生于劳资双方间的强迫或强制劳动,一定程度上可在劳资关系的范围内解决,如劳动合同的无效、解除等。但强迫或强制劳动损害的不仅限于劳动者的择业自由权,当行为严重时还可能危及劳动者的身体健康乃至生命。以倾斜保护处于弱势地位劳动者的合法权益为出发点和落脚点,将对劳动者的社会保护上升至社会和谐稳定的高度,运用刑法手段保护劳动与否的意思决定自由不受侵害,使刑法成为切实保护弱势群体武器是极具必要性的。此外,当受害者不属于劳动法意义上的劳动者时,劳动法律的相关规定就难以护其周全。综上,当强迫或强制劳动行为的危害性触及刑法所保护的法益边缘时,刑法的介入就理所应当。国际劳工组织第 29 号公约和第 25 条也明确规定强迫或强制劳动行为应该被追究刑事责任,任何加入公约的国家或者地区都应该通过配套性立法执行禁令。

第一,强迫职工劳动罪的设立背景。我国作为国际劳工组织的成员国之一,虽尚未批准《强迫或强制劳动公约》与《废除强迫劳动公约》,但也始终致力于禁止强迫劳动。我国 1979 年《刑法》没有规定强迫劳动罪,有学者认为这与我国当时的客观现象相符合。[①] 20 世纪 90 年代以前强迫劳动的现象并不普遍,在当时的计划经济体制下,生产资料与劳动力均由国家统一配置和管理,国家、企业、劳动者的利益高度一致。企业没有动力也没有制度上的操作空间来强迫劳动者完成工作任务。因为,强迫劳动行为实际是用人单位在自由竞争氛围下追求利益最大化的产物。20 世纪 90 年代以后,随着经济体制的转型,在市场经济条件下,企业开始享有利益分配的指挥棒,国家逐渐向企业放权。为获得有利的市场竞争地位,追逐利益的最大化,企业开始试图任意延长劳动者的工作时间,加大劳动者的工作强度,却又希望劳动者分得的利益越少越好,甚至开始图谋如何获取免费劳动力以节约生产成本。在这种压缩人力资源成本运营模式的推动之下,市场中强迫劳动的现象越发普遍。

一方面,为有效规范强迫劳动行为,1997 年《刑法》修订时增设了强迫职工劳动罪,对劳动者的权利给予刑法上的切实保障,在一定程度上抑制了劳动关系中强迫劳动行为的蔓延。另一方面,应当注意到《劳动法》是 1995 年 1 月 1 日开始实施的,《劳动法》第 96 条规定,通过暴力、威胁或非法限制人身

---

① 　参见申巍:《强迫劳动罪的立法解读及其完善》,载《山西高等学校社会科学学报》2014 年第 8 期。

自由手段强迫员工劳动,构成犯罪的,应对责任人员依法追究刑事责任,而强迫职工劳动罪是在 1997 年《刑法》修订时增设的。可见,自 1995 年《劳动法》实施开始至 1997 年《刑法》修订之前,对于《劳动法》第 96 条的规则设计,《刑法》并没有作出相应回应,立法衔接存在问题。这也是 1997 年《刑法》修订时刻不容缓地将强迫职工劳动行为入刑的重要原因之一。

第二,从强迫职工劳动罪到强迫劳动罪的演变。随着经济社会的不断发展变化,强迫职工劳动罪的构成要件以及惩罚力度逐渐表现出不适应性。2007 年 5 月,山西省洪洞县警方破获了一起黑砖窑虐工案件,引起了极大的轰动。砖窑老板为谋取私利,伙同他人以诱拐、强迫等方式招来工人为自己劳作,限制工人的人身自由,并雇用打手暴打、辱骂工人,行为性质极其恶劣。后法院经过审判,以故意伤害罪、非法拘禁罪追究涉案人员的刑事责任。① 事件的发生尚处于《刑法修正案(八)》施行以前。由于 1997 年修订的《刑法》关于强迫职工劳动罪的规定还只是将用人单位强迫职工劳动的行为规定为犯罪,这类特定主体之外人员的行为无法根据该罪被追究刑事责任。

总之,未修正前的强迫劳动罪尚囿于合法劳动关系范围内的强迫劳动行为,没有意识到劳动刑法的性质属于刑法,应根据刑法的法益保护目的设定涉及劳动法的相关犯罪。根据当时刑法规定,强迫职工劳动罪的犯罪主体限于"用人单位",犯罪对象限于"职工。"又根据《劳动法》第 2 条与《劳动合同法》第 2 条规定②,劳动法意义上的用人单位包括中国境内的企业、个体经济组织、民办非企业单位等组织,国家机关、事业单位、社会团体在与劳动者建立劳动关系时也属于用人单位。其中个体经济组织是指经工商部门批准登记注册,并领取营业执照的个体工商户,一般雇工在 9 人以下。经批准登记注册并领取营业执照是成为个体经济组织的必要条件。而法院调查发现,涉案的砖窑是一个"无经营证、无资源许可证、无税务登记证"的"三无"砖窑,并非具有合法资格的个体经济组织,故不属于劳动法意义上的用人单位,自然也不符合强迫职工劳动罪的犯罪主体要求。

法院最后以故意伤害罪、非法拘禁罪评价黑砖窑事件中相关行为人的行

① 参见卢建平:《从"黑砖窑案"看〈刑法〉第二百四十四条之完善》,载《人民检察》2007 年第 20 期。
② 我国《劳动法》第 2 条规定:"在中华人民共和国境内的企业、个体经济组织(以下统称用人单位)和与之形成劳动关系的劳动者,适用本法。国家机关、事业组织、社会团体和与之建立劳动合同关系的劳动者,依照本法执行"。《劳动合同法》第 2 条规定:"中华人民共和国境内的企业、个体经济组织、民办非企业单位等组织(以下称用人单位)与劳动者建立劳动关系,订立、履行、变更、解除或者终止劳动合同,适用本法。国家机关、事业单位、社会团体和与其建立劳动关系的劳动者,订立、履行、变更、解除或者终止劳动合同,依照本法执行。"

为不免有遗憾和缺漏之处。行为人行为的实质目的是为了强迫被害人劳动,而该目的并无法为故意伤害罪和非法拘禁罪所涵盖。此外,强迫职工劳动罪将犯罪手段限定为限制人身自由。但是,自1995年开始实施的《劳动法》明确规定了通过暴力、威胁或限制人身自由的手段强迫劳动,构成犯罪的行为都应该被追究刑事责任。而1997年修订的《刑法》在增设强迫职工劳动罪时仅将行为手段限定为限制人身自由,导致立法间的又一次不协调。当法律规定滞后于司法实践需求时,修法便被提上日程。于是,2011年《刑法修正案(八)》对强迫职工劳动罪的犯罪构成要件作出了修改,并且将罪名更改为"强迫劳动罪"。同时扩大了该罪的适用范围,犯罪主体既包括各种合法成立的用人单位,也包括不具有合法资格的单位或一般自然人。修改后的犯罪构成要件突破了行为人与被害人之间必须存在劳动关系的前提限制,被强迫劳动的对象范围也显著扩大。

(二)强迫或强制劳动行为刑法适用的疑难问题

如前所述,我国刑法对于强迫劳动行为的犯罪化模式经历了强迫职工劳动罪到强迫劳动罪的演变,不仅新增了一款,将协助强迫劳动行为明确入罪,并设置了与正犯相同的刑罚,而且对于强迫劳动罪的正犯构成要件也作出了诸多修改。例如,犯罪的手段不再限于限制人身自由,还包括暴力、威胁的手段;犯罪的主体不再限于用人单位,除合法的用人单位外,还包括不具有合法资格的单位、自然人,扩大为一般主体;与此相对应,犯罪的对象也不再限于劳动法意义上的劳动者,而是任何可能被强迫劳动的弱势群体;此外,违反劳动管理法规、情节严重都不再是强迫劳动罪犯罪构成的前提要求。条文文本的修改扩大了强迫劳动罪适用范围,但究竟扩大到什么程度,修改后的犯罪构成要件以及刑罚力度是否完全适应了司法实践需求,则需要通过细致的刑法解释加以明确。本节将重点围绕可能影响强迫劳动罪定罪的四个焦点问题展开讨论:(1)强迫劳动罪中劳动的范围应当如何界定;(2)强迫劳动罪对于行为手段有限列举的合理性与局限性分析;(3)对强迫劳动问题在刑法领域与劳动法领域的衔接问题进行梳理,以更好地理解强迫劳动行为上升为刑事犯罪的界限;(4)强迫劳动罪与非法拘禁罪、故意伤害罪的区分。

1. "劳动"的界定

有观点认为,强迫劳动是指违背他人意志胁迫其从事劳动,胁迫的内容不仅包括抽象意义上强迫他人从事特定工作,也包括具体劳动种类以及劳动强度的强迫,例如违反他人意愿迫使其从事某类劳动,或者迫使他人从事超长时间、高强度的劳动;而且劳动既包括体力劳动也包括脑力劳动。① 值得注意的是,刑法条文及相关司法解释并没有对"强迫劳动"或"劳动"作出刑法上的界定。在刑法未对该专业术语作出明确界定的情况下,为了更好地理解强迫劳动罪中"劳动"一词的具体含义,以免司法实践在认定上存在困难,需要结合目前已有的司法实践认定、劳动法基础理论甚至日常生活经验等对"劳动"一词从刑法上加以理解和把握。

第一,劳动法意义上之劳动的界定。劳动法意义上的劳动含义宽泛。例如,台湾学者很早即对劳动形成通行定义,认为:"广义的劳动,谓人间之有意义的且有一定目的之肉体的或精神的操作,然在劳动法上之劳动,则须具备如下要件:其一,为法律的义务之履行;其二,为基于契约关系(而民法上基于夫妻关系及亲子关系之劳动则非劳动法上之劳动);其三,为有偿的;其四,为职业的;其五,为在于从属的关系。故劳动法上之劳动可概括为:基于契约上义务在从属的关系所为之职业上有偿的劳动。"② 因此,劳动法上的劳动其实已经隐含合法性标准,主要问题在于根据形式意义上的劳动合同关系确定劳动者的工作范围、工作性质、工作内容等事项。

第二,强迫劳动罪之劳动的内在含义。正如上文所述,修改后的强迫劳动罪,犯罪主体和对象范围分别做了相应扩大。显然,此处的劳动与劳动法意义上的劳动含义不同。但即使是在强迫职工劳动罪中,犯罪的主体和对象分别限定为用人单位和劳动者,此处的劳动也无法与劳动法意义上的劳动完全等同,而属于非法用工现象。刑法中的概念大多有其特殊含义,而不受其他法律规范中相关概念定义的约束。那么,更深一层次探讨,究竟强迫劳动罪中劳动的范围应当如何界定? 笔者结合典型案例展开探讨分析。

例如,2014年2月以来,被告赵某甲等人为获取非法利益,组织、控制多名未成年人到娱乐场所提供营利性陪侍。为更好地管理、控制未成年人为他们赚取坐台小费,被告人采取了限制他人人身、通信自由的手段,并以暴力相威胁。一审法院经审理认为,被告人采取暴力、威胁以及限制人身自由等方式,强迫十余名未成年被害人提供陪侍服务,情节严重,其行为均已构成强迫劳动罪。公诉人指控的非法拘禁罪不能全面评价各被告人的全部犯罪行为,虽然各被告人的手段行为已触犯非法拘禁罪,但其目的行为又触犯了强迫劳动罪,属于牵连犯,应从一重罪以强迫劳动罪定罪处罚。二审法院经审理认为,我国法律所保护的劳动应是合法形式的劳动,而营利性陪侍为《娱乐场所管理条例》所禁止,系违法行为,不属于强迫劳动罪所保护的"劳动"的范畴。

---

① 参见张明楷:《刑法学(上)》,法律出版社2016年版,第808页。
② 参见史尚宽:《劳动法原论》,台湾正大印书馆1978年版,第1—2页。

因此,一审判决认定本案构成强迫劳动罪不当,应构成组织未成年人进行违反治安管理活动罪,赵某甲等人限制各被害人的人身自由,其手段行为又构成非法拘禁罪,应依照处罚较重的规定即组织未成年人进行违反治安管理活动罪定罪处罚。① 本案属于典型的有关行为定性的争议案件,对于强迫他人从事营利性陪侍的行为是否属于强迫劳动值得探讨。

我国刑法相关的条文和司法解释并未对强迫劳动罪中"劳动"的范围作出明确界定。上文列举的案例中,二审法院认为一审法院对行为的定性存在错误,虽然我国刑法相关条文和司法解释并未明确强迫劳动罪中"劳动"的含义,但可以明确的是我国法律所保护的"劳动"应是合法形式的劳动,合法性是"劳动"的应有之义。而营利性陪侍是一种违背社会公序良俗的行为,系违法行为,不属于强迫劳动罪所保护的范畴。二审法院的判决理由引发了笔者对于强迫劳动罪所保护的劳动是否一定为合法劳动的思考。

对此问题,有学者认为,广义的劳动包括具有经济利益与无经济利益的劳动,合法与违法劳动,体力与脑力劳动。将强迫劳动罪中的劳动理解为广义的劳动不仅符合本罪法益所保护的目的,还能更好地处理与其他犯罪之间的关系。强令违章冒险作业罪中违章冒险作业的行为,强迫交易罪中他人提供服务的行为,组织残疾人、儿童乞讨罪中乞讨的行为,强迫卖淫罪中的卖淫行为均可评价为劳动,因此上述罪名与强迫劳动罪间均属于法条竞合关系。② 还有学者认为,强迫劳动的认定与该劳动本身根据法律合法与否无关,一名妇女被迫卖淫也属于强迫劳动,因为这种工作是非自愿且在受威胁之下进行的。同时强迫劳动与该劳动是否为经济活动也无关,一个处于胁迫下的儿童或者成人行乞也视为强迫劳动。③ 有学者也表达了相似观点,即没有必要把"乞讨""违反治安管理活动""卖淫"行为排除在劳动范围之外,且认为强迫他人实施犯罪行为的,也可认定为强迫劳动罪。④

综合上述几种观点,笔者对强迫劳动罪中劳动的范围界定展开思考。首先需要明确的是界定本罪劳动范围的意义。以上文所示案例为例,强迫劳动罪与组织未成年人进行违反治安管理活动罪两罪间的量刑幅度存在较大差异,强迫劳动罪的法定刑为3年以下有期徒刑或拘役,情节严重时为3年以上10年以下有期徒刑;而组织未成年人进行违反治安管理活动罪法定刑为3年以下有期徒刑或拘役,情节严重的为3年以上7年以下有期徒刑,两罪

---

① "赵某甲、赵某乙等非法拘禁案",参见浙江省温州市中级人民法院刑事判决书〔(2015)浙温刑终字第889号〕。
② 参见晋涛:《强迫劳动罪研究——以规范为视角》,载《绵阳师范学院学报》2012年第6期。
③ 参见王璐:《强迫劳动对国际贸易的影响分析》,载《现代商贸工业》2010年第15期。
④ 参见曾文科:《强迫劳动罪法益研究及应用》,载《刑事法判解》2014年第1期。

在刑罚幅度上的差距很明显,法定最高刑罚分别为 10 年与 7 年。如果把组织未成年人进行违反治安管理活动的行为排除在强迫劳动的范围之外,则只能以组织未成年人进行违反治安管理活动罪定罪处罚(暂不考虑非法拘禁罪),最高刑期为 7 年;而如果认为该行为也可定性为强迫劳动,则属于想象竞合犯,根据想象竞合犯的处断原则择一重罪处罚,当情节严重时,最高刑可达 10 年。同理,强迫劳动罪与强迫交易罪、强令违章冒险作业罪等罪名间也会存在类似的问题。可见,明确强迫劳动罪中劳动的范围是有必要的。

那么,强迫劳动罪中劳动的范围究竟应如何界定? 史尚宽先生所认为的广义劳动系人间之有意义的且有一定目的之肉体的或精神的操作,可见劳动的范围极广,难以作出周延的界定,笔者尝试采取要素考量的方式对刑法中劳动的概念进行分析。应着重考量两方面的因素:第一,强迫劳动罪所保护的劳动是否仅限于合法的劳动。第二,强迫劳动罪中的劳动是否仅限于劳动或服务领域。回答以上两个问题,其实也就回答了类似于组织未成年人进行违反治安管理活动、组织残疾人乞讨、强令违章冒险作业、组织卖淫等行为是否可以定性为强迫劳动的问题。更进一步,就能更好地处理强迫劳动罪与其他相关犯罪间的关系。笔者认为,强迫劳动罪所保护的劳动只能是合法的劳动,且劳动仅限于生产或服务领域。

首先,参考当前司法实践中的处理模式。上文论及的赵某甲等组织未成年人进行违反治安管理活动一案中,二审法院认为强迫劳动罪所保护的劳动应是合法形式的劳动,而营利性陪侍系违法行为,故一审认定为强迫劳动罪的裁判不当。类似的案例,在马某等强迫卖淫案①二审过程中,辩护意见提出马某、岳某的行为构成强迫劳动罪。但法院认为该上诉理由不能成立,职某某被马、岳二人强迫卖淫,卖淫是非法行为,不是合法的劳动或服务,马、岳二人的行为不符合强迫劳动罪的犯罪构成要件。可见目前司法实践的主要观点认为,强迫劳动罪所保护的仅限于合法的劳动,且限于生产或服务领域。

其次,分析立法沿革。强迫劳动罪是从强迫职工劳动罪演变而来,强迫职工劳动罪所要保护的领域明显限于合法的劳动以及生产服务领域的劳动。修改后的强迫劳动罪扩大了罪名的主体、对象范围,但本质上仍应当保护合法的生产服务领域的劳动。

最后,考虑立法对同类客体的设定。刑法各罪的设定都有其独特法益保护对象,且所处的分则章节不同,所保护的法益也存在较大差异。强迫卖淫罪、组织未成年人进行违反治安管理活动罪、强令违章冒险作业罪、强迫乞讨

---

① "马钢、岳豪强迫卖淫案",参见河南省安阳市中级人民法院刑事裁定书[(2016)豫 05 刑终 108 号]。

罪等,这些罪名所保护的法益不同。如果将强迫卖淫行为、强迫从事营利性陪侍行为、强迫违章冒险作业行为、强迫乞讨行为都评价为强迫劳动行为,进而认为这些罪名之间存在法条竞合关系,实属不妥。因为法条竞合的实质标准之一即为法益的同一性,关于法条竞合的判断标准,下文将做详细论述。

2. 犯罪手段有限列举的分析

《刑法》第 244 条将强迫劳动罪的犯罪手段限定为暴力、威胁、限制人身自由以及协助强迫劳动,条文表述时采用了有限列举方式,没有以"等"字兜底。由此表明,除上述方式,以其他任何手段实施的强迫劳动行为,行为人均不能被追究刑事责任。对此,有学者建议对该罪行为方式增加其他这类兜底性规定以保证刑法灵活性,避免形成刑法漏洞。[①] 有学者补充认为,从刑法的谦抑性角度考虑,确实应当慎重确定强迫劳动的犯罪手段范围,但其他情节严重的手段也可以纳入刑法规制范围,如:体罚、侮辱,但入罪时应该注意情节的严重程度,最好与"暴力""威胁"相区别。[②]

(1) 现有列举手段的合理性分析

首先,强迫劳动罪将犯罪手段从原来的限制人身自由扩展到暴力、威胁、限制人身自由,同时还增加了协助强迫劳动行为。一方面扩大了本罪的惩罚范围,能更有力地遏制现实中可能发生的强迫劳动现象。另一方面,也使得刑法、劳动法、劳动合同法中有关强迫劳动的不同法律规定能够协调统一。劳动法与劳动合同法中对于强迫劳动行为方式均明确列举为暴力、威胁、限制人身自由,1997 年修订的《刑法》增设强迫职工劳动罪时却只规定了"限制人身自由"的手段,其中原因令人费解。可能的解释是,在大多数强迫劳动的犯罪中均伴有限制人身自由的行为。强迫劳动罪现有犯罪手段的列举解决了立法间的协调问题。

其次,"暴力、威胁、限制人身自由、协助强迫劳动"看似有限列举,实则涵盖范围很广。刑法中暴力法律概念的外延范围需要根据不同罪名进行具体解释。最广义暴力的范围涵盖一切违法使用有形物理力量的情形,其对象既包括人,也包括物品。广义暴力的范围稍微狭窄,其对象一般仅仅指对人行使,不过这并不是说有形物理力只能直接针对人的身体,而是说力量的影响对象是人,其结果是对于人的身体产生显著的物理性影响。狭义暴力是指对人违法使用有形物理力量,但对于程度没有要求,并不必然达到足以抑制他

---

① 参见王胜华:《对强迫劳动罪之"强迫劳动"的规范诠释》,载《贵州警官职业学院学报》2012年第 4 期。

② 参见申巍:《强迫劳动罪的立法解读及其完善》,载《山西高等学校社会科学学报》2014 年第8 期。

人反抗的程度。最狭义暴力是指对人违法使用有形物理力量，但对于程度有具体要求，应达到足以抑制他人反抗的程度。胁迫也有不同类型。广义胁迫，是指通过告知他人将对他或者其亲友施加不利行为，从而使得他人产生恐惧心理的一切行为，对于通告的性质、范围没有限制，也不要求通告的结果。狭义的胁迫，主要是指通告的内容应有一定限制，不过对于通告所达到的程度没有要求，并不是说一定需要达到足以抑制对方反抗的程度。最狭义胁迫则是足以压制他人意志使其不敢反抗的行为。①

本罪的暴力是广义的暴力，不法有形力的针对对象只能是人，但并不要求直接针对人的身体行使，也不要求行为达到足以压制他人意志并抑制他人反抗的程度。胁迫是广义胁迫，对胁迫的内容不做限定，同时也不要求必须达到足以抑制对方反抗的程度。限制人身自由是指将他人的人身自由控制在一定范围、一定限度内，如不准他人外出，不准他人参加社交活动。根据公开的强迫劳动罪判决书分析，通过对"暴力""威胁""限制人身自由"的刑法解释，似乎足以囊括目前司法实践中出现的所有强迫劳动行为。

（2）手段有限列举的局限性分析

首先，分析国际劳工组织对于强迫劳动的定义，客观条件为以任何一种惩罚形式相威胁，"任何"二字所涵盖的范围非常广泛，没有特定要求，说明国际劳工组织对于强迫劳动的方式未做限定。虽然我国尚未批准国际劳工组织第29号公约与第105号公约，所采取的强迫劳动标准与国际标准有所不同。但是我国既然是国际劳工组织的成员国，遵守国际劳工组织的章程规定也是应有之义。国际劳工组织《工作中的基本原则和权利宣言》规定，对于该组织通过的国际公约，有些国家即使不是缔约国，只要是国际劳工组织成员国，也都具有遵守劳工组织章程的要求，应当在立法以及司法中积极保障以及实现章程中列举的各项劳动者基本权利。② 显然，废除强迫劳动是国际劳工组织的四项基本原则之一，所以参考国际劳工标准的大方向，也对比其他国家对于强迫劳动行为的刑法规范，我国强迫劳动罪中有关犯罪手段有限列举立法技术的合理性值得进一步商讨。

其次，结合刑法及治安管理处罚法相关条文分析。其一，强迫劳动罪的立法规定，明知他人实施强迫劳动行为，而为其招募、运送人员或者有其他帮助或协助行为的，也构成强迫劳动罪，这是强迫劳动罪中的新增条款。且不

---

① 参见张明楷：《刑法学（上）》，法律出版社2016年版，第619、808页。
② 参见关馨：《强迫劳动与免于强迫劳动权》，华东政法学院2004年硕士学位论文，第25页。

论将协助强迫劳动的行为也以强迫劳动罪定罪处罚是否合理①，单从条文本身分析，在第 1 款中将强迫劳动的行为方式限制为"暴力""威胁""限制人身自由"，第 2 款增加了"协助强迫劳动"，而在定义协助强迫劳动行为时对手段的列举却为"招募""运送"，并以"其他行为"作为兜底，这样的条文设计难免有自相矛盾的嫌疑。其二，对比刑法中违法行为也带有强制性的其他类似条文规定。例如：《刑法》第 236 条强奸罪规定以暴力、胁迫或者其他手段强奸妇女的；《刑法》第 237 条强制猥亵、侮辱罪规定以暴力、胁迫或者其他方法强制猥亵他人或侮辱妇女的；《刑法》第 246 条侮辱罪规定以暴力或者其他方法公然侮辱他人等，在上述规定中，对于犯罪手段的列举都以"其他"兜底。最后，结合我国《治安管理处罚法》分析。该法第 40 条明确规定，以暴力、威胁或者其他手段强迫他人劳动的，应处拘留并处罚款。《治安管理处罚法》中的兜底表述包括"其他手段"，值得关注。如果说目前《刑法》第 244 条与《劳动法》第 96 条、《劳动合同法》第 88 条有关强迫劳动行为的手段列举已经实现协调，那么《治安管理处罚法》中出现的兜底性描述"其他手段"又该做何解释？

最后，从刑法谦抑性的角度考虑，对强迫劳动罪犯罪手段的界定确实应当慎重考虑。但"概念无法被完全地界定，或全面地限制，或充分地证实，这也映射了法官自由权的存在空间。"②法律的明确性不是绝对的，绝对明确的规定注定生命力短暂。法律具有滞后性，立法者在立法过程中不可能将所有的犯罪行为一览无遗地在刑法中确定下来。所以以未尽列举方式作出规定更能适应社会发展的需求，同时也能使法官的自由裁量权得到充分发挥。

对比分析了手段列举的合理性与局限性，笔者更倾向于刑法对强迫劳动罪的犯罪手段增加兜底性规定。虽然我国尚未批准国际劳工组织第 29 号国际公约，有关强迫劳动的国内标准与国际标准也有所不同。但为了适应不断发展的社会需求，逐步与国际接轨，涵盖更多新形式的强迫劳动行为，打破原本封闭的立法模式，建议以未尽列举方式进行立法，以便包括一些以降薪、降职、开除等相威胁的变相强迫加班行为。

同时，还必须注意对于特殊人群，强迫劳动的强迫性认定主要表现为违背被害人意志。例如马某等强迫劳动案中，马某获得了一个红砖厂的出砖以

---

① 目前有观点建议将协助他人强迫劳动的行为独立为协助强迫劳动罪，并配置相应的法定刑。参见王胜华：《对强迫劳动罪之"强迫劳动"的规范诠释》，载《贵州警官职业学院学报》2012 年第 4 期。

② 林孝文：《语言、法律与非确定性——哈特的法官自由裁量权理论研究》，载《中南民族大学学报（人文社会科学版）》2015 年第 2 期。

及上车业务,将在曲靖、元江等地路上遇到的 20 名被害人带到砖厂务工。这些被害人分别是有中度精神发育迟滞、重度精神发育迟滞、精神分裂症、边缘智商等症状的智障人员,无民事行为能力。被告人马某将这些智障人员安排在砖厂旁边的简易房中居住,每天的工作时间不定,都超过 8 小时,只要有车来装砖就要上班,平时不让离开砖厂,基本不支付薪酬,被害人想回家马某也不允许。①

3. 刑法与劳动法关于强迫或强制劳动问题的衔接

刑事法律与劳动法律中对强迫或强制劳动行为均有所规定,不过立法间的衔接问题需要梳理,这影响到强迫劳动罪罪与非罪的界限。《劳动法》第96 条禁止用人单位实施以下行为:(1)采用暴力、威胁或者非法限制人身自由的方法强迫本单位员工从事特定工作;(2)侮辱、体罚、殴打、非法搜查和拘禁本单位员工。如果用人单位违反前述法律,公安机关有权对于直接责任人员处以拘留、罚款或者警告,并将涉嫌犯罪的人员移送相关刑事侦查机关。

同时,《劳动合同法》第 38 条与第 88 条对前述条款作出进一步的补充完善,禁止用人单位的以下行为:(1)采用暴力、威胁或者非法限制人身自由的方法强迫本单位员工从事特定工作;(2)有关管理人员违反法律法规或本单位规定指挥作业人员或者强令职工冒险作业危及劳动者人身安全的;(3)侮辱、体罚、殴打、非法搜查或者拘禁劳动者;(4)工作场所的劳动条件恶劣,或者工作场所的环境污染情况严重,给劳动者身心健康造成严重损害。如果用人单位实施前述行为之一,给劳动者身心健康造成严重损害的,劳动监察部门应该对其进行行政处罚;对于涉嫌犯罪的应该移交相关刑事侦查机关,同时责令用人单位积极全面赔偿给劳动者造成的各项损失。相较于《劳动法》的规定,《劳动合同法》增加了强迫劳动行为的民事赔偿责任,同时规定刑事责任的承担主体不再限于责任人员。同时,基于责任形式的增加,如果单位实施了强迫劳动行为,对于单位也进行罚款,对单位直接负责的主管人员和其他直接责任人员也应进行相应处罚。

综合《劳动法》第 96 条与《劳动合同法》第 88 条,并对比《刑法》第 244 条的规定,对《劳动法》与《劳动合同法》的条文进行体系解释,如果用人单位具有通过暴力、威胁或限制人身自由的手段强迫本单位职工从事特定工作的行为时,行为人并不一定被追究刑事责任,可能仅承担行政责任。再分析强迫劳动罪的犯罪构成要件,立法删除了原强迫职工劳动罪中对于"情节严重"的

---

① "马正清、李彩梅强迫劳动案",参见云南省元江哈尼族彝族傣族自治县人民法院[(2017)云0428 刑初 80 号]。

要求,加大了犯罪的打击力度。但笔者认为,即使立法删除了"情节严重"的构成要件,在具体认定强迫劳动罪时,仍需要对情节的轻重进行分析考量。

以扣押身份证、扣工资为例,对于用人单位采取的扣押身份证、扣工资的行为,需要区分情况加以讨论。如果扣押身份证、扣工资的行为并未阻止劳动者外出,此时劳动者的自由实质上并未被限制,仍可以通过其他途径加以救济,不构成强迫劳动罪。关于扣押身份证,《劳动合同法》第 84 条明确规定,用人单位如果实施了扣押本单位职工身份证等身份证件行为的,劳动监察部门有权责令及时退还,并依法律施加行政处罚,给劳动者造成损害的用人单位应当承担赔偿责任。关于扣工资的行为,根据《劳动合同法》第 85 条,劳动行政部门有权责令用人单位在指定期限内支付全部薪酬,如果用人单位逾期不支付的,责令用人单位增加支付赔偿金。当情节严重,符合拒不支付劳动报酬罪的犯罪构成要件时,以拒不支付劳动报酬罪定罪处罚。

因此,如果通过扣工资、扣留身份证等手段限制了他人人身自由,则可能构成强迫劳动罪,这一点在最高人民检察院、公安部《关于公安机关管辖的刑事案件立案追诉标准的规定(一)》中也能得到侧面印证[1],具体案件中需要法官根据具体案情行使自由裁量权作出判断。刑法是劳动法的保障法,只有劳动法等社会法无法实现立法目的时才能考虑动用刑法。而且,此时即使将相关行为犯罪化,也应该首先考虑最低限度的入罪。对于那些可能只是偶然强迫他人劳动、强迫程度较轻的行为不应当认为具有严重的社会危害性,民事赔偿或行政处罚的手段与其应承担的责任已经具有相当性,这也符合劳动法与劳动合同法中对于强迫劳动行为的惩治规则。此外还需注意的是,如果行为人没有实施暴力、威胁、限制人身自由、协助强迫工作这几种行为,而只是在本单位的劳动纪律中制定严格条款,旨在对劳动者的工作作出具体而明确的要求。只要不是对是否劳动本身进行强迫,而只是提出统一的工作标准或工作质量,或者劳动者完全自愿超过工作时间,就不能认定行为人实施了强迫行为。因为,前述情形属于经济活动中正常的劳动管理行为,不能适用强迫劳动罪。如果涉及对劳动法或劳动合同法中相关规定的违反,则仍属于

---

[1]　2008 年 6 月 25 日最高人民检察院、公安部《关于公安机关管辖的刑事案件立案追诉标准的规定(一)》第 31 条规定:"用人单位违反劳动管理法规,以限制人身自由方法强迫职工劳动,涉嫌下列情形之一的,应予立案追诉:(1) 强迫他人劳动,造成人员伤亡或者患职业病的;(2) 采用殴打、胁迫、扣发工资、扣留身份证等手段限制人身自由,强迫他人劳动的;(3) 强迫妇女从事井下劳动、国家规定的第四级体力劳动强度的劳动或者其他禁忌从事的劳动,或者强迫处于经期、孕期和哺乳期妇女从事国家规定的第三级体力劳动强度以上的劳动或者其他禁忌从事的劳动的;(4) 强迫已满 16 周岁未满 18 周岁的未成年人从事国家规定的第四级体力劳动强度的劳动,或者从事高空、井下劳动,或者在爆炸性、易燃性、放射性、毒害性等危险环境下从事劳动的;(5)其他情节严重的情形。"

劳动关系纠纷,可以根据劳动法、劳动合同法的规定以及劳动合同的约定解决。

4. 强迫劳动罪与相关罪名的区分

(1)强迫劳动罪与非法拘禁罪

关于强迫劳动罪所保护的法益,有观点认为是用人单位员工的人身自由权利。① 有学者则认为是用人单位员工的人身自由权利和劳动权利,两者没有主要客体与次要客体之分。② 有学者则认为是用人单位员工的人身自由权利和劳动权利,两者有主要客体与次要客体之分,前者为主,后者为次。③ 另有学者认为,用人单位员工的合法权益和国家劳动管理制度是本罪的复杂客体,前者为主。④ 强迫劳动罪处于刑法分则第四章侵犯公民人身权利、民主权利之下,从最广义的角度分析,强迫劳动罪的同类客体是公民的人身权利。笔者认为,强迫劳动罪的保护法益应该更加具体化,不是抽象的自由或者劳动权利之类,应该是公民决定是否工作的意志自由。

第一,对于认为强迫劳动罪保护的法益系劳动权利的观点并不合理。首先,修改后的强迫劳动罪所规制的主体和保护的对象范围明显扩大,任何可能从事劳动的个体在一定条件下都受强迫劳动罪的保护。在法学语境中,劳动权利的通常理解是劳动者在劳动关系中所享有的权利。因此,将强迫劳动罪保护的法益理解为劳动权利有以偏概全之嫌。其次,劳动权利的含义也不仅限于自主决定是否从事劳动的自由,还包括请求获得劳动报酬、要求安全卫生的劳动产生条件等权利。综上,认为强迫劳动罪保护的法益为劳动权利的观点确有不妥之处。

第二,强迫劳动罪保护的法益不是"国家的管理制度"。首先,强迫劳动罪中已经删去了用人单位违反劳动管理法规的犯罪构成要件要求。其次,本罪位于刑法分则第四章,这种序列反映了立法机关的立法目的,即本章之下规定的犯罪主要保护公民的人身权利、民主权利,而非国家的社会管理制度。如果主要客体是社会管理制度,可能会规定于分则第六章之下。

第三,身体自由不等同于意志决定的自由,强迫职工劳动罪犯罪手段的核心要素是限制人身自由,应通过对人身自由做扩张解释以包含意志决定自由。如上文所述,犯罪手段仅限于限制人身自由过于狭隘,且与劳动法、劳动合同法的相关规定间欠缺协调性,所以修改后的强迫劳动罪扩大了对犯罪手

---

① 参见王作富主编:《刑法分则实务研究》(中),中国方正出版社 2013 年版,第 959 页。
② 参见冯彦君:《强迫职工劳动罪若干问题探讨》,载《法制与社会发展》2001 年第 2 期。
③ 参见王守俊:《强迫职工劳动罪若干问题研究》,载《中国刑事法杂志》2004 年第 2 期。
④ 参见党日红:《强迫职工劳动罪的几个问题》,载《中国劳动关系学院学报》2010 年第 2 期。

段的列举,既包括限制人身自由,也包括暴力、威胁。行为人使用暴力、威胁的方式强迫他人工作时,本质不在于剥夺或者限制他人行动的自由,关键是影响员工的工作安排。因此,"与其将人身自由解释得包含意思自由,倒不如直接使用'意思自由'这一概念以区别于一般意义上(狭义)的人身自由,而且接受这一新用语对国民而言并不存在太大的障碍"。①

第四,强迫劳动罪与非法拘禁罪的法益不同。实践中,最容易与强迫劳动罪发生混淆的即为非法拘禁罪,二者的确存在许多相似之处。例如,两罪同处于刑法分则第四章,本质上所要保护的法益均为公民的人身权利;犯罪的主观形态均为故意;且在客观行为方面也存在有剥夺人身自由的重合之处。② 但毕竟是两个相异的罪名,所以二者之间也存在较大差异。为更好界定两者区别,首先应当明确非法拘禁罪的保护法益。

非法拘禁罪的保护法益是人的身体活动自由,但身体活动自由的具体内容应当做何解释,尚且存在争议,有现实的自由说与可能的自由说两种不同观点。现实的自由说也即限定说认为,非法拘禁罪必须在实现了对于他人现实活动自由的控制时才能成立,所以对于深度睡眠者、深度醉酒者、不能自由活动的婴幼儿或者残疾人员等不成立非法拘禁罪。可能的自由说即非限定说认为,自由是一种权利,只要他人具有自由活动的可能性,即使短期内他人因为生理或者其他原因而无法自由行动,也可能成立非法拘禁罪。③

在理清强迫劳动罪与非法拘禁罪各自所要保护的法益后,两者之间其实很容易作出区分。在强迫劳动罪中,行为人旨在迫使被害人在失去意志自由的情况下进行工作,暴力、威胁、限制人身自由、协助强迫劳动是行为人为了达到目的而采取的手段,而在非法拘禁罪中,行为人的目的是为了剥夺他人的人身自由。此外,两罪的犯罪主体也不同,自然人可以构成强迫劳动罪,用人单位或非法用工单位也可以成立该罪,而非法拘禁罪的犯罪主体则只能是自然人,单位不构成该罪。

笔者进一步结合案例分析强迫劳动罪与非法拘禁罪的司法适用。例如,2015 年 4 月 15 日至 20 日,被告人曾某支付中介费雇用两名未成年被害人在其手表加工厂安装手表。后两名被害人要求离开,但被告人曾某要求被害人退还中介费,并以锁门等方式禁止两名被害人外出。对本案定性的争议,法院经审理后认为,强迫劳动罪与非法拘禁罪在客观上均存在行为人采用禁闭

---

① 曾文科:《强迫劳动罪法益研究及应用》,载《刑事法判解》2014 年第 1 期。

② 既然以限制人身自由的手段强迫劳动可能构成强迫劳动罪,根据当然解释原理,入罪举轻以明重,剥夺人身自由的行为也应当属于强迫劳动罪的犯罪手段之一。

③ 参见张明楷:《刑法学》(上),法律出版社 2016 年版,第 789 页;周光权:《刑法各论》(第 2 版),中国人民大学出版社 2011 年版,第 35 页。

或其他方法限制他人人身自由的行为,而强迫劳动罪还有强迫他人劳动的行为。在本案中,被告人、被害人及证人对于被告人是否使用暴力、威胁等手段迫使被害人劳动的陈述不一,且两名被害人并无身体损害,亦未发现因被告人的行为而造成精神上的异常,故认定被告人是以索回中介费为目的将两名被害人非法禁闭,构成非法拘禁罪更符合本案的事实。①

上文所列举的案例最后因没有充分的证据证明被告人存在强迫被害人劳动的行为,所以法院直接以非法拘禁罪定罪量刑。司法实践中时常出现行为人行为同时具备非法拘禁罪和强迫劳动罪构成要件的情形。此时,需要结合案情具体分析。如果行为人系以强迫劳动为目的而剥夺他人的人身自由,强迫他人为自己提供免费或与劳酬严重不对等的劳动,则成立非法拘禁罪与强迫劳动罪的想象竞合犯,择一重罪定罪处罚,一般而言以强迫劳动罪论处更为适宜。但是,目前司法实践关于上述情形属于想象竞合犯抑或牵连犯的看法并不统一,笔者认为此种情形不属于刑法中所谓的"牵连犯"。

关于牵连犯,理论上存在不同的观点。目前通说观点为类型说,类型说不仅要求在客观上、主观上能认定牵连关系,而且这种关系从经验法则上判断具有极高的并发性,换言之,某种手段通常用于实施某种犯罪。对于想象竞合犯和牵连犯间的辨析,理论界通说认为二者间区别的关键在于牵连犯是数行为,为本来数罪,而想象竞合犯是一行为,为实质一罪②,也即,当一个危害社会行为产生数个危害社会结果时,如果结果的发生具有同时性,则应认定为想象竞合犯;反之,如果结果的发生具有先后性,中间具有明显的时间间隔,那么显然前行为应视为后行为的手段,或者后行为应视为前行为的结果,数个危害结果之间应当认定具有牵连关系。③ 笔者认为,以剥夺人身自由的方式强迫他人劳动是同一个行为,并不存在方法与目的的牵连关系,因为迫使他人劳动的行为如果缺少剥夺人身自由的手段就不属于犯罪行为。另外,如果行为人旨在限制、剥夺他人人身自由,但在实施非法拘禁他人的行为之后,又另起犯意,强迫他人为自己提供劳动,此时显然应当以非法拘禁罪和强迫劳动罪实行数罪并罚。

(2)强迫劳动罪与故意伤害罪

当以暴力手段强迫劳动并导致轻伤以上的危害结果时,强迫劳动罪与故意伤害罪就会发生竞合,此时如何处置两罪间的关系,司法实践也尚未有统

---

① "曾某非法拘禁案",参见广东省广州市越秀区人民法院刑事判决书[(2015)穗越法刑初字第952号]。

② 参见吴振兴:《罪数形态论》,中国检察出版社2006年版,第284页。

③ 参见张二军:《牵连犯中的牵连关系研究》,法律出版社2013年,第85页。

一的定论。首先对比以下两个案例。

案例1:2014年7月10日,在被告人宋某某经营的电焊厂工作的程某等人发现新来的工人李某不见了,便进行搜寻,找到李某后,李某表示不愿意再继续打工,被告人宋某某对其进行殴打,并将其带回电焊厂,程某用铁棍将李某的右上臂打伤,经鉴定属于轻伤一级。法院经审理认为,被告人宋某某与程某以暴力手段强迫他人劳动,其行为构成强迫劳动罪。被告人程某故意伤害致李某轻伤的行为,属想象竞合犯,应择一重以强迫劳动罪论处。①

案例2:2014年2月4日至2014年5月6日,被告人于某甲对被害人赵某采取殴打、威胁等手段,强迫被害人赵某为其劳动。2014年2月4日至2014年3月1日,被告人于某甲对被害人王某甲采取殴打、扣押身份证等手段,强迫被害人王某甲为其劳动。2014年4月14日至2014年4月27日,被告人于某甲对被害人韩某某采取扣押身份证的手段,强迫被害人韩某某无偿为其劳动14日。2014年4月22日,被告人于某甲将被害人李甲(死者)介绍给王某乙务工,当日下午14时许,李甲试图逃跑,被强行带回王某乙家后,被告人又对其进行殴打(经鉴定,双侧鼻骨骨折,已构成轻伤二级)谩骂,强迫被害人为王某乙劳动。法院审理认为,被告人于某甲以暴力、威胁、限制人身自由的方法多次强迫多人劳动,情节严重,其行为已构成强迫劳动罪。被告人于某甲故意伤害他人身体健康,并造成他人轻伤的后果,其行为已构成故意伤害罪。被告人于某甲犯强迫劳动罪、故意伤害罪,是一人犯二罪,应数罪并罚。②

因此,强迫劳动罪较之于强迫职工劳动罪,增加了暴力强迫劳动的行为手段,加强了本罪的打击范围,但也给刑法适用提出了新的问题。强迫劳动的暴力手段极易导致被害人身体健康受到损害,此时伤害行为能否为强迫劳动罪中的"暴力"所评价? 刑法分则中将暴力的伤害结果分为三个层次:轻伤、重伤、死亡。这三种伤害结果是否都能被暴力手段评价在内,需要首先理清强迫劳动罪中暴力的内涵。本罪的暴力是广义的暴力,不法有形力的针对对象只能是人,但并不要求直接针对人的身体行使,也不要求行为达到足以抑制被害人反抗的程度。并且从主观上考量,行为人实施暴力的目的是为了强迫被害人为自己提供劳动,而不是为了迫害他人,所以以暴力为手段强迫他人劳动致使轻伤及以下的伤害结果,可以被强迫劳动罪中的暴力手段所评

① "宋某某等强迫劳动案",参见河北省高碑店市人民法院刑事判决书[(2014)高刑初字第2072号]。
② "于某甲强迫劳动、故意伤害案",参见辽宁省长海县人民法院刑事判决书[(2015)长刑初字第8号]。

价,因为轻伤的结果并没有超出暴力作为实行行为的基本内涵。但如果导致了重伤或者死亡的结果,则在行为人主观上有故意的情况下,此时构成强迫劳动罪与故意伤害致人重伤、死亡罪的想象竞合。强迫劳动罪属于继续犯,如果暴力行为是在犯罪既遂后为维持强迫状态而实施的后续行为,此时应认定为一行为同时触犯两罪的想象竞合犯还是按照强迫劳动罪与故意伤害罪实行数罪并罚? 强迫劳动罪既然已经既遂,后续的暴力行为所造成的重伤、死亡的伤害结果与强迫劳动罪之间的关系就并不密切,已经超出了强迫劳动罪的内涵,有独立评价的意义。① 因此,在强迫劳动罪既遂并持续期间,行为人侵犯被害人的另一法益,理应认定为独立的新罪,按照强迫劳动罪与故意伤害罪实行数罪并罚。

二、雇用童工行为的刑法规制

一直以来,国际社会在解决童工问题上付出了巨大的努力。围绕童工保护,国际劳工组织制定了一系列的公约和建议书,在敦促各国解决童工问题上发挥了无与伦比的作用,童工问题的解决已经取得显著进步。但就目前而言,童工问题在全球范围内仍然很严峻,我国同样如此。2008 年震惊全国的四川凉山童工事件,来自贫困山区的彝族儿童在工头的带领下汇聚到东莞,而一些劳动密集型的中小企业老板在利益的驱动下,与工头和中介相勾结,对这群懵懂无知的彝族少年们进行了残酷的剥削和压榨。我国对于童工的法律保护是以《宪法》为核心,《劳动法》为主干的法律调控体系。但现实中,如果反复的民事追偿或者处罚对情况改善作用不大时,刑事法律则应该被考虑,因为儿童权利的刑法保护是强化法律保护的最后防线。② 本部分拟通过分析童工的法律概念、童工问题的产生缘由和儿童权利的具体内容,说明童工保护的正当性,然后分析雇用童工从事危重劳动罪的犯罪构成要件。

(一) 比较法视野下的童工概念界定

童工的基本特点是儿童参与劳动,因此法律视野中的童工保护仍然属于保护儿童相关法律制度的框架。

儿童既是一个法律概念也是一个社会概念,因此其含义非常丰富。各国关于儿童保护法律所指特定人群范围不同,这主要取决于各国决定在何种对

---

① 参见薛锐:《论强迫劳动罪与故意伤害罪的竞合》,载《学理论》2013 年第 8 期。
② 参见严励、刘志明:《我国劳动权刑法保护》,载《山西大学学报(哲学社会科学版)》2002 年第 3 期。

象范围内保护特定年龄阶段的未成年人。[①] 当然,无论各国标准如何变化,儿童作为法律概念的核心标准是年龄。[②]《牛津法律大辞典》将儿童视为与成年人对应的群体。[③] 联合国《儿童权利公约》、国际劳工组织《关于禁止和立即行动清除最有害的童工形式公约》都将儿童的范围界定为18周岁以下的人群。《日本儿童福利法》、《英国青少年法》的规定也相同。在我国《劳动法》中,"童工"与"未成年工"两个概念并用,但"儿童"一词在法律上的界定存在较大差异。详细而言,《劳动法》采纳了"未成年工"的法律概念,年龄界限以16周岁为起点。[④] 1991年国务院《禁止使用童工规定》则将童工的范围界定为16周岁以下。[⑤]

同时,未成年人与成年人是法律中根据年龄划分的不同人群,各国有关成年的年龄线也各不相同。《联合国少年司法最低限度标准规则》制定过程中没有就此达成一致意见,最终规定成年人的年龄限度由缔约国国内法自行规定。[⑥] 我国《宪法》第34条与《民法总则》第17条、《未成年人保护法》第2条都将18周岁作为成年的年龄标准。因此,未成年人是法律对特定年龄阶段人群的划分。在我国现行的劳动法视野中,未成年工是合法概念,指已满16周岁不满18周岁的劳动者;童工是法律禁止的对象,指不满16周岁的未成年人。未成年工与童工是并列的法律概念,两者在法律上的地位不同。因此,根据我国《劳动法》,不满16周岁的属于童工,已满16周岁才能就业,这与《刑法》第244条之一关于雇用童工从事危重劳动罪的规定相符合,刑法中的童工为未满16周岁的未成年人。

（二）全球化背景下国际法规制童工问题的困境

童工问题有其深刻的社会背景,从历史的阶段看,是社会进入工业化阶段逐步出现的。西方工业化国家在工业化初期就大规模使用童工,英国即是其中最早使用童工的国家之一。市场经济初期建立的现代化工厂中几乎全部雇用的是儿童,而且还逐步形成了介绍儿童就业的中介机构,在伦敦可能

---

① 佟丽华主编:《未成年人法学》,中国民主法制出版社2001年版,第40—45页。
② 李双元、黎平:《论世界儿童立法的趋向化——兼对完善中国儿童立法的几点思考》,载《湘潭大学学报(哲学社会科学版)》2005年第3期。
③ 参见〔英〕戴维·M.沃克主编:《牛津法律大辞典》,北京社会与科技发展研究所组织翻译,光明日报出版社1988年版,第276页。
④ 我国《劳动法》第58条规定:"国家对女职工和未成年工实行特殊劳动保护。未成年工是指年满16周岁未满18周岁的劳动者。"
⑤ 童工是指未满16周岁,与单位或者个人发生劳动关系从事有经济收入的劳动或者从事个体劳动的少年、儿童。
⑥ 《联合国少年司法最低限度标准规则》第2.2(a)条规定:"少年系指按照各国法律制度,对其违法行为可以不同于成年人的方式进行处理的儿童或少年人。"

9 周岁的儿童就会到纺织厂工作。① 英国之后发展的后进市场经济国家,例如法国、德国等,也随之复制了雇用童工的经济发展过程。例如 19 世纪中叶,被企业雇用的童工高达 13 万,大约占到人口的 4‰。② 在我国,19 世纪 80 年代上海有些纺织厂就已经开始大规模使用童工。③ 中国民族工业兴起时期的童工生活也被如实记载在夏衍先生的报告文学《包身工》中。

时至今日,童工问题在全球范围内仍然非常严重,并没有随着社会经济的发展而消失。据国际劳工组织发布的《2015 世界童工报告》,"目前全球约有 1.68 亿名童工,其中 8500 万名童工所从事的是一些严重伤害儿童身心健康的工作"。④ 在我国,时有发生的童工事件表明童工问题仍然需要高度关注。例如,2007 年发生在山西的黑砖窑童工事件,2008 年四川凉山童工如货物般在东莞被买卖。⑤

1. 国际法对童工问题的规制

国际劳工组织及其公约对未成年工特别关注。1919 年成立的国际劳工组织章程中明确表示应保护童工和未成年工人,同年又制定《(工业)最低年龄公约》(第 5 号公约),此后又陆续通过了有关农业和其他生产部门最低就业年龄的公约,对于不同领域最低就业年龄有差别化的规定。例如,将某些危险部门的就业年龄提高,包括 1965 年《(井下作业)最低年龄公约》为 16 周岁,1919 年《(工业)未成年人夜间工作公约》、1971 年《苯公约》等均规定不得低于 18 周岁。但是这些公约仍然没有从根本上扭转童工问题的趋势。因此,国际劳工组织采取了统一规定最低就业年龄的策略,推动制定了 1973 年《准予就业最低年龄公约》,规定各国应该从立法等各个方面推动废除雇用童工,同时将最低就业年龄的规定与青少年身心发展相协调。此外,国际劳工组织将奴隶、卖淫、贩毒等事项作为优先解决的问题,1999 年通过《最恶劣形式的童工公约》。对于童工的国际保护问题,上述两个公约也最为全面,以下简单概括这两个公约的内容。

第一,1973 年《准予就业最低年龄公约》(第 138 号公约)的规定。《准予就业最低年龄公约》在第 1 条至第 3 条以及第 7 条规定了就业年龄基本制度,主要包括:① 通常情况下,法定的最低就业年龄底线为 15 周岁,如果完成义务教育的年龄高于此年龄,则以完成义务教育的年龄为准;② 最低就业年龄底线可以降低到 14 周岁,如果缔约国的经济发展以及教育设施发展水

---

① 参见《马克思恩格斯全集》(第 23 卷),人民出版社 1972 年版,第 435 页。
② 参见〔德〕汉斯·豪斯赫尔:《近代经济史》,王庆余等译,商务印书馆 1987 年版,第 350 页。
③ 参见刘明逵:《中国近代工人阶级和工人运动》,中共中央党校出版社 2002 年版,第 208 页。
④ 参见《世界无童工日:把童年还给孩子》,载《九江日报》2015 年 6 月 12 日第 A04 版。
⑤ 参见成希:《揭开凉山童工黑幕》,载《青年记者》2008 年第 22 期。

平没有达到一定程度,同时雇主与雇员组织协商同意这种安排;③ 如果工作的性质或者环境与未成年人的身心健康以及安全不协调,最低就业年龄的底线应该提高到 18 周岁,具体的工作类别可以由行政管理机关与雇主、雇员组织协商后确定;④ 已满 13 周岁不满 15 周岁的未成年可以从事不妨碍其健康成长的轻度工作,或者参加依法举办的职业培训计划,经济和教育设施不发达的国家前述年龄可以调整为已满 12 周岁不满 14 周岁。

第二,1999 年《禁止和立即行动消除最恶劣形式的童工公约》的规定。国际劳工组织在解决童工问题的过程中逐步发现童工的使用有时往往是未成年人自愿工作,贫困使得他们失去选择;必须积极促进经济的持续发展和社会进步,特别是消除贫困和普及教育,才能从根本上杜绝童工问题。由此,国际劳工组织将禁止最恶劣形式的童工劳动作为优先目标。该公约正是这种立法倡导策略的产物,国际劳工组织旨在制定新的劳动年龄标准,对何谓最恶劣形式的童工劳动进行了界定,要求缔约国利用一切国家资源消除这种现象。

第三,联合国及其他国际组织的国际文件以及国际公约也关注童工并致力于解决此类问题。例如,1924 年《儿童权利日内瓦宣言》、1959 年《儿童权利宣言》规定全社会应该尽一切力量保障儿童权利,不应该允许任何人以任何形式剥削儿童,完全禁止儿童从事任何可能与其身心健康发展不协调的工作。1966 年《公民权利和政治权利国际条约》《经济、社会和文化权利国际公约》都要求缔约国通过立法以及执法的措施保护儿童不受任何形式的剥削,禁止雇用不满法定年龄的未成年人。1986 年联合国儿童基金会开始推广各种儿童保护制度,并于 1989 年推动制定《儿童权利公约》,规定了儿童利益最大化原则。同时,联合国人权委员也将童工问题作为重要议题,1993 年《消除童工的行动纲领》敦促各国批准 1989 年《儿童权利公约》并高度重视对公约第 32 条的执行。

总之,前述国际公约在最低就业年龄方面充分考虑到不同国家经济发展和社会进步水平的差别会影响到该国法律的具体劳工标准。所以国际社会的共识是求同存异,首先确定核心劳工标准并坚决贯彻实施。1995 年哥本哈根社会发展首脑会议对核心劳工标准的概念首先进行界定,1996 年经济合作与发展组织《贸易、就业和劳工标准:对工人核心权利和国际贸易的研究》认为只有很少的一部分标准才能纳入这个体系,这些标准的共同特征是保证基本人权。① 其中一项核心标准的内容就是,全社会共同努力,消除一

---

① 参见周长征:《全球化与中国劳动法制问题研究》,南京大学出版社 2003 年版,第 107 页。

切剥削童工的现象。①

2. 国际法规制童工问题的困境

童工问题与人权保障观念明显相背离,国际社会对于消除童工已经达成共识。但是发达国家和发展中国家间仍存在明显的分歧,这对于解决童工问题不利。

第一,核心劳工标准的适用困难首先在于贫困。生存是人类的本能,而贫困是危机生存的特殊事由,因此很多观点认为贫困可以成为不适用童工保护性法律的豁免理由,贫困程度的不同直接决定了核心劳工标准适用的困难程度。有些地区,许多儿童必须自己赚取生活或者学习费用。另外有些地区,教育上的持续长时间投入并不能带来成年以后就业机会的增加,有的家长认为提前就业也是一项很好的选择。此时,劳动密集型产业成了吸纳童工的重灾区。

因此,印度、埃及等发展中国家中童工现象比较严重,根源还在于贫困。政府认为当前在法律制度上对于童工问题还不能一律禁止,应该在生存权与儿童权利保障之间取得平衡。但是,发达国家却认为贫穷不是理由,童工问题应该尽力消除,发展中国家应该加大对教育的投入以此解决问题;同时应该与世界银行等国际组织积极合作。但一部分发展中国家坚决反对此种做法。需要承认的是,发展中国家关于消除童工问题任重道远的观点在一定程度上是非常符合其事实情况的。童工问题的根源在于贫困,由此任何企图依赖激进做法解决童工问题的尝试都很难发挥积极作用。联合国儿童基金会的研究发现,尼泊尔政府出台法律禁止地毯业雇用童工,结果不但没有改善儿童的境地,结果反而是至少5000名年轻女孩投身卖淫行业。②

第二,发展中国家需要廉价劳动力以及发达国家贸易保护主义是制定童工问题国际法规则的主要政治分歧。发展中国家认为只有促进经济发展才能从根本上解决童工问题,而发展中国家的竞争优势在于低成本以及低价格,这时廉价劳动力的供给就至关重要。因此,采纳何种劳工标准应该由本国政府根据经济及社会发展水平决定。发展中国家认为,发达国家在国际范围内提高劳工标准只是以保护人权为名实际实施利己的贸易保护主义;既然发达国家在其发展历程中曾经有过大规模使用童工的时期,现在就没有立场对其他国家强加这种标准。

---

① See Organisation for Economic Co-operation and Development, *Trade*, *Employment and Labour Standards*: *A Study of Core Workers' Rights and International Trade*, OECD Publications, 1996, p. 26.

② See Kaushik Basu, *International Labor Standards and Child Labor*, Challenge, 1999, p. 82.

第三,文化以及法律理念的显著不同使得不同类型国家对于童工问题的立场不同。一方面,各国法律对儿童的年龄界限规定不一,最高年龄从 13 周岁到 18 周岁不等。同时,儿童、父母、国家的关系在各国法律文化中也有不同的处理制度。有相当多的国家法制文化中刑法的不完整性体现在家庭关系中,即儿童权利的国家保护应当尊重父母的监护权以及家庭的经济发展。例如美国与索马里一样,并没有签署《儿童权利公约》,理论基础在于儿童权利保护的基石还在于家庭,父母是儿童的守护神,执行该公约可能会对父母与孩子之间正常的关系造成困扰并对父母的教育引导作用造成不利影响。[①]

因此,对儿童权利观念的内涵以及外延有诸多分歧。立法对于最低就业年龄的限制实际是一种法律拟制,以保护儿童的名义禁止达到一定年龄的未成年人工作,即使其本人有意愿工作,而且在工作中也获得了合理薪酬和劳动保护。所以这表明童工问题其实是与发展权紧密联系的特殊性权利,因为这种权利为权利主体设定的不是赋予权利而是限制自由。该权利促使儿童服从于成年人,在经济和生活各方面依赖于成人。儿童本身在权利保障方面的依附性是改善儿童权利保护包括童工问题的最大阻力。

3. 儿童权利论的倡导

确认和保护儿童权利是我国社会和法制进步发展的重要内容。新中国成立以来,尤其是改革开放以后,党和政府高度重视儿童的权利保护工作,一方面积极参与儿童权利保护的国际合作,1991 年加入《联合国儿童权利公约》。另一方面推动一系列法律法规的颁布实施,如 1986 年《义务教育法》,1991 年《未成年人保护法》,2002 年《禁止使用童工规定》。《宪法》《刑法》和《民法典》中也对儿童的特殊保护作了一些法律规定,我国对儿童的权利保护逐步纳入法制的轨道。根据联合国《儿童权利公约》,儿童应该获得特别的照顾,其权利主要包括生存权、发展权、受保护权和参与权四个方面。

第一,生存权。联合国《儿童权利公约》规定,儿童应该免受任何形式的催促或者剥削,包括性侵犯。我国宪法和法律也对儿童的生存权做了明确规定,如《未成年人保护法》将保护未成年人的生命健康权作为其主要任务。同时,人格权属于精神权,也是生存权的重要内容。对于儿童,即使其属于未成年群体,但是亲权却不能凌驾于其生存权之上,儿童的精神自由和身体自由不应该被蛮横地干涉,应当保护儿童作为权利主体的独立性人格。

第二,发展权。生存权是儿童最基本的权利,决定儿童权利被保护的程

---

① See Martha Minow, "What Ever Happened to Children's Rights?" *Minnesota Law Review*, 1995, p. 267.

度在于儿童自身的健康成长,因此国家与社会应该保障儿童充分发展其智能和体能,保障其接受正规和非正规等形式教育的权利和条件。① 《发展权宣言》第 1 条即规定发展权是不可剥夺的人权。因此,应该培养儿童与国家、社会、自然之间和谐发展的观念。这其中,受教育权是实现发展权的核心方式。《儿童权利公约》对于缔约国在免费义务教育、中学教育、高等教育保障方面都规定了一系列制度,以保障儿童有受教育的平等机会。② 我国的《义务教育法》等法律为承认和保护儿童受教育的权利提供法律依据,充分保护了儿童受教育权的实现。

第三,受保护权。儿童因其年龄和自身发展的限制,十分需要国家、社会和家庭的特殊保护,即每位儿童都享有受保护的权利。当然,处于如流浪、受歧视、在高危、高害环境中工作等特殊困境中的儿童更需要特殊保护,以保障他们的身心健康发展。联合国《儿童权利公约》中具体规定了禁止歧视儿童,任何立法与执法都应该遵守以保护儿童最大利益为出发点的基本原则,确保儿童不受残害。

第四,参与权。联合国《儿童权利公约》第 12 条明确规定缔约国应当确保对影响到本人权益的一切事项,儿童有权发表自己的意见,并受到合理对待。因此,在社会生活中,儿童有权参与与其自身权益密切相关的社会活动。儿童的健康发展并不是被动接受国家、社会、家庭安排的生活模式就能自然实现的,还需要积极吸纳儿童自身的意见。

综上所述,大量国际条约、各国法律对儿童权利及其保障都已经作出了明确规定。同时,儿童正处于身心发展的关键阶段,权利的实现有赖于义务主体的积极行动。国家和监护人是保障儿童权利实现的主要义务主体。国家作为儿童权利保障的义务主体,有义务为所有儿童提供无差别的平等保护,为儿童身心健康发展创造有利条件。同时,儿童不仅仅是弱小的被保护对象,应把儿童看作是一个积极的权利主体,尊重儿童的自由选择,维护儿童应有的尊严,任何虐待、剥削儿童的残酷行为都应当被禁止。国家有义务为儿童提供享有法定权利的机会,例如儿童的受教育权,政府应给每一位儿童提供平等受教育的机会,大力扶持基础教育,推动义务教育的全面施行,促使儿童在其成长进程中通过教育充分挖掘自身潜力,有利于社会的可持续发展。同时,监护人同样是儿童权利实现的义务主体之一。一般情况下监护人应与儿童长期居住在一起;家庭是儿童最早的生活场所,也是影响、教育儿童

---

① 参见陆士祯、魏兆鹏、胡伟主编:《中国儿童政策概论》,社会科学文献出版社 2005 年版,第 175 页。
② 参见张爱宁:《国际人权法专论》,法律出版社 2006 年版,第 348—349 页。

最早、最深和最广泛的场所,在帮助实现儿童权利上,监护人的作用必不可少。这就要求监护人必须从各方面尽最大的注意义务,全面深入维护未成年人权利。

(三)我国童工问题的刑法规制

1. 我国童工问题的相关立法

随着社会经济的不断发展,在人民生活水平极大提高、民众维权意识不断增强的当今社会,我国童工现象仍然屡禁不止,2007年山西黑砖窑事件及2008年四川凉山童工事件等触目惊心,引人深思,这种现象背后的原因是多方面的。

首先,雇用童工现象背后是雇主最大化追求经济利益。雇主为了获得最大利润很难保证童工的工作时长、工作环境、工作强度和薪资福利。特别是一些劳动密集型的中小型企业,如纺织、电子、烟花爆竹等工厂,甚至有的采用儿童作为员工主体。

其次,经济发展水平的落后和生活贫困的折磨是童工问题产生的温床。在我国的中西部偏远省份,经济落后,部分地区极度贫困,在温饱都不能保证的情况下,谈何供养孩子读书? 在这些地区,受贫困所迫,为了谋生需要,儿童外出打工或者在家做工的现象非常普遍。甚至在很多家庭的观念中,外出打工才是出路。现实中,地区发展的不均衡使得农村和城市之间经济水平差距日益扩大,农民增收困难,农村儿童失学、辍学现象严重,这些都是童工问题亟待解决的阻碍。

最后,童工问题之所以屡禁不止、久治不绝,社会监管不力也是一大原因。长期以来,地方政府过度追求经济指标,只要企业正常纳税,地方政府和相关主管部门可能就对部分企业违法雇用童工的行为置之不理。除了严重的地方保护主义以外,雇用童工的很多都是无证无照经营的非法作坊,隐蔽性强,工作时间多为昼息夜作,打击和清理的难度很大。此外,全社会对童工问题的认识也明显不足,认为儿童应享有的权利地位从属于家庭、学校和社会。

对于童工问题,我国各项立法严厉禁止。长期以来严禁使用童工的规定已经成为社会各行各业招收员工的准则之一。通常认为,国家出资企业不存在童工问题,我国的童工问题主要存在私营企业中。① 在我国,很多法律法规中都有禁止使用童工、保障未成年人权益的规定,《宪法》《未成年人保护

---

① 参见常凯:《WTO、劳工标准与劳工权益保障》,载《中国社会科学》2002年第1期。

法《义务教育法》《劳动法》《禁止使用童工规定》都将保护儿童的身心健康协调发展作为重要原则。其中,《宪法》《未成年人保护法》确定了儿童权利保护以及禁止雇用童工的原则,《劳动法》规定劳动监察机关对于雇用童工行为人可以追究行政责任,《禁止使用童工规定》则规定拐卖童工、强迫童工劳动、雇用童工从事危重工作的行为应当被追究刑事责任。

2. 雇用童工从事危重劳动罪的司法适用疑难问题

为了弥补法律规范的不足,2002 年《刑法修正案(四)》新增雇用童工从事危重劳动罪。该罪是指用人单位违反劳动管理法规,雇用未满 16 周岁的未成年人从事超强度体力劳动,或者从事高空、井下作业,或者在爆炸性、易燃性、放射性、毒害性等危险环境下从事劳动,情节严重的行为。

(1) 雇用童工从事危重劳动罪的构成要件

根据《刑法》第 244 条之一的规定,可以从以下几点理解本罪的犯罪构成要件。

第一,本罪侵犯的客体是我国的劳动管理制度和儿童的身心健康。本罪对象仅限于未满 16 周岁的未成年工,与我国民法中关于行为人的民事责任能力和劳动法中关于童工的年龄限定相一致。如果用人单位雇用已满 16 周岁的人从事这些危重劳动就不属于本罪的调整范畴。

第二,本罪在客观方面表现为违法劳动管理法规,雇用未满 16 周岁的未成年人从事超强度体力劳动,或者从事高空、井下作业,或者在爆炸性、易燃性、放射性、毒害性等危险环境下从事劳动,情节严重的行为。构成本罪的前提是违反劳动管理法规。同时刑法列举的三种劳动类型并不要求同时具备,只要从事其中一种即满足条件。当然,情节严重的行为才构成犯罪。至于何谓情节严重,参照 2008 年 6 月 25 日最高人民检察院、公安部《关于公安机关管辖的刑事案件立案追诉标准的规定(一)》①,主要从劳动强度、雇用人数、童工被雇用的自愿程度、童工被雇用遭遇的身体健康受损后果等方面认定。

第三,本罪的主体是与童工存在事实劳动关系的雇主。从刑法的相关规定来看,本罪具有特殊性,主体是用人单位。不过,由于我国严禁任何组织雇用童工,因此,只要用人单位和童工之间存在雇用关系,本质上属于非法用

---

① 最高人民检察院、公安部《关于公安机关管辖的刑事案件立案追诉标准的规定(一)》第 32 条规定:[雇用童工从事危重劳动案《刑法》第 244 条之一]违反劳动管理法规,雇用未满 16 周岁的未成年人从事国家规定的第四级体力劳动强度的劳动,或者从事高空、井下劳动,或者在爆炸性、易燃性、放射性、毒害性等危险环境下从事劳动,涉嫌下列情形之一的,应当立案追诉:(1)造成未满 16 周岁的未成年人伤亡或者对其身体健康造成严重危害的;(2)雇用未满 16 周岁的未成年人 3 人以上的;(3)以强迫、欺骗等手段雇用未满 16 周岁的未成年人从事危重劳动的;(4)其他情节严重的情形。

工,就可以构成本罪。至于主体是否合法,并不影响雇用童工行为的客观存在。而且,现实中大量无证无照经营的私人作坊违法雇用童工,如果不对类似行为进行惩治,相当于放纵了这些违法者,不利于未成年人的合法权益保护,这显然与立法的初衷相违背。① 因为用人单位是劳动法上对于劳动合同雇主一方规定的法律概念,本罪主体实际是非法用工人,只追究自然人主体的刑事责任。

第四,本罪的主观方面是直接故意。对于雇员未满 16 周岁的事实,用工人必须明知;如果儿童使用虚假证件或者其他手段隐瞒真实年龄的,用工人无须承担刑事责任。

下面结合具体案例分析法律适用问题。例如,陈某雇用童工从事危重劳动案件中,陈某系某印务公司法定代表人,雇用 1 名 14 周岁的未成年人到公司担任仓库保管员,职责是保管仓库的化学品,主要包括易燃和具有危险性的甲苯或乙苯等溶剂,并分发给印刷车间使用;进行操作时没有任何防护措施。结果,该未成年人在抽取溶剂时,因操作不当,导致溶剂蔓延并发生火灾,本人受伤,伤情经鉴定为三级伤残。② 本案的危重劳动是易燃性危险环境,情节严重是童工在工作过程中身体遭遇损害,被追究责任的是用工单位法定代表人,实际是作为单位负责的主管人员承担责任。

(2) 雇用童工从事危重劳动罪引发事故或者伴随其他犯罪的定性

《刑法》第 244 条之一第 2 款规定,雇用童工从事危重劳动过程中如果发生事故又构成其他犯罪的,数罪并罚。具体可能涉及强令违章冒险作业罪、重大劳动安全事故罪等。因此,有前款行为,但是用工单位并没有强令童工违章冒险作业,但由于童工自身操作失误,造成危害后果的,则根据最高人民检察院、公安部《关于公安机关管辖的刑事案件立案追诉标准(一)》的规定,考虑是否能适用本罪情节严重或者情节特别严重的情形。

另外,实践中用工人安排童工从事劳动时会遭到抵制,用工人采用限制人身自由、伤害、强奸甚至杀害的手段来迫使儿童服从生产安排,此时如何定罪处理? 前述情形属于雇用童工关联犯罪,如果适用本罪,即使以其中较高的法定刑幅度量刑,也有放纵罪犯之嫌。因为,杀人、伤害、强奸等情形是雇用童工从事危重劳动罪客观方面实行行为无法评价的剩余行为。虽然在雇用童工从事危重劳动的犯罪过程中不能排除暴力、胁迫的情形,但是,本罪最

---

① 参见侯国云、白岫云主编:《新刑法疑难问题解析与适用》,中国检察出版社 1998 年版,第 25 页。

② "陈某雇用童工从事危重劳动案",广东省汕头市龙湖区人民法院刑事判决书[(2014)汕龙法刑初字第 126 号]。

高法定刑只是 7 年有期徒刑。因此第 244 条之一第 2 款只是提示性规定,立法机关提示司法者,本罪的客观方面行为是雇用行为,使用童工过程中的事故应该独立进行评价。同理,雇用过程中的暴力犯罪等情形,同样应当数罪并罚,以贯彻罪责刑相适应原则。

(3)雇用童工从事危重劳动罪与强迫劳动罪交叉情况的认定

第一,雇用童工从事危重劳动罪与强迫劳动罪具有明显差异。首先,立法关于强迫劳动罪的犯罪主体范围是明确的,自然人与单位均可构成本罪,但雇用童工从事危重劳动罪的犯罪主体则并非如此。《刑法》第 244 条之一对雇用童工从事危重劳动罪的规定类似于强迫职工劳动罪中的有关规定,容易让人以为雇用童工从事危重劳动罪的犯罪主体限定为劳动法意义上的用人单位。但笔者认为,此处所使用的"违反劳动管理法规"应该是为了强调劳动法律规范对于使用童工行为的禁止[①],该罪的主体仅仅限于自然人,只是这些自然人其实是非法雇用儿童从事危重劳动的合法或非法用人单位中直接负责的主管人员或者直接责任人员。虽然本罪没有规定单位作为犯罪主体,不过实际是认可单位作为犯罪主体情况下的单罚制立法。

理由之一,雇用童工从事危重劳动罪与强迫劳动罪处于同一条文,根据体系解释原理,其犯罪主体也理应具有统一性。强迫劳动罪的适用主体范围也从原来合法的用人单位拓展为单位及自然人,以适应司法实践的需求。那么,雇用童工从事危重劳动罪的犯罪构成也没有理由墨守成规而使犯罪构成要件一直滞后于司法实践的需求。

理由之二,条文表述中使用了"雇用"一词,从劳动法角度分析,一般认为劳动者与用人单位之间所形成的是劳动关系,属于劳动法上的概念。雇用关系又称雇佣关系,从渊源上来看,属于民法概念。从民法上理解,雇用关系属于劳务关系的范畴。对于劳动关系与雇用关系的调整,我国采取的是泾渭分明的调整模式。按照我国现行劳动法的规定,凡是劳动者与用人单位之间成立用工关系的,均适用劳动法律规范,而雇用关系虽属民法上的概念,但合同法并未将雇用合同作为一类专门的合同规定。实践中,有些法律关系虽然也具备劳动关系的从属性特点,但由于主体的不适格,通常会按照雇用关系或劳务关系处理。

因此,雇用关系中的雇用主体不仅限于劳动法意义上的用人单位,还包括不具有合法资格的单位以及自然人。当然,笔者认为雇用童工的行为人与

---

① 我国《劳动法》第 15 条规定:"禁止用人单位招用未满 16 周岁的未成年人。文艺、体育和特种工艺单位招用未满 16 周岁的未成年人,必须遵守国家有关规定,并保障其接受义务教育的权利。"

受害的童工之间成立法律意义上的雇用关系,因为童工属于无民事行为能力人或限制民事行为能力人,无法独立承诺成立雇用关系,且雇用童工的行为已经严重违反国家对于未成年人权益的保护。

其次,两罪所保护的具体法益也有所不同。通说认为雇用童工从事危重劳动罪的保护法益是未成年人的身心健康,不同于强迫劳动罪的法益即公民决定是否劳动的意思自由。雇用童工并不一定违反他人劳动与否的意思决定自由。但未成年人本就处于弱势地位,需要倾斜保护,未成年人对受雇的承诺无效。雇用童工的行为侵害了未成年人的身心健康,当情节严重时,需要刑法及时"亮剑",以雇用童工从事危重劳动罪追究行为人的刑事责任。

最后,强迫劳动罪与雇用童工从事危重劳动罪的客观行为不同。强迫劳动罪将行为方式限定为暴力、威胁或限制人身自由,而雇用童工从事危重劳动罪并没有对行为人的行为方式作出限制。即使行为人没有采用暴力、威胁等手段而使用童工,也可能构成该罪。此外,雇用童工要求情节严重的才构成犯罪,并且仅限于从事超强度体力劳动的,或者从事高空、井下作业的,或者在爆炸性、易燃性、放射性、毒害性等危险环境下从事劳动的情形,而强迫劳动罪条文表面已经删除了关于情节严重的犯罪构成要件要求。

第二,以限制人身自由方式雇用童工从事危重劳动行为时应正确理解雇用的含义。现行刑法中同时规定了强迫劳动罪和雇用童工从事危重劳动罪,二者虽同属于侵犯劳动者用工安全的犯罪,但一般情况下,两罪较容易区分。但是,假设用人单位以限制人身自由的方式强迫未满16周岁的未成年人从事三类危重劳动时则稍微复杂一些。对此,学界的观点不一。有观点认为,当行为既符合强迫劳动罪的犯罪构成要件,又符合雇用童工从事危重劳动罪的构成要件时,实为法条竞合关系,而非想象竞合关系,其中雇用童工从事危重劳动的规定属于特别条款,根据法条竞合的处理原则特别法优于普通法,应当以雇用童工从事危重劳动罪定罪量刑。也有观点认为应当直接以强迫劳动罪定罪量刑,包括上述所举案例,法院最终也是以强迫劳动罪惩处。还有观点认为,雇用童工从事危重劳动,又以暴力、威胁或者限制人身自由的方法强迫其劳动的,应当数罪并罚。① 分析两罪区别的关键环节是正确理解"雇用",即用工人与童工之间是否存在雇用关系,儿童工作的自愿性,用工人是否采纳了限制人身自由的手段等问题。如果具备限制人身自由、雇用两点要素,但不是从事危重劳动,仍构成强迫劳动罪;如果具备从事危重劳动、雇用两点要素,但没有采纳限制人身自由的手段,则以雇用童工从事危重劳动

---

① 参见党日红:《雇用童工从事危重劳动罪若干问题研究》,载《山东工商学院学报》2016 年第 3 期。

罪论处。

因此,雇用童工从事危重劳动罪与强迫劳动罪客观方面实行行为定型性不同,前者打击非法雇用童工的行为,后者是惩治侵犯人身自由的强迫劳动行为。下面笔者再结合案例进行进一步分析。自 2013 年 4 月起的 6 个月期间,被告人范某与李某先后从中介处招来年龄分别为 13 岁、15 岁和 16 岁的三名被害人进行组装手表的工作,工作期间锁住组装工厂的门,同时也时常有口头或者肢体威胁行为。对于本案,法院认定为强迫劳动罪,未成年人作为本罪情节严重的证据。① 笔者认为,首先需要明确强迫劳动罪与雇用童工从事危重劳动罪之间是属于法条竞合还是想象竞合关系。刑法分则条文间的关系大体包括:包容关系、交叉关系、中立关系、对立关系,包容或交叉关系属于法条竞合是通说,而这种包容或交叉关系的判断并不借助具体的案件事实,而是通过对构成要件的解释得出。② 对比强迫劳动罪与雇用童工从事危重劳动罪的构成要件,并对要件作出解释,交叉关系是成立法条竞合关系的形式性前提。在满足形式标准的基础上需要进一步考察实质标准,法益的同一性是其本质特征。如果适用一个构成要件就可以全面评价涉嫌犯罪事实中的全部不法内容,则实际上交叉关系不同犯罪构成要件所保护的是同一法益,此时属于法条竞合,侵害了不同法益时属于想象竞合。③

综上所述,强迫劳动罪的保护法益是公民决定是否劳动的意思自由,而雇用童工从事危重劳动罪的保护法益是未成年人身心健康,虽然二者均处于刑法分则第四章对公民人身权利的保护之下,但具体所要保护的法益仍有所不同。强迫劳动罪与雇用童工从事危重劳动罪间不属于法条竞合关系,而是一行为同时触犯两罪,系想象竞合关系,应当以行为所触犯罪名中的重罪论处。目前我国刑法理论界以及司法实践中对于"从一重"的理解十分一致,法定刑轻重的比较成为判断"从一重"的关键。对比法定刑轻重时,一般先对比主刑的轻重,当主刑类型相同时再以法定最高刑上限的高低为准,若法定最高刑也相同,则应以法定最低刑下限为准。对比强迫劳动罪与雇用童工从事危重劳动罪的刑法条文规定,可见强迫劳动罪的刑罚更重,故应以强迫劳动罪定罪处罚。因此,前述案例的判决结果合理,但裁判推理过程则有所欠缺。

---

① 参见《人民法院依法惩治侵害未成年人合法权益典型案例》,载《人民法院报》2015 年 9 月 1 日第 3 版。
② 参见张明楷:《法条竞合与想象竞合的区分》,载《法学研究》2016 年第 1 期。
③ 同上。

第四章 劳动基准中的刑法适用

劳动基准中的刑法适用主要涉及生产安全与职业卫生中的刑事立法与司法问题。我国《安全生产法》《职业病防治法》《劳动保障监察条例》等规定了有关安全生产、防治职业病的国家卫生标准等强制性规则,刑法与这些劳动法强行性规则之间的关系是本领域疑难问题。涉嫌这个领域犯罪的主体广泛,包括用人单位、劳动者、劳动监察等部门的国家工作人员,已有的罪名主要涉及劳动特有犯罪,即我国《刑法》分则第 2 章危害公共安全犯罪第 131 条至 139 条的危害生产安全犯罪。本章主要围绕安全生产与职业病防治的刑法规制展开,讨论其中的立法完善与司法适用疑难问题。

第一节 职业病防治的刑法规制

一、《职业病防治法》刑事责任条款与《刑法》的衔接

2001 年 10 月 27 日通过并经 2018 年 12 月 29 日第 4 次修正的《职业病防治法》强化了用人单位责任和劳动监察部门的法律责任。《职业病防治法》旨在预防、控制和消除职业病危害,防治职业病,保护劳动者健康及其相关权益,促进经济社会发展。《职业病防治法》着重于职业病的事前预防工作,尽可能减少劳动者在工作当中患职业病的可能性,并对已经遭受职业病的劳动者加强保护,建立追责机制。经过四次修订,该法加强了用人单位的举证责任,消除了职业病诊断的申请门槛,并明确简化了争议解决途径,确立了比较完整的职业病预防机制,促进用人单位进一步加强职业病防治工作,更好地保护了劳动者的权益。其中,第六章"法律责任"部分有一些涉及刑事责任的条款。[①] 但根据

---

① 我国《职业病防治法》第 78 条规定:"用人单位违反本法规定,造成重大职业病危害事故或者其他严重后果,构成犯罪的,对直接负责的主管人员和其他直接责任人员,依法追究刑事责任。"第 80 条规定:"从事职业卫生技术服务的机构和承担职业病诊断的医疗卫生机构违反本法规定,有下列行为之一的,由卫生行政部门责令立即停止违法行为,给予警告,没收违法所得;违法所得 5000 以上的,并处违法所得 2 倍以上 5 倍以下的罚款;没有违法所得或者违法所得不足 5000 元的,并处 5000 元以上 2 万元以下的罚款;情节严重的,由原认可或者登记机关取消其相应的资格;对直接负责的主管人员和其他直接责任人员,依法给予降级、撤职或者开除的处分;构成犯罪的,依法追究刑事责任:(一) 超出资质认可或者诊疗项目登记范围从事职业卫生技术服务或者职业病诊断的;(二)不按照本法规定履行法定职责的;(三)出具虚假证明文件的。"第 84 条规定:"违反本法规定,构成犯罪的,依法追究刑事责任。"

《刑法》对照这些刑事责任条款,可以发现《职业病防治法》的刑事责任条款与《刑法》之间没有衔接,基本属于"僵尸条款",理由如下。

第一,《职业病防治法》第78条在《刑法》中没有对应的罪名。《刑法》对于职业病危害事故没有相应的犯罪化条款,《刑法》分则第二章"危害公共安全罪"中的重大责任事故、重大劳动安全事故罪等责任事故类罪名都是针对安全管理规定的。《刑法》第168条规定的国有公司、企业、事业单位人员失职罪,国有公司、企业、事业单位人员滥用职权罪,后果是特定的,必须属于"造成国有公司、企业破产或者严重损失,致使国家利益遭受重大损失的"。

第二,《职业病防治法》第80条除职业卫生技术服务机构的行为有相应罪名外,其他行为不能援引《刑法》的医疗事故罪等定罪。《职业病防治法》第80条针对从事职业卫生技术服务的机构和承担职业病诊断的医疗卫生机构规定了法律责任,不过刑法针对医务人员的罪名只有第335条规定的医疗事故罪。但是该罪是医务人员由于严重不负责任,造成就诊人死亡或者严重损害就诊人身体健康的行为,这与《职业病防治法》第80条规定的3种情形完全不符合。出具虚假证明文件相关犯罪,《刑法》第229条规定了2个罪名,其中提供虚假证明文件罪是指承担资产评估、验资、验证、会计、审计、法律服务等职责的中介组织的人员故意提供虚假证明文件、情节严重的行为;出具证明文件重大失实罪是指承担资产评估、验资、验证、会计、审计、法律服务等职责的中介组织的人员严重不负责任,出具的证明文件有重大失实,造成严重后果的行为。

承担职业病诊断的医疗卫生机构不属于中介组织。根据《职业病防治法》第43条,医疗卫生机构承担职业病诊断,应当经省、自治区、直辖市人民政府卫生行政部门批准。省、自治区、直辖市人民政府卫生行政部门应当向社会公布本行政区域内承担职业病诊断的医疗卫生机构名单。例如,广东省2017年职业病诊断机构有23家,分布在16个城市,除了深圳4家、佛山3家、广州与东莞2家外,其余12个城市都是各1家。① 江西省则共有17家,职业病诊断的行政许可范围都不相同,具备尘肺、职业中毒诊断资质的机构最多。其中11家机构只具备尘肺或者部分尘肺(尘肺13种)的诊断资质,1家只具备职业中毒的诊断资质,3家同时具备尘肺与职业中毒的诊断资质,只有2家具备3种或3种以上职业病的诊断资质。② 因此,每个省级行政区

---

① 参见《广东省职业病诊断机构2017最新名单(23家)》,http://news. zybw. com/zyxz/wsfwjg/10756. html,2018年4月24日发布,2020年1月20日访问。

② 江西省卫生健康委员会:《职业病诊断机构证书发放一览表(截至2018年12月31日)》,http://www. jxhfpc. gov. cn/doc/2019/01/03/122238. shtml,2019年1月3日发布,2020年1月20日访问。

域的职业病诊断机构总量不多,而且拥有多种职业病诊断资质的机构很少。日常管理中,卫生行政部门会对这类机构定期进行随机抽查。根据《上海市卫生计生系统贯彻落实推广随机抽查机制规范事中事后监管实施方案》要求,上海市静安区开展职业卫生监督检查(职业病诊断机构和职业健康检查机构),现场检查卫生管理档案等书面材料是否符合要求、职业病防治工作是否符合要求;上海市化工职业病防治院等 6 家职业病诊断机构和职业健康检查机构全部合格。① 这些行政管理措施,都是将承担职业病诊断的机构作为医疗卫生机构进行行政许可以及日常行政管理。根据行政法规,医疗机构属于为公民健康提供服务的机构②,具有一定公益性,相关法律法规设定了许多强制性规则。

从事职业卫生技术服务的机构是否属于中介组织尚没有明确的法律依据。根据 2012 年 7 月 1 日施行的《职业卫生技术服务机构监督管理暂行办法》第 3 条至第 5 条③,职业卫生技术服务机构以及从业人员有资质要求。这种资质要求在 2017 年 5 月 7 日之前是要求提供培训合格证书才能获得行政许可,根据国务院审改办取消行政审批的行政文件,这类行政许可实际将职业卫生技术服务机构从业人员资质申请视为中介服务事项进行审批。④当时的国家安全生产监督管理总局规定自 2017 年 5 月 8 日开始,资质要求中不需要证书,改为能力考核,行政审批受理机关通过对申请人的能力考核

---

① 参见静安区卫生和计划生育委员会:《2017 年静安区"双随机"抽查结果公告》,http://www.jingan.gov.cn/xxgk/016017/016017002/20171019/0b55e8a3-53a1-4e47-84c3-b357175ab281.html,2017 年 10 月 19 日发布,2020 年 1 月 20 日访问。

② 根据国务院《医疗机构管理条例》第 2 条、第 3 条,从事疾病诊断、治疗活动的医院、卫生院、疗养院、门诊部、诊所、卫生所(室)以及急救站等属于医疗机构,以救死扶伤,防病治病,为公民的健康服务为宗旨。

③ 《职业卫生技术服务机构监督管理暂行办法》:(1) 第 3 条规定,职业卫生技术服务机构,是指为建设项目提供职业病危害预评价、职业病危害控制效果评价,为用人单位提供职业病危害因素检测、职业病危害现状评价、职业病防护设备设施与防护用品的效果评价等技术服务的机构。(2) 第 4 条规定,国家对职业卫生技术服务机构实行资质认可制度。职业卫生技术服务机构应当依照本办法取得职业卫生技术服务机构资质;未取得职业卫生技术服务机构资质的,不得从事职业卫生检测、评价等技术服务。(3) 第 5 条规定,职业卫生技术服务机构的资质从高到低分为甲级、乙级、丙级三个等级。甲级资质由国家安全生产监督管理总局认可及颁发证书;乙级资质由省、自治区、直辖市人民政府安全生产监督管理部门认可及颁发证书,并报国家安全生产监督管理总局备案;丙级资质由设区的市级人民政府安全生产监督管理部门认可及颁发证书,并报省级安全生产监督管理部门备案,由省级安全生产监督管理部门报国家安全生产监督管理总局进行登记。

④ 2017 年 3 月 15 日国务院审改办、国土资源部、文化部、国家卫生计生委、国家质检总局、国家安全监管总局、国家保密局、国家测绘地信局、国家人防办《关于取消 25 项中央指定地方实施行政审批中介服务等事项的通知》,取消了"职业卫生技术服务机构专职技术人员、专职技术负责人、质量控制负责人的培训合格证书",规定对申请职业卫生技术服务机构(除煤矿外)乙级资质的,申请机构可按要求自行培训,也可委托有关机构培训,地方安全生产监督管理部门不得以任何形式要求申请人必须委托特定中介机构提供服务。

来决定是否给予行政许可,继续了这种中介服务事项的行政审批模式。① 同时,根据《职业卫生技术服务机构检测工作规范》第 2 条与第 5 条的规定②,职业卫生技术服务机构与用人单位之间通过签订技术服务合同进行职业病危害因素的定期检测。因此,前述安监部门的行政文件将职业卫生技术服务机构作为中介组织进行行政审批等管理工作,服务中也如同其他中介组织一样根据合同对企业提供服务。但是,我们并没有统一的中介组织法,中介组织在法律层面的范围不清晰。职业卫生技术服务的机构是否属于《刑法》第229 条的中介组织③,尚需要进一步研究。

第三,《职业病防治法》第 84 条有关刑事责任的兜底条款在《刑法》中有少量间接相关的条款与之衔接。《职业病防治法》旨在保障劳动者的职业卫生保护权利,根据《职业病防治法》第 2 条④,职业病是劳动者在职业活动中接触有毒有害因素造成的疾病。又根据《职业病防治法》第 5 条及第 9 条,《职业病防治法》主要依靠卫生行政部门、劳动保障行政部门执行。因此,职业病防治法律的重心主要在于规定用人单位的义务以及三个领域行政部门的职责。

如前文所述,用人单位怠于履行职业病防治义务,故意或过失地引起职业病危害事故或其他严重后果,难以追究其刑事责任。对于三个领域的行政部门,主要适用《刑法》第 9 章的渎职罪。职业病防治领域没有特别罪名,主

---

① 《国家安全监管总局办公厅关于贯彻落实国务院审改办等九部门〈关于取消 25 项中央指定地方实施行政审批中介服务等事项的通知〉的通知》(安监总厅安健〔2017〕44 号)第 4 条规定:"取消'职业卫生技术服务机构专职技术人员、专职技术负责人、质量控制负责人的培训合格证书'的行政审批中介服务事项后,资质认可机关应当加强对专业技术人员的能力考核。申请单位向资质认可机关提交职业卫生技术服务机构资质认可申请后,资质认可机关组织对申请单位专业技术人员进行能力考核;专业技术人员能力考核合格的,方可独立从事职业卫生技术服务。《通知》实施前,已经国家安全监管总局或省级安全监管部门指定培训机构培训合格的专业技术人员,可视为能力考核合格。"

② 《职业卫生技术服务机构检测工作规范》第 2 条规定:"本规范所称检测,是指职业卫生技术服务机构(以下简称技术服务机构)为用人单位进行的职业病危害因素定期检测,为建设项目职业病危害评价和用人单位职业病危害现状评价进行的检测。"第 5 条规定:"技术服务机构从事检测活动前,应当与用人单位(或委托单位)签订技术服务合同(或协议),明确检测类别、检测范围、收费标准或合同价格、完成时间及双方的权利和义务等内容。签订技术服务合同(或协议)前,技术服务机构应当根据检测工作的来源、性质、范围和内容等,结合自身资质条件和技术能力,按要求组织开展合同评审。"

③ 根据我国《刑法》第 229 条规定,承担资产评估、验资、验证、会计、审计、法律服务等职责的中介组织,可以构成提供虚假证明文件罪、出具证明文件重大失实罪。

④ 我国《职业病防治法》旨在保障劳动者的职业卫生保护权利,根据我国《职业病防治法》第 2 条,职业病是指企业、事业单位和个体经济组织等用人单位的劳动者在职业活动中,因接触粉尘、放射性物质和其他有毒、有害因素而引起的疾病。又根据《职业病防治法》第 5 条及第 9 条,用人单位应当建立、健全职业病防治责任制,加强对职业病防治的管理,提高职业病防治水平,对本单位产生的职业病危害承担责任;国务院卫生行政部门、劳动保障行政部门负责全国职业病防治的监督管理工作。

要考虑是否能构成《刑法》第397条的滥用职权罪、玩忽职守罪。这两个罪的后果是"致使公共财产、国家和人民利益遭受重大损失",职业病危害事故能否属于"重大损失"? 根据自2013年1月9日起施行的最高人民法院、最高人民检察院《关于办理渎职刑事案件适用法律若干问题的解释(一)》第1条的规定,重大损失主要包括致人死亡、重伤、轻伤这类人身伤亡,经济损失,造成恶劣社会影响三类。职业病危害事故也只能在具备前述三种情形之一时才能属于重大损失。

此外,如果职业病同时属于传染病的,例如尘肺引起的肺结核属于乙类传染病,相关行政部门监管失职,可能涉嫌《刑法》第409条的传染病防治失职罪。用人单位可能涉嫌《刑法》第330条的妨害传染病防治罪。另外,如果《职业病鉴定书》认定职业病是由于工作场所的毒害性、放射性、传染病病原体等物质引起的,用人单位也可能涉嫌《刑法》第114条、第115条规定的投放危险物质罪、过失投放危险物质罪。

二、完善职业病防治的刑事立法与司法建议

"欠薪"之类的问题往往因为引起群体性事件,关系社会稳定大局,获得了比较多的社会与政治关注。所以虽然有劳动仲裁、诉讼、劳动监察部门调解等多种解决途径,拒不支付劳动报酬罪仍然比较快得以增设。《职业病防治法》旨在保护劳动者获得职业卫生保护的权利,是对劳动者的健康及生命权、公共安全的保障,刑法更应当从立法与司法两方面积极完善,与《职业病防治法》的刑事责任条款衔接。

第一,在《刑法》分则第2章危害公共安全罪中针对职业病危害事故增设专门罪名。《刑法》第134条与第135条的重大责任事故罪、重大劳动安全事故罪等罪名是与《安全生产法》及《生产安全事故报告和调查处理条例》衔接的罪名,对于用人单位直接负责的主管人员和其他责任人员、劳动者违反安全生产管理规定发生生产安全事故,造成严重后果的行为追究刑事责任。职业病也应当有类似的罪名。当然,职业病防治的义务主体主要是用人单位,危害范围除传染病外主要为劳动者,但"特定多数人"的生命、健康也应当属于公共安全范畴,因此应在危害公共安全罪这章增设相关罪名。

笔者建议在《刑法》第134条重大责任事故罪之后,增设"重大职业病危害事故罪"为该条之一,作为与《职业病防治法》第78条衔接的罪名。同时,第134条的罪名都应该增设单位作为犯罪主体。重大责任事故罪的后果并没有按照《生产安全事故报告和调查处理条例》第3条规定的特别重大事故、重大事故、较大事故、一般事故来进行犯罪结果的规定,最高人民法院、最高

人民检察院《关于办理危害生产安全刑事案件适用法律若干问题的解释》第6条将死亡1人以上、重伤3人以上，直接经济损失100万以上作为重大后果的标准。不过，职业病因为是对劳动者健康的危害，后果通常不表现为人身伤亡，建议参照《职业病危害事故调查处理办法》第2条的规定①，定罪情节确定为职业病危害的重大事故、特大事故，一般事故不追究刑事责任。法定刑幅度根据重大事故、特大事故分别确定轻重不同的法定刑幅度。同时，量刑情节还应该考虑职业病的类型以职业病的危害程度。

第二，对职业病防治具有监督管理职责的安全生产监督管理部门、卫生行政部门、劳动保障行政部门工作人员如果滥用职权或者玩忽职守，造成职业病危害的重大事故、特别重大事故的，应该根据《刑法》第397条追究滥用职权罪或玩忽职守罪的刑事责任。职业病危害的重大事故、特别重大事故应属于《刑法》第397条的"人民利益遭受重大损失"范畴，可以根据最高人民法院、最高人民检察院《关于办理渎职刑事案件适用法律若干问题的解释（一）》第1条的"造成恶劣社会影响"认定属于"重大损失"。

第三，《刑法》无需增设罪名与《职业病防治法》第80条承担职业病诊断的医疗卫生机构刑事责任条款衔接。《刑法》没有相关条款与《职业病防治法》第80条衔接。不过，针对这两类行为对相关机构予以行政处罚足矣，因为履行法定职责的应该是劳动行政等机关。职业病诊断机构作为医疗卫生机构提供疾病诊断的医疗服务，职业卫生技术服务机构作为中介机构从事职业卫生技术服务，都没有职业病防治的法定义务，只是根据用人单位或劳动者的需求提供服务的机构。至于超出资质认可或者批准范围提供服务，实际是无证经营的特殊表现形式，但不能以非法经营罪追究刑事责任。因为，非法经营罪的犯罪客体是我国关于特许经营的市场准入制度，实践中该罪的口袋化趋势就在于错误地将非法经营罪客观方面理解为无证经营行为。

第四，从事职业卫生技术服务的机构应该属于《刑法》第229条规定的中介组织。法律层面的中介组织应主要指市场中介组织，不包括社会团体、基金会、社会服务机构这3类社会组织，从事职业卫生技术服务的机构应该属于市场中介组织。例如，自2016年1月1日起施行《河北省市场中介组织管理办法》第3条规定，本办法所称市场中介组织，是指经工商行政管理部门依法登记设立、为委托人提供有偿服务并承担相应责任的下列组织：① 会计等

---

① 根据《职业病危害事故调查处理办法》第2条，按一次职业病危害事故所造成的危害严重程度，职业病危害事故分为三类：(1) 一般事故：发生急性职业病10人以下的；(2) 重大事故：发生急性职业病10人以上50人以下或者死亡5人以下的，或者发生职业性炭疽5人以下的；(3) 特大事故：发生急性职业病50人以上或者死亡5人以上，或者发生职业性炭疽5人以上的。放射事故的分类及调查处理按照卫生部制定的《放射事故管理规定》执行。

独立审计组织;② 资产、土地、矿产资源、安全、房地产、环境影响、水影响、职业病危害等评估、评价组织;③ 检验、检测、认证等鉴定、鉴证组织;④ 建设工程等监理组织;⑤ 法律、家政、档案等服务组织;⑥ 信息、信用、技术、工程、市场调查等咨询组织;⑦ 职业、人才、婚姻、教育等介绍组织;⑧ 工商登记、广告、商标、专利、税务、房地产、招投标、拍卖、物流、因私出入境等代理组织;⑨ 与保险、证券、期货、担保等有关的金融中介组织;⑩ 符合本办法规定的其他中介组织。而且,上文对安全生产监督部门相关行政文件的分析已经表明,行政许可以及日常行政管理制度方面,职业卫生技术服务机构从业人员的资质属于中介服务事项的行政许可。再结合《职业卫生技术服务机构监督管理暂行办法》对此类机构实行资质认可的相关规定,不难推论,在安全生产部门的行政许可中,职业卫生技术服务机构的资质也属于中介服务机构范围。因此,从事职业卫生技术服务的机构,在法律层面应当属于承担资产评估、验资、验证、会计、审计、法律服务等职责的中介组织。如果具备构成要件,可以构成《刑法》第 229 条规定的提供虚假证明文件罪、出具证明文件重大失实罪。

第五,应重视刑法在职业病防治领域的法益保护机能。实际上,笔者于 2019 年 5 月 30 日检索中国裁判文书网的刑事案例,没有发现一例与职业病防治有关。这既说明刑事立法的欠缺,也说明劳动者、相关行政机关、司法机构对刑法不够重视。在《刑法》修改之前,也应当适当运用刑法保护劳动者获得职业卫生保护的权利。例如,如果职业病被诊断为传染病,应该适用妨害传染病防治罪、防治传染病失职罪追究用人单位、相关机关国家工作人员的刑事责任。再如,如果《职业病鉴定书》认定职业病是由于工作场所的毒害性、放射性、传染病病原体等物质引起的,用人单位也可能涉嫌投放危险物质罪、过失投放危险物质罪。

第二节　生产安全的刑法保护

生产安全领域的罪名主要涉及《刑法》分则第 2 章危害公共安全罪,包括三类。第一类是用人单位等单位对安全生产直接负责的主管人员和其他直接责任人员侵害劳动者劳动安全权利危害公共安全的犯罪。包括重大劳动安全事故罪、大型群众性活动重大安全事故罪(组织群众性活动的单位,与用人单位类似)、工程重大安全事故罪、教育设施重大安全事故罪、消防责任事故罪、不报、谎报安全事故罪。第二类是具有特定身份的劳动者违反劳动基准危害公共安全的犯罪。包括重大飞行事故罪、铁路运营安全事故罪、交通肇事罪与危险驾驶罪(主体为劳动者时)。第三类是劳动生产过程中用人单位直接负责的主管人员和其他直接责任人员、生产人员违反相关规定而危害公共安全的犯罪。包括重大责任事故罪、强令违章冒险作业罪、危险物品肇事罪。

当然,各类安全生产事故往往涉及渎职犯罪,《刑法》分则第 9 章渎职罪中的滥用职权罪、玩忽职守罪是重点。适用两罪的关键在于行业性规范的查明与解释。对于各级安全责任人员职权范围的解释,必须根据安全生产领域的法律以及相关行业的具体管理规定,例如煤矿、非煤矿山、危险品管理、交通运输安全管理等不同行业对于不同层级管理人员职责的规定,以此厘清行为人是否存在犯罪行为。

一、安全生产事故的法律预防模式

(一)我国安全生产事故高发的主要原因

我国《刑法》分则第 2 章在安全生产领域似乎已经建立了严密的刑事法网,不过刑法实际上未能充分发挥法益保障机能。根据国家安全生产监督管理总局统计司的数据①,我国目前的安全生产事故具有以下两个特点。(1) 我国各类安全事故大幅下降,不过总量仍然很高。在"十二五"期间,我国安全事故总量由 2010 年的 363383 起、79552 人,下降到 2015 年的 281576 起、66182 人,累计下降 22.5% 和 16.8%;较大事故由 2010 年的 1732 起、6870 人,下降到 2015 年的 1016 起、3820 人,累计下降 41.3% 和 44.4%;重特大事故由 2010 年的 85 起、1440 人,下降到 2015 年的 38 起、768 人,累计下降 55.3% 和 46.7%。2016 年 1 月至 9 月,全国共发生安全生产事故 39852 起、死亡和下落不明 23650 人,按可比口径同比事故起数和死亡人数分别下降 6.9% 和 3.5%。2016 年 11 月份,全国共发生安全生产事故 4804 起、死亡 3479 人,按照可比口径事故起数和死亡人数比 2015 年 11 月份下降 4.5% 和 6.3%;比 2016 年 10 月份上升 4.0% 和 7.8%。(2) 特别重大事故造成人员伤亡和财产损失的现象仍然非常突出。自 2016 年 1 月 1 日至 12 月 4 日,已发生 4 起特别重大事故,与 2015 年全年起数持平;其中发生江西丰城发电厂"11·24"特别重大坍塌事故,是新中国成立以来电力建设行业发生的最为严重的事故。此外,煤矿和道路交通共发生 2 起特别重大事故、16 起重大事

---

① 参见安全监管总局:《统计显示"十二五"期间全国各类事故大幅下降》,载新华网,http://www.xinhuanet.com/politics/2016-08/19/c_129241766.htm,2016 年 8 月 19 日发布,2020 年 2 月 5 日访问。

故,二者占重特大事故的58.1%;水上交通重大事故同比增加2起、死亡增加22人。2017年1月至2月,全国共发生生产安全事故5767起、死亡4121人。

2019年全国各地的安全生产事故仍然频发。2019年仅1月至5月,根据国务院《关于进一步加强企业安全生产工作的通知》(国发〔2010〕23号)和《重大事故查处挂牌督办办法》(安委〔2010〕6号)的有关规定,对于陕西省榆林市神木市百吉矿业公司李家沟煤矿"1·12"重大煤尘爆炸事故、内蒙古自治区西乌珠穆沁旗银漫矿业有限责任公司"2·23"井下重大运输安全事故、山东省济南市齐鲁天和惠世制药有限公司"4·15"重大着火中毒事故、河北省衡水市"4·25"重大建筑施工事故、上海市长宁区"5·16"重大建筑施工事故、山东省威海市"5·25"重大中毒窒息事故等6件发生于不同行业的导致10人以上30人以下死亡的生产事故①,国务院安委会已经决定对事故查处实行挂牌督办。而2018年全年,被国务院安委会挂牌督办的只有陕西省西安市"11·13"重大道路交通事故等10起安全生产事故。②

根据上述数据我们可以得知,虽然近年来我国在保障安全生产、遏制重大安全事故上取得了一定成绩,但仍不断有重大事故发生,发生频率和死伤人数触目惊心。遏制特别重大事故的任务仍然十分艰巨。安全事故多集中在煤矿、道路运输、消防火灾和化工行业,安全生产形势依旧严峻复杂,要引起高度重视。近年来安全事故多发,除了自然因素之外,主要是人为、设备和社会监管三个方面的原因,而这些都与刑法的法益保护机能未能充分发挥,导致监管不力有密切关系。

1. 安全生产意识因素

第一,企业对利益的极度追求导致对安全生产监管投入不够。在煤炭、采矿、化工这些安全事故多发的行业,企业盲目追求利益。一方面,企业减少对安全生产成本的投资,以次充好甚至直接抹掉安全保护方面的投入成本,违规生产,让工人在无安全措施的环境下生产作业,或者让工人未经过任何职业培训即上岗,此情况多发于无牌无证无手续的"黑心企业"。另一方面,企业为追求利益,提高工作效率却忽视生产质量,抱有侥幸心理,强令冒险作业,违规指挥工人(雇员)作业。对于安全事故事例的研究表明,不按规程生

---

① 参见国务院安全生产委员会《重大生产安全事故查处挂牌督办通知书》,安委督〔2019〕1号、安委督〔2019〕2号、安委督〔2019〕3号、安委督〔2019〕4号、安委督〔2019〕5号、安委督〔2019〕6号。

② 参见国务院安全生产委员会《重大生产安全事故查处挂牌督办通知书》,安委督〔2018〕10号。

产、违章作业、工作人员麻痹大意、违规作业造成事故的高达八成。[①]

除煤矿、化工行业的安全事故外,实际生活中多存在因违规运输危险化学品、超员超速行驶等造成安全事故的行为。造成事故的主要原因是企业为追求利益,减少应投入的安全成本,指使雇员违规操作。因此,黑心企业为了利益而不顾劳动者的劳动卫生权利,超能生产,抱有侥幸心理甚至故意心理而忽略公共安全的行为是导致安全事故多发中人为因素里的重要原因。

此外,现代工业生产已经形成明确的分工体系,有些企业对于承包商等合作企业的安全生产监管不到位导致事故频发。例如,2019 年 4 月 15 日,位于山东省济南市历城区的齐鲁天和惠世制药有限公司在对冻干粉针剂生产车间地下室的冷媒水(乙二醇溶液)系统管道改造过程中发生重大事故,造成10 人死亡、12 人轻伤。经初步调查分析,事故直接原因是承包商信邦建设集团有限公司施工人员在受限空间内动火切割冷媒水系统管道过程中,引燃附近堆放的冷媒缓蚀剂(为易燃固体,属危险化学品,储存要求远离火源),燃烧时产生氮氧化物等有毒烟雾,导致现场人员中毒致死、致伤。事故暴露出事发企业安全意识淡薄,没有认真吸取同类事故教训,动火和进入受限空间作业管理失控,承包商管理不到位,应急能力严重不足,对使用的化学品危险特性不了解等突出问题。该企业近年来多次发生安全事故,暴露出企业安全管理混乱、地方监管部门动火和受限空间作业安全专项整治不到位、安全监管失之于软等突出问题。[②]

第二,劳动者安全意识薄弱。在安全事故多发的行业中,从业的相关人员文化水平不高,安全意识薄弱。例如煤炭、化工行业,从业的工人多文化水平较低、法律知识欠缺、安全意识薄弱。工人除了不知应与企业签订劳动合同外,也不知道如何保护自己的权利。他们在危险的煤矿作业中,由于缺乏相关的专业安全知识,只知埋头苦干,听从指令,意识不到某些作业指令可能会产生危险,从而发生悲剧。

在其他需要一定专业知识才能胜任的岗位中,如从事飞行、铁路行业,机动车驾驶,消防职业等职位的劳动人员,劳动者具备一定的劳动素质和安全意识,也存在明知违规可能会发生危险的可能。但因不敢违抗领导人员的指令或者对自己的操作有信心,抱有侥幸心理,从而导致悲剧发生。此外,劳动人员在操作过程中不负责任,贪图省事而将安全监督当做儿戏,草草了事,疏忽大意,忽视细节而导致的安全事故也不在少数。

[①] 参见蔡雷雷:《煤矿安全生产事故的原因及对策》,载《山西煤炭》2013 年第 5 期。

[②] 参见《应急管理部办公厅关于山东济南齐鲁天和惠世制药有限公司"4·15"重大着火中毒事故的通报》(应急厅〔2019〕44 号)。

总之,不论是从事何种工作、何种岗位的劳动人员,意识不到安全隐患、意识到安全隐患但不去解决或者在操作过程中疏忽大意都是安全意识薄弱的表现,他们的行为包括但不限于上述情况。

2. 设备因素

第一,生产设备不足。先进的设施设备能够提高安全生产的效率,大大提高生产过程中的安全性,从而减少安全事故的发生。但在安全事故多发的行业里,生产设备不足,设备使用时间长是首要问题。例如在煤矿行业,由于历史原因,我国的煤炭安全欠账严重,经过不断努力,这一问题得到很大程度解决。2016 年下半年煤炭市场回暖,煤矿企业开始盈利,但真正补回安全欠账的资金有限,实现煤炭安全"零欠账"仍然作为目标在时时鞭策着政府和企业。早年高额的安全欠账,严重影响了我国煤炭生产设备的更新和技术改造,导致生产设备不足,维护周期长、设备老化等问题。生产设备不足的问题不仅存在于煤炭行业,在矿业、化工等行业也大同小异。生产设备的不足、设备老化、故障频出、安全性能低下是事故多发、管理粗放、工作标准低下的根本原因。

第二,安全防护设施不齐全。安全防护技术设施是维护安全生产的屏障与保护伞。在日常作业中,如果出现设备故障的情况,安全防护技术设施可以为安全生产提供保护作用。但由于技术和经济原因,安全防护的各项技术没有针对性地投入研究力量,相关安全设施既不齐全,更新也很缓慢,防护设施出现故障,不能起到应有的防护作用,生产经营的安全无从谈起。

3. 行政监管因素

第一,地方政府监管不力。安全事故多发,除了人为、设备因素外,政府的监督不力也是重要原因之一。在安全生产领域中,政府应尽到其对企业安全生产的监督管理职能。但在实际生产过程中,有的地方政府没有尽到监管义务,在监管的过程中走形式、走过场,对安全生产问题抓得不严不牢,没有严格按照法律法规的要求进行监管,以至于发现不了安全隐患。还有的则形成了不正确的发展观念,一味追求经济增长,忽略了规范安全生产的问题。面对能够带来经济增长的企业和相对弱势的劳动者,政府的保护天平出现了倾斜,对待能够创造高经济增长但安全保护力度不足的企业"放水监管",政府工作人员有玩忽职守的行为,甚至构成犯罪。在监管过程中,发现不了问题,或者发现问题却姑息的行为,都是政府监管不力的表现。

简而言之,政府在安全生产的监管上应像一把利剑,在监管的过程中,一经发现安全生产问题,应果断将它扼杀在襁褓中。一次次血的教训告诉我们,政府监管的大意、对企业的纵容只会助长用人单位违法、违规行为的气焰,使得安全事故的发生更加频繁。

第二,劳动监察执法不足。2004 年国家颁布《劳动保障监察条例》(以下简称《监察条例》),旨在利用国家强制力对《劳动法》的事实情况进行检查,对违反《劳动法》的用人单位进行处罚,维护劳动者合法权益。但如前所述,人为因素仍然是引发安全事故的重要原因之一。用人单位为了追求经济利益,减少安全生产成本,未给劳动者进行相关技能培训便要求上岗,在安全设备不达标、工作环境不合格的情况下强制违规生产、冒险生产。这种行为在危害公共安全的同时,也侵犯了劳动者接受职业培训的权利和劳动安全卫生权利。此时,监察部门应该发挥其功能,对侵犯劳动者权益的用人单位予以惩处,从而避免安全事故的发生。

自《监察条例》颁布以来,经过多年的发展,我国形成了属地化的劳动监察模式。但劳动监察制度在实践中存在不足,导致劳动监察部门并没有像预想的一样充分发挥作用,造成执法不充分的局面。对用人单位侵犯劳动者劳动安全卫生权利、获得职业培训权利方面的监察力度不够,执法不严。实践中,对安全生产的劳动监察主要面临以下问题。

首先,监察制度不完善。一方面,《监察条例》规定监察范围为用人单位遵守劳动法律、法规的情况,较为模糊,各地对监察部门职能的划分也不尽相同。结果没有建立统一的监察对象、监察程序、惩罚标准和措施,不能完全保障监察过程中的"有法可依"。另一方面,劳动监察与劳动仲裁范围存在交叉。劳动监察部门作为行政部门,有行政检查权、查询资料权、要求报送资料权、处罚权,具有强制性。但在解决劳动报酬、劳动保险问题时,与劳动仲裁的处理范围存在竞合。虽然劳动监察与劳动仲裁是不同的处理制度,但这可能会导致两部门在解决问题上出现相互推诿的情况,不利于保障劳动者的权益。

其次,属地化管理存在弊端。在我国属地化的劳动监察模式下,劳动监察部门属于行政单位,劳动监察的人力、物力、财力均由地方政府掌控。在我国,一方面存在不同地区的劳动监察水平不一,有执法宽严度不一和有紧有松的情况。另一方面,有的地方政府担心加大贯彻《劳动法》的实施会不利于当地经济增长,其公权力倾向于企业的经营,压制劳动监察的作为,因此劳动监察部门在监察过程中缺乏独立性,不能充分履行其职能。

最后,监察力量不足,缺少执法力量。这是目前全国劳动监察普遍面临的情况。据调查显示,我国的监察机构长期在执法资源方面缺乏保障,监察效率低下。根据《2013 年度人力资源和社会保障事业发展统计公报》,2013 年末,全国共有劳动保障监察机构大约 3300 个,专职劳动保障监察员大约 3 万人,这个数据就当年而言,与所承担的监察任务相比已经不足够。虽然近年来劳动监察员的数量有所上升,但仍然无法满足日益增加的用人单位数量,对于我国目前庞大数量的用人单位和劳动者群体,劳动监察的任务量巨大,执法力量仍然不足。尤其有大量个体、私营企业的乡镇地区,劳动监察力量相比城市较少,但劳资矛盾又较为突出的情况应予重视。还需要强调的是,经济发展较为落后的乡镇地区,对安全生产和权利保护的意识较为淡薄,也是安全事故多发的地区,更需要强化监察。

第三,地方官僚腐败。地方官僚的腐败问题助长了安全事故频发的气焰。权钱的交易可能会导致政府对某些违法工程"睁一只眼,闭一只眼",留下安全隐患;漠视不合格的生产设备、生产条件,其不作为直接危及安全生产。而且有些地方在安全事故发生后为了个人利益选择隐瞒、谎报安全事故,导致损失结果扩大。2001 年在广西南丹县的拉甲坡矿发生特大透水事故,造成井下 81 名矿工死亡。但是时任河池地委书记的莫振汉因为收受了人民币 17 万元、美元 1.4 万元,选择隐瞒该事故,且不采取措施抢救,延误了对这一特大事故的处理,造成了血的代价。[①] 过往案例历历在目,这些惨痛的教训给我们敲醒一次次警钟,部分国家工作人员在其位却不谋其政,贪污受贿、玩忽职守,损害国家和人民利益的犯罪行为亦是安全事故多发的关键因素。

综上所述,安全事故的处理除了事后追责外,关键在于提前预防,从源头上杜绝生产事故的发生,包括刑法在内的法律预防发挥着重要作用。刑法是安全生产法的保障法,重大劳动安全事故罪等安全生产领域犯罪的罪状往往包括"违反管理法规""违反安全管理规定""违反规定""违反规章制度"之类的空白罪状,因此发挥刑法对安全生产事故的预防功能,还必须健全安全生产法律体系。本节采用比较研究的方法,分析域外安全生产的法律预防模式,汲取其安全生产的经验,对我国不足之处提出完善建议。

(二)西方国家安全生产事故的法律预防模式

1. 美国安全生产事故的法律预防模式

美国 1970 年《职业安全与健康法》、1977 年《矿山安全与健康法》规定了以下几项核心制度,包括常态化的安全检查、明确化的事故责任、突袭式检查、矿业设备供应者承担连带责任。美国劳工部据此成立职业安全与健康局和矿山安全与健康局,严格贯彻各项安全生产措施,有力保障了美国的安全

[①]　参见林权村、仕石:《背弃公仆宗旨　为官谋私蜕变——广西壮族自治区南丹地委原书记莫振汉违纪违法案纪实》,载《中国监察》2003 年第 14 期。

生产水平。①

在安全生产的规制方面，美国建立了一个在劳工部统一领导下，将综合职业安全健康监察和矿山安全健康监察分开进行管理的联邦垂直管理模式。美国劳工部是全面负责整个国家职业安全健康监管工作的主管政府部门，其下的职业安全与健康监察局和矿山安全与健康监察局负责具体的综合监管工作；运输部、能源部等其他政府部门负责本行业、本领域的职业安全与健康工作；联邦职业安全与健康复审委员会和联邦矿山安全与健康复审委员会负责有关行政审理和上诉复审工作。

在安全事故多发的煤矿产业，美国特别注意煤矿工人的安全教育。如美国联邦矿业局将研究安全问题作为其最早的职责之一，十分重视安全教育和培训。大量使用高新信息技术和设备，将计算机模拟、虚拟现实等新技术运用到生产作业中。而且，美国建立了一套完备的应急救援体系。任何矿山的救护队必须在距矿井 2 小时路程以内区域待命。② 同时，美国在监督追责上十分严苛。如果被发现违法行为，雇主受到的惩罚将非常严厉。

2. 德国安全生产事故的法律预防模式

德国是世界上第一个建立工伤保险制度的国家，在 1884 年颁布《德国工伤保险法》后，经过几次修改现已形成较全面的工伤保险体系。德国十分注重工伤事故的预防工作，从该角度也达到了德国实现安全生产的目标。《德国劳动保护法》和《德国劳动安全法》是德国相关法律的核心，具有以下特点。

第一，雇主的基本职责为必须遵循和确保员工安全与健康的原则。雇主给雇员安排工作任务时，应该充分评估雇员的安全生产风险，考察雇员是否根据操作规程进行安全生产。

第二，雇员具有安全生产的权利与义务。雇员对于雇主安排的安全生产设备以及技术措施，应当严格按照操作规程执行。同时，应该及时报告发现的安全生产隐患。并且雇员有向雇主就所有安全和健康保护问题提建议的权利。如果雇主采取的措施不力，雇员可以向有关当局报告，此时雇主不得刁难雇员。

第三，安全监督机构及其权限。根据《德国劳动保护法》的规定，工伤事故保险机构负责职业安全和健康保护，主要负责监督企业遵守劳动保护法和

---

① 参见刘晓兵、刘宏波、王鹏：《美国安全生产监察体制主要特点》，载《现代职业安全》2015 年第 3 期。

② 参见刘助仁：《煤矿安全生产管理我们还缺什么——谈美国煤矿安全管理的特点和启示》，载《城市与减灾》2009 年第 5 期。

依据该法制定的法规,并劝告雇主履行其职责。例如各州安全监察当局负责与事故保险机构协商具体工作,协商监督的形式和范围。联邦内政部劳保局负责委托联邦事故保险执行局负责具体工作;交通部事故保险执行局和铁路事故保险所是负责交通部业务范围的公共部门等等。每行每业都有具体的机构负责其安全生产的监督和执行,分工明确,确保执行有效。

第四,违规的处罚严厉。《德国劳动保护法》规定,雇主和安全负责人有意违反和因疏忽大意违反有关当局的法律法规,将被处以最高 1 万马克的罚款,如果再次重犯将被处以最长 1 年的监禁。有意违反或因疏忽大意违反监察当局的命令,没有采取措施消除危及员工生命和健康的危险隐患,将被处以最高 5 万马克的罚款,如再次重犯则被处以最长 1 年的监禁。雇员有意或因疏忽大意违反法律法规中规定的应有的工作态度、应履行的义务和应采取的措施以及违犯监察当局的相关命令,将被处以最高 1 万马克的罚款,如果再次重犯将被处以最长 1 年的监禁。①

在安全生产监管模式方面,德国形成了政府主导,行业工会参与的多元化安全生产监管模式。国家劳动保护机关执行国家性质的劳动保护和劳动监察工作,通过制定劳动基准、劳动检查等方式监督安全生产。行业公会通过安全生产培训、预防工伤以及职业病、采取紧急措施等协助政府改善安全生产。

3. 英国安全生产事故的法律预防模式

英国通过 1974 年《英国职业安全与健康法》等法案、条例、行政指导文件制定了完整的安全生产法律体系,包括防火、建筑施工、机械、高空作业安全等等②,充分保障职业安全健康。在安全生产监管上,英国形成了以国务大臣为首的职业安全与健康监察体系。国务大臣组建安全健康委员会,下设专业性咨询委员会和行业性咨询委员会,主要负责政策制定。职业安全与健康执行局负责大部分工业行业生产场所的安全监管工作;此外该局下设安全与健康实验室。③ 地方当局则负责办公室和零售商店等低风险作业场所的工作。同时,安全生产需要重点关注的行业都配备安全生产监察小组。这种组织严密、分工明确的监察模式的核心是监察人员都具有较强的专业性。英国对安全生产监督员通过技能培训、行业发展报告、安全生产法律学习等方式

---

①　参见《德国安全生产监管法制建设》,载《中国安全生产》2015 年第 1 期。

②　参见苏宏杰、曹欢:《英国和丹麦安全生产立法及监察的启示和思考》,载《中国安全生产科学技术》2012 年第 5 期。

③　参见李运强:《英国安全生产行政许可制度初探》,载《华北科技学院学报》2012 年第 3 期。

来提高其素质。①

（三）西方国家安全生产事故法律预防经验的总结

第一，完备的安全生产劳动刑法。通过对上述处在世界安全生产前列国家的基本经验探索，首先可总结的是不论英国、美国还是德国、日本，都建立了完整的安全生产法律法规体系。通过制定和完善法律，确立了安全生产的基本原则和指导思想。在保障安全生产的过程中，为生产事故的预防、职业的安全培训、劳动生产监督的模式、事中的处理方式、事后的追责、生产问题的解决提供了法律依据，使得国家的安全生产有法可依，形成了安全生产健全的法制轨道。

第二，严格的监察机制。在安全管理和监督上，不论是以德国为代表的多元化监察模式，以美国为代表的垂直式监督管理模式，还是以英国为代表的专业型管理模式，共同的特点都是对生产安全问题设置了健全的管理机构，形成了严格的监察机制。为了能够将法律法规的内容落实，美国成立专门的职业安全与健康局和矿山安全与健康局负责安全生产的日常管理，并分别成立复审委员会负责有关行政审批事项的监管。在垂直式的管理模式下，上级部门统一领导，下属管理机构分工协作，自上而下分工明确，履行职责，从而更好地执行国家管理政策，避免监管的交叉重叠，提高监管效率。德国的多元化管理模式则更加侧重监管机构的合作、协调和补充关系。例如为了强化矿山安全监管，德国经济技术部设有安全卫生处，主要负责宏观监管，州经济部矿业局负责具体执行。行业公会是市场主体参与安全监管的自我管理组织，接受政府指导。这种监管模式成效显著，行业中安全事故预防机构发展程度高。

第三，雇主负有建立健全应急救援体系的义务。在维护矿山安全方面，美国建立了一套十分健全的应急救援体系，企业需要与两只救援队签订救援协议才能展开工作。矿主在事故发生后组织抢救，警察也可作为求助的对象，而且还有矿山救护队。这样一套高素质的救援队伍，和一套健全的救援规范程序，为安全事故后的救援提供了有力的保障，将事故的损失减到最小。这套应急救援体系具有以下两个特点。

首先，法律规定雇主必须重视安全生产培训。为预防、减少安全事故的发生，除了从制度上建立一套完善的事前预防、事中处理、事后救援体系，提高企业与员工的安全意识也是预防事故的重要工作。美国、日本通过多项活

---

① 参见周培国、李彦明：《国内外安全生产监管模式的对比分析》，载《郑州轻工业学院学报（社会科学版）》2013 年第 2 期。

动提高工人的安全意识和避免安全事故的素质,都是对安全意识重视的表现。员工的安全意识不仅能够避免生产过程中不当的操作,也能对企业不安全因素进行监督和举报。同时在事故发生后,企业和员工的安全知识有利于更好更快速地解决问题,利用救援程序和措施,减小事故伤亡损失。因此,超前的安全意识培训不容忽视。

其次,政府鼓励企业运用安全生产技术。在实现安全生产上,科技的力量有目共睹。就煤炭行业而言,传统的作业方式伴随高事故、高伤亡、高职业病率。但随着科技进步和高新设备运用,事故的发生率逐渐降低。近年来,美国、日本的新型信息技术广泛使用到生产作业中去,如虚拟现实、计算机模拟等,极大地提高了生产作业的计划性和可操作的预见性。而且采用的机械化、自动化设备减少了危险作业的人数,提高了生产作业的效率,也减少了事故受伤的人数。此外,推广更加安全的作业方法取代传统危险性较高的方法,运用新设备加固了生产环境的安全性等,都是有力科技支撑带来的改变,对提高生产的安全性作出了极大贡献。

(四)完善我国安全生产监管法律的建议

通过借鉴西方的经验,我国应建立以预防为导向的安全生产法律监管模式,对此需要劳动法与刑法双管齐下。

1. 完善我国安全生产管理规定,以便与刑法衔接

我国在安全生产立法方面取得不小的战果。据统计,目前我国全国人大常委会、国务院和相关主管部门已经颁布实施并仍然有效的有关安全生产主要法律法规约有一百六十余种。但部分法律由于立法时间较早,难以跟上现今飞快发展的国情,或者在发展过程中出现了新的问题,缺少相关的立法填补空白。刑法是安全生产法的保障法,重大劳动安全事故罪等安全生产领域罪名的罪状都包括"违反安全管理国家规定",这些规定的明确,均有赖于安全生产法律体系的健全。

第一,《安全生产法》确定安全生产的基本方针。2002年施行的《安全生产法》初步建立了防止和减少生产安全事故的法律制度。2014年对《安全生产法》的修正完善了安全生产方针和工作机制,明确了生产经营单位安全生产管理机构、人员的设置、配备标准和工作职责;同时在劳务派遣和用工单位的职责和劳动者权利义务等方面作出了进一步规定。《安全生产法》规定了不遵守安全生产保障义务规定的法律后果,出现安全事故后工作人员、负责人、企业承担的行政责任和刑事责任,在事前预防、事中处理和事后追责上作出较完善的规定。

第二，《消防法》规定了消防监督执法的制度。预防和减少火灾亦是安全生产中的重要工作内容。1998 年《消防法》通过并于 2008 年、2019 年修订。现行《消防法》对消防安全责任制进行完善，并加强了农村消防工作，完善了社会消防技术服务机制。同时，提出加强应急救援工作，加强了对消防监督执法的监督，加大了对危害公共消防安全行为的查处力度，进一步规定了单位及个人违反相关规定应承担的法律责任，包括罚款、拘留和刑事责任。

第三，《矿山安全法》的内容过于简单。近年来，我国的安全事故多发于煤矿产业。矿山事故在我国不仅频率高，还易造成难以磨灭的恶劣影响，给国家造成巨大损失，给人民生命安全造成严重威胁。《矿山安全法》颁布于1992 年，并于 2009 年修订，目前总体规定内容较为简单，且由于颁布时间较早，现实可操作性较低。为了使得《矿山安全法》能够充分发挥预防并及时治理矿山事故的作用，应该及时对《矿山安全法》进行修改，优化矿山安全监管机制，以便进一步加强同司法机关的沟通，建立健全矿山安全行政执法与刑事司法的衔接机制，及时、有效地打击矿山安全违法犯罪行为。

第四，《煤炭法》缺少实践性内容。《煤炭法》亦是我国较早颁布的法律，自 1996 年颁布以来有效地规范了煤炭行业的经营状况，后来《煤炭法》又历经四次修改，现在实施的是 2016 年 11 月 7 日修改后的版本。但是现行《煤炭法》也存在部分问题：原则性内容多，缺少实践可行性；矿区责任制未得到充分完善。因此应完善法律条文，增强法律的可操作性，并且健全矿区的责任制，依法对酿成事故的责任单位和责任人追责，实现"依法治煤"。

总之，《安全生产法》是保障生产安全法律体系的核心立法，但配套法规的缺失使得有些规定可操作性不足，法律实施效果与立法目标之间有一定差距，因此应该强化法律条文的具体配套制度。其中，《矿山安全法》的修改显得尤为迫切。《矿山安全法》自 1993 年施行以来，在保障矿山行业生产安全上发挥了不可忽视的作用。但经过 10 年的经济发展，有的地方已不适应现今形势，对于矿山的安全主体责任、安全监管部门的监管职责、与后续新法律的衔接、矿山的范围等问题都需要进一步修改。2013 年，《矿山安全法（修订送审稿）》已经提请国务院审议，修订的主要内容为对安全生产监管体制进行规定，增加具有可操作性的安全生产方式，加大违法处罚的力度，补充《安全生产法》在矿业领域未规定的相关内容等。[①]

2. 完善劳动监察体制，严格追查渎职犯罪行为

针对我国目前劳动监察现状的不足，应对症下药，解决问题。建议采取

---

① 参见邹燕云：《矿山安全法修订的原则与问题》，载《劳动保护》2013 年第 5 期。

以下措施进一步完善。

第一,具体确定劳动监察的内容与标准。实践中,私力救济的劳动仲裁与公力救济的劳动监察方式出现"打架"行为,劳动监察不能充分发挥功效。要实现监察与仲裁相互协作、相互协调,可以参照西方国家的劳动监察制度,重新科学界定劳动监察范围。例如美国制度属于典型意义的基准性劳动监察,主要关注最低工资、最高工时、加班工资、禁止使用童工等问题。德国劳动监察的范围主要是劳动保护规范、危险保护规范和企业卫生等规范的执行。日本的劳动监察范围主要定位在劳动标准法、劳动安全卫生法等。由此可见,以上国家劳动监察范围的共同点均为对强制性规范执行的监察。因此,我国要完善劳动监察制度,首先应当明确劳动监察的范围,即劳动基准和其他强制性劳动法律的执行。

科学界定劳动监察范围,对完善劳动监察制度有重要意义。一方面,明确了劳动监察的方向,做到责任明确,为弥补法律空白、完善有关责任制度的法律条文提供基础。另一方面,能够更好地与劳动仲裁制度分工协调,各司其职,在落实、保障劳动者权益上环环相扣,实现我国劳动市场的健康发展。

第二,实行劳动监察垂直化管理模式。目前我国"属地化"劳动监察模式弊端较大。为了避免出现劳动监察受地方制约、全国各地监察水平不一、执法力度不一的情况,可采取垂直管理的模式。从该管理模式本身出发,垂直化管理模式能够避免劳动监察受地方保护的制约和影响,依法履行监察职能,保证政策畅通的落实到位。而且垂直化管理模式能够确立统一的监察标准和执法力度,统一资源配置,消除地方经济不平衡对劳动监察投入不足和执法队伍水平不一带来的消极影响。此外,实行垂直化的管理模式在我国也有例可循。近年来我国的税务系统、海关、海事等部门所推行的垂直化管理模式均取得良好的效果。可以借鉴这些管理经验,推进劳动监察的垂直化管理,走出目前的管理困境,消除地方保护的消极影响。

第三,扩大监察执法队伍,加强监察专业化建设。我国目前面临劳动监察机构少,监察任务繁重的问题。根据《2013年度人力资源和社会保障事业发展统计公报》数据统计,工作量繁重,全年对用人单位的现场检查高达约200万户次,涉及劳动者约1亿人次,对用人单位的书面审查高达约240万次,涉及劳动者约1亿人次。相比之下,我国的劳动监察力量薄弱,基层的监察队伍尤甚。为改善这一情况,使得监察力量能够跟上与日俱增的劳动群体,一方面应广纳人才,培养执法队伍,另一方面应解决部分地区存在的监察人员"无编制、无经费、无办案设备"问题,合理分配资源,提高监察人员待遇,吸引人才。

第四,严格追查在监督检查过程中的贪污受贿与渎职犯罪问题。2012年12月7日最高人民法院、最高人民检察院《关于办理渎职刑事案件适用法律若干问题的解释(一)》对玩忽职守罪中致使公共财产、国家和人民利益遭受重大损失进行了详细规定。[①] 但在实际生活中,国家工作人员在工作岗位未尽到工作职责、造成安全事故的原因往往是存在以权谋私和腐败问题。2015年12月9日最高人民法院、最高人民检察院《关于办理危害生产安全刑事案件适用法律若干问题的解释》规定对职务犯罪与危害生产安全犯罪实行数罪并罚。[②]由此可见,安全事故中存在利益输送的犯罪行为已屡见不鲜,并引起了司法部门的重视。由于贪污腐败问题导致的安全事故亦是安全事故多发的重要原因,因此,应加大反腐力度,严格行政部门的安全责任制,严厉追查国家工作人员的贪污受贿、渎职问题,从源头扼杀安全事故。

二、危害生产安全刑事案件疑难问题

预防乃至减少安全生产事故频发的局面,当务之急是加强监管,刑法在其中的作用应当得到强化。本书第六章第一节就借鉴《法国刑法典》《法国劳动法典》强化安全生产领域法益保护的问题进行了比较研究,本节主要就单位犯罪问题具体分析。《安全生产法》中规定了单位违法后承担罚款、吊销执照等行政责任,对构成犯罪的,依照刑法有关规定追究刑事责任。本节主要以重大责任事故罪为例,分析单位犯罪主体、罚金等问题,尝试从劳动法与刑法一体化的角度分析刑法罪名的适用。

(一)安全生产犯罪与生产、销售伪劣不符合安全标准的产品罪的适用

2015年最高人民法院、最高人民检察院《关于办理危害生产安全刑事案件适用法律若干问题的解释》解决了重大责任事故罪、重大劳动安全事故罪

---

① 最高人民法院、最高人民检察院《关于办理渎职刑事案件适用法律若干问题的解释(一)》第1条规定玩忽职守罪的追诉标准为:(1)造成死亡1人以上,或者重伤3人以上,或者轻伤9人以上,或者重伤2人、轻伤3人以上,或者重伤1人、轻伤6人以上的;(2)造成经济损失30万元以上的;(3)造成恶劣社会影响的;(4)其他致使公共财产、国家和人民利益遭受重大损失的情形。

② 最高人民法院、最高人民检察院《关于办理危害生产安全刑事案件适用法律若干问题的解释》第14条规定:"国家工作人员违反规定投资入股生产经营,构成本解释规定的有关犯罪的,或者国家工作人员的贪污、受贿犯罪行为与安全事故发生存在关联性的,从重处罚;同时构成贪污、受贿犯罪和危害生产安全犯罪的,依照数罪并罚的规定处罚。"

与生产、销售不符合安全标准的产品罪的竞合适用法律标准问题。① 不过，危害生产安全犯罪与生产、销售不符合安全标准的产品罪的法律适用仍然有些问题需要进一步研究，下面，笔者结合重庆綦江虹桥垮塌事件中的罪名适用具体分析。

1999 年 1 月 4 日重庆綦江虹桥突然垮塌，发生 40 人死亡的特别重大责任事故。重庆綦江虹桥垮塌系列刑事案件中，涉及危害生产安全犯罪刑法适用的两类疑难问题。第一类为是否以职务犯罪与安全生产犯罪对国有事业及企业单位人员实行数罪并罚。另一类是对于用人单位人员，即建设单位、设计单位、施工单位人员或者生产单位生产作业人员行为的刑法适用，涉及重大责任事故罪、工程重大安全事故罪等危害生产安全犯罪与生产、销售伪劣商品罪的区分。

1. 职务犯罪与危害生产安全犯罪的刑法适用

重庆綦江虹桥垮塌系列刑事案件中，以职务犯罪定罪的人员包括：(1) 林某元(綦江县委原副书记、曾任綦江县城乡建设管理委员会即城建委主任、重点工程建设办公室主任和副县长)因受贿罪被判处死刑缓期 2 年执行，因玩忽职守罪被判处有期徒刑 10 年，决定执行死刑，缓期 2 年执行；(2) 张某碧(綦江县城建委原主任)因玩忽职守罪被判处有期徒刑 6 年，孙某(城建委原副主任)因玩忽职守罪被判处有期徒刑 5 年，贺某慎(綦江县人大常委会原副主任)因玩忽职守罪被判处有期徒刑 3 年②；(3) 张某科(綦江县委原书记)因受贿罪被判处无期徒刑，剥夺政治权利终身，并处没收财产 10 万元，因玩忽职守罪被判处有期徒刑 5 年，数罪并罚决定执行无期徒刑，剥夺政治权利终身。③ 另外，以危害生产安全犯罪定罪的人员包括：被告人费某利、李某泽与段某因工程重大安全事故罪均被判处有期徒刑 10 年；被告人夏某、闫某与赵某被以前罪分别判处有期徒刑 7 年、6 年和 5 年。④

前述被告人在犯罪中的具体分工为：(1) 设计单位人员，包括段某(重庆

① 最高人民法院、最高人民检察院《关于办理危害生产安全刑事案件适用法律若干问题的解释》第 11 条规定："生产不符合保障人身、财产安全的国家标准、行业标准的安全设备，或者明知安全设备不符合保障人身、财产安全的国家标准、行业标准而进行销售，致使发生安全事故，造成严重后果的，依照刑法第 146 条的规定，以生产、销售不符合安全标准的产品罪定罪处罚。"

② "林世元、张基碧、孙立、贺际慎、赵祥忠玩忽职守案"，参见重庆市高级人民法院刑事判决书［(1999)渝高法刑终字第 116 号］。

③ "张开科受贿、玩忽职守案"，参见重庆市第一中级人民法院刑事判决书［(1999)渝一中刑初字第 292 号］。

④ "费上利、李孟泽、刘泽均、王远凯等生产、销售不符合安全标准的产品案"，参见重庆市第一中级人民法院刑事判决书［(1999)渝一中刑初字第 130 号］。

市市政勘察设计研究院设计三室主任)、赵国某(另案处理)。段某请本单位退休工程师赵国某提供两套桥梁设计方案,县城建委主任林某元等研究选定方案之一。段某向林某元建议重庆华庆设计工程公司(以下简称华庆公司)作为负责虹桥建设工程的总承包人,林同意。段某后来又以华庆公司富华分公司的名义与林某元重复签订了建设工程总承包合同,该分公司无资质,是以段某亲戚名义注册的集体公司,实际为段某控制。段某经赵国某推荐,邀请李某(重庆市对外建设总公司退休高级工程师)联系到无施工资质的被告人费某利(重庆市桥梁工程总公司工人,停薪留职),承接虹桥工程的施工。(2)施工单位人员,包括作为用人单位的实际施工单位负责人,即担任虹桥工程技术负责人的李某泽、组织施工队伍的费某利,以及作为施工单位劳动者的具体施工人员,即无上岗证书的施工员夏某(重庆市桥梁工程总公司房屋建设公司助理经济师)、闫某(无业人员)。费某利、李某二人与重庆市桥梁工程总公司川东南经理部(以下简称川东南经理部)属于挂靠关系,该经理部没有法人资格,也不具备桥梁施工资质,从不向该总公司汇报。费某利与李某泽以川东南经理部名义与段某违规达成承建虹桥工程施工的口头协议。费某利先后聘请夏某、闫某等人担任施工员,但这些人员都没有上岗证书,费某利也没有审查施工人员的上岗资质,直接安排前述人员担任桥梁施工的重要岗位;同时聘用了多名没有上岗证的技术工人进行作业。(3)监理单位人员,包括重庆市市政工程质量监督站原站长赵某。对于虹桥工程,县城建委1994年11月向重庆市市政工程质量监督站提出质量监督申请书,支付了监督费,但没有提交勘察设计资料等有关文本作为审查的附件资料。赵某径行签发虹桥工程质量监督申请书。虹桥施工过程中,监督站派出的监督员没有核查虹桥工程的勘察、设计和施工单位的资质等级及营业范围,赵某也没有认真履行监督管理职责,没有相应资质的设计施工单位一直承建虹桥工程直至竣工。

对于前述工程重大安全事故罪与职务犯罪的法律适用问题,笔者有以下三点意见。

第一,建设单位与安全生产监督单位人员如果同时构成安全生产犯罪与渎职罪的,应该数罪并罚。重庆綦江虹桥垮塌相关刑事案件中,城建委的国家工作人员均以职务犯罪被追究刑事责任,没有一人作为建设单位人员被追究工程重大安全事故罪的刑事责任,这实际是放纵了犯罪。1994年8月,綦江县人民政府决定在綦河建设一座人行虹桥,城建委具体负责实施。因此,城建委在本案中有双重身份。一方面虹桥属于市政工程,城建委是建设单位,没有审核华庆公司以及富华分公司的资质,与没有资质的施工单位签订总承包合同,相关人员的行为涉及工程重大责任事故罪。另一方面城建委也是安全生产监督单位,相关人员的渎职行为也应当被追究玩忽职守罪的刑事责任。一起重大责任事故中,项目的建设单位通常只有一家。不过往往有行政审批或日常监管失职的多个行政管理部门国家工作人员都被追究渎职罪的刑事责任,不局限于建设单位,只是建设单位具有双重角色。此时,对建设单位人员应该以玩忽职守罪与危害生产安全犯罪实行数罪并罚。2015 年最高人民法院、最高人民检察院《关于办理危害生产安全刑事案件适用法律若干问题的解释》对于贪污受贿犯罪和危害生产安全犯罪规定了数罪并罚的处罚原则①,笔者认为这一规定是符合罪刑法定以及罪责刑相适应原则的。

第二,工程质量监督站是基于授权对工程实行质量监督的事业单位,与基于合同对工程进行质量监督的企业单位均属于《刑法》第 137 条的工程监理单位。本案中,检察院以玩忽职守罪对赵某提起公诉,法院以工程重大责任事故罪判决,赵某以本人不属于工程监理单位人员提起上诉,二审维持原判。笔者认为,重庆綦江虹桥垮塌事件中,城建委没有再委托其他工程监理单位,1994 年 11 月质量监督站接受城建委关于虹桥工程质量监督的申请之后,意味着该站居于工程质量监督专门单位的地位,实际承担工程质量监督职责,成为实质意义上的工程监理单位。赵某作为质监站站长,亲自签订了《质量监督申请书》,属于工程监理单位人员。那么,当工程监理单位属于国有事业单位时,是否应当对其以渎职罪、危害安全生产犯罪实行数罪并罚呢?笔者认为不需要。因为工程监理单位对于工程质量的监督责任不是法定的,而是基于建设单位对于具体工程的授权,并不存在对于各类生产、作业安全生产的普遍性监督义务,责任范围仅仅局限于具体工程。因此其失职行为并不侵犯国家工作人员勤政性的法益,而是侵犯公共安全法益。而且渎职罪的主体是国家工作人员,工程监理单位被追究刑事责任的人员不必具有法定身份,只要属于该单位劳动者并在工程监理过程中违反国家有关规定降低工程质量即可能涉嫌《刑法》第 137 条的犯罪。工程监理单位参与某项工程监理具体工作的劳动者可能人数较多,但不能仅仅因为某些人员与用人单位具有劳动关系,就对其按照指令完成工作任务的行为追究刑事责任。因此,《刑法》第 137 条只规定对直接责任人员追究刑事责任,重庆市市政工程质量监

---

① 参见最高人民法院、最高人民检察院《关于办理危害生产安全刑事案件适用法律若干问题的解释》第 14 条。

督站向虹桥工程派出的监督员没有被追究刑事责任是合法的。同时,必须注意,工程监理单位与被委托行使安全监督管理职责的公司、企业、事业单位的工作人员不同,后者仅仅与国家工作人员身份不同但职责相同,应适用渎职罪追究刑事责任。应该特别注意 2015 年最高人民法院、最高人民检察院《关于办理危害生产安全刑事案件适用法律若干问题的解释》相关规定。①

第三,用人单位的劳动者不是因为个人在生产作业中违反安全管理规定,而是因为用人单位违规行为被追究危害安全生产犯罪的刑事责任时,范围应该以直接负责的主管人员和直接责任人员为限。重庆綦江虹桥垮塌事件中,施工单位被追究刑事责任的人员包括 4 位。其中费某利、李某泽属于实际承包人,具有用人单位法律地位,属于用人单位直接负责的主管人员。费某利相当于施工单位项目部的项目经理及材料员、预算员,负责项目工程全面工作以及预算、材料采购。李某泽相当于技术员与质量员,负责工程的技术以及质量工作。夏某与闫某则属于项目部有一定管理职责的劳动者,相当于施工员,负责现场施工工作。费某利同时聘用了多名没有上岗证的技术工人进行作业,这些人员只是按照用人单位的指令完成具体施工工作,对于工程质量不承担直接责任,没有被追究刑事责任是合法的。

2. 危害生产安全犯罪与生产、销售伪劣商品罪的适用

重庆綦江虹桥垮塌事件中,被告人刘某均、胡某、王某凯因生产、销售不符合安全标准的产品罪分别被判处有期徒刑 13 年、8 年和 7 年。同时,王某凯还因职务侵占罪被判处有期徒刑 3 年,决定执行有期徒刑 10 年。另外,被告人重庆通用工业技术服务部犯生产不符合安全标准的产品罪,被判处罚金人民币 25 万元。以上各被告人在犯罪中的分工不同,具体为:(1) 与费某利签订螺纹钢、圆钢、钢管销售合同的刘某均提供钢管。1994 年 12 月被告人刘某均以重庆某公司名义与费某利挂靠的川东南经理部签订了向该经理部出售螺纹钢、圆钢、钢管的工矿产品订货合同,货款总金额约 46 万。履行合同后,刘某均销售获利约 5 万元。(2) 胡某、王某凯为刘某均加工钢管。刘某均没有加工钢管的能力,1995 年 3 月经人介绍与时任重庆某机器厂车间主任的被告人胡某协商钢管加工事宜,胡某则找来重庆通用工业技术服务部法定代表人王某凯。刘、王、胡协商达成了加工钢管的口头协议,名义上被告

---

① 最高人民法院、最高人民检察院《关于办理危害生产安全刑事案件适用法律若干问题的解释》第 15 条规定:"公司、企业、事业单位的工作人员在依法或者受委托行使安全监督管理职责时滥用职权或者玩忽职守,构成犯罪的,应当依照《全国人民代表大会常务委员会关于〈中华人民共和国刑法〉第九章渎职罪主体适用问题的解释》的规定,适用渎职罪的规定追究刑事责任。"

人重庆通用工业技术服务部(原重庆通用机器厂职工技术服务部,以下简称技术服务部)承揽加工钢管业务,总加工费 10 万元,然后王某凯以技术服务部的名义交由胡某安排本车间工人进行加工。刘某均只是提供了加工图纸,既也没有签订书面合同,也没有与加工方约定具体质量要求和技术检测标准。胡某承揽业务之后立即安排生产,生产期间刘某均、李某等人曾经到车间查看样品,没有提出异议,胡某随即开始批量加工。1995 年 5 月刘某均以转账支票方式向技术服务部支付加工费 5 万元,王某凯将该款转到下属的经营部,出具增值税专用发票,并将款项在该经营部入账。之后,王某凯向胡某支付劳务费 2 万元,胡某将款项分发给车间有关人员。1995 年 5 月刘某均又以现金支付方式给王某凯加工费 2 万元。王某凯出具收条,但没有将加工费在本单位入账,而是用于个人消费,案发后退赃 2000 元。

对于上述生产、销售不符合安全标准产品罪的定罪,笔者有以下两点评论。

第一,合理界定不符合安全标准的产品、生产与销售行为。本案中,检察机关起诉技术服务部、王某构成生产、销售不符合安全标准的产品罪,但法院判决中没有认定销售行为,同时判决胡某犯生产不符合安全标准的产品罪,刘某均犯生产、销售不符合安全标准的产品罪,法律适用非常准确。

首先,钢管构件等工矿产品属于《刑法》第 146 条规定的产品。[①] 审理本案过程中,对于刘某均、胡某、技术服务部和王某提供的钢管是不符合安全标准的产品还是伪劣产品有不同观点。主张定生产、销售伪劣产品罪的观点认为,本案涉及的主拱钢管不属于不符合国家标准和行业标准的产品,刘泽某等人明知该产品不合格,以牟利为目的弄虚作假,骗取质量合格检验报告后将不合格的主拱钢管销售给川东南经理部,属于以不合格产品冒充合格产品进行生产、销售的行为,符合《刑法》第 140 条生产、销售伪劣产品罪的构成要件。[②] 笔者认为,《刑法》第 146 条的产品包容本案中的钢管构件。一方面,钢管构件与保障人身安全、财产安全相关。生产、销售伪劣产品罪中的伪劣产品,危害后果通常不具有扩展性,被害方损失通常限于购买伪劣产品所支付的财物。但是,不符合安全标准的产品,其法益侵害性不仅表现为产品本

---

① 我国《刑法》第 146 条规定的产品是指不符合保障人身、财产安全的国家标准、行业标准的电器、压力容器、易燃易爆产品或者其他不符合保障人身、财产安全的国家标准、行业标准的产品。

② 参见蒋文烈:《刘泽均、王远凯等生产、销售不符合安全标准的产品案——不符合安全标准的产品如何具体界定》,载最高人民法院刑事审判第一、二、三、四、五庭主办:《刑事审判参考》(第 7 集),法律出版社 2000 年版,第 10 页。

身伪劣造成的财产损失,同时产品的伪劣通常还会对被害方或公众的人身安全、财产安全造成衍生损失。本案中的钢管构件就是这类产品。所以,生产、销售伪劣产品罪是数额犯,定罪量刑根据生产或销售金额,而生产、销售不符合安全标准的产品罪是结果犯,定罪量刑以产品使用过程中造成的后果为标准。另一方面,对于桥梁的钢管构件,也具备相应的国家标准及行业标准。我国制定了详细的《钢管壁厚分级表》等各类无缝钢管以及焊接钢管这两类钢管的国家标准,而且钢管加工企业对于无缝钢管、焊接钢管也都普遍分类制定了加工质量标准,例如"圆钢管构件制作质量标准"之类。本案中虹桥主拱钢管构件的焊接钢管,属于存在保障人身安全、财产安全国家标准、行业标准的产品。

其次,生产是包括加工在内的广义生产。生产、销售不符合安全标准产品罪中,生产行为表现为没有生产条件、制造许可证、生产许可证的单位或个人非法制造产品或者使用不合格的原材料组装产品;所谓销售,是指以产品作为取得金钱回报的交换手段,如果行为人是租赁、出借或者赠与就不符合本罪犯罪构成。① 因此,生产的核心特征是制造产品的成品,至于制作方法是通过原材料加工还是半成品加工、成品改装,没有限制;销售的核心特征是有偿转让产品。故本案中,被告人刘某均以燃化公司的名义与费某利签订工矿产品订货合同,供应虹桥主拱钢管,属于销售行为,同时委托胡某、王某凯加工钢管的行为又属于生产行为。胡某、王某凯与刘某均达成加工承揽钢管业务的口头合同,加工费直接由刘某均支付,没有参与刘某均与费某利之间的销售合同,所以成立生产不符合安全标准的产品罪的共犯,没有销售行为。

第二,《刑法》第 146 条在法定刑以及犯罪主体方面与危害安全生产犯罪的差异,更有利于实现对危害生产安全犯罪的一般预防与特别预防效果。根据《刑法》第 146 条以及第 150 条规定②,生产、销售不符合安全标准的产品罪相比危害生产安全犯罪在立法方面具有三点明显差别:单位可以构成犯罪;附加刑包括并处数额巨大或特别巨大的罚金;主刑法定最高刑超过 10

---

① 参见肖中华主编:《生产、销售伪劣商品罪办案一本通》,中国长安出版社 2007 年版,第 200—202 页。

② 我国《刑法》第 146 条规定:"生产不符合保障人身、财产安全的国家标准、行业标准的电器、压力容器、易燃易爆产品或者其他不符合保障人身、财产安全的国家标准、行业标准的产品,或者销售明知是以上不符合保障人身、财产安全的国家标准、行业标准的产品,造成严重后果的,处 5 年以下有期徒刑,并处销售金额 50%以上 2 倍以下罚金;后果特别严重的,处 5 年以上有期徒刑,并处销售金额 50%以上 2 倍以下罚金。"第 150 条规定:"单位犯本节第 140 条至第 148 条规定之罪的,对单位判处罚金,并对其直接负责的主管人员和其他直接责任人员,依照各该条的规定处罚。"

年,最高可达 15 年有期徒刑。实际上,重庆綦江虹桥垮塌系列刑事案件中对费某利、刘某均等人的量刑也反映出,适用生产、销售不符合安全标准产品罪对被告人的量刑远远高于适用工程重大安全事故罪。同时,技术服务部及其法定代表人王某凯被以生产不符合安全标准的产品罪定罪量刑。在危害生产安全犯罪中应借鉴这种重视处罚单位以及罚金刑作用的惩罚模式。

（二）单位成为危害生产安全犯罪主体的问题

1. 增设单位作为危害生产安全犯罪主体的必要性

单位能否构成重大责任事故罪等危害生产犯罪的主体,是学术界一直探讨的问题。争议的关键是单位能否构成过失犯罪。一种观点认为,单位犯罪的主观罪过形式仅限于故意;另一种观点则认为,单位犯罪的主观罪过包括故意与过失,单位故意犯罪的现象的确比过失犯罪更普遍,但并不表明理论上或实践中单位成为过失犯罪主体有障碍。[①]

近年来,主张单位在安全生产及生态环境等"公害犯罪"中应承担过失犯罪刑事责任的观点越来越多。有学者采取体制过失责任论即业务关联行为造成法益侵害的情况下,承认法人犯罪具有一种双层属性的归责结构,下级从业人员和法人的罪过不再同一,不是上级管理人员故意犯罪的场合,法人只承担过失责任;同时基于行为无价值论,认为单位犯罪中要求的过失成立的预见可能性是行为时判断的、具有一定抽象性的、含有相当价值裁定的相对具体的预见可能性。[②] 还有学者赞成将统合个人模式论和组织模式论的体制过失责任论作为追究单位犯罪刑事责任的根据,并进一步提出通过活用主观推定以及客观归责限制处罚范围,认为应该承认监督责任就是一种行为责任,当被监督者没有适当履行监督义务或管理者未能合理尽到管理义务的,可以推知在单位意志的支配范围内,并在客观上可归责于单位时,单位就要承担相应的刑事责任。[③] 总之,我国理论与实践一直承认单位的受刑能力,在过失犯罪领域也应如此。

从安全生产的角度看,单位对生产过程负有安全保障的义务,应时刻关注生产的状况,保障生产安全,避免事故发生。重庆綦江虹桥垮塌系列刑事

---

① 参见申柳华:《单位作为重大责任事故罪主体研究》,载《河南公安高等专科学校学报》2006年第 5 期。

② 参见聂立泽、胡洋:《单位犯罪中的预见可能性:兼论结果无价值单位过失犯罪论的疑问》,载《贵州民族大学学报(哲学社会科学版)》2016 年第 6 期。

③ 参见李冠煜:《单位犯罪处罚原理新论——以主观推定与客观归责之关联性构建为中心》,载《政治与法律》2015 年第 5 期。

案件中,涉嫌玩忽职守罪的国家工作人员既有对虹桥建设工程进行行政审批的人员,也有对于桥梁建设日常监管失职的国家工作人员。同理,在生产作业过程中,生产经营单位同样有可能因为疏忽而没有制定相关安全生产制度,或没有配备安全生产设备设施,或没有雇用具备相应资质的生产作业人员,最后发生重大生产经营事故。重大生产经营事故发生之后,对于国家机关工作人员的失职行为,可以追究玩忽职守罪的刑事责任;对于生产经营单位的失职,同样也应当追究单位犯罪的刑事责任。因此,单位犯罪的罪过形式可以包括过失,单位能构成重大责任事故罪等危害生产犯罪的主体。国外立法已经有将单位规定为劳动领域过失犯罪主体的立法例。例如《西班牙刑法典》第 316 条规定单位可以成为"违反劳动保护规则罪"的主体①,规定了法人对违反劳动保护规则造成的事故承担刑事责任,并在第 318 条中规定法人触犯以上规定的,对负责该法人单位的管理者、对了解此情况且应采取却未采取措施的责任人,同处指定的刑罚。即对法人和负责人同时追究责任,实行双罚制。建议我国刑法也将单位规定为危害生产安全犯罪的主体,具体理由如下。

第一,将单位作为重大责任事故罪等危害生产安全犯罪的主体有利于完善对安全事故的追责。实践中安全事故的发生分为两种情况。第一种是单位违反《劳动法》《安全生产法》的强制性规定,在生产、作业中违反有关安全管理的行为,该行为是由单位负责人或者单位集体决定,旨在维护单位利益。这时候单位理应为其行为承担刑事责任。第二种情况为单位的一般劳动人员在生产过程中实施了违反安全管理,引发重大伤亡事故或者造成其他严重后果的行为,与用人单位的集体决策、领导人员决议无关。这种情况下,如果有证据表明事故的发生是由于单位未尽到生产监督的义务,单位在具有主观过失情况下,也应当承担责任。监督过失理论为单位作为过失犯罪的主体提供了新的理论基础。根据该理论,将单位作为重大责任事故罪的犯罪主体,能够解决实践中单位因违规而犯罪的现象,可以打消单位的侥幸心理,完善对安全事故的追责问题。

第二,将单位作为安全生产事故犯罪的主体有利于刑法与安全生产法律体系紧密衔接,达到预防控制安全事故的要求。《安全生产法》中将违反法律法规,并具有特定行为的经营单位作为承担行政责任的主体,行政机关有权责令单位停业整顿、限期整改、处以罚款等,构成犯罪的依照刑法有关规定追

---

① 参见《西班牙刑法典》,潘灯译,中国检察出版社 2015 年版,第 162 页。

究刑事责任。从该角度看,刑法安全生产领域的规制应当做到与安全生产领域的基本法互相衔接和补充,对构成犯罪的严格追究其刑事责任。追究单位犯罪刑事责任最重要的价值在于特殊预防,一方面遵循罪责刑相适应原则,另一方面削弱单位重新犯罪的能力。[①] 将单位作为重大责任事故罪的犯罪主体,既可以对责任单位进行打击,遏制此类犯罪,而且可以敲响单位的警钟,提高单位的安全责任意识,达到预防控制安全事故的效果。

而且,笔者注意到 2015 年最高人民法院、最高人民检察院《关于办理危害生产安全刑事案件适用法律若干问题的解释》对于重大责任事故罪等犯罪的主体作了扩大解释。如第 1 条将重大责任事故罪的犯罪主体扩大解释为对生产、作业负有组织、指挥或者管理职责的负责人、管理人员、实际控制人、投资人等人员,以及直接从事生产、作业的人员;第 2 条将强令违章冒险作业罪的主体解释为"对生产、作业负有组织、指挥或者管理职责的负责人、管理人员、实际控制人、投资人等人员"。因此,虽然立法上危害生产安全犯罪的主体没有规定单位,但司法上实际是单罚制规定,即一并追究直接负责的主管人员和其他直接责任人员的刑事责任。这样的结果与立法上没有将单位规定为犯罪主体的差别就在于是否对单位判处罚金。也许有论者认为此类犯罪因为用人单位往往要支付巨额赔偿金,如果再判处罚金无异于雪上加霜,不利于保护被害人的利益。但是,危害生产安全犯罪发生的源头往往在于用人单位没有完全履行保障安全生产义务,追究单位的刑事责任是罪责刑相适应原则的基本要求。而且目前的司法解释也没有将犯罪主体直接扩大解释到包括全部直接负责的主管人员和其他直接责任人员。如果单位构成犯罪,则可以进一步追究所有直接负责的主管人员的责任,能更好地起到一般预防与特别预防的效果。

2. 危害生产安全犯罪增设罚金刑的必要性

《刑法》分则的危害生产安全犯罪除工程重大安全事故罪以外,均没有配置罚金刑。增加单位作为犯罪主体并实行双罚制,普遍增设罚金刑,具有明显的必要性。

第一,单位作为业务过失犯罪的主体,为增加资格刑和罚金刑提供了理论前提。目前我国对单位犯罪采用双罚制为主,单罚制为辅的处罚原则。在追究事故责任时,对主要负责人适用自由刑,对单位采取罚金刑能够严重打击单位的违法行为,避免只处罚负责人,幕后老板不心疼的现象,打击单位的侥幸心理。增加罚金的适用,使得企业和企业直接负责的主管人员承担金钱

---

① 　参见赵星:《单位犯罪中的个人责任理论初探》,载《政法论丛》2001 年第 2 期。

责任,对于防止责任单位再犯罪具有一定效果。

第二,从罪过程度看,业务过失要重于一般过失,相比一般过失其刑罚应较重。业务过失犯罪是由于行为主体负有法律规定的保障、注意、审慎义务,但其在生产、业务活动过程中违反业务规则、章程所引起的。相比行为人作为一般主体在日常生活中未尽到普通注意义务而构成的一般过失犯罪,具有更重的罪过程度。为了达到罪责刑相适,两者所规定的刑罚也不应相同。在国外,责任事故罪的法定刑一般要重于普通过失犯罪。例如,《俄罗斯联邦刑法典》第 143 条、第 216 条关于违反劳动保护规则罪的规定比较严格①,对违反安全管理义务的行为规定了比较重的刑罚。该罪与我国重大责任事故罪的规定较为类似,法定对自由剥夺的最高刑为 10 年,相比之下我国的量刑畸轻。两罪的刑罚设置,除自由刑外,还规定了罚金刑,值得我国立法借鉴。再如,《西班牙刑法典》第 6 编附加处理办法中第 127 条第 1 款规定"所有过失犯罪的罪犯一经判决,没收所有源自犯罪的财产、实施犯罪所使用的工具",第 129 条第 3 款规定了在审理企业、组织、团体或群体时,"可视情形采取关闭上述机构所在地或营业地、中止其社会活动、司法冻结其资金等预防措施"②,这是采用了罚金刑和对资格的限制措施。总之,国外立法经验表明,业务过失型犯罪的罪过程度更高,法定刑通常比普通过失犯罪重,法定刑种类除自由刑与罚金外还包括资格刑。资格刑方面,我国《刑法》第 37 条之一职业禁止条款属于特别的资格刑规定,目前存在没有充分适用且监督执行不力的问题。但是罚金刑因为执行标的是财产性及财产性利益,具有执行的便利性。如果增设此类刑罚,对于构成危害生产安全犯罪的自然人及单位都具有重要的威慑作用;同时也能发挥一般预防的效果。

第三,从危害结果看,目前我国对该罪的刑罚较轻,加重刑罚是有利于更严厉有效地惩治安全生产犯罪。从我国现行的法律规定来看,关于安全生产

---

① 《俄罗斯联邦刑法典》第 143 条违反劳动保护规则罪规定,有责任遵守安全技术条例或劳动保护规则的人却加以违反,如果其行为过失造成他人身体严重或中等严重伤害的,判处数额为最低劳动报酬的 200 倍至 500 倍的或者被判刑人 2 个月至 5 个月的工资或其他收入的罚金,或者 2 年以下劳动改造,或者 2 年以下剥夺自由;实施上述行为,过失致人死亡的,判处 5 年以下剥夺自由,可以并处 3 年以下剥夺担任一定职务或从事某种工作的权利。第 216 条违反采矿、建筑或者其他工程安全规则罪规定,违反采矿、建筑或者其他工程的安全规则,过失严重损害或者中等严重损害他人身体健康的,判处数额为最低劳动报酬 100 倍至 200 倍的或被判刑人 1 个月至 2 个月的工资或其他收入的罚金,或者 3 年以下剥夺自由,可以并处 3 年以下剥夺担任一定职务或者从事某种工作的权利;实施上述行为,过失致人死亡或者造成其他严重后果的,判处 5 年以下限制自由,或者 10 年以下剥夺自由,可以并处 3 年以下剥夺担任一定职务或从事某种工作的权利。参见《俄罗斯联邦刑法》,赵微译,法律出版社 2003 年版,第 329、373—374 页。

② 参见《西班牙刑法典》,潘灯译,中国检察出版社 2015 年版,第 65 页。

的刑罚规定凸现了刑种单一、刑罚畸轻、威慑不足的特点。① 从此类犯罪的刑罚方式看,仅有自由刑的处罚,包括拘役和有期徒刑,最高刑罚仅为 7 年有期徒刑,而且是情节特别恶劣的才能顶格判处。在有关生产安全的犯罪中,仅有"强令违章冒险作业罪"规定 5 年以上有期徒刑。不难看出,现行对有关生产安全的犯罪,除了"强令违章冒险作业"导致的安全事故,不论过失致人死亡 1 人还是 100 人,最高刑罚仅为 7 年有期徒刑。罪刑不相适应,仅仅通过短期限制人身自由的刑罚无法达到预防犯罪的目的。

3. 危害生产安全犯罪增设罚金刑的合理性

《刑法》分则第二章的危害生产安全犯罪除工程重大安全事故罪以外,均没有配置罚金刑。对单位犯罪主体增设资格刑,并普遍增设罚金刑,具有一定合理性。

第一,《刑法》第 37 条之一职业禁止条款属于对自然人的特别资格刑条款,不能对单位实施危害生产安全犯罪发挥犯罪预防的效果。虽然《刑法》第 37 条之一已经对实施了与职业具有相关性犯罪行为的自然人设置了职业禁止相关规定,不过分析表明,该条款实际上没有发挥应有的效果。因此,刑事司法机关应该加强对于职业禁止条款的执行力度。职业禁止条款所反映的立法原理在于,对利用职业实施犯罪的行为应当根据预防刑原理配套相关法律责任形式。资格刑的适用是以剥夺犯罪人享有的一定资格为内容的刑罚方法。自然人犯罪如此,单位犯罪也应当不例外,对于单位的业务过失行为应当给予相应的资格刑处罚。

第二,有利于改善我国自然人实施业务过失犯罪量刑畸轻、刑种单一的现状,达到罪刑相适应。相比国际社会对业务过失犯罪的刑罚趋势,我国业务过失犯罪的量刑畸轻。因此,增加罚金刑作为刑罚种类,适应罪责刑相当原则的需要。因为,安全事故的发生往往都是受利益、金钱所诱发。对待因经济利益引发的犯罪,有效的打击方式便是从财产上来打击、遏制,设置较高的罚金刑或者没收财产,从而让行为人从此类犯罪中不能获得收益或者获得负收益。

第三,有利于完善对单位业务过失犯罪的追责问题,达到预防犯罪效果。实践中存在单位为追求利益导致的过失犯罪,增加单位作为该罪的行为主体后,仅适用自由刑无法实现对单位的追责。目前我国对单位犯罪主要采取双罚制为主,单罚制为辅的刑罚原则,罚金刑的增加符合我国的双罚制刑罚原

---

① 参见蒋晓玲、庄乾隆:《矿山安全生产刑事责任若干问题浅析》,载《煤矿安全》2008 年第 10 期。

则。借鉴国外对单位业务过失犯罪的刑罚,罚金刑的增加能够从源头上杜绝行为主体再犯罪,达到控制和预防犯罪的效果。

第四,增设单位作为犯罪主体之后,罚金刑后执行层面可能出现的罚金与民事赔偿金竞合问题已经有解决规则。也许有论者会提出,危害生产安全犯罪的发生通常伴随重大伤亡事故,此时单位的生产经营状况通常会恶化,大部分甚至全部财产需要用于赔偿被害人,通常没有资金再缴纳罚金,因此没有必要将单位规定为此类犯罪主体,并给予罚金刑处罚。笔者认为,一方面,增设单位作为犯罪主体后实施双罚制,对于单位以及直接负责的主管人员和其他直接责任人员都要适用罚金刑,也不仅仅是单位的问题。另一方面,对于单位适用罚金刑而言,不能因为可能产生的刑罚执行难问题,而将理应承担刑事责任的单位排除在犯罪主体之外。而且,发生特别重大伤亡事故的情况下,前述推论可能成立,不过此时即使刑法规定了单位犯罪主体,同时法院判处罚金,也不会影响被害人的利益。2014年最高人民法院《关于刑事裁判涉财产部分执行的若干规定》第13条规定,被执行人在执行中同时承担刑事责任、民事责任,其财产不足以支付的,按照下列顺序执行:(1)人身损害赔偿中的医疗费用;(2)退赔被害人的损失;(3)其他民事债务;(4)罚金;(5)没收财产。所以,退赔被害人的损失优先于罚金执行。本罪增设单位作为犯罪主体,不会影响安全生产事故中人身伤亡人员赔偿金的支付。

第五,以2008年"9·8"山西襄汾新塔矿业尾矿库特别重大溃坝事故的处理过程为例,该事件充分体现了增设单位作为生产安全犯罪主体并实行双罚制的必要性。2008年"9·8"山西襄汾新塔矿业尾矿库特别重大溃坝事故造成277人死亡,被追究滥用职权罪、玩忽职守罪、受贿罪等职务犯罪的人员34人,山西襄汾新塔矿业有限公司(以下简称新塔矿业)工作人员构成危害生产安全犯罪的24人。本案后续的赔付以及相关民事诉讼可以明显体现增设罚金刑的必要性与合理性。2010年9月新塔矿业公司董事长张某亮被以重大劳动安全事故罪、非法采矿罪等实行数罪并罚,被判处死刑缓期2年执行。但是,因为对被害人的赔付问题,张某亮与襄汾县人民政府后续进行了冗长的民事诉讼程序。民事一审判决认定,张某亮在事故发生后被司法机关控制,公司的其他工作人员或死亡或亦被司法机关控制,无人赔偿受害人的损失。在此特殊情况下,张某亮通过办案人员以个人和公司名义要求县政府先行垫付赔偿受害人损失的意思表示明确、真实,视为对襄汾县人民政府(以下简称县政府)的委托,双方的委托合同成立并生效。县政府按约赔偿了受害人约4000万的各项损失,完成了委托事务,张某亮、新塔矿业应依约及时偿还垫付款项,张某亮、新塔矿业应共同返还垫付款项。张某亮民事案件的委托代理人 2012 年向一审法院递交的书面意见表示,愿以张某亮的个人资产返还县政府的垫付款,返还后请求法院对查封的某煤矿资产、资金予以解封,并返还扣押的字画及车辆。二审判决认定,原判决认定张某亮承担连带责任,缺乏事实依据,予以纠正,判决新塔矿业偿还县政府垫付的款项,张某亮承担补充责任。[1]

但是,前述这份生效民事判决书的执行程序于 2016 年 8 月被终结,法院裁定申请执行人如果发现被执行人有可供执行的财产或财产线索时,可随时向法院申请执行。[2] 因此,正因为重大劳动安全事故罪没有规定单位作为犯罪主体并规定双罚制,使得事故发生地政府不得不垫付相关款项,然后通过漫长的民事诉讼要求新塔矿业、张某亮返还垫付的款项。结果判决胜诉但却无法执行到位。这种现象是事故的常规处理模式。结果往往是事故企业负责人在接受审判或者服刑,不能直接处理赔偿事宜。但是当地政府出资为被害人的损失买单,可能后续还要支付诉讼费用、时间等各项诉讼成本来解决要求被判决有罪的企业以及企业负责人偿还的问题。而涉案企业与企业负责人往往是有能力支付赔偿费用以及高额罚金的。但由于本人被司法机关控制,往往发生垫付以及难以返还的问题。因此,安全生产刑事案件发生以后,如果单位是犯罪主体,单位的财产以及单位负责人的个人财产均可以用于赔偿被害人损失与预缴罚金,刑事判决书直接对相关事项作出判决,有利于金钱责任的迅速解决。刑事判决书生效以后,一审法院可以根据最高人民法院《关于刑事裁判涉财产部分执行的若干规定》直接对涉财产部分执行。这种处理路径,实际上对于事故发生公司、当地政府、事故被害人均有利。此类案件中执行的是刑事裁判涉财产部分而非民事判决书,刑事判决书生效后直接由刑事案件一审法院执行。同时,事故发生公司以及公司负责人在实际有资产的情况下也愿意赔偿,因为积极赔偿被害人损失是重要的酌定从轻量刑情节。而且,执行的迅速推进有利于促进公司及个人其他财产早日被解封,政府也无需再卷入民事诉讼来要求返回垫付的资金。当然,增设单位作为安全生产犯罪主体并实行双罚制以后,刑事审判法院在主刑、附加刑的判决、执行方面应该统筹规划,合理推进,确保同时发挥刑法的法益保护以及人权保障机能。

---

① "张佩亮与襄汾县人民政府、山西襄汾县新塔矿业有限公司合同纠纷案",参见山西省临汾市中级人民法院民事判决书[(2015)临民终字第 00812 号]。

② 参见山西省襄汾县人民法院执行裁定书[(2016)晋 1023 执 118 号]。

第五章　劳动权利救济中的刑法适用

劳动者的合法权益被侵犯后,有权要求劳动行政等部门依法处理,或者依法申请调解、仲裁、提起诉讼。那么,在劳动者个人劳动权利救济中的刑法介入程度及方式应该如何呢?本章以劳动者举报用人单位遭报复行为及拒不支付劳动报酬行为为例,分析劳动权利救济中的刑法适用。

第一节　劳动者举报用人单位遭报复行为的刑法规制

我国自实行改革开放以来经济取得巨大发展的同时,食品安全、产品质量等各领域的企业频繁出现侵犯公共利益等不法行为,这些不法行为能够曝光得益于组织内部知情人士的举报,这种举报行为对促进公共法律的执行和维护公共安全发挥了重要作用。但是,本应受到认可与鼓励的内部举报人,却常因其举报行为给所在企业利益造成了损失而遭受用人单位各种形式的打击报复。如 2014 年 8 月深圳沃尔玛洪湖店被员工披露 1 个月不更换后厨熟食用油。[①] 结果 1 个多月之后 4 名举报人被解雇,理由是行为严重违反公司规章制度,同时给公司造成重大损害。[②] 类似的用人单位事后报复劳动者举报行为的事例屡见不鲜,开除、免职并非最差的待遇,有时举报者的人身安全都受到威胁,严重打击了举报者积极性,也不利于维护法律尊严。

我国《食品卫生法》第 5 条规定了应该保护个人对食品卫生企业通过检举和控告进行监督的权利。[③]《劳动法》也规定应该对用人单位打击报复举报人的行为追究行政、刑事法律责任。[④] 但是,前述法律在劳动者举报用人单位遭报复时显得无能为力,刑法也未能成为前述法律制度的保障法。《刑

[①] 参见吴燕婷、毛思倩、赵瑞希:《深圳沃尔玛被曝熟食用油"一月不换"》,载《新华每日电讯》2014 年 8 月 10 日第 1 版。

[②] 参见周琳等:《沃尔玛员工举报自家"黑洞"后遭辞退》,载《新华每日电讯》2014 年 9 月 17 日第 5 版。

[③] 我国《食品卫生法》第 5 条规定:"国家鼓励和保护社会团体和个人对食品卫生的社会监督。对违反本法的行为,任何人都有权检举和控告。"

[④] 我国《劳动法》第 101 条规定:"用人单位无理阻挠劳动行政部门、有关部门及其工作人员行使监督检查权,打击报复举报人员的,由劳动行政部门或者有关部门处以罚款;构成犯罪的,对责任人员依法追究刑事责任。"

法》仅在第 254 条规定报复陷害罪、第 255 条规定打击报复会计、统计人员罪,无法对劳动者提供保护,许多用人单位仍然肆无忌惮地报复内部举报者。外国对雇员举报雇主遭报复行为已经制定了相对完善的法律,我国劳动刑法学应重视这一问题领域,研究借鉴外国立法从而完善我国对劳动者举报用人单位遭报复行为的刑法规制。

一、外国法上"吹哨人"法律制度的特点

外国法上对于雇员举报雇主有一个响亮的法律制度,即"吹哨人制度",雇员举报就是所谓"吹哨者",指内部成员对于组织内不法行为的主动揭露。吹哨人制度有利于保障劳动者权利以便降低企业违法的动机。例如美国的恩隆、世界通信,皆因劳工的主动吹哨,而揭发企业内部的不法行为。日本、美国、韩国均对用人单位报复劳动者的行为规定了刑事责任。

(一)日本"吹哨人"法律制度的特点

日本劳动刑法很早就介入雇员举报雇主遭报复行为。《日本最低工资法》第 34 条第 1 款规定,雇员可以就工作场所任何违法之处向劳动基准监察署、劳动标准监督官等部门或人员举报,并要求雇主采取适当措施改进。该法第 34 条第 2 款规定,雇主不得因为雇员的举报行为而给予其解雇或者其他不利处置。同时第 39 条规定了刑事责任,雇主因为雇员向劳动基准监察部门举报有关工作场所的违规行为而开除该员工或者给予其他不利处置的,应该被处以 6 个月以下惩役或 3 万元以下罚金。2004 年 6 月 14 日日本国会通过《日本公益通报者保护法》,于 2006 年 4 月 1 日开始施行,该法具有以下特点。

第一,关于适用对象,该法第 2 条规定,"公益通报者"是指从事吹哨之雇员,是指根据《日本劳动基准法》第 9 条之基准,"不分职业种类而被事业或事务所使用,并受有薪资之人"。因此企业组织不论是否以营利为目的,除了其正式雇员,也涵盖工时雇员、派遣雇员、兼职雇员、交易相对人的雇员、退休雇员。甚至该法第 7 条规定,公务员都是本法的适用对象。

第二,关于受保护之"公益通报"行为,该法第 2 条定义为"非出于获利或损害他人之不当目的,对于事业单位或事业单位之管理阶层、从业人员等相关吹哨对象事实之发生或即将发生之要旨,通知该事业单位或事业单位所预定者,或通知对该吹哨对象事实具有处分或劝告等权限之行政机关,或为防止损害扩大所必要时所为之吹哨"。因此本法排除以获利或损害他人利益为目的所为之吹哨行为,但不要求吹哨行为必须"出于专为公益为目的",只要

该吹哨行为非"专为"取得不正利益、加损害于他人等不正目的,即属"公益"。此乃避免对吹哨者之保护过度限制,且要求吹哨者仅能专为公益目的吹哨也不尽合理。

第三,对于雇主的报复行为,《公益通报者保护法》规定了相应的法律责任。第 3 条规定,雇主对吹哨雇员的解雇行为无效。同时,雇主对吹哨雇员也不得实施降职、降薪或其他不利处置。《公益通报者保护法》没有规定刑事责任,主要是规定了劳动法上的救济措施。

第四,关于吹哨受理机关,《公益通报者保护法》第 9 条至第 11 条就吹哨受理机关之差异,对于保护要件分设不同之规定,以求公益之保护与企业自身利益之平衡。吹哨受理机关可分为公司内部、行政机关、行政机关以外之机关之三类,并且按照前述之顺序,对吹哨者保护要件趋于严格。

(二)韩国"吹哨人"法律制度的特点

韩国于 2011 年颁布专门的《韩国公益举报者保护法》,制定了相对完善的公益举报制度。首先,它规定任何人对已经或可能发生的公益损害行为都可以向相关人员或机关举报。具体包括损害公平竞争或公民健康、消费者权益、社会安全与环境的行为。其次,任何劳动合同或者买卖合同、服务合同中规定禁止或限制举报的条款无效。最后,任何人不能报复或妨碍举报人,也不能强迫其放弃举报。同时,对于举报者遭遇的不利措施采取推定的证明方法;即只要符合法定情形,即认定举报者遭遇报复。

韩国针对雇员举报雇主遭到报复的行为规定了详细的刑事责任。《韩国公益举报者保护法》第 30 条第 2 款规定,对举报者实施解除劳动合同等不利措施的人员处以 2000 万(韩币)以下罚金或者 2 年以下自由刑。同时,《韩国公益举报者保护法》第 30 条第 3 款规定,对举报者在晋升、工资、教育培训等自我发展机会方面的差别待遇或者限制,或者妨碍举报者举报或强迫其放弃举报的,应处以 1000 万(韩币)以下罚金或者 1 年以下自由刑。①

(三)英国"吹哨人"法律制度的特点

英国法院在判例法中,对于雇员揭露雇主不法行为,采取"保密义务不适用于有关公共利益的揭露"之见解,突破了保密义务的绝对性,并逐步确认有关刑事不法、民事欺诈行为、民事不法行为违反产业行政规范或侵害投资人利益之行为、对公众有误导或构成违宪之行为、导致司法误判及其他有违公

---

① 参见郭明明:《韩国公益举报制度研究——以公益举报者保护法为视角》,山东大学 2014 年硕士学位论文,第 31—34 页。

共利益之行为的有关机密不得作为保密之标的。英国国会通过 1998 年《英国公益揭露法》，以增修方式在 1996 年《英国劳动权利法》中插入条文，规范揭露之对象事实、揭露受理单位及其他相关保护要件，及揭露者之保护措施等相关事项。

第一，《英国公益揭露法》所涵盖的雇员，不限于和雇主有直接契约关系的雇员。对于雇员的定义扩大包含向第三人提供劳务之派遣雇员、独立承揽人、依法提供医疗服务之人以及接受职业训练之人，但不包含义工。

第二，雇员可合法揭露之信息范围广泛。包括：（1）已发生、正在发生或可能发生的刑事不法行为。只要是应受刑事处罚的行为，不论其危害程度皆属之。即使是刑法法典中未规定，而是其他法律对违反特定规定之人处以刑事制裁的也属此列。（2）个人于过去、现在或未来可能违反义务的行为。包含行政法、契约法或习惯法上义务的违反。（3）妨害司法的行为。包含一切不当干扰司法程序及影响判决结果的行为，例如作伪证。（4）对安全卫生的危害行为。（5）对环境的危害行为。包括一切超出法律容许界限对环境及生态的危害行为。（6）故意掩饰前述不法、不当行为之信息的行为。雇员所揭露的除了雇主的不法、不当行为之外，须合理相信雇主对于该行为有故意隐藏的动作。该法并无概括条文，只保护上述 6 种不法、不当行为的揭露。

第三，《英国公益揭露法》规定了内部揭露和外部揭露两种方式。内部揭露的对象为雇主，雇员对外揭露的对象范围极大，警察、职业团体、国会议员、股东、媒体、受害者等皆有可能为揭露对象。外部揭露之要件较内部揭露为严格，但是外部揭露可能会损害公司之信用名誉及损害股东、其他员工等利害关系人的利益。为了防止公司内部不法情事之发生与损害扩大，外部揭露对象有其优先级。雇员有必要优先向对雇主可能造成最小损害并对不法、不当行为有监督权限或利害关系之机关或个人揭露。对雇主最可能造成损害的是对媒体揭露，若受不法、不当情事所影响的公众范围有限，且向大众公开于事无补者，雇员直接向媒体揭露可能会被认为过当而不合理。

第四，在救济方面，英国对于雇员举报公司遭报复没有规定刑事责任。主要的救济方式包括恢复原职、重新雇用、赔偿损失、临时救济（被解雇之雇员可以在 7 日内向劳动法院请求临时救济，让雇用持续至正式听审为止）。雇员因合法揭露遭到雇主不利处分时，得自受不利处分之日起或持续性之不利处分终止之日起 3 个月内向劳动法院提起诉讼；关于不利处分与揭露行为之因果关系由雇主负举证责任。

（四）美国"吹哨人"法律制度的特点

由于安然有限公司等财务欺诈事件、破产暴露出来的公司和证券监管问题,美国国会在2002年恩隆案、世界通信公司案发生后迅速通过《萨班斯—奥克斯利法》,加强企业的内控及外控机制。其中一个内控机制就是吹哨者保护,同时以民事和刑事措施鼓励企业内部雇员主动揭发企业不法行为,并将审计委员会作为企业内部吹哨程序的监督机构,达到早期防控、加强内部控制的效果。此前,美国各州立法中已有不少在环境法规或卫生安全法规中制定了保护吹哨者的规定,但《萨班斯—奥克斯利法》是第一个在联邦法层次给予吹哨者保护的法规。

《萨班斯—奥克斯利法》主要的保护方式是通过反报复条款禁止雇主对吹哨雇员进行解雇、降职、减薪等工作上的不利处分,使雇员能够安心吹哨,并给予受到不利处分的雇员迅速填补损害的救济。根据《萨班斯—奥克斯利法》Section 301(4)条,公司审计委员会针对会计、内部会计控制、稽核相关事项设置了收受、保存及处置程序,规定雇员对可疑的会计或稽核相关事项得以机密或匿名方式申诉。《萨班斯—奥克斯利法》Section 806条反报复条款是保护吹哨者最重要的武器,对于吹哨雇员民事上的权益提供反报复的保护措施,可令雇员免受来自雇主的各种劳动条件变更甚至解雇的恐惧,以提起吹哨的意愿。《萨班斯—奥克斯利法》在 Section 806 条中纳入了对吹哨者工作权益之保障、迅速填补吹哨者的损害、对报复吹哨者追究民事责任等规范。同时,《萨班斯—奥克斯利法》在 Section 1107 条中对于报复吹哨者的行为人更进一步规定了刑事责任,对进行报复者,法院得科处罚金、处 10 年以下有期徒刑或并科罚金。

《萨班斯—奥克斯利法》与日本、英国、韩国的吹哨者保护法有很大区别。首先,该法只规范"特定类型公司及特定类型吹哨对象事实",即它的适用对象限于上市公司。其次,该法所保护的吹哨内容仅限于违反美国证券交易管理委员会相关规范、邮件诈欺、电信诈欺、银行诈欺或诈欺股东之行为,针对的是与企业舞弊有关的经济犯罪,并非对所有违反公益违法事实的吹哨者提供保护。最后,该法仅要求各公司须在审计委员会之下设置内部吹哨制度。但是,英国、日本针对内部吹哨和外部吹哨采取宽严不同的保护要件,要求吹哨者须先进行内部吹哨后才可进行外部吹哨,以促使企业设置内部吹哨机制。

二、完善我国报复陷害罪的建议

美国、日本、韩国都对雇员举报雇主遭报复的行为规定了刑事责任,英国虽然没有规定刑事责任,但仍然对我国劳动刑法完善具有参考价值。在参考前述国家立法经验时,需要考虑我国刑法上对于举报人的保护要达到何种程度,是否对任何单位与人员打击报复任何人所有举报的行为都进行刑法处罚? 劳动法、会计法等相关法律均规定禁止报复条款并配备完善的民事、行政反报复措施是有必要的,不过无需对全部报复行为犯罪化。基于刑法的人权保障和法益保护机能,笔者建议从修改报复陷害罪、报复会计、统计人员罪的角度,完善劳动者举报用人单位遭报复行为的刑法规制。

我国在《刑法》中专门设置了报复陷害罪、报复会计、统计人员罪,前者针对国家机关工作人员对控告人、申诉人、批评人、举报人实行报复陷害的行为,后者针对公司、企业、事业单位、机关、团体的领导人对会计人员和统计人员情节恶劣的打击报复。同时加上侮辱罪、诽谤罪、故意伤害罪、故意杀人罪等其他罪名的规定,对于劳动者举报用人单位遭报复行为给予了一定程度的刑法规制,不过仍然存在以下不足。

第一,这两个罪名的犯罪主体与犯罪对象均特定化,造成犯罪主体或被害人过于狭窄。报复陷害罪的对象宽泛,但是主体仅为国家机关工作人员。报复会计、统计人员罪的主体在单位类型方面宽泛,但人员仅仅局限为“领导人员”。具体到劳动刑法的考量,对内部举报劳动者进行报复的,首当其冲包括单位,还包括单位的各类人员,这些人员也不局限于“领导人”。而且,单位往往也成为实施报复行为的主体,但这两个罪却不能由单位构成。结果,《劳动法》第101条追究打击报复举报人员刑事责任的内容往往被架空。

第二,这两个罪名设置时忽视了保护劳动者对用人单位举报权的必要性。报复陷害罪旨在保护公民的控告权、申诉权、批评权、举报权等民主权利,报复会计、统计人员罪旨在保护会计、统计人员的人身权利。这两个罪名强调特定人员对特定举报人的报复行为应该承担刑事责任。但是,忽视了保护国家机关之外其他单位举报人的必要性,以及公益性举报人的保护问题。

第三,侮辱罪、诽谤罪、故意伤害罪等罪名只有实施特定行为或情节严重时才能适用,不能完全弥补报复陷害罪、报复会计、统计人员罪的漏洞。打击报复举报人或者会计、统计人员的行为人采用的方法具有多元化、隐蔽性特点。因此当行为人通过诽谤、侮辱、故意伤害等手段实施打击报复行为时,属于一行为触犯数罪名,往往适用侮辱罪等罪名。但是如果行为人的报复手段不触犯其他罪名时,这两个罪名罪状设置的不严密将放纵行为人。

因此,笔者建议综合考虑《刑法》第254条、第255条,对第254条进行修改,以与《劳动法》《会计法》《统计法》《公务员法》对举报人举报行为遭报复应追究刑事责任的相关规定衔接。《劳动法》《会计法》《统计法》《公务员法》都有对报复本单位工作人员行为追究刑事责任的规定。《劳动法》对用人单位打击报复举报人的行为追究行政、刑事法律责任作了明确规定。① 《公务员法》第 98 条也规定了公职人员依法具有控告的权利②，第 106 条规定对侵犯公职人员控告权的行为应当给予批评教育、行政处分或者追究刑事责任。③《会计法》第 46 条规定对会计人员的降级、撤职、调离工作岗位、解聘或者开除等方式均属于打击报复行为。④ 同时，《统计法》第 37 条规定："地方人民政府、政府统计机构或者有关部门、单位的负责人有下列行为之一的，由任免机关或者监察机关依法给予处分，并由县级以上人民政府统计机构予以通报：……对依法履行职责或者拒绝、抵制统计违法行为的统计人员打击报复的"。同时第 47 条规定"违反本法规定，构成犯罪的，依法追究刑事责任"。

　　简而言之，综合考察前述法律条文，以下两类行为应该承担刑事责任：其一，单位或单位领导人员对于单位内部公务员、劳动者举报单位或单位有关人员侵权或劳动违法的行为打击报复；其二，单位或单位负责人对于依法履行职责、抵制违法行为的会计人员、统计人员打击报复。同时，既然我国刑法对于因为本人权利被侵害而行使举报权都给予刑法保护，那么公益举报权就更应当得到刑法保护，以便保护劳动者权利，进而保护公众。公益举报者的界定，可以参考日本《公益通报者保护法》第 2 条的规定，即不是出于获利或损害他人之不当目的而举报单位或单位人员违法犯罪行为的单位内部工作人员。因此，笔者建议保留《刑法》第 255 条的规定，不过将打击报复会计、统计人员等内部举报者的行为包括到《刑法》第 254 条之中，将该条合并为新的"打击报复罪"，将各类打击报复行为统一规定，设置不同的法定刑幅度。具体建议内容如下：

　　　第 254 条　个体工商户、农村承包经营户、法人组织、非法人组织对单位招录或聘用工作人员的公益目的举报行为实施打击报

---

①　我国《劳动法》第 101 条规定："用人单位无理阻挠劳动行政部门、有关部门及其工作人员行使监督检查权，打击报复举报人员的，由劳动行政部门或者有关部门处以罚款；构成犯罪的，对责任人员依法追究刑事责任。"

②　我国《公务员法》第 98 条规定："公务员认为机关及其领导人员侵犯其合法权益的，可以依法向上级机关或者监察机关提出控告。受理控告的机关应当按照规定及时处理。"

③　我国《公务员法》第 106 条规定："对有下列违反本法规定情形的，由县级以上领导机关或者公务员主管部门按照管理权限，区别不同情况，分别予以责令纠正或者宣布无效；对负有责任的领导人员和直接责任人员，根据情节轻重，给予批评教育、责令检查、诫勉、组织调整、处分；构成犯罪的，依法追究刑事责任：……（六）不按规定受理和处理公务员申诉、控告的。"

④　我国《会计法》第 46 条规定："单位负责人对依法履行职责、抵制违反本法规定行为的会计人员以降级、撤职、调离工作岗位、解聘或者开除等方式实行打击报复，构成犯罪的，依法追究刑事责任；尚不构成犯罪的，由其所在单位或者有关单位依法给予行政处分。对受打击报复的会计人员，应当恢复其名誉和原有职务、级别。"

复,情节恶劣的,处 2 年以下有期徒刑,并处罚金;情节特别恶劣的,处 2 年以上 5 年以下有期徒刑,并处罚金。

国家机关工作人员对其他举报人实行打击报复的,依照前款规定从重处罚。

工作人员,包括国家工作人员、采用各种全日制用工或非全日制用工形式的劳动者。

单位构成第一款罪的,对单位判处罚金,并对单位直接负责的主管人员和其他直接责任人员,依照第一款的规定处罚。

第二节　拒不支付劳动报酬行为的刑法规制

用人单位逃避支付劳动报酬行为引起的强烈社会反响导致此类行为入刑呼声不断高涨,2011 年 2 月 25 日通过的《刑法修正案(八)》在《刑法》第 276 条后增加了拒不支付劳动报酬罪。① 为了解决该罪的适用问题,2013 年 1 月 14 日最高人民法院审判委员会第 1567 次会议通过了《关于审理拒不支付劳动报酬刑事案件适用法律若干问题的解释》(以下简称《审理拒不支付劳动报酬案件的解释》),并于 2013 年 1 月 23 日起开始施行。此后,最高人民法院 2014 年、2015 年、2016 年先后公布多批拒不支付劳动报酬罪的典型案例以明确适用标准②,增强条文的明确性,但该罪在司法适用中仍然有一些疑难问题。本节以逃避支付劳动报酬行为犯罪化的合理性为切入点,进而分析拒不支付劳动报酬罪的构成要件,希望通过对理论研究探讨完善该罪的适用,更好发挥刑法的社会效果。

---

① 我国《刑法》第 276 条之一规定:"以转移财产、逃匿等方法逃避支付劳动者的劳动报酬或者有能力支付而不支付劳动者的劳动报酬,数额较大,经政府有关部门责令支付仍不支付的,处 3 年以下有期徒刑或者拘役,并处或者单处罚金;造成严重后果的,处 3 年以上 7 年以下有期徒刑,并处罚金。单位犯前款罪的,对单位判处罚金,并对其直接负责的主管人员和其他直接责任人员,依照前款的规定处罚。有前两款行为,尚未造成严重后果,在提起公诉前支付劳动者的劳动报酬,并依法承担相应赔偿责任的,可以减轻或者免除处罚。"

② 最高人民法院:《最高人民法院发布的八起典型案例》,http://www.court.gov.cn/zixun-xiangqing-6569.html;《指导案例 28 号:胡克金拒不支付劳动报酬案》,http://www.court.gov.cn/shenpan-xiangqing-13344.html;《最高人民法院 12 月 4 日公布拖欠劳动报酬典型案例》,http://www.court.gov.cn/zixun-xiangqing-16207.html;《"最高法"公布五起打击拒不执行涉民生案件典型案例》,http://www.court.gov.cn/zixun-xiangqing-13480.html,2020 年 2 月 8 日访问。

一、逃避支付劳动报酬行为犯罪化的审视

取得劳动报酬是《劳动法》明确规定的权利,属于劳动权中的财产权。获取劳动报酬权的实现是劳动者参加社会劳动的直接和主要目的,它的实现关系着劳动者生存权和发展权的实现。在我国目前经济和社会不算发达的情况下,劳动者的劳动报酬是其家庭收入的主要来源,对于一些市场经济欠发达地区,劳动报酬甚至是唯一来源。如果劳动者获取劳动报酬的权利无法得到充分实现,其正常的家庭生活需要将无法得到满足,劳动者及其家庭将陷入生活窘迫的境地,群体性的生活窘迫将给社会正常秩序带来严重影响。由此可见,劳动者劳动报酬权的实现对维护正常的社会秩序意义重大。

(一)逃避支付劳动报酬行为犯罪化的合理性

许多国家和地区均将侵犯劳动报酬行为入刑,且不同国家和地区有着不同立法模式。如《德国刑法典》明确规定了截留和侵占劳动报酬罪,主要是针对雇主截留工资的委托扣划资金行为判处刑罚。[①] 再如,《泰国刑法典》将不支付或者少支付工作报酬的犯罪规定为自诉犯罪。[②] 不过,我国的立法模式和上述各国有所不同。上述各国规定只要拖欠劳动者报酬达到一定数额或者超过一定期限即触犯刑法,予以刑罚处罚。而我国刑法的规制相对来说则有很大弹性。比如只有经过政府有关部门的责令支付而拒不支付的才可能构成该罪,而对于该罪的加重处罚犯罪形态需要造成严重后果,严重后果的定义很模糊,只是在《审理拒不支付劳动报酬案件的解释》中作出了规定。相比上述诸国对该罪只设置了数额和期限条件,我国刑法对该罪的认定则很模糊,司法实践中存在着许多难题。此外,上述诸国在刑罚设置上都规定了罚金刑,而我国刑法对该罪的处罚仅包括自由刑。

《刑法修正案(八)》增设本罪之前,已经有学者反对将拖欠工资行为犯罪化,认为犯罪化的标准包括严重的社会危害性、大部分社会公众的不容忍性、没有刑事替代处罚措施、刑罚处罚的无害性、刑罚处罚的公平性以及具有犯罪预防功能。[③] 不过也有学者认为,严重的社会危害性是罪与非罪的本质区

---

① German, Strafgesetzbuch, § 266a.

② 《泰国刑法典》第 344 条规定:"意图不支付工资或报酬,或者付低于约定的工资或报酬,而以欺诈方法非法诱使 10 人以上为自己或第三人工作的,处 3 年以下有期徒刑,并处或单处 6000 株以下罚金"。第 348 条规定:"犯本节罪,除 343 条外,告诉才处理。"参见《泰国刑法典》,吴光侠译、谢望原审校,中国人民公安大学出版社 2004 年版,第 78 页。

③ 参见吴凯敏:《不应增设"拖欠工资罪":以刑法谦抑为视角》,载《中山大学学报论丛》2006 年第 11 期。

别,也是犯罪的本质,将拒不支付劳动报酬行为纳入刑法规制范围在于其具有严重的社会危害性。[1] 肯定逃避支付劳动报酬行为入罪的观点具有一定合理性。

第一,刑法只是将故意逃避支付劳动报酬行为纳入刑法规制。对那些一般的拖欠劳动报酬行为及尚未造成严重危害后果的欠薪行为仍然由民法和行政法进行规制。目前,我国规范劳动关系的法律法规主要有《劳动法》《劳动合同法》《劳动争议调解仲裁法》。当劳动者和用人单位就一般性、轻微的拖欠劳动报酬行为产生争议时可以先进行调解,调解不成的依照《劳动争议调解仲裁法》进行仲裁,对仲裁结果不满的,才可以依照《民事诉讼法》提起民事诉讼。劳动仲裁是劳动争议的前置程序,而劳动争议调解是劳动争议处理的选择程序。对于拖欠劳动者报酬并未造成严重后果但是违反劳动行政法规的用人单位,可依法给予拘留、罚款、吊销营业执照、关闭停业整顿等行政处罚。

第二,劳动权具有社会属性,兼具公法和私法的双重属性。拒不支付劳动报酬行为侵犯的是劳动者的民事权利,应当追究用人单位的民事责任,劳动者可以依据劳动法寻求各种非刑事救济途径。但是,从劳动刑法特殊性的角度思考,劳动权利救济渠道如果不畅通,劳动报酬这种财产性权利无法得到良好的法治保障,将极大影响经济发展与社会稳定。自 20 世纪 80 年代以来,随着改革开放的深入推进和市场经济体制的完善,以及农业科技的发展,大批农村剩余劳动力从土地的束缚中解放出来,离开了生活多年的农村,来到了经济发展快速、对劳动力需求旺盛的城市,尤其是东部和南部沿海城市。丰富劳动力的涌入极大刺激了这些地方的经济发展,为这些地方的经济发展作出了巨大贡献。

但是,由于法律法规的不健全,用人单位法律素养淡薄和市场经济发展不充分,广大农村外来务工人员的权利受到严重践踏。不但生存环境恶劣,劳动生产安全得不到充分保障,就连最基本的劳动报酬都得不到起码保障,恶意拖欠工资事件频发。由于务工者往往自身文化水平不高,对法律也缺乏足够的了解,也没有时间、精力和金钱采用法律手段维护自己的合法权益,因此往往采用极端手段维护自己的合法权益。实际上,每年因欠薪引发的群体性事件时有发生,不仅危害了社会秩序和劳动者的切身利益,也引发了严重的社会问题。增设拒不支付劳动报酬罪之前的典型案例包括:2006 年农民工侯某讨薪 3000 元未果,反而被包工头指使他人打死;2007 年谢某等 7 名农

---

[1]　参见徐楷、宋敏:《俄罗斯刑法恶意欠薪罪解构与借鉴》,载《山东省青年管理干部学院学报》2009 年第 2 期。

民工集体讨薪未果,因为没有返程路费服用安眠药自杀,致使 6 人死亡;2006
年某女农民工仅穿内裤在工厂门口站立 3 小时,只为讨薪 8000 元。① 当然,
这些属于极端案例,不过其背后折射出的劳动者获取劳动报酬权保障现状堪
忧。总之,恶意欠薪行为的社会危害性必须引起高度重视。

　　第三,将逃避支付劳动报酬行为纳入刑法规制范围符合世界刑法的发展
趋势。世界各国的刑事立法模式为我国刑法的发展和完善提供了有益借鉴。
各国虽然国情不同,立法理念迥异,但在劳动领域出现了类似问题,即都存在
着诸多用人单位利用其优势地位侵犯劳动者劳动报酬权利的现象。欧美发
达国家由于经济起步比较早,在产业革命时代就积累了丰富的处理劳资矛盾
的经验,其对劳资矛盾的处理手段和方式能够为我们提供借鉴。

　　第四,将逃避支付劳动报酬行为入罪有利于合理发挥刑法的社会治理效
果。刑法对社会生活的调整范围是十分广泛的,其他法律规范诸如民法、行
政法只是调整社会生活的某个方面,而刑法却对社会政治、经济生活等诸多
方面进行调整。由于刑法制裁手段的严厉性和强制性,所以刑法在适用上具
有最后性,当民事、行政等制裁手段不足以恢复被侵害的法律关系时刑法才
能够作为最后手段发挥作用。对于一般的拖欠劳动报酬行为显然不需要动
用刑法,而对于故意逃避支付劳动报酬,造成严重社会危害的行为,刑事制裁
的确定性、及时性、公益性能够降低被害人的维权成本,及时有效对犯罪人进
行制裁,恢复被侵害的法律关系。刑法对社会关系调整范围的广泛性和制裁
手段的严厉性能够对具有严重社会危害的欠薪行为进行规制。

　　因此,逃避支付劳动报酬行为的社会危害性并不局限于个别劳动者的财
产权,也是对正常社会秩序的践踏。每到岁末年初,农民工返乡过年,社会各
行各业欢度春节的时候,也是拒不支付劳动报酬案件的高发期。在我国最重
要的传统节日春节期间发生欠薪行为,如若引发严重的群体性事件将会对社
会秩序造成更为严重的侵害。每到这个时候,公安部门、法院和检察机关以
及劳动和社会保障部门总会展开联合行动,对欠酬行为进行专项打击,以确
保劳动者能够拿到报酬。然而这种运动式的专项整治活动治标不治本,所能
够发挥的作用极其有限。它只能在短暂的一段时期起到作用,并不能长期有
效地发挥作用,而且这种"运动式"的打击方式往往会耗费大量社会资源,对
本来就稀缺的社会资源会造成极大浪费。对拒不支付劳动报酬行为的治理
必须是长期性而不能是阶段性的,只有建立一种长效机制才能够对拒不支付
劳动报酬的用人单位产生一种约束和惩罚机制,才能够更好地维护劳动者合
法权益。因此,刑法作为调整范围最为广泛、制裁手段最为严厉的法律规范,

―――――――――

① 　参见李梁、李蕾:《"恶意欠薪行为"入罪之合理性探讨》,载《河南公安高等专科学校学报》
2009 年第 4 期。

能够有效地发挥其作为社会治理手段的作用,将拒不支付劳动报酬行为入罪具有一定合理性。

(二) 我国逃避支付劳动报酬行为后犯罪化阶段的问题

2011 年《刑法修正案(八)》增设拒不支付劳动报酬罪之后,我国对拒不支付劳动报酬行为的规制实现了从单纯的民事和行政制裁手段到民事、行政、刑事制裁手段结合的转型。但是,新罪名的设立并没有能够有效改善拒不支付劳动报酬行为频发的情况。一方面,新罪名的出台需要给予司法机关一定的时间去学习和领会法律背后的立法精神。另一方面,该罪的规范过于笼统,适用的操作性不强。比如新法条对该罪行为模式的规定具有模糊性。就前者而言,转移财产及逃匿的定义很难界定,用人单位以投资之名行转移财产之实的行为很难和正常投资行为相区别;就后者而言,"有能力支付"的界定更加困难。实践中,企业除了库存现金和银行存款外,往往拥有大量的固定资产,比如机器生产设备、土地使用权等。如果企业的库存现金和银行存款等流动性较强的资产无法满足支付职工劳动报酬的需要,而通过变卖、拍卖等方式机器生产设备、土地使用权等固定资产获取的现金足以支付职工的劳动报酬。这个时候是以企业的流动资产还是以其全部资产作为判断企业有无支付能力的标准?如若以企业的全部资产作为衡量企业有无支付能力的标准,一旦发生拖欠职工劳动报酬的行为,势必要求企业变卖企业全部资产以偿付职工劳动报酬。这样的话基本上给企业宣告了"死刑",不利于企业的发展,也将会对正常的市场经济秩序造成损害。而若仅以银行存款、库存现金等流动资产作为判断企业有无支付能力的标准,也不利于对劳动者的保障。

因此,必须对"支付能力"进行科学合理的界定,做到保护劳动者权利和保障企业正常生产经营二者的平衡。此外,法律对"数额较大"也并未作出详尽规定,难道拖欠职工 100 元工资就构成了数额较大? 可以看出,立法机关在立法时考虑得并不全面,模棱两可的法条将会给司法机关对法律的适用带来很大麻烦,造成法律适用的低效,进而影响法律实施的社会效果。而且,法律对"造成严重后果"也未作出详细的规定。

为了解决新罪名适用困难、操作性不强的问题,《审理拒不支付劳动报酬案件的解释》针对司法实践中出现的适用难题进行了细化规定,法律和司法解释的衔接度得到了提高。该司法解释对"以转移财产、逃匿等方式逃避支付劳动者的劳动报酬"的几个具体情形作出了规定,采取了列举式和除外规定方式进行细化;对"数额较大"的标准也进行了明确规定,采取了期限和数额相结合的标准,并赋予各高级人民法院根据实际情况确定本地具体执行数额标准的权力;对"数额较大"的标准也作出了规定,包括因拖欠劳动报酬影响劳动者家庭正常的生活、教育、医疗等方面。《审理拒不支付劳动报酬案件的解释》虽然不尽完善,比如依然没有对"支付能力的认定"和"政府有关部门责令支付"进行明确规定,但相较于刑法第 276 条第 1 款的规定已经相当明确,能够改善司法实践中适用困难、适用率低的情况。

然而,上述司法解释和公报案例公布后并没有解决该罪在适用中的不明确之处,仍然未能充分发挥打击故意逃避支付劳动报酬行为的社会效果。以2019 年 6 月 10 日为基准日检索中国裁判文书网拒不支付劳动报酬罪一审、二审与再审程序的刑事裁判文书,2011 年至 2019 年法院宣判的拒不支付劳动罪案件共为 7456 件,具体情况详见以下系列图表。

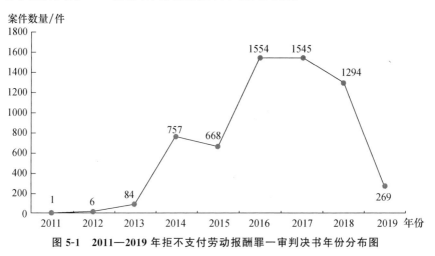

图 5-1   2011—2019 年拒不支付劳动报酬罪一审判决书年份分布图

第一,如图 5-1、图 5-2 所示,公开的案件总量数据应该与司法实践中法院实际判决的案件数量大致相当。如图 5-1 所示,一审刑事判决书共 6178份,占全部裁判文书的 88.7%。虽然判决书有重复上传的情况,不过考虑到2014 年 1 月 1 日之前有些地区的判决书不上网以及 2014 年以后的判决书同期上网率没有达到 100%,截至 2019 年 6 月 10 日,全国拒不支付劳动报酬罪发案数大约为 8000 起。2016 年开始全国拒不支付劳动报酬犯罪的发案数明显呈上升趋势,绝对数量达到 1000 件以上,案件数量比上一个年度翻了一倍而且继续增长的趋势非常明显。

2014 年至 2017 年的上网一审刑事判决书数量黑数很少,与刑事司法实践现状基本吻合。因为无论是 2014 年 1 月 1 日生效施行的还是 2016 年修订的最高人民法院《关于人民法院在互联网公布裁判文书的规定》,拒不支付劳动报酬案件均不属于该规定第 4 条不予公开的 4 类案件范围。自 2014 年

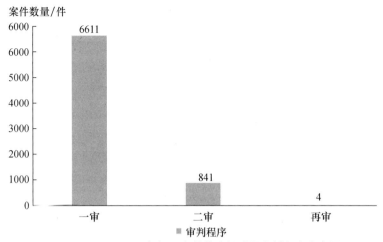

图 5-2　2011—2019 年拒不支付劳动报酬罪审判程序分布图

以来普通刑事案件裁判文书的上网率目标是 100%，当然司法实践中的判决书同期上网率各地不一。如上海法院 2016 年 1 月全市的裁判文书同期上网率大约为 68%；同时不上网率大约为 4%。[①]　不过拒不支付劳动报酬罪是 2011 年 5 月 1 日以来增加的罪名，对该罪的裁判同时也体现了审判机关保护民生的决心，估计上网率应该在 90% 以上。考虑到诉讼周期以及新法施行后的工作周期，2013 年案件数量处于破冰期，2015 年以后进入增长期。图 5-1 的数据也体现了这一点。有关审理进程的数据表明，有的地区 2015 年才判决第一例该罪案件。如济南市第一例拒不支付劳动报酬案始于 2014 年 1 月被告人拖欠工资，劳动部门当年 2 月责令支付，同年 7 月 8 日被告人被刑事拘留，2015 年 5 月一审法院宣判被告人犯拒不支付劳动报酬罪，判处有期徒刑 2 年。[②]　再如云南省石林县 2015 年 9 月公开审理第一例拒不支付劳动报酬案，该案因 2012 年 11 月的土建、水电劳务安装工程引发，被告人拒不履行劳动行政部门 2014 年 8 月的劳动监察保障责令改正决定书，2015 年 3 月被刑事拘留。[③]　整个案件从劳动监察部门责令支付到一审判决历经 1 年。

　　第二，如图 5-3 所示，拒不支付劳动报酬罪的一审结案率很高。845 件二审案件相较 6611 件一审案件而言，上诉率大约 13%。上诉案件中，裁定维持原判率大约为 88.9%，改判案件为 88 件，改判率大约为 10.5%，裁定发回重

---

①　参见上海高院：《2016 年 1 月裁判文书同期上网率与判决书不上网率情况通报》，载上海法院网，http://shfy.chinacourt.gov.cn/article/detail/2016/02/id/1809073.shtml，2016 年 2 月 19 日发布，2019 年 6 月 10 日访问。

②　丛民：《济南首例拒不支付劳动报酬案宣判》，载《工人日报》2015 年 5 月 7 日第 6 版。

③　参见王建萍：《石林：审理首例拒不支付劳动报酬案》，载《云南法制报》2015 年 10 月 14 日第 5 版。

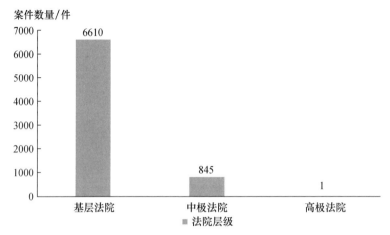

图 5-3　2011—2019 年拒不支付劳动报酬罪案件审判法院层级分布图

审案件 5 件①,发回率只有大约 0.6％。不过,发还案件由一审法院重新组成合议庭进行审理后,再次上诉的终审裁定均为维持原有罪判决。

第三,如图 5-4 所示,拒不支付劳动报酬案件与劳动密集型产业具有高度相关性,广东、安徽、浙江、江苏与湖北省位居此类案件发案数前五位就是最明显的证据。被害人数量具有明显的群体性,被害人在 30 人以上的案件大约占全部案件的四成,建筑业雇主逃避支付劳动报酬的案件大约占 45％,缓刑、免予刑事处罚或单处罚金的适用与清偿情况具有相关性,全部清偿与部分清偿的各大约占 33％。② 进入刑事审判环节的部分被害人劳动报酬权利得到了保障。

第四,拒不支付劳动报酬罪存在大量的犯罪黑数。2014 年因劳动报酬发生的民事纠纷案件数为 385151 起③,是拒不支付劳动报酬罪的 515 倍。2001 年 5 月 1 日至 2017 年 9 月底,全国人社部门共移送涉嫌拒不支付劳动

① 具体包括:(1)"鲍仕彬拒不支付劳动报酬案",福建省泉州市中级人民法院刑事裁定书〔(2016)闽 05 刑终 793 号〕;(2)"朱某某拒不支付劳动报酬案",河南省信阳市中级人民法院刑事裁定书〔(2017)豫 15 刑终 201 号〕;(3)"陈诸利拒不执行劳动报酬案",安徽省阜阳市中级人民法院刑事裁定书〔(2016)皖 12 刑终 670 号〕;(4)"六安市众一置业有限公司、许德杰拒不支付劳动报酬案",安徽省六安市中级人民法院刑事裁定书〔(2016)皖 15 刑终 45 号〕;(5)"谭云兴拒不支付劳动报酬案",湖北省荆门市中级人民法院刑事裁定书〔(2017)鄂 08 刑终 139 号〕。

② 参见王蓓、刘淼:《法律大数据视角下的拒不支付劳动报酬罪研究》,载《中国刑事法杂志》2017 年第 2 期。

③ 参见梅锦、何莹:《拒不支付劳动报酬罪在当下适用之不足与完善——以 2014 年司法判例分析为视角》,载《中国劳动》2015 年第 12 期。

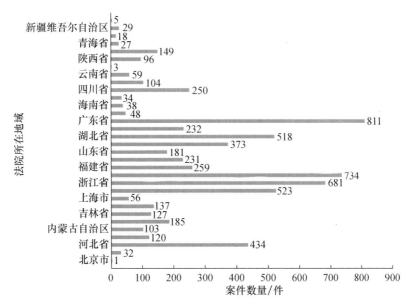

图 5-4　2011 年至 2019 年拒不支付劳动报酬罪一审案件审判法院地域分布图

报酬犯罪案件约 2 万件，公安机关立案率 73.7％，法院一审判决案件占比
24.6％。[①] 上海市 2017 年的案件相比 2015 年就已经翻倍，但 2017 年的案件
总量不到 25 件，3 年才大约 50 件。[②] 虽然上海的经济结构中金融业比重较
大，与浙江、江苏以劳动密集型产业为主的经济结构有差别；同时上海数额较
大的标准是，为逃避支付 1 名劳动者 3 个月以上的劳动报酬且数额在 2 万元
以上，或逃避支付 10 名以上劳动者的劳动报酬且数额累计在 10 万元以上。
但这样的数据似乎仍然与上海市的经济总量、人口总量不相称。显然，司法
机关对拒不支付劳动报酬行为追究刑事责任的比例明显偏低，以罚代刑的现
象比较突出，针对故意逃避支付劳动报酬的刑罚威慑效果尚未充分发挥。

二、拒不支付劳动报酬罪犯罪对象与主体的分析

（一）犯罪对象

本罪的犯罪对象为劳动报酬，即劳动者的工资。工资包括两种形式，广

---

① 我国人力资源和社会保障部共移送拒不支付劳动报酬涉嫌犯罪案件 1.9 万件，公安机关立
　案 1.4 万件，法院一审判决 4679 件。参见罗娟：《人社部门移送拒不支付劳动报酬犯罪案
　件 1.9 万件》，载《工人日报》2017 年 10 月 31 日第 5 版。
② 上海市 2015 年以拒不支付劳动报酬罪起诉 9 件 9 人，2016 年 16 件 16 人，2017 年 20 件 22
　人。参见钱培坚：《上海 3 年共 47 人因拒不支付劳动报酬被起诉》，载《工人日报》2018 年 2
　月 1 日第 5 版。

义是指劳动关系的一方即用人单位向劳动者提供劳动后作为对价而支付的各种物质性利益,狭义指薪酬中的基本工资。① 1995 年劳动部《关于贯彻执行〈劳动法〉若干问题的意见》对于工资作了非常宽泛的规定,凡是劳动者履行劳动义务后获得的货币性收入都属于工资,不过社会福利费用、劳动保护费用、各种奖金不属于工资。② 也就是说,劳动法上的工资通常具有定时、长期发放的特点,降温费、困难补助、奖金等具有临时性或一次性发放的特点,不属于工资。《审理拒不支付劳动报酬案件的解释》对劳动报酬的解释还是围绕广义工资展开的。③

　　司法实践中,判决书中对于工资的证据材料通常是"工人工资单及明细",不过对于该项证据,许多判决书都没有明确界定工资单作为证据材料的合法性、客观性、相关性认定标准。判决书通常在事实部分查明被告人拖欠的工资数额、人力资源和社会保障局责令支付后支付的工资数额,证据部分对工资单则一笔带过。不过,所谓工资单并不是法定的要式文件。司法实践中认定的具体形式比较多元。有的如庄某拒不支付劳动报酬案,以书面工资单作为证据。④ 有的案件,如俞某、戴某拒不支付劳动报酬案,证据则更加全面,包括书面的职工名单以及身份资料、工资表、支付工资的转账记录、拖欠

① 参见王全兴主编:《劳动法》,法律出版社 2017 年第 4 版,第 291—292 页。
② 1995 年实施的劳动部《关于贯彻执行〈中华人民共和国劳动法〉若干问题的意见》第 53 条规定:"劳动法中的'工资'是指用人单位依据国家有关规定或劳动合同的约定,以货币形式直接支付给本单位劳动者的劳动报酬,一般包括计时工资、计件工资、奖金、津贴和补贴、延长工作时间的工资报酬以及特殊情况下支付的工资等。'工资'是劳动者劳动收入的主要组成部分。劳动者的以下劳动收入不属于工资范围:(1) 单位支付给劳动者个人的社会保险福利费用,如丧葬抚恤救济费、生活困难补助费、计划生育补贴等;(2) 劳动保护方面的费用,如用人单位支付给劳动者的工作服、解毒剂、清凉饮料费用等;(3) 按规定未列入工资总额的各种劳动报酬及其他劳动收入,如根据国家规定发放的创造发明奖、国家星火奖、自然科学奖、科学技术进步奖、合理化建议和技术改进奖、中华技能大奖等,以及稿费、讲课费、翻译费等。"
③ 最高人民法院《关于审理拒不支付劳动报酬刑事案件适用法律若干问题的解释》第 1 条规定:"劳动者依照《中华人民共和国劳动法》和《中华人民共和国劳动合同法》等法律的规定应得的劳动报酬,包括工资、奖金、津贴、补贴、延长工作时间的工资报酬及特殊情况下支付的工资等,应当认定为刑法第二百七十六条之一规定的'劳动者的劳动报酬'。"
④ "上述事实,被告人庄某在开庭审理过程中亦无异议,且有被害人桑某 1、吴某、周某、桑某 2、张某、刘某的陈述,证人潘某、邱某、林某、臧某、朱某、池某、彭某的陈述,辨认笔录,扣押决定书,扣押清单及照片,银行转账记录,工人工资单及明细,情况说明,专项审计报告,申请报告,抓获经过,户籍信息等证据证实,足以认定"。"庄某拒不支付劳动报酬案",参见浙江省温州市瓯海区人民法院刑事判决书[(2017)浙 0304 刑初 223 号]。

工资确认汇总表。① 有的案件中，如袁某拒不支付劳动报酬案中，有关劳动报酬的证明材料是被告人手写的欠条。② 这种情况通常发生在建筑行业，袁某案件中就是如此。袁某是瓦工，承接了 4 栋高层建筑的粉刷工程，逃避支付 16 名工人的工资。因此，刑事司法实践中对于工资的认定没有像劳动法上那样区分工资的不同组成部分。因为许多场合，例如前述袁某案件中，被告人与 16 名工人之间实际是劳务关系，无法适用劳动法认定工资的范围。司法实践的标准非常简明，被害人个人完成劳动任务后应当从雇主那里获得的全部货币收入就是劳动报酬。这种标准是妥当的。劳动刑法的视野应当根据实质分析方法，将酬劳认定为本罪劳动报酬的本质，劳动法才需要注重形式，根据劳动合同确定劳动者身份，进而认定工资以及各种福利的标准。

（二）犯罪主体

我国《刑法》第 276 条之一规定拒不支付劳动报酬罪犯罪主体为自然人和单位。本罪的疑难问题在于自然人与单位犯罪的区分，以及单位的认定是否与劳动法上的用人单位认定标准相同。劳动合同法对于用人单位有明确的定义③，合法的劳动关系是核心要件。不过个体经济组织也属于用人单位范畴，所以实际上个体工商户也能成为用人单位。拒不支付劳动报酬罪也不能排除自然人犯罪的可能性。④

第一，劳动合同法的用人单位范围大于刑法中单位犯罪中的单位范围。单位犯罪中企业的范围小于劳动合同法中的企业。因为刑法条文是公司、企

① "上述事实，被告人俞锡校、戴波珍在庭审中均无异议，并有被害人俞某 1、赵某、卢某、徐某的陈述，证人俞某 2、张某、夏某的证言，伊某公司的工商档案资料，嵊州市劳动保障监察投诉书，伊某公司的职工花名册、职工身份证复印件、考勤表、计件工资核算单、职工工资清单、被拖欠职工工资汇总清单与欠发工资确认书，欠薪职工推举代表人身份证明，嵊州市劳动保障大队的调查笔录，嵊州市人力资源和社会保障局的监察期限改正指令书与执行情况报告，劳动保障涉嫌犯罪案件移送书，银行账户交易明细，本院有关支付伊某公司职工工资材料，个人转账汇款业务受理回单、收款收据、记账凭证，情况说明，抓获经过，在逃人员登记信息表，户籍证明等证据证实，足以认定。""俞锡校、戴波珍拒不支付劳动报酬案"，参见浙江省嵊州市人民法院[刑事判决书(2017)浙 0683 刑初 81 号]。
② "证明：袁某出走后，写下欠条及工地干活没有欠条工人工资，朱某、鲁某、黄金平按协议约定结算价款全额支付后，现超出工人工资 289210 元。现朱某垫 109210 元，鲁某、黄金平各垫 90000 元。""袁某拒不支付劳动报酬案"，参见安徽省滁州市南谯区人民法院刑事判决书[（2015）南刑初字第 00084 号]。
③ 我国《劳动合同法》第 2 条规定：中华人民共和国境内的企业、个体经济组织、民办非企业单位等组织与劳动者建立劳动关系，订立、履行、变更、解除或者终止劳动合同，适用本法。国家机关、事业单位、社会团体和与其建立劳动关系的劳动者，订立、履行、变更、解除或者终止劳动合同，依照本法执行。国家机关、事业单位、社会团体和与其建立劳动关系的劳动者，订立、履行、变更、解除或者终止劳动合同，依照本法执行。
④ 参见赵秉志、张伟珂：《拒不支付劳动报酬罪立法研究》，载《南开学报（哲学社会科学版）》2012 年第 2 期。

业并列①,而劳动合同法是企业与个体经济组织并列。因此,刑法中的企业仅仅包括法人企业,非法人企业只能以自然人犯罪论处。《民法总则》规定的非法人组织②可以成为劳动法中的用人单位,但不属于刑法中的单位。从司法实践看,个人独资企业、合伙企业都是作为自然人犯罪主体被追究刑事责任的。

劳动法领域中的企业内涵则更为广泛,法人以及非法人性质的企业都包含其中。根据《民法总则》,法人包括营利法人、非营利法人以及特别法人三类,第一类就是指公司等形态的企业法人③,非营利法人包括事业单位法人与三类社会组织。企业法人当然与刑法中的公司、企业对应。非营利法人中的事业单位法人与刑法中的事业单位对应,社会组织下文再详细分析。同时,民法中特别法人④之一的机关法人与刑法中的机关对应,其他三类特别法人虽然具有组织形式,能成为用人单位,但司法实践中只能作为本罪的自然人犯罪主体被追究刑事责任。2007年公安部《关于村民委员会可否构成单位犯罪主体问题的批复》⑤就代表了这种司法适用标准。

第二,劳动刑法的特殊性要求,认定本罪主体时应关注劳动力市场的新变化,合理认定劳务派遣单位、用工单位在本罪中的主体地位。随着社会经济的发展,出现了适应新的经济形势下的劳务派遣制度,《劳动合同法》第58条和第60条将劳务派遣单位规定为工资支付的义务主体。⑥ 派出劳务人员的单位为劳务派遣单位,同时也是劳动关系中的用人单位,它与劳务人员之

---

① 我国《刑法》第30条规定:"公司、企业、事业单位、机关、团体实施的危害社会的行为,法律规定为单位犯罪的,应当负刑事责任。"

② 我国《民法总则》第102条规定:"非法人组织是不具有法人资格,但是能够依法以自己的名义从事民事活动的组织。非法人组织包括个人独资企业、合伙企业、不具有法人资格的专业服务机构等。"

③ 我国《民法总则》第76条规定:"以取得利润并分配给股东等出资人为目的成立的法人,为营利法人。营利法人包括有限责任公司、股份有限公司和其他企业法人等。"

④ 我国《民法总则》第96条规定:"本节规定的机关法人、农村集体经济组织法人、城镇农村的合作经济组织法人、基层群众性自治组织法人,为特别法人。"

⑤ 公安部《关于村民委员会可否构成单位犯罪主体问题的批复》:"根据《刑法》第30条的规定,单位犯罪主体包括公司、企业、事业单位、机关、团体。按照《村民委员会组织法》第2条的规定,村民委员会是村民自我管理、自我教育、自我服务的基层群众性自治组织,不属于《刑法》第30条列举的范围。因此,对以村民委员会名义实施犯罪的,不应以单位犯罪论,可以依法追究直接负责的主管人员和其他直接责任人员的刑事责任。"

⑥ 我国《劳动合同法》第58条规定:"劳务派遣单位是本法所称用人单位,应当履行用人单位对劳动者的义务。劳务派遣单位与被派遣劳动者订立的劳动合同,除应当载明本法第17条规定的事项外,还应当载明被派遣劳动者的用工单位以及派遣期限、工作岗位等情况。劳务派遣单位应当与被派遣劳动者订立2年以上的固定期限劳动合同,按月支付劳动报酬;被派遣劳动者在无工作期间,劳务派遣单位应当按照所在地人民政府规定的最低工资标准,向其按月支付报酬。"《劳动合同法》第60条第2款:"劳务派遣单位不得克扣用工单位按照劳务派遣协议支付给被派遣劳动者的劳务报酬。"

间存在劳动关系,接受劳务人员的单位为用工单位,它与劳务人员之间虽然在管理、薪酬等方面虽然存在一定关系,但并不是劳动关系中的用人单位,而是用工单位。不过,用工单位往往将劳动者的工资委托劳务派遣单位代发。当用工单位已经将工资交付给劳务派遣单位但其却不向劳动者及时支付的,劳务派遣单位当然是本罪主体。而当由于用工单位的原因致使劳动者不能获取劳动报酬时,用工单位自然也可以成为本罪的犯罪主体,不能因为用工单位和劳动者之间不存在劳动关系而影响该罪认定。因此,用工单位也可能成为拒不支付劳动报酬罪犯罪主体。

第三,劳动法中个体经济组织的主要表现形式为个体工商户和农村承包经营户,这些主体不能视为刑法中的单位。我国《民法总则》将个体工商户与农村承包经营户作为自然人规定。① 但是在实际的生产经营中,这两类主体都可能聘请他人为自己工作,往往是通过口头约定的方式。根据劳动法,这种雇用关系,可能认定为事实劳动关系或者民法中的劳务关系。不过在刑法中,劳动报酬与有义务支付报酬单位的扩张解释应当在逻辑上保持一致。这两类主体也可以视为拒不支付劳动报酬罪的自然人主体。

第四,基金会、社会团体、社会服务机构这三类社会组织能否属于拒不支付劳动报酬罪的犯罪主体需要具体分析。三类社会组织在民法上与事业单位共同属于非营利法人。② 社会服务机构,就是劳动合同法中规定的民办非企业单位。根据1998年国务院《民办非企业单位登记管理暂行条例》第2条及第12条③,民办非企业单位属于公益组织,有法人、合伙、个体三种组织形式。又根据2004年国务院《基金会管理条例》第2条④,基金会都属于非营

---

① 我国《民法总则》第54条规定:"自然人从事工商业经营,经依法登记,为个体工商户。个体工商户可以起字号。"第55条规定:"农村集体经济组织的成员,依法取得农村土地承包经营权,从事家庭承包经营的,为农村承包经营户。"

② 我国《民法总则》第87条规定:"为公益目的或者其他非营利目的成立,不向出资人、设立人或者会员分配所取得利润的法人,为非营利法人。非营利法人包括事业单位、社会团体、基金会、社会服务机构等。"

③ 我国《民办非企业单位登记管理暂行条例》第2条规定:"本条例所称民办非企业单位,是指企业事业单位、社会团体和其他社会力量以及公民个人利用非国有资产举办的,从事非营利性社会服务活动的社会组织。"第12条:"准予登记的民办非企业单位,由登记管理机关登记民办非企业单位的名称、住所、宗旨和业务范围、法定代表人或者负责人、开办资金、业务主管单位,并根据其依法承担民事责任的不同方式,分别发给《民办非企业单位(法人)登记证书》、《民办非企业单位(合伙)登记证书》、《民办非企业单位(个体)登记证书》。"

④ 我国《基金会管理条例》第2条规定:"本条例所称基金会,是指利用自然人、法人或者其他组织捐赠的财产,以从事公益事业为目的,按照本条例的规定成立的非营利性法人。"

利法人,同时根据 2016 年《社会团体登记管理条例》第 2 条及第 3 条①,社会
团体都属于法人。因此,基金会、社会团体、登记为法人的民办非企业单位可
以成为本罪的单位犯罪主体,登记为合伙、个体的基金会则应该认定为自然
人主体。

　　第五,事实用工人或者非法用工人也能成为拒不支付劳动报酬罪主体。
由于我国劳动法律制度的贯彻执行情况尚不理想,劳动者和用人单位之间没
有依法签订劳动合同但劳动者按时工作,单位也定期向劳动者发放工资的情
况大量存在。在一般人看来,二者的关系和其他签订了劳动合同的劳动者和
用人单位之间的关系并无二致,也就是形成了劳动法上根据特定条件可以认
定的事实劳动关系。因此,劳动合同关系只是认定用人单位就成为本罪主体
的必要条件而非充分必要条件。这样,一方面有利于加强对劳动者合法权益
的保护,另一方面也可以通过对用人单位的制裁措施促使用人单位主动和劳
动者签订劳动合同,以减少因为权利义务不确定状态而导致劳资纠纷的频繁
发生,进而维护劳动关系的稳定和正常社会秩序。因此,《审理拒不支付劳动
报酬案件的解释》②将不具备用工主体资格的单位或者个人即非法用工人以
及用人单位的实际控制人即事实用工人都解释为本罪主体,是合法合理的。
当然,在建筑业,由于分包是普遍存在的现象,三角债可能导致非法用工人无
法及时足额支付工资,所以此时具备用工资格的单位、非法用工人都有可能
成为本罪主体。两院两部文件有关责令支付程序的规定实际对主体作了扩
张解释。③

　　综上所述,《民法总则》中规定的特别类型自然人(个体工商户以及农村
承包经营户)、法人组织与非法人组织都可以成为劳动法上的用人单位,但只

---

①　我国《社会团体登记管理条例》第 2 条规定:"本条例所称社会团体,是指中国公民自愿组
　　成,为实现会员共同意愿,按照其章程开展活动的非营利性社会组织。国家机关以外的组
　　织可以作为单位会员加入社会团体。"第 3 条规定:"成立社会团体,应当经其业务主管单位
　　审查同意,并按照本条例的规定进行登记。社会团体应当具备法人条件。"
②　最高人民法院《关于审理拒不支付劳动报酬刑事案件适用法律若干问题的解释》第 7 条规
　　定:"不具备用工主体资格的单位或者个人,违法用工且拒不支付劳动者的劳动报酬,数额
　　较大,经政府有关部门责令支付仍不支付的,应当依照刑法第 276 条之一的规定,以拒不支
　　付劳动报酬罪追究刑事责任。"第 8 条规定:"用人单位的实际控制人实施拒不支付劳动报
　　酬行为,构成犯罪的,应当依照刑法第 276 条之一的规定追究刑事责任。"
③　最高人民法院、最高人民检察院、人力资源社会保障部、公安部《关于加强涉嫌拒不支付劳
　　动报酬犯罪案件查处衔接工作的通知》中规定:"企业将工程或业务分包、转包给不具备用
　　工主体资格的单位或个人,该单位或个人违法招用劳动者不支付劳动报酬的,人力资源社
　　会保障部门应向具备用工主体资格的企业下达限期整改指令书或行政处罚决定书,责令该
　　企业限期支付劳动者劳动报酬。对于该企业有充足证据证明已向不具备用工主体资格的
　　单位或个人支付了劳动者全部的劳动报酬,该单位或个人仍未向劳动者支付的,应向不具
　　备用工主体资格的单位或个人下达限期整改指令书或行政处理决定书,并要求企业监督该
　　单位或个人向劳动者发放到位。"

有部分可以作为刑法中拒不支付劳动报酬罪的单位犯罪主体。通常包括:营利法人、大部分非营利法人(事业单位、社会团体、基金会法人、社会服务机构)、特别法人中的一类即机关法人。自然人犯罪主体则包括个体经营户、农村承包经营户、登记为合伙及个体的社会服务机构即民办非企业单位、三类特别法人即农村集体经济组织法人、城镇农村的合作经济组织法人、基层群众性自治组织法人。同时,不具备劳动法上用人单位形式要件的主体,包括劳务派遣关系中的用工单位、事实用工人、非法用工人都可以成为本罪犯罪主体,后两类均构成自然人犯罪主体,用工单位则根据登记类型确定,通常是单位犯罪主体。

三、拒不支付劳动报酬罪客观方面的司法认定

(一) 以转移财产、逃匿等方式逃避支付劳动报酬的认定

司法解释对以转移财产、逃匿等方式逃避支付劳动者劳动报酬的情形进行了具体列举。[①] 因此,逃避支付劳动报酬行为的认定应注重考察行为的非法性、无法及时支付劳动报酬的因果性。隐匿财产是指行为人为了逃避支付劳动报酬,将生产经营收益转移至别处,致使劳动者、司法机关、劳动行政机关在前往行为人生产经营地或者办公地点时无法查找的行为。恶意清偿是指行为人在存在多个债权人的情况下,在清偿债务时与其中部分债权人恶意串通,将其全部或部分财产抵押给该债权人或者向该债权人直接清偿,导致被拖欠劳动报酬的劳动者无法获取自己本该受到清偿的劳动报酬的行为。虚构债务是指行为人为了逃避支付劳动者的劳动报酬与他人恶意串通,订立虚假的债权债务关系以逃避向劳动者支付报酬的行为。虚假破产是指公司、企业为了逃避支付劳动者的劳动报酬,通过隐匿财产、承担虚假债务或者以其他方式转移、处分财产,造成虚假的资不抵债现象从而申请破产的行为。逃跑、藏匿是指行为人隐匿身份,离开经常居住地的行为。另外,隐匿、销毁有关劳动关系资料、劳动者身份资料、支付工资资料的行为也应该认定为逃避支付劳动报酬。

认定以转移财产方式逃避支付劳动者劳动报酬行为在如何区分企业的

---

① 最高人民法院《关于审理拒不支付劳动报酬刑事案件适用法律若干问题的解释》第 2 条规定:"……具有下列情形之一的,应当认定为刑法第 276 条之一第一款规定的'以转移财产、逃匿等方式逃避支付劳动者的劳动报酬':(1) 隐匿财产、恶意清偿、虚构债务、虚假破产、虚假倒闭或者以其他方法转移、处分财产的;(2) 逃跑、藏匿的;(3) 隐匿、销毁或者篡改账目、职工名册、工资支付记录、考勤记录等与劳动报酬相关的材料的;(4) 以其他方法逃避支付劳动报酬的。"

正常投资以及其他支出方面存在难点。随着科技、交通的发展和企业规模的扩大，越来越多的企业会在不同地点开展经营，比如开设分公司、子公司、代表处、办事处，或者采用参股等投资方式扩大企业的影响力。随着生产专业化水平的提高，许多企业尤其是大型跨国公司生产经营的空间性更加明显。为了提高规模效应，最大限度地降低生产成本，大型的跨国企业往往将其生产场地、研发基地、行政机构等部门布局在不同区域。而且，用人单位在生产经营中资金的流转是很正常的事情，比如企业之间拆借、生意往来、企业合并分立、公益捐赠、对外投资等。这些行为实际上都使用人单位的财产发生了转移，证明用人单位转移的财产属于应当支付给劳动者报酬的部分非常困难。有学者认为，用人单位的资金流动导致无法及时足额支付劳动者报酬的都可能涉嫌转移财产。[1] 这种观点实际是采用客观上无法及时支付劳动报酬的结果来推定行为人具有逃避目的，具备一定的合理性。当然，根据推定的规则，此时如果有其他证据材料反证用人单位并无逃避的目的，则不能认定为转移财产。

此外，用人单位为了逃避支付劳动者劳动报酬而逃匿、隐藏的行为本身也比较难认定。现实生活中，许多劳动者与用人单位平时存在诸多矛盾，当用人单位没有按时支付劳动报酬时，劳动者讨薪时情绪较为激动，往往会采取一些不甚理智的行为，诸如非法拘禁、殴打、侮辱等暴力行为。此时，用人单位为了逃避劳动者的不法行为侵害而隐匿、逃跑显然不能认定为逃避支付劳动报酬的行为。这种行为和交通肇事后的逃避行为有些类似。在交通事故发生后，受害人一方的家属往往情绪较为激动，可能会对肇事人采取一些暴力行为，肇事人此时为了躲避受害人家属的逃避行为显然也不能认定为交通肇事中的逃逸。

因此，行为方式上逃避支付劳动者的劳动报酬分为积极与消极行为，前者表现为减少持有的财产，后者表现为放弃财产性权利。[2] 积极的逃避行为与司法解释提及的销毁劳动报酬相关材料的行为相当，消极的逃避行为比如拒不请求债务人清偿到期债务等。对以转移财产、逃匿等方式逃避支付劳动者劳动报酬行为的认定，不能仅从形式上出发，也要考察行为人是否积极地通过各种手段获取财产以支付劳动者的劳动报酬，比如向他人借款、向银行申请贷款等。

---

[1]　参见谢天长：《拒不支付劳动报酬罪的法律适用问题探讨》，载《中国刑事法杂志》2011 年第 11 期。

[2]　参见赵秉志、张伟珂：《拒不支付劳动报酬罪立法研究》，载《南开学报（哲学社会科学版）》2012 年第 2 期。

（二）有能力支付而不支付的认定

我国《刑法》第 276 规定的本罪行为模式除了逃避支付之外,还包括有能力支付而不支付。两种行为的关系该如何界定呢? 有观点认为,基于刑法条文的并列性规定,逃避支付应该属于没能力支付的情形,但是这样的界定属于自相矛盾。[①] 因为,拒不支付劳动报酬罪属于故意犯罪,行为人对于具有支付义务以及支付能力这两点是明知的才能构成犯罪。如果行为人客观上没有支付能力,实际上属于不能犯,不应该构成犯罪,否则就是用刑事手段制裁单纯的无法履行债务行为。本罪的核心特征是拒不支付,即拒绝支付,而非不支付。

因此,不论是以转移财产、逃匿等方式逃避支付劳动者的劳动报酬还是有能力支付而不支付劳动者的劳动报酬,都以具备支付能力为前提。强令要求不具有支付能力的用人单位支付劳动者劳动报酬不但没有现实可能性而且会造成更严重的社会问题。一方面没有支付能力的企业没有足够财产支付劳动报酬。在我国现行的信贷体制下,银行不会给资信不足、不能提供充分担保的企业提供贷款,强令其向劳动者支付劳动报酬显然不可能。另一方面强令不具有支付能力的用人单位向劳动者支付劳动报酬只会逼迫用人单位的经营者采取逃匿等方式逃避义务,不利于问题的解决。如若通过温和的协商机制处理此类案件,用人单位可能会通过其他方式筹措资金,反而能更好地解决欠薪问题。

第一,有无支付能力的界定应该坚持主客观统一的标准。有能力支付劳动报酬是指用人单位有足够的财产支付工资。首要在于坚持客观标准,即行为人在客观上是否具有支付劳动者劳动报酬的能力。用人单位的财产有很多种,比如库存现金、银行存款、应收账款、库存商品等流动资产,还包括固定资产、无形资产、长期应收款等非流动资产。当用人单位没有及时足额支付工资时,应该将单位流动资产变现后的金额作为判断依据。企业的流动资产具有周转速度快、变现能力强的特点,而非流动资产周转速度比较慢、变现能力不足,其变现往往要经过复杂的过程。但劳动者的劳动报酬是其赖以生存的基础,具有急迫性,应该及时地偿付,否则会对劳动者的家庭正常生活带来严重影响。同时,企业是以营利为目的而设立的组织,其机器生产设备、厂房等非流动资产是其生产经营赖以进行的基础。对于一般的拖欠劳动者劳动报酬的行为,动辄以变卖其固定资产偿还将会给企业的生产经营带来严重的不确定性,不但不利于劳动者劳动报酬权的实现,还将会严重打击经营者生

① 参见王海军:《拒不支付劳动报酬罪的规范性解读——基于"双重法益"的新立场》,载《法学评论》2013 年第 5 期。

产的积极性,导致社会生产的不足,最终受害的还是普通劳动者。因此,对支付能力的认定不能过于苛刻,在一般情况下应以流动资产的变现价值能否足额支付劳动者的劳动报酬为标准,将处罚对象限定于恶意欠薪的用人单位。同时,对有无支付能力的认定也不能忽视主观因素。例如,行为人是否积极主动地催收债务以偿还拖欠的劳动报酬,就是一个重要的考虑因素。

第二,应当合理界定用人单位财产权范围。若用人单位为公司,其财产只限于法人财产所有权。但公司股东如果滥用法人独立地位逃避债务,严重损害劳动者利益的,则应当对公司劳动债务承担连带责任。若用人单位性质为合伙企业,普通合伙企业的全部合伙人以及有限合伙企业的普通合伙人对于劳动报酬承担无限连带责任;有限合伙企业的有限合伙人只在出资额范围内承担支付劳动报酬的责任。若用人单位为个人独资企业的,则该个人以其全部个人财产对劳动者的劳动债权承担无限责任。若用工单位为个体雇主,则应以其生产经营所得的全部财产承担支付劳动报酬的义务。此时应注意与其家庭财产的区分,而且还极有可能涉及夫妻财产的分割、继承、赠与等情形。如若以其家庭全部财产承担无限责任,则对其家庭成员有失公允,将严重影响其家庭的正常生活,但有证据证明以其生产经营所得购买的财产供家庭成员使用的,比如房产、车辆等,则这部分财产应属于承担责任的范围。

综上所述,对支付能力的认定很复杂,需要专业的财务、法律人员对其财产状况、法律关系进行分析界定,综合运用会计、财务、法律方面的专业知识,对此无论将证明责任分配给劳动者还是司法机关都很难操作。劳动者本身在此类案件中属于弱势群体,显然不具有进行专业分析和调查的能力和时间。而在目前,我国司法机关的专业人员也不具备相关的会计、财务专业知识。拒不支付认定的关键在于证明方法,对于支付能力应采用推定的方法证明;具备特定情形的则认定行为人有支付能力。[①] 因为,行为人对自己的财务状况最为熟悉,当发生拖欠劳动者劳动报酬事件时,若行为人辩解其没有支付能力则需要将其财务状况、经营状况提供给人民法院,经认定其确无支付能力则无需承担刑事责任。劳动者或公诉机关可以提出异议以保护劳动者合法权利,如若其异议没有被人民法院采纳,将会承担不利的法律后果。

然而,司法实践中认定本罪时却往往不以行为人存在支付能力为标准,不当扩大了追诉范围。有能力支付而不支付劳动报酬显然属于该罪的行为模式。而转移财产、逃避支付劳动者劳动报酬的行为存在诸多情形,其中的隐藏、逃匿情形较为常见。实际生活中,部分行为人在无法及时足额支付劳

---

① 参见康均心、吴凤:《对〈刑法修正案(八)〉新增的"拒不支付劳动报酬罪"若干问题探讨》,载《时代法学》2011 年第 5 期。

动者劳动报酬时往往会隐藏、逃匿至他处,脱离劳动者和劳动行政部门的视线,以使行政机关、司法机关和被欠薪劳动者无法查找。在此种情形下,行为人的行为不仅侵犯了劳动者的合法权益,同时也阻碍了劳动行政部门对案件的调查。在行为人逃匿的情形下,相关部门很难调查取证,使得行政程序无法及时有效开展,往往会引发群体性事件,滋生社会不安定因素,对生活的和谐稳定产生不利影响。因此,在司法实践中,往往对拖欠劳动者劳动报酬后隐藏、逃匿的行为人予以刑罚制裁。但是此种情形下对该罪的认定有时过于宽泛,要注意区分逃避债务行为与为了躲避情绪过于激动的被拖欠劳动报酬劳动者的殴打、辱骂、报复而逃避行为的区别,避免打击范围过宽,以更好地解决此类问题。

(三)政府有关部门责令支付问题的认定

拒不支付劳动报酬罪的成立需要具备经过有关部门责令支付而不支付这一前置程序。这一前置程序的设置一方面是为了减少拒不支付劳动报酬罪的打击范围,对那些社会危害性较小、情节轻微的欠薪行为不予采取刑事制裁手段,集中力量打击那些社会危害性严重、情节恶劣的欠薪行为;另一方面是为了更好地解决欠薪问题,通过行政程序尽快地督促用人单位支付拖欠的劳动报酬。然而该程序在具体操作上存在诸多问题,需要进行具体分析以探究如何达到经政府有关部门责令支付的要求。

第一,对于责令主体,我国《刑法》第 276 条的规定是政府有关部门,2013年司法解释对于责令的形式有了进一步规定①,不过仍然保留政府其他有关部门的规定。政府的概念比较宽泛,既可以作为行政机关来理解,也可以包括立法机关、行政机关、司法机关。我国民众在潜意识里普遍认为,人大、政协、法院、检察院等都是政府部门,甚至将工会、劳动争议仲裁委员会、民间调解组织都认为是政府部门,如若将这些机构也认定为政府部门则过于宽泛。司法解释中所指的人力资源和社会保障部门毫无疑问是责令主体,《劳动保障监察条例》对其职权也作了详细规定。② 但人力资源和社会保障部门不应

---

① 最高人民法院《关于审理拒不支付劳动报酬刑事案件适用法律若干问题的解释》第 4 条规定:"经人力资源社会保障部门或者政府其他有关部门依法以限期整改指令书、行政处理决定书等文书责令支付劳动者的劳动报酬后,在指定的期限内仍不支付的。"

② 《劳动保障监察条例》第 26 条规定:"用人单位有下列行为之一的,由劳动保障行政部门分别责令限期支付劳动者的工资报酬,劳动者的工资低于当地最低工资标准的差额或者解除劳动合同的经济补偿;逾期不支付的,责令用人单位按照应付金额 50%以上 1 倍以下的标准计算,向劳动者加付赔偿金:(1)克扣或者无故拖欠劳动者工资报酬的;(2)支付劳动者的工资低于当地最低工资标准的;(3)解除劳动合同未依法给予劳动者经济补偿的。"

是实施责令行为的唯一主体。在我国,欠薪行为频发,由人力资源和社会保障部门作为单一责任主体会加重其负担,不利于刑法的实施。在春节前后和五一劳动节前后,经常会有劳动保障、公安、法院、检察院、税务、工商等部门联合执法,集中对欠薪行为进行处理的情况。此时往往会以牵头部门为主体,多家配合成立一个协调办公室,在这种情况下协调办公室也应该成为责令的主体。

同时,也应该限定实施责令行为的劳动保障部门级别进行一定的限定。在我国,劳动保障部门设置到县一级行政区域,因此将启动责令行为的主体设置到县一级是合适的。县级劳动保障部门既可以对乡镇发生的欠薪行为进行责令,也是联系上一级的纽带,能顺畅地行使其职能。司法实践中某些基层自治组织基于上级行政部门授权,履行处理欠薪行为的部分相关职权,也应当认定为本罪中的有关部门,以本单位名义通知行为人支付工资的行为属于责令。①

第二,对于责令的形式,政府三类主体有权启动责令程序。具体包括人力资源和社会保障部门,被拖欠劳动报酬的劳动者,工会、劳动争议仲裁委员会、民间调解组织等。人力资源和社会保障部门作为专门的劳动保障和监察部门,可以依职权直接启动责令程序。后两类主体则需要向人力资源和社会保障部门申请,申请责令行为并不必然导致责令程序的启动,应由人力资源和社会保障部门决定是否启动责令程序。被拖欠劳动报酬的劳动者作为受害者,其有权在无法向用人单位讨要劳动报酬后向劳动保障部门寻求救济以保护自己的合法权利。工会、劳动争议仲裁委员会、民间调解组织等作为解决劳动争议的组织,当无法在自己的职能范围内解决欠薪问题时,也可以向劳动保障部门申请启动责令程序。责令程序作为一种具体行政行为,它的启动必然会对行政相对人即用人单位的权利产生一种消极的影响或妨害,因此应该赋予用人单位提出异议的权利。在异议期内用人单位可以向劳动保障部门提出异议,若在期限内没有提出异议的则应该履行相关义务;用人单位提出异议的,应该提供相关证据以支持其异议。

责令该以何种形式作出呢? 实践中往往由人力资源社会保障部门或者政府其他有关部门依法以限期整改指令书、行政处理决定书等文书形式向用人单位送达,由其签字或者盖章表示接收,当用人单位拒绝接收时则可采用民事诉讼程序中的留置送达方式。上述方式适用于行为人住所或者单位确定的情形。当行为人为逃避支付劳动报酬而逃匿、隐藏时应该如何责令呢?

---

① 参见章建军:《拒不支付劳动报酬罪初探》,载《中国刑事法杂志》2012年第4期。

此时同样可以适用民事诉讼中的公告送达,可以在当地有影响力的报纸、网络、电视台等媒体上刊载指令行为人按期支付劳动报酬的声明,也可以在其经常居住地、生产经营的场所张贴指令其按期支付劳动报酬的告示等。两院两部的文件也认可此种做法。① 使用各种方式送达的责令支付工资通知规定的期限届满后,如果被送达人无正当理由不支付,就推定相关人员经政府有关部门责令支付后仍不支付,应追究刑事责任,这样有利于更好发挥本罪的民生保护作用。②

第三,对于责令的结果,政府有关部门在启动责令程序后一般会出现两种结果,一是行为人在期限内部分或足额支付所拖欠的劳动报酬;二是行为人在期限届满后仍不支付所拖欠的劳动报酬。在行为人期限届满后支付劳动者劳动报酬的情况下,自然不能再追究行为人的刑事责任,但仍然可能依据《劳动保障监察条例》等行政法规和规章追究行为人的行政责任和民事责任。而当行为人在期限届满后拒不支付所拖欠的劳动报酬的情况下,则需依法追究其刑事责任,由人力资源和社会保障部门向司法机关移送案件。2014年《关于加强涉嫌拒不支付劳动报酬犯罪案件查处衔接工作的通知》规定了劳动行政部门向侦查部门移送案件的程序。③ 作为前置性程序的责令行为一方面是为了给行为人一次改过自新,避免遭受刑事制裁的机会,这充分体现了刑法的谦抑性;另一方面也有助于更好地解决欠薪问题,化解社会矛盾,充分发挥刑法的社会效果。

(四)法定从宽情节的认定

刑法对于拒不支付劳动报酬罪规定了从宽情节④,包括了补偿、赔偿、无

---

① 最高人民法院、最高人民检察院、人力资源和社会保障部、公安部《关于加强涉嫌拒不支付劳动报酬犯罪案件查处衔接工作的通知》指出:"经人力资源社会保障部门调查核实,行为人拖欠劳动者劳动报酬事实清楚、证据确凿、数额较大的,应及时下达责令支付文书。对于行为人逃匿,无法将责令支付文书送交其同住成年家属或所在单位负责收件人的,人力资源社会保障部门可以在行为人住所地、办公地、生产经营场所、建筑施工项目所在地等地张贴责令支付文书,并采用拍照、录像等方式予以记录,相关影像资料应当纳入案卷。"
② 参见章建军:《拒不支付劳动报酬罪初探》,载《中国刑事法杂志》2012年第4期。
③ 最高人民法院、最高人民检察院、人力资源和社会保障部、公安部《关于加强涉嫌拒不支付劳动报酬犯罪案件查处衔接工作的通知》第2部分指出:"人力资源社会保障部门向公安机关移送涉嫌拒不支付劳动报酬犯罪案件应按照《行政执法机关移送涉嫌犯罪案件的规定》的要求,履行相关手续,并制作《涉嫌犯罪案件移送书》,在规定的期限内将案件移送公安机关……人力资源社会保障部门向公安机关移送涉嫌犯罪案件应当移送与案件相关的全部材料,同时应将案件移送书及有关材料目录抄送同级人民检察院。在移送涉嫌犯罪案件时已经作出行政处罚决定的,应当将行政处罚决定书一并抄送公安机关、人民检察院。"
④ 我国《刑法》第276条之一第3款规定:"有前两款行为,尚未造成严重后果,在提起公诉前支付劳动者的劳动报酬,并依法承担相应赔偿责任的,可以减轻或者免除处罚。"

害三个条件。

第一,无害是指没有出现司法解释规定的严重后果。① 根据司法实践,其他严重后果包括引发重大劳动群体性事件。例如,劳动者采取静坐、游行、示威等扰乱社会秩序和交通秩序的行为索取被拖欠的工资,被拖欠工资的劳动者自杀、自残等。

第二,从宽情节是可以型量刑情节。也就是说,减轻或者免除处罚的适用还需要综合考虑行为人的犯罪情节、主观恶性、悔罪程度等因素。如果行为人存在多次拒不支付拖欠的劳动报酬的行为,屡教不改,表明其主观上存在恶性,即使没有造成严重后果,也可以不予减轻或者免除处罚。

第三,补偿与赔偿并列,应理解为要求行为人完成补偿行为,即足额支付拖欠的劳动报酬。拒不支付劳动报酬罪规制的是行为人有支付能力而逃避支付工资的行为。同时,法律条文中将支付劳动报酬、承担赔偿责任作为并列条件进行规定,补偿性的支付工作当然也应该是足额支付。既然有能力支付,补偿工资之外还应赔偿,足额支付也是立法应有之义。那么进一步思考,是否还要求行为人足额承担相应的赔偿责任呢? 有学者认为,赔偿责任是依照《劳动合同法》第 85 条规定的所应支付的赔偿金。② 这主要指拖欠工资的一半或者全部。③ 这种观点有一定合理性,不过还应该包括维权成本,即劳动者为要回被拖欠的工资所支出的差旅费等各项合理支出以及可得收入的减少。劳动者获取自己合法劳动报酬的权利长期被行为人侵害,从保护劳动者权利的角度出发,应要求行为人全额支付被拖欠的劳动报酬和相应的赔偿金及补偿金。

第四,提起公诉前的支付时间限制。从宽情节适用的前提是行为人在提起公诉前支付所拖欠的劳动报酬。既然法律明确规定了从宽处罚适用的时间条件是"提起公诉之前",那么行为人在检察机关提起公诉之后的审理期间

---

① 最高人民法院《关于审理拒不支付劳动报酬刑事案件适用法律若干问题的解释》第 5 条规定:"拒不支付劳动者的劳动报酬,符合本解释第 3 条的规定,并具有下列情形之一的,应当认定为刑法第 276 条之一第 1 款规定的'造成严重后果':(1) 造成劳动者或者其被赡养人、被扶养人、被抚养人的基本生活受到严重影响、重大疾病无法及时医治或者失学的;(2) 对要求支付劳动报酬的劳动者使用暴力或者进行暴力威胁的;(3) 造成其他严重后果的。"

② 参见赵秉志、张伟珂《拒不支付劳动报酬罪立法研究》,载《南开学报(哲学社会科学版)》2012 年第 2 期。

③ 我国《劳动合同法》第 85 条规定:"用人单位有下列情形之一的,由劳动行政部门责令限期支付劳动报酬、加班费或者经济补偿;劳动报酬低于当地最低工资标准的,应当支付其差额部分;逾期不支付的,责令用人单位按应付金额 50% 以上 100% 以下的标准向劳动者加付赔偿金:(一) 未按照劳动合同的约定或者国家规定及时足额支付劳动者劳动报酬的;(二) 低于当地最低工资标准支付劳动者工资的;(三) 安排加班不支付加班费的;(四) 解除或者终止劳动合同,未依照本法规定向劳动者支付经济补偿的。"

才支付劳动者劳动报酬的,人民法院就不能再将其作为从宽处罚的情形考虑。提起公诉的时间限制一方面督促行为人尽快地支付所拖欠的劳动报酬,解决欠薪问题。另一方面能够尽快地进入司法程序,节约原本就很稀缺的司法资源。

第五,第三方的垫付行为是否认定为行为人的从宽处罚情节,应根据具体情况考虑。例如,杨某拒不支付劳动报酬案中,杨某向某建筑公司承建 2 栋住宅楼的粉刷工程之后,自己雇用工人施工。施工期间,建筑公司根据合同足额分期支付了全部工程款。杨某领取工程款后没有及时足额支付工人工资,施工结束后拖欠 16 名工人约 60 万元工资。经多方协调,建筑公司将工程尾款 20 万元用于支付工资,并另行出资 40 余万元为杨某垫付工人工资,法院没有将垫付行为认定为减轻处罚情节。① 法院判决书虽然没有直接陈述理由,但是潜台词不言而喻。本案中,建筑公司实际也是被害人。建筑公司根据合同支付了全部工程款,其间杨某自己克扣工程款挪作他用,还谎称建筑公司没有付钱,纠集工人到建筑公司项目部讨薪,围堵建筑公司工作人员,明显有"贼喊捉贼"的行径。而且,建筑公司的垫付款,也是多方协调的结果,实在是无奈之举,这些款项虽然可以形成民法上的债权。但根据本案实际,杨某很可能无力偿还。因此,法院的逻辑是,不能因为一位"被害人"为政府解忧的行为而认定被告人具备从宽量刑情节。这种观点当然具有合理性。

当然,如果被告人家属实际支付了垫付款项,应该根据还款情况,酌情认定从宽量刑情况,庄某拒不支付劳动报酬案的处理就比较妥当。庄某作为某鞋业公司负责日常经营管理的股东,公司停止经营后拖欠员工工资约 360 万,庄某拒不支付工资,公司通过变卖企业生产设备、房东垫付等方式凑集资金足额发放所拖欠的员工工资,其中该企业厂房的房东某仪表公司垫付 200 万元。案发后被告人庄某的亲属陆续筹集资金约 115 万元归还给某仪表公司,法院认定了从轻处罚情节。② 法院认定从宽情节的主要原因在于,家属归还他人垫付的大部分款项。因此,垫付行为只有能反映被告人的悔罪表现

---

① "关于辩护人所提本案被拖欠的劳动报酬已由中泰公司垫付,未造成严重后果的意见,本院认为中泰公司的垫付行为虽然消减了拖欠行为的社会危害性,但并不能以此为由减轻被告人杨国勤的刑事责任。""杨国勤拒不支付劳动报酬案",参见浙江省临安市人民法院刑事判决书［(2016)浙 0185 刑初 447 号］。

② "被告人庄某在庭审中自愿认罪,且温州八方鞋业有限公司所拖欠的工人工资已全部发放,被告人庄某的家属已归还他人垫付的大部分工资款,且被告人庄某在该公司仅持有 30% 的股份,辖区管理部门亦表示对其可从轻处罚,故予以从轻处罚。辩护人提出与此相同的辩护意见予以采纳。""庄某拒不支付劳动报酬案",参见浙江省温州市瓯海区人民法院刑事判决书［(2017)浙 0304 刑初 223 号］。

才能认定为从宽量刑情节。否则,仅仅是被拖欠的工资足额发放这一点不足以使得被告人减轻或从轻处罚。

四、拒不支付劳动报酬罪与拒不执行判决、裁定罪的区分

刑法对拒不执行判决、裁定罪作了清晰规定[①],2015 年最高人民法院《关于审理拒不执行判决、裁定刑事案件适用法律若干问题的解释》(以下简称《拒不执行判决、裁定罪司法解释》),进一步明确了适用条件。该罪属于妨害社会管理秩序一章。该罪客体是国家的司法公信力和权威;客观方面表现为行为人有能力履行而不履行人民法院的生效判决、裁定;主体是负有履行人民法院生效判决、裁定义务的自然人或单位;主观方面表现为故意。拒不执行判决、裁定罪和拒不支付劳动报酬罪具有一些共同点。即两罪的主观方面都表现为故意;客观方面都表现为有能力履行而不履行义务。

两罪也存在明显的不同点:(1) 犯罪行为所侵犯的客体不同。拒不支付劳动报酬罪侵犯的是复杂客体,即劳动者获取劳动报酬的权利和正常的社会经济秩序;拒不执行判决、裁定罪所侵犯的是简单客体,即国家的司法公信力。(2) 两罪客观方面的入罪条件不同。拒不支付劳动报酬罪是结果犯,基本犯与加重犯的条件分别是"数额较大"、"造成严重后果"。拒不执行判决、裁定罪是情节犯,基本犯与加重犯的条件分别是"情节严重"、"情节特别严重"。(3) 两罪客观方面的前置条件不同。拒不支付劳动报酬罪是经政府有关部门责令支付仍不支付,拒不执行判决、裁定罪是人民法院已经有生效的判决、裁定。

关于两罪的关系,学界存在着不同观点。有学者认为,如果行为人具有在法院判决支付劳动报酬后仍然不支付的行为,就又构成拒不执行判决罪,两项罪行构成想象竞合。[②] 还有观点认为两罪是牵连犯,前行为和后行为之间具有牵连关系,是目的行为与方法或者手段行为的牵连。[③]

笔者认为,拒不支付劳动报酬罪保护的法益是劳动者获取劳动报酬的权利和正常社会经济秩序,拒不执行判决、裁定罪则保护国家机关的司法公信力,两者保护的法益不同。只有当劳动者就劳动报酬提起诉讼并胜诉,获得生效判决及裁定后,用人单位拒不支付劳动报酬时,两罪才会出现竞合,实践

---

① 我国《刑法》第 313 条规定:"对人民法院的判决、裁定有能力执行而拒不执行,情节严重的,处 3 年以下有期徒刑、拘役或者罚金;情节特别严重的,处 3 年以上 7 年以下有期徒刑,并处罚金。单位犯前款罪的,对单位判处罚金,并对其直接负责的主管人员和其他直接责任人员,依照前款的规定处罚。"

② 参见张明楷:《刑法学(上)》,法律出版社 2016 年版,第 912 页。

③ 参见解彬:《解析拒不支付劳动报酬罪》,载《法制与社会》2012 年第 4 期。

中这种情况比较少。如果出现此种情况,行为同时触犯拒不支付劳动报酬罪和拒不执行判决、裁定罪,属于想象竞合,根据案件的具体情况应当选择法定刑较重的罪名对其进行处罚。虽然《刑法》第276条之一与第313条的法定刑幅度主刑基本一致,不过拒不支付劳动报酬罪的基本犯法定刑是并处或单处罚金,而拒不执行判决、裁定罪是可以单处罚金,所以前罪法定刑略重,应该以拒不支付劳动报酬罪定罪量刑。

实际上,用人单位拒不支付劳动报酬的行为通常不会涉及拒不执行判决、裁定罪,这与我国现行劳动争议的解决途径有关。实践中如果用人单位欠薪,劳动者有以下几种救济途径:与用人单位协商;向劳动监察等部门举报,相关部门查实后可以责令用人单位履行义务;劳动争议调解,如果用人单位不履行达成的调解协议书,劳动者可以根据《民事诉讼法》第214条向有管辖权的基层法院申请支付令;申请劳动争议仲裁,如果不服仲裁裁决可以再提起诉讼。拒不支付劳动报酬罪客观方面前置条件之一,其实对应的是向劳动监察等部门举报这条劳动权利救济路径。这条路径启动快、处理效率高、费用几乎为零。拒不执行判决、裁定罪对应的是劳动争议仲裁再诉讼这条路径,其时间与经济成本高得多。拒不支付劳动报酬罪的设立,实际是给予劳动监察等部门一把“尚方宝剑”,如果用人单位有能力支付而不支付劳动报酬,劳动监察等部门除了行政处罚权外,还可以涉嫌犯罪的名义向刑事侦查部门移送刑事案件,督促用人单位履行义务。

例如,2011年6月8日平湖市新艺箱包厂(个人独资企业)业主被告人黄某在收到28万元加工款后,在明知拖欠70余名职工2011年4月、5月及6月1日至8日工资的情况下,关闭手机携款逃匿,合计拖欠职工工资30余万元。同年6月9日,该厂职工向平湖市劳动和社会保障局反映情况。平湖市劳动和社会保障局即向公安机关报案。被告人黄某到案后,社保局要求其支付拖欠的职工工资,黄某仍不支付。[①] 前述案件中,劳动和社会保障局接受劳动者举报并责令用人单位支付劳动报酬不成后向公安机关报案,这显示了拒不支付劳动报酬罪典型的案发模式。当然,劳动者也可以直接向刑事侦查部门刑事报案。这样,维权的时间及经济成本大大降低了。对比之下,对于劳动报酬的争议,劳动者选择劳动争议仲裁再诉讼这条路径的可能性会大大降低,从而导致后续用人单位因为拒不支付劳动报酬行为而涉嫌拒不执行判决、裁定罪的案件也极少。因此,对于刑法中拒不支付劳动报酬罪与拒不执行判决、裁定罪逻辑上的竞合问题,在考察劳动权利救济实践之后不难发

---

① “黄某拒不支付劳动报酬案”,参见浙江省平湖市人民法院刑事判决书[(2012)嘉平刑初字第59号]。

现,该问题基本是个伪命题。

　　总之,将欠薪行为入罪有其合理性,但也应该看到刑法介入社会治理的有限性。平等民事主体之间的财产纠纷由民事法律、行政法律规制更为合理。在当前我国对于拒不支付劳动报酬罪司法适用的现状下,司法机关在适用该罪时应综合考虑行为的客观危害性和行为人的主观恶性,做到罪责刑相适应,为促使行为人履行义务提供充分保障。

第六章　我国劳动刑法的完善路径

　　"法律的比较活动与人类的法律文明同时诞生之历史事实,还给予了我们如下启示,即对法律的成长而言,法律的比较是一个必备的要件,它是良性的、积极向上的,是推动法律进步、发展和完善的必需要素"①,我国劳动刑法的立法发展与理论研究均属于后进国家,比较法研究至关重要。德国、日本、法国均承认劳动刑法的概念,其劳动刑法理论当然值得研究。但如果不了解前述大陆法系国家劳动刑法的基本状况和发展趋势,仅仅研究某些概念或理论是不严谨的。因此,笔者认为比较法研究中最重要的是梳理外国法律发展史。我国当前的劳动刑法比较研究中不区分制度史与思想史,从而造成了对外国法律、案例、理论的混杂叙述。缺乏立法趋势研究的分析可能形成"窥豹一斑"式错误——仅仅根据中国法视角对外国法律、理论进行片段性描述与解读,进而将某些外国法中并不显著的概念或者法律"嫁接"到我国劳动刑法制度中。笔者根据初步收集的资料以及与相关研究人员的学术交流,尝试对大陆法系国家劳动刑法的立法趋势进行粗浅的勾勒。除本书已经研究过的劳动安全生产、群体性劳动争议、拒不支付劳动报酬等具体劳动刑法问题领域之外,笔者在本章进一步对我国劳动刑法发展路径的某些基本问题进行初步探讨。

第一节　大陆法系劳动刑法的经验

一、德国劳动刑法的特色

　　德国法律体系中,"劳动刑法是经济刑法的一个分支,它涵盖了所有特定的劳动力市场有关的刑罚和罚款"②。德国的经济刑法具有专业性及从属性,专业性方面体现为德国《法院组织法》第74c条将经济犯罪归属于经济刑事法庭管辖职责范围内,确保主管法官拥有各自领域所要求的专业知识;从

---

① 何勤华:《比较法的早期史》,载《比较法研究》2016年第6期。
② Alexander Ignor, Stephan Rixen: Grundprobleme und gegenwärtige Tendenzen des Arbeitsstrafrechts-Das Gesetz zur Erleichterung der Bekämpfung von illegaler Beschäftigung und Schwarzarbeit und die Sanktionsregeln des neuen Arbeitsver-mittlungsrechts-NStZ,2002, p.510.

属性是指经济刑法上规定的经济犯罪,首先必然违反了其他法律法规。[①]
2000 年以来,伴随着经济发展所衍生的诸多风险问题,德国经济犯罪领域产
生了一股与整体刑法发展相反的犯罪化趋势。[②] 劳动刑法发展趋势中体现
了如下经验。

第一,德国劳动刑法作为经济刑法的分支,具有经济刑法发展的共性特
点与发展趋势。劳动刑法包括刑法罚金和行政罚款两类法律责任,与德国广
义刑法的概念一脉相承。联邦德国分别在 1949 年以及 1952 年开始将广义
刑法进行进一步划分,将其分为真正的刑事法和违反秩序法,并在此后于
1969 年制定《刑法第一改革法》和《刑法第二改革法》,对这种区分继续深化。
同时,1968 年 5 月 24 日《违反秩序法》实现了违反秩序法的改革,同日施行的
《〈违反秩序法〉引入法》开始了微罪刑法的非犯罪化历程。德国从 1968 年起
设立负责经济犯罪案件的专门性检察机构,并将追究经济犯罪的诉讼集中于
州级法院的经济犯罪合议庭,从此开始了经济刑法改革运动。与此相关,学
术界对于经济刑法这一边缘领域的兴趣大增。1970 年前后兴起的汹涌改革
浪潮经过 1986 年《第二部惩治经济犯罪法》之后便逐渐消退,并因此失去了
动力。

自 20 世纪 80 年代以来,德国的经济刑法进入了一个没有重大改革任务
或改革思想的阶段,可以区分以下主线[③]:(1) 逐个进行的应对性立法。经济
刑法领域新发展的显著特色在于缺乏一个贯穿各个步骤的指导思想。刑事
政策起不到指导作用,发展动力是由外部条件决定的。例如,劳动刑法领域,
非法雇用无工作许可的外国人,以及在无借用许可时非法转让雇工的问题一
再导致形成立法性倡议,以及实际控制的加强。(2) 欧洲法造就的法律。作
为经济刑法立法上的源泉,欧盟法律的意义日益加强。因为《欧洲经济共同
体成立条约》第 249 条第 3 款意义上的欧共体指令规定了各个成员国议会有
效实施其既定目标的义务,这里被称为欧盟的"第一支柱",各国议会常将其
理解为规定刑法制裁的必要性。(3) 实践中的发展。在经济刑法改革运动
以来将近四十年的时间里,以刑法和违反秩序法对经济犯罪行为进行控制已
经在德国成为现实;不过德国的经济政策和刑事政策中,尤其缺乏对于犯罪
行为进行一种更加有效的控制等规定。

---

①　参见谢焱:《德国背信罪在股份公司中的适用——以沃达丰收购曼内斯曼案为例》,载《兰州
学刊》2018 年第 10 期。

②　参见孙国祥:《20 年来经济刑法犯罪化趋势回眸及思考》,载《华南师范大学学报(社会科学
版)》2018 年第 1 期。

③　参见〔德〕汉斯·阿亨巴赫:《德国经济刑法的发展》,周遵友译,载《中国刑事法杂志》2013 年
第 2 期。

第二,劳动刑法的规范是通过预防刑法和预防罚金对社会大环境进行控制,特点在于法律规范条文不确定,法益模糊,有制造无限嫌疑的趋势。① 预防刑法不是对侵害具体个人合法权益(如生命、健康、自由)行为的刑罚和罚款,它更多是保护面向未来的共同法益。以预防为目的的刑法的基本应用问题是:法律规范条文不确定,法益模糊,有制造无限嫌疑的趋势,这些问题在劳动刑法领域执行方面尤其明显。条文不确定是指劳动刑法规范的特点是特别高的复杂性和不确定性,劳动刑法的规范几乎没有明确的压倒性引述资料。法益模糊是指部分规范通常通过目的解释扩大其适用范围,模糊的共同法益又反过来给含糊的法律条文提供定罪的解释方向。制造无限嫌疑的趋势是指劳动刑法的法律条文结构和共同法益的随意目的性有利于形成一种调查氛围,在这种氛围中经济犯罪案件的典型程序规模几乎能够自发形成;侦查机关通过多种多样令人遗憾的非经济制裁手段诱使雇主承认罪行,从而提高破案率。②

第三,在德国,劳动者的组织结社自由受到宪法保障;德国劳动刑法在截留和侵占劳动报酬、雇员借用、非法就业三方面作出了一系列修改。根据德国宪法法院对《基本法》第 9 条第 3 款的解释,不仅公民个人的结社自由属于宪法保护范围,公民具备劳动者身份时通过工会等组织与雇主进行谈判以改善劳资双方关系的集体结社自由也属于宪法保护范围。当然,只有那些追求维护和改善工作条件的所谓集体劳动组织的协会才属于德国《基本法》第 9 条第 3 款的范围。1995 年之前,联邦宪法法院采取核心领域原则,认为“维护和保护协会的持续存在有意义”的活动受宪法保护;但 1995 年之后,宪法法院废弃了该原则,与工会、雇主协会等集体劳动组织有特定关联的活动也受宪法保护。③ 因此,德国没有制定工会法,劳动刑法的核心在于与劳动力市场有关的具体违法犯罪行为的行政及刑事处罚。

首先,劳动刑法的规定主要由单行法规定,《德国刑法典》主要涉及截留和侵占劳动报酬罪。德国劳动刑法近年来在刑事性制裁领域的立法发展趋势主要包括实体法的刑事罚金、行政罚款法的变更以及诉讼法的变更。《德国刑法典》第 266a 条规定了截留和侵占劳动报酬罪,关于这一条的修正于

① Alexander Ignor, Stephan Rixen: Grundprobleme und gegenwärtige Tendenzen des Arbeitsstrafrechts-Das Gesetz zur Erleichterung der Bekämpfung von illegaler Beschäftigung und Schwarzarbeit und die Sanktionsregeln des neuen Arbeitsver-mittlungsrechts-NStZ, 2002, p. 511.
② Ibid. , p. 510.
③ 参见〔德〕曼弗雷德·魏斯、马琳·施米特:《德国劳动法与劳资关系》,倪斐译,商务印书馆 2012 年版,第 185—187 页。

2002 年 8 月 1 日生效。该条的修正旨在打击非法就业和未申报工作,强调截留社会保险金可视作"重大违法"或者在熟悉的范围内视作偷税;同时扩展了雇主身份的含义,与从事家务劳动者、手工业者签订劳务合同者和家庭法意义上的居间人也视为雇主。修正后的该条将以下行为犯罪化:一是雇主截留应当为其雇员向社会保险机构或联邦劳工机构交付的保险金的,处 5 年以下自由刑或罚金刑;二是保险机构成员截留雇主为其雇员交来的社会保险金和劳动保险金的,处 1 年以下自由刑或罚金刑;三是雇主将受委托代其雇员从其工资中扣付给他人的款项予以截留而不交给该他人的,即使在期限届满时或到期后立即将此事通知雇员的,处 5 年以下自由刑或罚金刑。同时,第 266a 条第 4 款规定,为第 1 款之行为情节特别严重的,处 6 个月以上 10 年以下自由刑,情节特别严重一般是指:出于恶劣的自私自利截留大额(100 万以上)保险金的;使用仿造或伪造的凭据继续截留保险金的或;利用公务员滥用其权限或其地位所提供的协助的。①

其次,《雇员转让法》也称作《雇员借用法》,属于劳动刑法的核心内容。《雇员转让法》中大量有关刑事罚金和行政罚款的规定变化与《促进打击非法劳动与打黑工行为法》有关。《雇员转让法》第 15 条通过《促进打击非法就业和打黑工行为法》作出如下修改:"借用雇员一方,未获得《就业促进》第 284 条的批准,同时雇用 5 名以上外国雇员,工作至少 30 个日历日的,处以 1 年以下自由刑或罚金刑。" 目前,"工作至少 30 个日历日"条文已被废除。根据这些变化,《雇员转让法》第 15a 条中的"确定的借用期限"将不再是必要的违法行为构成要件,违法行为的应受处罚性只取决于其非法借用的外国雇员数量多少。因为联邦参议院认为,"在侦查实践中几乎无法证明非法就业的外国雇员至少工作了法律规定的 30 天或其他确切的时间期限"。②

再次,打击非法就业的劳动刑法也作出了与《雇员转让法》类似的修改。修订前的《就业促进法》第 407 条规定:"雇主故意违反第 404Ⅱ条规定,即未获得第 284Ⅰ条的许可,同时雇用 5 个以上外国人,至少工作 30 个日历日以上的,处 1 年以下自由刑或罚金刑。"修订后的第 407 条从参阅修订前的第 404 条的规定变为参阅修订后的第 404 条的规定,立法者从实际出发,决定将之前的"至少 30 个日历日"这一犯罪构成要件废除。于 2002 年 8 月 1 日生效的修订后的第 407 条规定如下:"雇主故意违反第 404Ⅱ条规定,即未获得第

---

① German, Strafgesetzbuch, § 266a.
② Alexander Ignor, Stephan Rixen: Grundprobleme und gegenwärtige Tendenzen des Arbeitsstrafrechts-Das Gesetz zur Erleichterung der Bekämpfung von illegaler Beschäftigung und Schwarzarbeit und die Sanktionsregeln des neuen Arbeitsver-mittlungsrechts-NStZ, 2002, p. 513.

284Ⅰ条的许可,同时雇用 5 个以上外国人的,处 1 年以下自由刑或罚金刑"。
对该改变起决定作用的原因与《雇员转让法》相同。德国联邦参议院还建议,
将该款中的外国雇员的数量标准也降低,但未被联邦议院采纳。因为德国联
邦参议院认为,"雇主行为的应受惩罚性取决于其非法雇用的外国雇员数
量"。①

　　专门打击非法就业的法律即《促进打击非法劳动与打黑工行为法》(2002
年 8 月 1 日生效)的变化只存在于很小的应用范围内,它主要是限制罚款的
变化程度。该法第 1 条将"打黑工者"罚款范围的上限从 10 万欧元提高到 30
万欧元,在第 2 条第 2 款中,接受打黑工者雇主的罚款上限同样适用更改后
的第一条罚款上限。同时,以打击非法就业为目的的关键性法律条款(即《就
业促进法》第 304 条)授权《促进打击非法就业与打黑工行为法》取代之前由
海关管理当局发布的行政规章,对非法就业行为进行管理。为了确保《就业
促进法》第 304 条法令能得到执行,科隆市财政局成立了打击非法就业的信
息与协调中心,任务是执行《促进打击非法就业与打黑工行为法》的规定,推
动、支持和协调海关在全国范围内针对非法就业的调查活动。在具有跨区域
意义的重大个别情况下,打击非法就业的信息与协调中心甚至可以根据相应
授权接管部分检察院的工作。

　　另外,德国《社会法典》第 3 卷即《就业促进法》的显著变化发生在制裁法
的范围内,通过法律来促进打击非法就业和打黑工行为。根据新的《就业促
进法》第 405 条的规定,联邦劳工署惩治违反《就业促进法》第 404 条以及《雇
员转让法》第 16 条的行为,即进行"针对非法就业的劳动市场审查",联邦劳
工署内部设置了一个致力于打击非法就业的专门机构。

　　综上所述,在经济犯罪和经济刑法的国际化过程中,在美国、德国及英国
等数个国家从事经营活动的跨国公司及其子公司发挥了重要作用,联合国、
经合组织和其他国际组织也已经首先致力于通过自愿达成的行为指南制定
一种"软性的"经济法,在国家层面上出现的一个广泛趋势则是自愿制定行为
指南即伦理指南。如德国《公司治理指南》自 2002 年生效,以间接方式为私
有经济制定法律和赋予法权。总之,经济刑法首先需要理解企业这个概念,
根据通说观点,这个概念是指在所有"企业活动"意义上,生产、加工或者销售
产品,以及提供服务的经济体。根据德国法,对于企业权利的滥用主要是要

①　Alexander Ignor, Stephan Rixen: Grundprobleme und gegenwärtige Tendenzen des Arbeitsstrafrechts-Das Gesetz zur Erleichterung der Bekämpfung von illegaler Beschäftigung und Schwarzarbeit und die Sanktionsregeln des neuen Arbeitsver-mittlungsrechts-NStZ, 2002, p. 514.

追究企业所有者即负责人的刑事责任,但是对于企业只能追究其罚款责任。经济刑法中,人员方面的重要联系人群是企业职工,由此衍生了劳动刑法相关规范。刑法上和违反秩序法上关于保护职工利益的规定零散地分布在《德国劳动保护法》《德国劳动安全法》以及《德国劳动时间法》等法律中;在《德国刑法典》中,除了身体伤害这个普通犯罪构成要件(第223及其以后各条——伤害罪)外,相关的罪名还有违反建筑成规罪(第319条),以及滥用放射线罪(第309条)。劳动法上以及《德国工商企业管理法》上的犯罪和违反秩序行为构成要件,是要在身体伤害和健康损害发生之前保护职工免遭疲劳与过度劳累等,而且《德国企业职工委员会法》还保障企业职工委员会成员的选举与活动;作为财产价值的劳动力主要是通过《德国刑法典》第263条和第291条第1款第3项以及第233条予以保护的;其他的财产利益通过《德国刑法典》第266a条受到特殊的保护;劳动刑法还包括对于劳动市场的保护,尤其是使其免遭在无劳动许可的情况下非法雇用外国人行为的侵害。① 总之,德国劳动刑法在规范上是以雇主为中心的“雇主刑法”,是保护受雇人基本权利的刑事规范,刑事制裁领域牵涉劳动法、社会法及工厂法,规范对象包括因劳务行为造成的健康损害、劳动时间、青少年以及妇女团体、企业组织以及违法的派遣劳动(主要是营造业)。

二、日本劳动刑法的特色

日本的劳动刑法并没有统括的定义,具有广义与狭义两种理解。广义的是指以社会一般生活规范为违法性判断前提的罚则,狭义的则指严重背离相关劳动基准而应科处刑罚的刑事实体规则。② 日本劳动刑法的特点及发展趋势如下:

第一,日本劳动刑法以宪法作为立法基础,采取了分散的单行法立法模式。美国国会1935年通过了《美国国家劳动关系法》,规定了劳动者的结社、集体谈判和集体行动这三项权利③,劳动者有权组建工会并进行集体谈判、集体罢工,对基本劳动权利进行了立法确认。“在现代西方市场经济国家,无论是劳动法律制度和实务,还是观念和理论,都是围绕‘劳动三权’为基础的

---

① 参见〔德〕克劳斯·梯德曼:《经济刑法总论“序言”》,周遵友译,载陈兴良主编:《刑事法评论》2015年第2期(总第37期),北京大学出版社2016年版,第327,332页。
② 参见〔日〕庄子邦雄:《劳动刑法》(总论),日本有斐阁1975年版,第1页。
③ 我国有学者也称为团结权、集体谈判权、争议权,参见程延园:《“劳动三权”:构筑现代劳动法律的基础》,载《中国人民大学学报》2005年第2期。日本《宪法》第28条官方英译本为:The right of workers to organize and to bargain and act collectively is guaranteed,笔者根据直译原则,采取结社权、集体谈判权和集体行动权的学术表达。

集体劳动关系的调整而展开的。"①日本劳动刑法受美国法影响,日本《宪法》第 28 条规定,"保障雇员结社、集体谈判、集体行动的权利",在宪法中明确赋予劳动者基本权利。这一条规定成为日本有关集体劳动权后期立法的基本原则。

第二,日本劳动领域没有制定统一的劳动法典或者社会法典,对劳动生产过程中犯罪行为的罚则主要根据劳动关系或劳动权的不同类型分散在不同单行法中。劳动领域单行法在日本属于社会福利法体系,主要由劳动省起草,被归入"劳动、公共福利事务和社会福利"序列。日本劳动刑法目前有 83 部法律,一方面包括规范集体劳动关系的法律,主要包括《日本劳动组合法》②、《日本劳动关系调整法》《日本国家公务员法》《日本地方公务员法》《日本关于特定独立行政法人等的劳动关系的法律》③《日本劳动审判法》等。另一方面,还包括规范个别劳动关系的法律,主要有《日本劳动基准法》《日本职业安定法》《日本最低工资法》《日本作业环境测定法》《日本促进个别劳动纠纷解决法》《日本公益通报者保护法》《日本儿童虐待行为防止法》《日本石棉健康受害救济法》《日本劳动契约法》等等。前述法律通常在"罚则"部分对违反该法的行为规定刑罚与行政处罚,不过不同法律中罚则所包含内容可能有所不同。例如,《日本劳动基准法》第 13 章"罚则"部分均为刑罚措施,包括惩役、罚金。

第三,日本建立了比较完善的社会福利法体系,劳动刑法方面最重要的是我国劳动法学者所称的"劳动三法",即《日本劳动组合法》《日本劳动关系调整法》《日本劳动基准法》。前两部法律为解决集体劳动争议的刑法规制,第三部法律对雇主严重违反劳动基准法的行为处以刑罚。《日本劳动组合法》从立法上解决了罢工等集体劳动争议的刑事免责依据问题,该法第 1 条第 2 款规定《日本刑法典》第 35 条第 2 项("依照法令或者基于正当业务而实施的行为,不处罚")的规定应该适用于团体交涉或者其他为了保障员工在工会中自愿团结与组织起来与雇主平等交涉的正当工会团结活动,但任何使用暴力的场合不能视为工会团结活动。

有关集体劳动关系中暴力活动的犯罪认定问题,20 世纪 70 年代末日本在可罚的违法性领域形成了典型刑事判例。即日本最高裁判所昭和 50 年

---

① 程延园:《"劳动三权":构筑现代劳动法律的基础》,载《中国人民大学学报》2005 年第 2 期。
② 有学者翻译为《日本劳动工会法》,参见姜涛:《劳动刑法制度研究》,法律出版社 2013 年版,第 64 页。笔者考虑到该法的日文原文是劳动组合法,遂采取直译法。
③ 即 1948 年制定的《日本公共企业体等劳动关系法》,该法 1986 年修订为《日本国营企业劳动关系法》,1999 年更名为《日本国营企业及特定独立行政法人劳动关系法》,2002 年更名为本法。

(1975年)判决的昭和48年第1231号光文社争议事件。该事件中,以出版图书、杂志和周刊杂志为业的股份有限公司光文社很早以前结成了以该社从业人员为对象的光文社工会与光文社记者工会,1970年2月两个工会与光文社之间发生劳动争议,同年4月起两个工会开始无限期罢工;但同年6月27日对光文社工会方针持批判态度的工会会员成立全光文社工会,并与光文社达成就业协议后重新开始工作。同年8月光文社工会、光文社记者工会及光文社临时工会(以打工学生为主的光文社临时从业人员组成)共同采取全体指明罢工方式对抗光文社,并且每周三四次在光文社办公楼前实施针对全光文社工会会员的阻碍上班、聚会和游行示威行为,并与试图用实力排除阻碍行为的保安人员之间发生冲突,在此期间拘束了前来上班的全光文社工会会员S的身体自由从而实施了不法拘禁行为。第一审(东京地方裁判所)以阻却违法性是否存在应从法秩序整体出发进行实质、具体的判断为由,认为人的身体以及行动自由是应受到最大限度尊重的法益,认定被告人的行为不应作为劳动组合法第1条第2款正文、刑法第35条以及其他事由的正当行为来阻却违法,而且其行为的违法性程度也并不能解释为不具有可罚性的轻微行为,判定被告人成立拘禁罪并判处有期徒刑3个月,缓期1年执行。第二审(东京高等裁判所)认为,根据劳动组合法和刑法在内的法整体精神,从被告人等所要保护的利益与其所侵害的利益之间权衡分析,被告人的行为不属于危险的反社会行为,撤销一审判决并宣告被告人无罪。最高裁判所第三小庭经职权调查后撤销二审判决,维持第一审的判决,认为被告人行为属于超越了所能容忍的阻碍上班合理界限的攻击性和威逼性行动,并不欠缺刑法上的违法性。本案争议焦点在于,最高裁判所虽然撤销了二审判决,但并没有否定可罚的违法性本身,关键在于阻碍上班合理界限的范围如何界定;而这取决于对被害法益的评价以及行为紧急性和其他相当性有无的认识差异。①该判决之后,日本学界与司法界对于工会团结活动与正当行为的争议基本得以解决,以后类似案件的判决基本趋于一致。

　　总之,《劳动组合法》实现了日本劳动刑法对集体劳动关系刑法规制的重大转向。不过,《日本国家公务员法》《日本地方公务员法》《日本关于特定独立行政法人等的劳动关系的法律》又对国家以及自治团体职员的罢工行为作了禁止性规定。同时,日本劳动刑法对于个体劳动权给予了全面的刑法保护。如,《日本劳动基准法》第117条对强迫劳动行为犯罪化,规定任何违反该法第5条的行为,即雇主通过暴力、迫害、监禁或其他不正当影响雇员身体

---

　　① 　参见〔日〕日高义博:《违法性的基础理论》,张光云译,法律出版社2015年版,第19—24页。

或心理的方式强迫雇员劳动,应该被处以 1 年以上 10 年以下惩役①或 20 万日元以上 300 万日元以下罚金。再如,《日本最低工资法》第 39 条对于雇员举报雇主的报复行为犯罪化,规定凡违反该法第 34 条第 2 款的行为,即雇主因为雇员向劳动基准监察部门举报有关工作场所的违规行为而开除该员工或者给予其他不利处置,应该被处以 6 个月以下惩役或 3 万日元以下罚金。

综上所述,日本劳动刑法学者通常认为,行为处罚本身会与国民一般法意识相适应,被认为具有反社会与反道德而须以刑罚来处理者即为犯罪。行政犯则难以如此清楚地划分,行为或许是因法律规定,或是为达成一定行政目的,而被认为是犯罪,但此处的法意识乃属流动概念,而有行政犯变动成自然犯的可能,当然亦有可能成为行政违反的秩序犯。按照这种见解,民法、行政法与刑法等各种不法间相互流动,这显然是采取区分理论中量的区分差异之看法。在区分劳动刑法究应采取行政罚或刑罚的讨论中,日本学者认为应采取量的区别说,但也承认有必要透过理解劳动刑法的基本性格作为"类型与架构"区分,同时不断地探求一般国民意识,才能找出应采取刑事刑法或行政刑法手段之答案。日本从战前的治安刑法到战后现行刑法,治安刑法本质上即具有反对劳动者的性质;所谓劳动刑法规范最重要的目标,首要在于将劳动者从过度残酷的劳动与贫困中救援出来,并确保劳动者的生存权。也许在立法当时,劳动刑法中的保护劳动者理念尚未被一般国民意识所吸收,可能出现无法落实相关法规范的情形。总体而言,日本"劳动三权"的基本权于战后受国际潮流影响与新宪法制定方始确立,但其后也不断通过实务与理论之发展而扩展其内容。

三、法国劳动刑法的特色

在法国法上,劳动刑法是主要适用于雇员与雇主之间关系的刑事法律规范总和,劳动领域发生的某些行为受到刑法制裁,作为劳动刑法的调整对象,劳动刑法是刑法各论的一个分支。② 法国劳动刑法的立法特点如下。

第一,《法国宪法》没有规定工会事项,《法国劳动法典》强调"工会自由"。1958 年《法国宪法》第五章规定"议会与政府关系",第 34 条规定了法律保留原则:"下列各事项之基本原则,由法律定之:国防基本组织;地方自治团体之自主行政、权限及财源;教育;环境保护;所有权制度、物权制度、民事及商事

---

① 根据《日本刑法典》第 12 条、第 13 条,惩役是拘禁在监狱内服一定劳役,监禁是拘禁在监狱内。

② Droit du travailen France,载维基百科(法文), https://fr. wikipedia. org/wiki/Droit_du_travail_en_France,2020 年 2 月 10 日访问。

义务;劳动法、工会法及社会保障法"。① 宪法规定应该制定法律的"劳动法、工会法及社会保障法",即《法国劳动法典》。《法国劳动法典》第二部分"集体劳动关系"规定了工会制度,主要强调"工会自由",即雇员享有组织或不组织工会,参加或不参加工会,选择参加哪个工会的自由。

第二,劳动刑法是刑法与劳动法相融合的法律部门,沿着处罚雇员、处罚雇主、保护集体劳动关系及安全生产的发展轨迹,犯罪化运动非常迅速。现代意义的法国劳动法产生于 19 世纪后半叶,劳动法与社会保障法合称为"社会法"。19 世纪中叶之前关于劳动的刑事法规都是制裁雇员而维护雇主的,产生之后也是逐步赋予雇员罢工、参加工会的权利,而在 19 世纪之前这些都是犯罪行为。

1810 年法国第一部刑法典,已经考虑了劳动关系。然而在那时,大多数规范惩罚雇员,而不惩罚雇主。事实上,雇员身份常被作为一些犯罪的加重情节予以考虑。如盗窃、背信罪,在雇员对雇主所犯此类罪时,处罚更为严厉。内外勾结,涉及雇员时也处罚更重。19 世纪后半叶,强制性规定常以保护合同中弱势一方为目的,也就是雇员。此时,立法机关考虑到民事规范对劳动法的有效性不足,刑事规范更有恫吓作用,从而产生了很重要的劳动法犯罪化运动。②

1972 年 7 月 5 日的法律,改革劳动法罚则。该项法律的目的在于提高劳动法有效性,其型塑了今日劳动法的外形结构。最初,劳动刑法包括的规范大多数是关于法律上的个人保护,尤其是关于健康、安全方面。20 世纪 80 年代以后,立法价值开始转向考量和保护集体劳动关系,并首次考虑雇员人之尊严。这一时期出现了以下概念:歧视、骚扰、不符合尊严之工作条件。1994 年 3 月 1 日,法国新刑法典生效,纳入大量健康安全领域的过失轻罪,并规定了法人刑事责任。

第三,劳动刑法是适用于法国劳动法的刑法部门,大多数相关犯罪并未见于《法国刑法典》,而是见于《法国劳动法典》。因此,应区分两类犯罪:一是适用于劳动领域普通法的犯罪,例如过失致人死亡、置他人生命于险境,这一类通常在刑法典中规定。二是劳动法领域特有犯罪,如黑市劳动罪,通常在劳动法典中规定。《法国宪法》第 55 条规定"国际条约或协议经正式批准或同意,并由签约国对方予以施行者,自公布日起具有优于法律之效力",因此

---

① France, Constitution de 1958, art. 34.
② Droit du travailen France,载维基百科(法文),https://fr.wikipedia.org/wiki/Droit_du_travail_en_France,2020 年 2 月 10 日访问。

法国劳动刑法的法律渊源还包括国际规范,而且国际条约的效力高于法律。法国劳动刑法的国际规范主要包括国际劳工组织的国际条约,《欧洲人权公约》《欧洲保障人权和根本自由公约》《欧洲社会宪章》,欧洲人权法院判例。刑法方面,欧洲人权法院经常以违反罪刑法定原则为由撤销法国法院作出的有罪判决。

　　同时,法国国内法官可以排除与国际法条文相违背的国内法。例如女性夜间工作之前属于刑事犯罪,后来国内规范随国际法修改,即 1976 年 2 月 9 日关于男女平等对待的欧盟指令第 5 条,法国法关于禁止女性夜间工作的条文与此相违背。因此欧盟条约第 83 条给予共同体机构通过指令创制一些领域刑事犯罪的权限。

　　另外,必须注意劳动刑法中宪法委员会、刑事司法法院、行政法院的关系。在法国法上,适用于个人或条例性的行政行为合法性,不应由司法序列的法院作出判断,这是行政法院的专属管辖权。根据《法国刑法典》第 111-5 条①,当劳动刑法审判涉及的行政行为合法性需要解释时,通常属于司法法院序列,刑事法院将中止诉讼,转入异议程序,将当事人移送有管辖权的法院。而且,还有“排除法律文本”的诉讼程序。在诉讼中,当事人有要求法条不适用于正在进行的审判的异议权;异议没有时效,为永久性。当事人也可以自法律条文公布之日起两个月内诉请最高行政法院撤销系争条文。

　　而且,合宪性审查可能导致劳动刑法相关条文的废除。《法国刑法典》对于罪刑法定原则进行了全面而具体的规定,第 111-1 条规定“刑事犯罪,依其危害程度,分为重罪、轻罪、违警罪”,第 111-2 条规定“重罪及轻罪,以法律定之。重罪、轻罪所适用于行为人之刑,以法律定之。违警罪以条例定之。违警罪所适用之刑,由条例依法律所定之刑度与刑种确定”,第 111-3 条规定“任何人,不得因法律未明文规定要件之重罪、轻罪或因条例未明文规定要件之违警罪受处罚。任何人犯重罪、轻罪而法律未规定其刑,不罚;任何人犯违警罪而条例未规定其刑,不罚”。同时第 111-4 条规定了罪刑法定原则的保障性原则,即“刑法法律,应严格解释之”。基于刑法典罪刑法定原则、严格解释原则的实体规则以及法国的合宪性审查程序,有时会导致劳动刑法相关条文的废除。例如,性骚扰轻罪的规定,因为违反宪法,不符合罪刑法定原则条文的明确、精确要求,遂被(宪法委员会)废除。②

　　第四,《法国刑法典》第 2 卷第 2 编第 5 章对于就业歧视、非法招聘、雇用

---

① France, Code pénal, art. 111-5.

② Droit du travailen France,载维基百科(法文), https://fr. wikipedia. org/wiki/Droit_du_travail_en_France,2020 年 2 月 10 日访问。

行乞、非法商贩营业以及劳动和居住条件违背人之尊严、强制劳动及没为奴役等行为规定了五级违警罪与轻罪的刑罚。《法国刑法典》第二卷"危害人之重罪及轻罪"之下的第二编"对人身之侵犯"中第五章"侵犯人之尊严"规定了劳动刑法的罚则,具体包括以下四类。首先,对于就业歧视,《法国刑法典》第225-2条规定,自然人或法人基于歧视①而拒绝雇用、惩戒或解雇,或者附条件雇用、提供实习或培训期间,或者拒绝接受某人进行社会保障法典所定之实习,处3年监禁,并科4.5万欧元罚金。

其次,对于非法招聘,《法国刑法典》第225-4-1(1)条规定,以营利为目的,招聘、运送、转让、收容、接待之人,如果对被害人或其家属、关系密切之人,使用胁迫、强制、暴力、欺诈操纵手段或其他该条规定的行为,构成人口贩卖罪,处7年监禁刑,并科15万欧元罚金。

再次,对于雇用行乞,《法国刑法典》第225-12-5条规定了行乞营业罪,系指不论何人,以下列任何方式进行之行为:组织他人行乞以牟利;自他人行乞获利,或从以行乞为业之人处分享收益、收取费用;雇用、训练、转移某人而使之行乞,或对其施以压力,使其行乞或继续行乞;雇用、训练、转移某人,为个人牟利,使其在公共道路取得捐赠。行乞营业,处3年监禁,并科4.5万欧元罚金。

最后,对于非法商贩,《法国刑法典》对于行为人自己从事非法商贩或者煽动他人从事非法商贩从而自己牟利的行为均规定为犯罪。第446-1条规定"非法商贩,系指未有许可或合法申报,提供、投入销售或展示,以贩卖商品,或于公共场所从事其他职业,违反此类地点治安规范之行为。非法商贩,处6个月监禁,并科3750欧元罚金",属于"违反公共场所职业规范的犯罪",列于"危害国家、民族、公共安宁"这一卷。第225-12-8条规定非法商贩营业罪,不论何人,雇用、训练、转移某人,以煽动其犯第446-1条所定之任何犯罪,或对其施以压力,使其从事或继续从事此行为,并以任何方式从中牟利,处 3 年监禁,并科 4.5 万欧元罚金。非法商贩营业罪因为是煽动他人非法商贩而本人从中牟利,因此属于"侵犯人之尊严的犯罪"。

第五,对于劳动及居住条件违背人之尊严、强制劳动及没为奴役,《法国刑法典》作了非常全面的规定。第 225-13 条规定,"从有明显或为行为人所明知的弱势或依赖状况之人,取得无偿劳务,或以与所完成工作量显非相称之报酬为交换者,处 5 年监禁,并科 15 万欧元罚金"。第 225-14 条规定,"将有明显或为行为人所明知的弱势或依赖状况之人,置于不符合人之尊严的劳动及居住条件者,处 5 年监禁,并科 15 万欧元罚金"。第 225-14-1 条规定,"强迫劳动,系指以暴力、威胁手段,强制有明显或为行为人所明知的弱势或依赖状况之人从事无偿或取酬与所完成工作量显非相称之劳动。处 7 年监禁,并科 20 万欧元罚金"。第 225-14-2 条规定,"没为奴役,系指使有明显或为行为人所明知的弱势或依赖状况之人,惯常遭受第 225-14-1 条之犯罪。处 10 年监禁,并科 30 万欧元罚金"。

第六,《法国劳动法典》规定了全面而详细的劳动刑法规则。比较研究《法国劳动法典》,必须注意到本书在第一章分析法国劳动刑法概念时的结论,即法国采纳广义刑法概念,实行犯罪、违法的一元立法体例,五级违警罪、轻罪、重罪相当于我国的刑事犯罪。《法国劳动法典》分为八部分,分别为第一部分"个别劳动关系"、第二部分"集体劳动关系"、第三部分"劳动期限、工资、雇员分红及工资储蓄"、第四部分"劳动健康与安全"、第五部分"岗位"、第六部分"终身职业培训"、第七部分"特定行业及活动特别规定"、第八部分"劳动立法适用之监督",对于各类违反劳动行政法的行为都规定了刑事罚则。其中劳动刑法规则最重要的是第一部分和第四部分,有许多规定是我国刑法所未规定的。

综上,《法国劳动法典》中对我国有价值的重要规定包括以下五点。首先,有关劳动关系的刑罚不仅仅及于侵害劳动关系双方的行为,对妨害劳动监察工作人员、劳工顾问执行职务行为也设定轻罪的刑罚。如《法国劳动法典》第 L1155-1 条规定"妨害或试图妨害监察员依第 L1152-6 条行使职务者,处 1 年监禁刑,并科 3750 欧元罚金"。[①] 第 L1238-1 条规定:"妨害或试图妨害劳工顾问行使职务,尤其违反第 L1232-8 条至第 1232-12 条及第 1232-14条者,处一年监禁,并科 3750 欧元罚金。"

其次,对于雇主订立固定期限合同的某些非法行为设定五级违警罪与轻罪的刑罚。《法国劳动法典》第 L1248-1 条规定,"违反第 L1242-1 条规定,未

---

① 　France，Code du travail，art. L 1155-1.

持久提供与通常、永久性活动相关岗位而订立固定期限劳动合同者，处 3750 欧元罚金。本罪累犯，处监禁六个月，并科 7500 欧元罚金”。再如，第 L1248-7 条规定，“违反第 L1242-13 条第一款，在雇用雇员后 2 日内，未将固定期限劳动合同递送至雇员者，处 3750 欧元罚金。本罪累犯，处监禁 6 个月，并科 7500 欧元罚金”。

再次，对于雇主在临时劳动合同中的某些违法行为设定第五级违警罪与轻罪的刑罚。如《法国劳动法典》第 R1255-2 条规定：“用工企业中负责管理集体交通设施之人，违反第 L1251-24 条规定，阻拦临时雇员以该企业雇员条件，使用此类集体设施者，处第五级违警罪之罚金刑。本条违警罪之累犯，依刑法典第 132-11 条至第 132-15 条处罚。”

复次，对挂靠机构的某些违法行为设定第五级违警罪与轻罪的刑罚。如《法国劳动法典》第 L1255-14 条规定，挂靠机构如果实施与所涉雇员之委托企业订立挂靠商业合同而未包括法定附款文本等 14 种行为之一者，处罚金 3750 欧元，累犯处 6 个月监禁，并科 7500 欧元罚金，法院得另宣告于 2 年以上 10 年以下期间内，禁止从事挂靠活动。

最后，《法国劳动法典》第四部分“劳动健康与安全”在普通生产经营活动，以及建筑施工和土木工程等特别领域规定了全面的卫生及安全相关犯罪。例如，《法国劳动法典》第 L4741-1 条规定，雇主及其受托人，因其个人过失违反该法第一卷至第五卷中有关卫生及安全保护规则及最高行政法院所定施行法令者，处 1 万欧元罚金，累犯处 1 年监禁刑，并科 3 万欧元罚金，而且罚金就本罪所涉各雇员逐一宣告之。再如，第 L4744-4 条规定，房地产业主有未任命安全及卫生领域相关之协调员、任命不符合法令所定条件之协调员、未依法建立总体协调规划、未依法建立工程后续措施之相关文件行为之一者，处 1 万欧元罚金，累犯处 1 年监禁，并科 1.5 万 欧元罚金。又如，第 L4744-5 条规定：“承包商未依第 L4532-9 条向业主或协调员，提供保护劳工健康之特别计划者，处 9000 欧元罚金。累犯处一年监禁，并科 1.5 万欧元罚金。法院得另宣告第 L4741-5 条之刑罚。”

第二节　我国劳动刑法的立法完善模式

本书第二章至第五章对劳动安全生产，强迫、强制劳动等劳动生产过程中犯罪行为的司法适用问题进行了针对性研究，本节再结合大陆法系立法经验，进一步分析劳动刑法立法完善的基本问题。

一、刑法典分散立法模式

自从劳动权刑法保护这个问题在我国受到理论关注开始,劳动刑法的立法完善都是一个重要议题。关于立法体例,学者们主要有两种建议。第一种建议是《刑法》专节规定劳动刑法相关罪名。具体而言,在刑法分则侵犯公民人身权利民主权利罪中增加侵犯公民劳动权利罪作为专节,扩充该章为侵犯公民人身权利、民主权利、劳动权利罪。①学者们对此观点多有赞成,认为这样可以使分散于刑法分则的各种劳动侵权犯罪以整体性的姿态被规定于刑法典,有利于刑法典的完整性②;有利于劳动者与用人单位等相关社会人员充分理解劳动侵权犯罪的各项属性,提高劳动者保护自身权利的法律意识。③第二种建议是通过附属刑法进行劳动刑法立法。有学者提出,我国的劳动刑法立法完善首先应当充分尊重罪刑法定原则,然后借鉴大陆法系的二元立法模式,大量采取附属刑法的方式。④ 有学者从比较法角度赞成这一结论,进一步指出附属刑法模式对于劳动权保护的重要性已经被西方发达国家劳动刑法的体系性所证明,美、法、英、日等国有关侵犯劳动权的犯罪大都体现在劳动法律之中,刑法典或单行刑法则成为补充模式,只对广义的劳动刑法所涉及的罪名作出规定。⑤ 笔者对前述两种观点均不赞成,认为我国劳动刑法的立法完善不适合采取所谓附属刑法模式,应该坚持刑法典分散立法模式,在劳动刑法共同法益范围内完善《刑法》相关条文即可。具体理由如下。

第一个理由是,对于大陆法系劳动刑法采纳附属刑法模式的概括不准确,应该是大陆法系采取行政刑法立法模式的做法具有普遍性。对于附属刑法立法模式,我国学者多有研究,形成了以下基本观点:(1)附属刑法是指在经济法、行政法等非刑事法律中对于犯罪与刑罚事项进行规定的法律规范。附属刑法立法模式则是指对这些附属刑法规范立法时所采取的表现方式类型,大陆法系国家与英美法系国家在制定附属刑法规范时,主要采用散在型和编纂型两种立法模式。(2)散在型立法模式被大多数国家附属刑法立法所采用,是指在非刑事法律中对有关犯罪和刑罚事项直接设定条文,又可分为依附性的散在型立法方式和独立性的散在型立法方式两种。依附性的散

---

① 参见严励、刘志明:《我国劳动权刑法保护研究》,载《山西大学学报(哲学社会科学版)》2002年第3期。
② 参见葛歆:《论劳动侵权行为的犯罪化问题》,载《天津市政法管理干部学院学报》2004年第3期。
③ 参见张勇:《劳动刑法:侵权与自救的刑事一体化研究》,上海人民出版社2011年版,第184页。
④ 参见陈步雷:《劳动刑法具有相对独立的地位》,载《工人日报》2005年7月18日第7版。
⑤ 参见姜涛:《劳动刑法制度研究》,法律出版社2013年版,第105页。

在型立法方式,是指附属刑法条文对于犯罪和刑罚的完整内容并不完全规定,而是在条文内容上对刑法典或单行刑法具有一定依附性的方式。我国附属刑法立法多采取此种方式。独立性的散在型立法方式,是指在附属刑法条文对于有关犯罪和刑罚的内容直接设定规则,并不依附于任何其他法律的方式。例如《日本少年法》第51条的规定。① (3)编纂型立法模式是指对非刑事法律中附属刑法规范的汇编。这种立法方式是以上述散在型立法方式为前提的,它本身也属于附属刑法立法的方式之一,例如《荷兰经济犯罪法》。② 我国学者基于对外国刑事立法的描述性研究,注意到中外刑法的不同立法例均有价值。不过,笔者认为,对于大陆法系在非刑事法律中存在大量刑事罚则规定的现象,以附属刑法立法模式概括不太准确,这其实是大陆法系行政刑法发达的表现。这种立法现象并不是以刑法典作为刑事法律的核心,而是将刑法典作为主要规定传统自然犯罪的核心刑事法律文件,而将其他新近发展形成的行政法置于相关行政法规中系统规定。

实际上,根据本书第一章和本章对德国、法国、日本三个大陆法系国家劳动刑法概念和立法的分析,我们可以得到两个基本结论。第一个结论是,大陆法系国家刑法典同时规定刑罚与保安处分,刑法的概念往往是广义的,包括刑事罚则与行政罚则,狭义刑法指刑法典。第二个结论是,行政法普遍独立规定刑事罚则,行政刑法成为刑法的重要法源,而且发展出经济刑法、劳动刑法等类型。实际上,日本学者很少使用"附属刑法"这一概念,一般是把刑法分为一般刑法、特别刑法、行政刑法,其中一般刑法是指刑法典,特别刑法相当于我国的单行刑法,而行政刑法除了消费者权益保护等传统的行政刑法之外,还包括劳动、税收、经济、环境等刑法分支部门。③ 刑法典被称为形式意义上的刑法,规定犯罪要件和作为针对犯罪所科处刑罚内容的所有国家法规范都被称为刑法,即实质意义上的刑法。④ 因此,分析德国、日本、法国劳动刑法的立法特点,其法律渊源表现形式都属于行政刑法为主,刑法典为辅的立法模式,劳动刑法在概念上均属于行政刑法的下位概念,基本特点是行政法中大量规定行政犯的刑事罚则。因此,所谓"附属刑法模式"是中国式概括,实际上所谓依附性的散在型立法方式恰恰是我国刑事立法的特点,即刑

---

① 《日本少年法》第51条规定:1. 对于犯罪时未满18周岁的少年,按其所犯之罪应被判处死刑的,处无期徒刑。2. 对于犯罪时未满18周岁的少年,按其所犯之罪应被判处无期徒刑的,既可判处无期徒刑,也可判处10年以上20年以下有期惩役或者禁锢。
② 参见郝守才:《附属刑法立法模式的比较与优化》,载《现代法学》1996年第4期。
③ 参见〔日〕山中敬一:《刑法总论》,日本成文堂2008年版,第11—12页。
④ 参见〔日〕大冢仁:《刑法概说(总论)》(第3版),冯军译,中国人民大学出版社2003年版,第19页。

法典集中立法体例;而编纂型立法模式、独立性的散在型立法方式在国外都是属于行政刑法,没有本质区别。某个领域的行政刑法有时由多部单行行政法组成,例如德国劳动刑法、日本劳动刑法由诸多行政法组成;有时规定于一部法典,例如《法国劳动法典》。

因此,对大陆法系国家劳动刑法的立法体例以"行政刑法模式"概括更为妥当,"附属刑法模式"更接近我国劳动刑法的立法现状。而且,从刑法的渊源分析,行政法、经济法等法律中往往在刑事责任部分通过概括式规定将定罪量刑问题指向刑法,条文形式往往表述为"构成犯罪的,依照刑法追究刑事责任",实际上仅仅在文本层面形式上重申刑法的相关条文,而没有对刑法作出实质性的解释或补充,并非立法论意义上的附属刑法。① 考虑我国劳动刑法的立法完善,主要问题在于是否需要采取大陆法系的行政刑法为主的立法模式,而非所谓采取"附属刑法"为主的立法模式问题。大陆法系行政立法发达,主要原因在于行政犯日益增多,行政法的立法目的通常在于"防治",罚则是防治的重要内容,行政与刑事罚则一体规定可以保证广义刑法的协调性。例如,我国台湾地区"性骚扰防治法"第 1 条规定,"为防治性骚扰及保护被害人之权益,特制定本法,"第 20 至 24 条规定了罚锾,第 25 条就对更严重的性骚扰行为规定了有期徒刑、拘役、罚金。② 大陆法系形成了刑法典、单行刑法、行政刑法并列的立法惯例,而我国不具备这种立法惯例,没有必要以所谓"附属刑法模式"更具有优越性的观念来推论劳动刑法应该采取此类立法模式。我国 1997 年修订的《刑法》将 23 部全国人大常委会制定的条例、补充规定、决定吸收到刑法中,集中编纂成刑法典,相比行政刑法也具有刑法典体系性的优点。当然,行政犯的空白罪状与行政法的衔接、行政违法涉嫌犯罪时的移送还存在一定问题。不过这些问题并非立法模式造成的,而是涉及刑法解释方法、行政机关与司法机关工作程序的衔接。

第二个理由是,劳动刑法学的独立研究理论价值在于劳动刑法具有特别的问题群,与劳动刑法是否采取所谓"附属刑法模式"或者刑法专节规定无关。在德国,刑法学者通常采用经济刑法这类刑法分类的概念,经济刑法学的研究也非常发达。不过,立法者本身没有运用此种刑法学术分类的概念。立法者反而考虑,何种模式对于法律执行本身更加有利。因此,我国劳动刑法学的理论研究关键在于推进劳动刑法的概念、基本原则、劳动特有犯罪司法适用政策等方面的理论研究。劳动刑法特殊性的理论研究才是劳动刑法

---

① 参见张明楷:《刑法学》(上),法律出版社 2016 年版,第 17 页。
② 参见张丽卿监修、林朝云编著:《刑事法典》,台湾五南图书出版公司 2015 年版,第 1—253 页。

学的价值所在。当然,我国刑法分支学科的理论研究除了经济刑法之外都属于非主流,这与《刑法》分则第三章专章规定"破坏社会主义市场经济秩序罪"有莫大关系。德国、日本、法国非常重要的刑法分支学科概念,如劳动刑法、环境刑法,在我国没有得到理论研究的充分重视。但是,立法上"另立门户"就能衬托劳动刑法的重要性吗?绝非如此!劳动刑法学的研究不应该以立法论为导向,进而从立法模式等抽象层面借鉴外国立法经验。而应该立足于刑法解释,在分析劳动生产过程中严重危害社会行为的刑事立法、刑事司法现象基础上概括劳动刑法的特点,并以此为基础讨论劳动刑法的立法问题。笔者也主张在劳动刑法的核心法益,即安全生产保护与职业卫生管理、劳动者人身权利这两个领域可以论证犯罪化的问题。不过,这些行为如果具有犯罪化的理由,根据目前刑法的框架,分别在分则第二章、第四章增加相关罪名,也完全能够实现刑法的法益保护机能。

第三个理由是,我国劳动刑法如果采取行政刑法立法模式,会造成行政机关权力的进一步膨胀,形成社会治理过度刑法化的局面。笔者主张在劳动刑法学研究中需要适度考虑犯罪化问题,但我国目前这个领域的犯罪化恰恰是动用刑法介入劳动者财产权利的保护,这是非常危险的。如果此种情况下再采取行政刑法模式,行政机关的权力会得到进一步扩张,刑法的人权保障机能将受到前所未有的挑战。因为在实践中,所有的行政犯,绝大部分都是行政机关首先以行政违法的名义介入案件,进而在认为该案件涉嫌犯罪时移送司法机关。本来行政移送只是工作机制的衔接,但实践中行政机关已经据此衍生出实体权力——移送就是犯罪,不移送就是违法。一个明显的例子就是,基层公安机关对案件属于治安案件还是刑事案件的决定基本是终局性的。因此,行政权具有主动性,行政机关天然具有扩大权力的冲动,在我国国家机构设置对行政机关缺乏强有力约束的情况下,尤其要警惕刑罚权的滥用。而且,刑法中行政犯的增设,往往有相关行政机关的助推。倒卖车票、船票罪的背后是铁道部,危险驾驶罪背后有交通行政管理部门,拒不支付劳动报酬罪背后是劳动监察部门。增设拒不支付劳动报酬罪,是刑法之手不适当伸向民事经济领域,导致调整对象的过度化,是社会治理"过度刑法化"的立法表现。① 劳动刑法的立法论研究,应该紧紧围绕刑法的人权保障、法益保护机能展开,结合刑事立法、刑事司法实践谨慎地得出结论。

二、以预防刑为基础的并合主义

我国劳动刑法学研究的立法论,关键在于阐述劳动刑法中刑罚正当化的

---

① 参见何荣功:《社会治理"过度刑法化"的法哲学批判》,载《中外法学》2015 年第 2 期。

根据。倾斜保护劳动者原则显然不能作为劳动刑法立法论的指导思想,这样立法重心会偏向增设拒不支付劳动报酬罪这种过分依赖刑法介入劳动者的个人财产权利保护而忽视人身和民主权利、社会法益保护的不合理轨道。不管是报应刑论还是预防刑论,都不能完全说明刑罚的正当化根据,于是产生了并合主义,将责任报应与预防目的结合起来说明刑罚正当化根据。一般刑法理论意义上,并合主义有两种类型,第一种类型是刑罚既要满足报应的要求,与责任相适应,也要有某种合理的必要性,这种类型中报应为刑罚奠定基础,预防目的是一种"外在的"附加;第二种类型是认为只要刑罚满足报应的要求或者满足预防目的的要求即可,通常所讲的报应主义是前一种类型。①笔者在本书前文已经论证,我国劳动刑法应该坚持法益保护区分原则,对于劳动刑法的核心法益,即公共安全、劳动者人身权利,适度考虑犯罪化;对于劳动刑法的非核心法益,即劳动者财产权利等,立法必须贯彻刑法谦抑主义,可能需要从非犯罪化角度思考,例如拒不支付劳动报酬罪。以法益保护区分原则作为前提,笔者认为我国劳动刑法的立法论应该以第三种类型的并合主义为立场,即以预防刑为基础的并合主义,预防目的限定在公共安全与劳动者人身权利两个领域劳动刑法犯罪化的范围,同时责任报应作为犯罪化的外在要求。

　　不可否认,大陆法系劳动刑法的预防刑法倾向虽然产生了一些问题,但是我国劳动刑法处于不同的发展阶段,仍然应该借鉴其合理因素。通过笔者在本章上一节对德国、日本、法国劳动刑法立法特点的分析,不难发现大陆法系国家建立了比较全面的劳动刑法体系,全面保障雇员的各种劳动权利,同时也对雇主权利、国家或社会的劳动监察活动、公共安全给予保护。大陆法系国家劳动刑法的完善,为劳动关系的和谐发展与社会进步奠定了坚实基础。同时,德国等国家劳动刑法发展中的问题是福利国家在发展过程中"过度福利化"的表现之一,劳动刑法成为福利国家组织劳动力市场不服从行为的惩戒荆条,产生了"劳动者刑法保护过度"现象。但这并不能否认劳动刑法领域应该重视预防目的之合理性,因为外国劳动刑法发展中的问题可以通过前瞻性立法得以避免。

　　重大、特别重大安全生产事故多年以来屡禁不止以及群体性劳动争议事件愈演愈烈,表明我国当前劳动刑法尚处于加强法益保护的阶段,在核心法益领域借鉴德国预防刑法的经验,强化对公众、劳动者的保护刻不容缓。在劳动刑法的立法发展过程中,应该树立明确的指导思想,根据法益区分保护

---

① 参见张明楷:《责任刑与预防刑》,北京大学出版社 2015 年版,第 72—73 页。

原则和以预防刑为基础的并合主义观察劳动刑法的各个步骤,就能在吸取德国劳动刑法发展教训的同时完善我国劳动刑法的立法。德国的劳动刑法属于经济刑法分支,自 20 世纪 80 年代以来经济刑法领域发展的显著特点在于没有明确的指导方针,不是长期形成的刑事政策而是外部的政治或者社会形势决定了法律的发展;外部条件往往都是政治官员为了应对一些过度曝光的极端个案而展现政府决策能力的过程;法律是仓促出台的,往往只能视为象征性的立法,缺乏对于现状以及可能采取的解决方案的全方位分析,其本质是政治营销。① 所以,我国拒不支付劳动报酬罪明显也是一种应对性立法,象征意义更浓厚。劳动刑法的立法只有具备明确的指导思想才能够实现人权保障与法益保护机能。

综上所述,我国劳动刑法的立法论应该贯彻法益区分保护原则,保护核心法益时坚持以预防刑为基础的并合主义,重点思考以下立法论问题。其一,在安全生产保护领域,立法应该具有一定程度前瞻性,将法益保护提前,主要借鉴《法国劳动法典》第四部分"劳动健康与安全",适当在《刑法》分则第二章增设安全生产犯罪的抽象危险犯,同时适当提高《刑法》第 134 条以下重大责任事故罪、重大劳动安全事故罪等业务过失结果犯的法定刑。其二,强化职业卫生管理和劳动者人身权利保护,主要借鉴《法国刑法典》"劳动及居住条件违背人之尊严、强制劳动及没为奴役"部分以及《法国劳动法典》第一部分"个别劳动关系",扩大"强迫劳动罪"的罪状,适当在《刑法》分则第四章增设罪名,以规制用人单位不提供符合职业卫生标准的劳动条件或者订立、履行劳动合同中严重侵犯劳动者人身权的行为。同时,主要借鉴《日本最低工资法》《日本公益通报者保护法》,重视劳动者举报用人单位遭报复行为的刑法规制。

第三节　我国劳动关联犯罪的特殊性与刑法适用

美国 1973 年 *United States v. Enmons* 一案中,联邦最高法院认为个别雇员在劳资争议过程中所受到的轻微纠察侵害,并非《霍布斯刑罚法》起诉的对象。② 《霍布斯刑罚法》明确规定,以暴力或暴力威胁他人人身或财产从而影响、破坏商业的行为应处以 1 万美元以下罚金或者 10 年以下监禁,或者并处两者。美国 1981 年 *United States v. Thordarson* 一案中,美国联邦法院也

---

① 参见〔德〕汉斯·阿亨巴赫:《德国经济刑法的发展》,周遵友译,载《中国刑事法杂志》2013 年第 2 期。

② *United States v. Enmons*,410 U. S. 396 (1973).

认为劳资争议中劳工轻微的侵害并非联邦刑法规范对象。① 在前述 2 个案例中,美国联邦最高法院对于普通犯罪,明显考虑到劳动刑法的特殊性,对于劳动关联犯罪进行违法性判断时充分考虑被告人争取劳动权利之动机,并充分考虑被告人、被害人在劳动法上的权利、义务。因此,借鉴外国法经验,劳动关联犯罪中,也存在劳动刑法的特殊性问题,定罪量刑时应充分考虑用人单位、劳动者在劳动法上的权利、义务及与案件发生的关系。下面本书结合职场性骚扰行为、劳动关系群体性事件、非典型劳动关系具体分析劳动关联犯罪的特殊性。

一、职场性骚扰行为的刑法适用

平等是法律的基础价值,我国《宪法》规定:"法律面前人人平等"。此处的平等是一种强势平等,强调的是规则适用上的形式平等,即在不考虑个体差异情况下赋予所有公民机会上的平等,这种平等不能弥合强势群体与弱势群体之间的差异,甚至会使弱势群体利益受到进一步的侵害。因此,随着现代社会的发展,形式上的强势平等理念转变为根据人的强弱不同进行区别对待,以保障每个公民能够平等分配经济以及其他社会资源为目的的弱势平等。在劳动关系中,劳动者通过将劳动力的使用权让渡给用人单位换取工资收入以此维持生存,用人单位基于劳动力市场供求不平衡以及信息不对称而具有强势地位,与此相对的劳动者则因其在人格上和经济上对用人单位的从属性处于弱势地位。

国家为了调整劳动者和用人单位两者之间存在的实质不平等,将劳动法从民法中分离出来,通过国家干预手段对劳动关系进行调整以实现对劳动者利益的倾斜保护。因此倾斜保护原则作为劳动法以及劳动合同法的立法宗旨,其包含两方面的内容:在劳动者与用人单位之间,给予劳动者合法权益以更强的保护;在一般劳动者以及特殊劳动者的权利设定时,给予特殊劳动者特别的保护与照顾。② 本部分重点关注的是劳动者在履职过程中遭受强势主体利用其职权实施的性骚扰行为,不包括用人单位以外的第三人对劳动者实施的性骚扰行为。因为职场性骚扰涉及劳动关系,其法律规制涉及各层次法律文件,刑法适用只是一个环节,因此逻辑起点应从反职场性骚扰法律体系整体层面开始。

---

① See Donald R. Gitto, Strike Violence: "The NLRB's Reluctance to Wield its Board Remedial Power", *Fordham Law Review*, 1982, pp. 1396-1397.

② 参见林嘉:《劳动法的原理、体系与问题》,法律出版社 2016 年版,第 52 页。

（一）我国反职场性骚扰法律制度的现状

1. 我国反职场性骚扰法律制度的发展

自 2001 年 7 月西安市发生我国首例进入法律程序的性骚扰案以来[①]，近年间以职场性骚扰为主流的性骚扰案件层出不穷，在我国如何构建以保护劳动者权利、防治职场性骚扰为核心的反性骚扰法律制度日益成为人们热议的话题。我国现在没有一部以职场性骚扰为调控对象的专门法律，也未能如西方国家一般将职场性骚扰视为性别歧视之行为而制定专门的反就业歧视法，与职场性骚扰以及性别歧视相关的法律规定散见于宪法及各种法律之中。《宪法》中关于公民平等享有权利以及男女享有平等权利之规定是所有反职场性骚扰以及反就业歧视法立法之渊源与依据。[②] 劳动法的规定阐明了公民平等享有就业的权利和资格，即赋予公民平等就业权；同时进一步列举就业歧视的范围并明确规定在录用员工时禁止包括性别歧视在内的就业歧视。[③]《妇女权益保障法》在总则部分申明妇女享有同男子平等的权利并且强调消除对妇女一切形式的歧视。与此同时，在分则部分规定妇女享有同男子平等的各项权利，包括在第四章劳动和社会保障权益中，明确规定禁止在就业机会和就业待遇方面对妇女区别歧视。同时，在第六章对妇女人身权益的保护中第一次将"性骚扰"的概念引入法律，但仅以宣示性的条款规定禁止对妇女实施性骚扰，不利于对遭受性骚扰的男性之权利予以平等保护。

《就业促进法》在第 1 章总则部分对劳动者依法享有平等就业和自主择业的权利以及禁止就业歧视做了原则性的规定。在第 3 章规定了以实现公平就业为目标的各项制度，其中第 26 条规定用人单位与职业中介机构作为

[①] 原告是一位姓童的女士，被告是其公司总经理，诉讼请求是要求被告停止侵害、赔礼道歉并赔偿精神损失，法院以证据不足为由驳回了起诉。参见李莹莹：《女性维权——关于性骚扰的重思》，载《劳动保障世界（理论版）》2012 年第 6 期。

[②] (1) 我国《宪法》第 5 条第 5 款规定："任何组织或者个人都不得有超越宪法和法律的特权。"(2)《宪法》第 33 条第 2 款规定："中华人民共和国公民在法律面前一律平等。"第 38 条规定："中华人民共和国公民的人格尊严不受侵犯。禁止用任何方法对公民进行侮辱、诽谤和诬告陷害。"(3)《宪法》第 48 条规定："中华人民共和国妇女在政治的、经济的、文化的、社会的和家庭的生活等各方面享有同男子平等的权利。"

[③] (1)《劳动法》第 3 条第 1 款规定："劳动者享有平等就业和选择职业的权利、取得劳动报酬的权利、休息休假的权利、获得劳动安全卫生保护的权利、接受职业技能培训的权利、享受社会保险和福利的权利、提请劳动争议处理的权利以及法律规定的其他劳动权利"。(2)《劳动法》第 4 条规定："用人单位应当依法建立和完善规章制度，保障劳动者享有劳动权利和履行劳动义务。"(3)《劳动法》第 12 条规定："劳动者就业，不因民族、种族、性别、宗教信仰不同而受歧视。"(4)《劳动法》第 13 条规定："妇女享有与男子平等的就业权利。在录用职工时，除国家规定的不适合妇女的工种或者岗位外，不得以性别为由拒绝录用妇女或者提高对妇女的录用标准。"

行为主体不得实施就业歧视。第 27 条规定了禁止歧视女性劳动者的内容①,同时对于违反法律规定实施就业歧视的,在法律责任部分规定了劳动者直接向人民法院提起诉讼的相关制度。《治安管理处罚法》在第 1 章总则部分对侵犯人身权利尚不够刑事处罚的行为作出了给予治安管理处罚的一般性规定。第 42 条第 5 项、第 44 条分别对多次发送淫秽、侮辱、恐吓或者其他信息,干扰他人正常生活的行为以及猥亵他人的行为作出了予以行政拘留以及罚款的治安管理处罚规定。在实践中诸多尚不构成刑事犯罪的职场性骚扰案件,法院均根据《治安管理处罚法》对骚扰者予以行政处罚。

就刑法而言,职场性骚扰行为可能涉及的刑法罪名有:非国家工作人员受贿罪,对非国家工作人员行贿罪,强奸罪,强制猥亵、侮辱罪,侮辱罪,诽谤罪,传播淫秽物品罪,受贿罪,利用影响力受贿罪。其中非国家工作人员受贿罪、对非国家工作人员行贿罪侵犯的客体是公司、企业、其他单位的正常管理制度及其工作人员职务行为的廉洁性;强奸罪是指违背女性的意志,通过暴力、胁迫或者其他手段强行与其性交的行为。而强制猥亵、侮辱罪是指除性交以外的违背他人性意愿或性感情的行为,其犯罪对象不仅包括 14 周岁以上的女性,也包括 14 周岁以上的男性。但以上两罪的犯罪客体都是性自主权。侮辱罪、诽谤罪是指以暴力或者其他方法公然侮辱他人或者捏造事实诽谤他人的行为,其侵犯的客体是他人的人格权;传播淫秽物品罪是指传播淫秽书刊、影片、音像、图片或者其他淫秽物品,情节严重的行为。受贿罪、利用影响力受贿罪的犯罪客体是国家工作人员职务行为的廉洁性。在刑法现有罪名的基础上,如何对职场性骚扰行为进行刑法规制并以此救济被骚扰者受到侵害的权利,在后文中将予以探析。

另外,行政法规、地方性法规对于职场性骚扰行为也有立法。《女职工劳动保护特别规定》第 11 条对于用人单位的责任进行了原则性规定②,但是尚不具有可操作性。再如《北京市实施〈妇女权益保障法〉办法》以及《广州市妇女权益保障规定》等地方性法规也将预防与制止职场性骚扰纳入规定。

2. 我国反职场性骚扰的法律制度的困境

在我国既没有制定一部独立的反职场性骚扰法律,也没有在已经制定的法律中对职场性骚扰行为设立专章予以规制。诸多反职场性骚扰立法的不

①　《就业促进法》第 27 条规定:"国家保障妇女享有与男子平等的劳动权利。用人单位招用人员,除国家规定的不适合妇女的工种或者岗位外,不得以性别为由拒绝录用妇女或者提高对妇女的录用标准。用人单位录用女职工,不得在劳动合同中规定限制女职工结婚、生育的内容。"

②　《女职工劳动保护特别规定》第 11 条规定:"在劳动场所,用人单位应当预防和制止对女职工的性骚扰。"

足导致了职场性骚扰在司法实践中"立案难、认定难、赔偿难"的现状。

(1) 立案难

第一,在法律对单位内部性骚扰纠纷解决机制没有规定的情况下,诸多被骚扰者受制于传统观念与舆论压力或是屈从于骚扰者权力的威慑,往往对遭受的性骚扰侵害羞于启齿或不敢声张。即使性骚扰行为已经构成犯罪并产生了严重的危害结果,也往往选择"私了"而非通过法律途径维权。即使有个别劳动者起诉,也往往因证据不足而难以立案。2001 年西安首例性骚扰起诉案件就是如此。

第二,没有独立的民事案由。在情节轻微、危害不大仅构成民事侵权的性骚扰案件案由确定方面,由于最高人民法院出台的民事案件案由规定中,就业歧视与职场性骚扰均未能列为独立的案由,涉及职场性骚扰的案件通常以一般人格权纠纷、侵权责任纠纷或者劳动合同纠纷为案由进行审理。而在立案过程中,案件一旦被认定为劳动争议,其在管辖、时效以及法律责任方面与人格权纠纷相比均处于对当事人不利的地位。劳动争议涉及漫长的劳动争议仲裁、审判程序,容易使当事人因维权成本过高而放弃。

(2) 认定难

第一,现行法律中涉及反就业歧视与性骚扰的规范均为缺乏操作性的宣示性条款。对职场性骚扰的构成要件以及内涵和外延均没有法律的明确规定。对于一项性骚扰行为是构成民事侵权还是刑事犯罪以及构成何种犯罪的判断过分依赖审判人员的自由裁量。这导致了司法实践中法律适用的混乱,使得各地对于职场性骚扰行为的执法标准呈现多元化趋势。

第二,无论是认定民事侵权还是追究刑事责任的职场性骚扰案件,其在审理过程中并没有特定的举证责任分配制度,都是由控方对其主张进行举证。但是在一般情况下,控方难以对具有即时性和隐蔽性的性骚扰行为之发生提出有力证据,且根据民事诉讼中谁主张谁举证以及刑事诉讼法中当事人不得自证其罪和"疑罪从无"原则之规定,大部分被骚扰者往往因证据不足而承担败诉的风险。

(3) 赔偿难

在惩罚性赔偿制度缺位的情况下,即使法院对职场性骚扰行为的发生予以认定,也仅判定骚扰者承担赔礼道歉、给予经济赔偿或者精神抚慰金的民事责任或者相应刑事责任。以上几种法律责任形式诚然对被骚扰者具有一定的抚慰性质,但却不能对其予以全面救济。这无疑使被骚扰者的维权成本过高而骚扰者的违法成本过低,不足以有效遏制职场性骚扰行为的发生和保护被骚扰者免遭侵害。

（二）比较法背景下我国性骚扰法律概念的重塑

1. 性骚扰的概念

虽然职场性骚扰已成为一个在各工业国家中具有普遍性之问题，但在现行生效的国际条约中，并没有一项专门针对职场性骚扰现象的公约。联合国在1979年通过的《消除对妇女一切形式歧视公约》中并没有涉及职场性骚扰的具体规定，直至1992年，在联合国下设的消除歧视妇女委员会出台的一项建议案中才涉及职场性骚扰行为之构成以及相关救济渠道。而联合国于1994年通过的《消除对妇女的暴力行为宣言》也仅在对妇女的各种形式暴力行为中提及职场性骚扰行为，并对其予以了宣示性规定。作为联合国附属机构的国际劳工组织于1958年通过的《消除就业歧视和职业歧视公约》，从禁止性别歧视、促进两性平权的角度对取消或损害就业或职业机会均等或待遇平等的行为予以限制，涉及职场性骚扰问题的文件目前仅仅是一些会议通过的原则性决议案。但是值得注意的是，包括国际货币基金组织、世界银行以及国际自由工会联合会等国际组织都对职场性骚扰行为发布了相关的处理政策，这些文件对职场性骚扰之定义以及相关申诉渠道具有颇为翔实的规定，对我国出台防止职场性骚扰的法律有一定借鉴意义。

美国对于职场性骚扰问题之立法源于20世纪70年代美国女权运动之兴起，随后包括美国官方机构在内的多家机构对美国国内职场性骚扰的现状作出了诸多调查。而相关调查结果显示，美国女性雇员遭受某种形态职场性骚扰的状况已达严峻之势，性骚扰行为对受害者的身心健康、雇主的声誉形象以及公平正义的社会秩序已产生了极为严重的影响。在此种社会背景下，以1964年《美国民权法案》第7章为制度根基的美国反职场性骚扰法律制度开始建立。《美国民权法案》禁止雇主基于雇员的种族、肤色、宗教信仰、性别以及原始国籍等因素，而拒绝雇用或解雇，或在薪资报酬、工作条件、待遇或优待等雇用条件上，有任何歧视待遇之情形。[①] 其规定由国会特别授权设立的美国平等就业机会委员会对该项法案的实施承担监督责任。该机构自1980年起颁布的数项指导规则也将性骚扰行为的认定进一步加以细化，并得到了联邦各级法院的认可。其后联邦各级法院出台了一系列判例，将职场性骚扰归入该法案第7章性别歧视的一种具体类型，并对不同类型的职场性骚扰中证据认定之标准以及雇主责任的异同进行了司法探讨。如此一来，美国形成了以《美国民权法案》第7章为基础的、以宪法、侵权行为法、职业灾害

---

① 参见焦兴铠：《劳工法论丛（二）》，台湾元照出版公司2001年版，第252页。

补偿法以及各州保障公平就业法等制定法、联邦各级法院判例法与各项行政命令为内容的反职场性骚扰法律制度。美国对职场性骚扰受害者所提供的完备行政申诉以及民事诉讼救济制度，对性骚扰纠纷的解决起到了极大推动作用。

性骚扰的概念最早出现在美国，在美国 20 世纪 70 年代兴起的女权主义运动背景之下由美国学者 MacKinnon 提出，她对性骚扰的定义是，不平等的资源支配关系中处于优势地位一方对另一方强加的性要求，以与弱势一方解除劳动合同作为威胁，包括语言或者肢体等方面的不正当行为，甚至包括强行发生性关系①。美国平等就业机会委员会于 1980 年特别颁布指导原则，将性骚扰界定为以下几项：雇主向雇员提出有关广义性行为方面的违背其意志的要求，答应这种要求是雇主明示或默示接受求职者申请的前提，或者是否答应这种要求的结果会不合理影响对于雇员工作表现的评价，有时还会造成一种不友好的工作氛围。② 这一指导原则将性骚扰视为性别歧视的一种类型，并将其严格限定于工作场所之中，性骚扰即指职场性骚扰。该原则在联邦各级法院处理职场性骚扰案件的过程中获得了普遍尊重，成为认定职场性骚扰成立的基础准则。

自 20 世纪 70 年代以来，美国通过法院裁决、行政干预、平等就业机会委员会和国会的干预等，不断对性别歧视和性骚扰的含义进行重新解释，增加了雇主和大学的责任，提高了受害人可以获得的损害赔偿。法律系统的这种内在不稳定性为激进的女性主义法学在性侵问题上开辟了一条更激进的道路，其目标是用法律来应对女性的现实地位，即"基于性别的贫困、依赖以及被迫永久性地从事不受尊重且处于饥饿边缘的工作"。③欧盟针对职场性骚扰问题之立法经历了缓慢发展的过程。在欧共体时期，由于各会员国历史文化背景以及社会经济国情之差异，劳工政策往往以决议案或者建议书的形式发布，涉及职场性骚扰问题的各项规范可追溯于 1976 年欧洲共同体通过的具有拘束全体会员国效力之《男女平等待遇指令》④。该指令要求各会员国在就业、职业训练、工作条件以及社会安全等事项上贯彻男女平等原则，但该指令并没有明文规定职场性骚扰问题。直至 2004 年欧盟实施了"男女平等

---

① See MacKinnon C. A., *Sexual Harassment of Working Women：A Case of Sex Discrimination*，Yale University Press，1979，pp. 172-173.

② See U. S. Equal Employment Opportunity Commission，*Guidelines on Discrimination Because of Sex-Sexual Harassment*，EBOC(1996)，29 C. F. R§1604. 11(a).

③ 参见〔美〕苏珊·沃特金斯：《女性主义何去何从？》，全红译，载《国外理论动态》2018 年第 7 期。

④ 参见焦兴铠：《劳工法论丛(一)》，台湾元照出版公司 2001 年版，第 203 页。

待遇指令"，该条例首次明确指出性骚扰属于一种性别歧视，对于性骚扰的定义、申诉者的举证责任及其保护以及对性骚扰行为人的惩罚措施进行了较为明确的规定，且要求各会员国须于 2005 年 10 月 5 日以前完成国内法的转化。① 2006 年，欧盟委员会《关于在就业和职业中落实男女平等对待和机会均等原则的指令》对之前的指令进行了整合。而在欧盟各国针对职场性骚扰的国内立法中，法国对该项制度的构建可谓个中翘楚。法国应前述欧盟指令的规定，对 1992 年颁布的仅规制上司与下属之间性骚扰之立法予以修订，扩大了反性骚扰法律制度的适用范围，对各种形式之性骚扰行为予以规制。《法国刑法典》第 2 章第 3 节性侵犯罪中，明确设立了性骚扰罪与精神骚扰罪。将为获取两性性质的便利而骚扰他人的行为认定为性骚扰罪；将经常性付诸行动，旨在影响他人工作氛围，或者对于他人权利、尊严、身体或精神健康造成威胁或侵害，或者对于他人职业上升空间造成不利影响的骚扰行为认定为精神骚扰罪，两罪均处以自由刑与罚金刑。法国劳动法典同样也对实施性徇私行为的雇主处以自由刑与罚金刑。

2004 年欧盟实施的"男女平等待遇指令"中，性骚扰被定义为对方没有以明示或者默示方式同意的，涉及有关性要求的语言或者身体的要求、对他人尊严造成威胁或羞辱，并对其工作氛围造成不良影响的行为。② 这一定义主要从性骚扰行为具有的性之本质以及侵犯了人格尊严权这一权利客体的角度对性骚扰概念进行了界定，同样也将性骚扰与职场性骚扰的概念等同视之。

反观我国台湾地区颁布的"性别工作平等法"，借鉴美国之经验，将性骚扰分为两种类型进行定义。第一种类型是敌意型职场性骚扰，指雇员执行职务时，雇主、管理监督者、同事以及第三人在内的对于雇员的晋升或者工作表现具有影响力的人员，通过具有性意味的语言或肢体动作影响工作环境，侵犯其人格尊严进而影响其工作表现。第二种类型是交换型性骚扰，指雇主向申请求职者或者雇员以各种形式提出具有性意味的不正当要求，以此作为签订劳动合同、提供晋升或加薪条件的交换。香港地区在《性别歧视条例》中采用与台湾相同的概念界定方法，将性骚扰行为划分为两类再分别予以界定，同时明确受到性骚扰的男性也同样受到法律保护。

在我国大陆地区，性骚扰至今仍不是一个含义清晰的法律概念。尽管《妇女权益保障法》引入了"性骚扰"的概念，却并没有对这一概念进行解释。

① 参见郑爱青：《欧盟及其主要成员国反性骚扰立法的主要内容》，载《妇女研究论丛》2006 年第 S1 期。
② 同上。

目前,在我国占主导地位的是广义理解,即将性骚扰界定为用涉及性内容的言行对他人人格权实施侵害,包括言语挑逗、身体接触、设置环境等三种主要方式。本书基于比较法的视野,从劳动法与刑法相结合的视角出发,基于我国目前发生的大部分性骚扰案件均可归类于职场性骚扰这一现状,将职场性骚扰定义为以不平等的权力关系为核心,并通过性要求、具有性意味或性别歧视之言语或肢体动作侵害当事人人权,造成一种胁迫性、敌意性或冒犯性工作氛围的行为。并可根据不同的标准将性骚扰行为分为一级性骚扰和二级性骚扰,或者交换型性骚扰和敌意型性骚扰。

2. 性骚扰的特征

第一,核心为不平等的权力关系。1980 年美国平等就业机会委员会颁布的指导原则对性骚扰行为的界定被各国所模仿借鉴,其原因在于该定义不仅指出了性骚扰行为具有性色彩以及性欲求之特点,更为重要的是该定义阐明了性骚扰行为是在不平等权力关系中具有强势地位的一方对处于弱势地位的一方实施的一种歧视性行为的本质。换言之,性骚扰不仅仅具有性方面之表征,更重要的,它是一种当事人自身具有的权力之展现,也就是利用性作为工具,由具有权势者(通常为男性),来控制操纵不具权势者(通常为女性)。① 性骚扰中的性不仅指性的行为,也指性别,而性别差异所带来的不平等在职场中体现为男女两性权力关系的不平等。

因此,在我国社会语境下对"性骚扰"这一舶来语所作的"以言语挑逗、涉性评论以及身体接触等为表现形式的涉及性内容的言行"这一定义过于宽泛,没有一针见血地点明职场性骚扰是一种基于性别而产生的就业歧视行为之本质,不利于对处于弱势地位一方劳动者之权利予以全面保护,也不利于职场性骚扰中用人单位责任的追究。因此,在对于职场性骚扰这一概念进行解析时,应当注意到其不仅包括性方面的欲求,更重要的是与骚扰者与受害者所处的不平等权力关系(包括不平等的性别关系)息息相关,是一种强权者利用权势对弱势群体的威胁。

第二,行为主体可为同性或异性。国内外关于职场性骚扰的理论研究一致认定,性骚扰行为的发生并不局限于异性之间,其行为主体可以是男性或者女性。美国联邦最高法院在著名的 *Oncale* 一案中作出判决认为,并无法律明文规定或者判决先例认定骚扰者与受害者同属一性别时,禁止原告提出有关性别歧视的诉求。至此,联邦各下级法院对同性性骚扰案件判决不一的争议即不复存在,同性之间发生的性骚扰行为同样也被视为性别歧视的一种类型。②

---

① 参见焦兴铠:《劳工法论丛》(一),台湾元照出版公司 2001 年版,第 351 页。
② *Oncale v. Sundowner Offshore Services Inc.*,523 U. S. 75(1998).

我国法律仅规定禁止对妇女实施性骚扰,但禁止同性之间的性骚扰行为也得到了司法认可。2004 年 9 月,我国首起同性之间的职场性骚扰案在成都市青羊区法院一审宣判,法院判决被告向原告公开道歉,并赔偿原告精神抚慰金 3000 元。① 这一案件的审理与宣判过程标志着我国司法实践突破了认为性骚扰行为仅发生于异性之间的通俗观念,特别是发生在男性作为行为主体与女性进行社会交往过程中的成见,通过司法实践先行一步,为对我国性骚扰行为主体的规制作出了贡献。因此,综合以上国内外的理论研究与司法判例,可知性骚扰行为作为性别歧视的一种类型,在以立法的形式对其予以规制之时应采用性别中立主义态度,将男权环境中受到歧视的女性与女权环境下受到歧视的男性予以平等保护。无论性骚扰发生于同性还是异性之间,无论实施骚扰的行为人性取向如何,受害人都应当受到法律的平等保护。这与《刑法修正案(九)》将《刑法》第 237 条强制猥亵、侮辱罪的对象由女性扩展到他人的做法如出一辙,在对受害者权利进行平等救济的同时,也能更好地使职场性骚扰行为与刑法规制的犯罪行为衔接。

第三,客体具有多样性。我国理论界对于性骚扰行为侵犯的权利客体一直具有较大争议。目前主要有劳动权②、性自主权③、人格尊严权④,以及贞操权⑤几种观点。从劳动基准法赋予劳动者的各项权利角度分析,在实践中,由于职场性骚扰是在工作关系中处于强势地位一方利用其职务或职权对于弱势一方实施的行为,处于弱势一方的劳动者在正常工作秩序与工作利益受到破坏且内部维权途径堵塞的情况下,常常迫于压力丧失岗位或者直接离职。在此种情况下,劳动者享有的平等就业以及自由选择工作岗位的权利、获得劳动安全卫生保护的权利以及休息休假等多项权利会因性骚扰行为的发生而受到不同程度影响,具有劳动者身份的个人所享有的各项劳动权利也在此时成为了性骚扰侵犯的客体。而从劳动者作为一名公民所享有的基本人权角度考察,劳动者作为公民所享有的包括性自主权、人格权以及身体自主权等权利在内的人身权也因性骚扰行为受到严重的侵害。在我国司法实践中,审判人员也往往根据具体案件中呈现的不同性骚扰行为之类型,将性骚扰侵犯的客体界定为现行法律中明文规定的名誉权、隐私权、人格尊严权以及性自主权等人身权利。

因此,职场性骚扰侵犯的并非单一权利客体,其具有复杂性、多重性和不

①　参见张新宝、高燕竹:《性骚扰法律规制的主要问题》,载《法学家》2006 年第 4 期。
②　参见张新宝、高燕竹:《性骚扰法律规制的主要问题》,载《法学家》2006 年第 4 期。
③　参见杨立新主编:《中国人格权法立法报告》,知识产权出版社 2005 年版,第 461 页。
④　参见张绍明:《反击性骚扰》,中国检察出版社 2003 年版,第 75 页。
⑤　参见王成:《性骚扰行为的司法及私法规制论纲》,载《政治与法律》2007 年第 4 期。

同一性等多重特征。① 所以在职场性骚扰的防治中,应当设立以不同权利客体为保护对象的多项法律制度,使职场性骚扰受害人在维权过程中能够通过不同法律制度之对比,选择对其权利予以充分救济之制度。

3. 职场性骚扰的类型

(1) 一级性骚扰与二级性骚扰

根据 Fitzgerald 所主张的划分方式,可针对职场性骚扰行为侵害受害者人身权的严重程度,将性骚扰划分为性侵害、性要挟、性贿赂、性挑逗以及性别骚扰五种类型。② 而在这五种性骚扰类型中,第一种可以概括为一级性骚扰,其余四种类型可以称为二级性骚扰。

第一,一级性骚扰指对于被害人身体富有侵害性的行为,包括强奸、虐待等任何可能对于身体健康或者生命造成侵害或威胁的行为。在职场性骚扰中,如果被骚扰者为女性,骚扰者以暴力、胁迫或其他手段实行了违背该女性意志、强行与其性交的行为,因该行为对女性的性自主权利以及身心健康产生了极大的侵害,属于各类性骚扰行为中情节最严重、社会危害性最大的行为类型,此时就应当以强奸罪对骚扰者予以定罪处罚。而如果骚扰者以暴力、胁迫或者其他方式对 14 周岁以上的他人或女性实施了除了性交之外的违背他人性意愿的淫秽行为,此时该行为同属性攻击行为,应以强制猥亵、侮辱罪对骚扰者予以定罪处罚。因此,当职场性骚扰行为属于一级性骚扰行为时,则该行为可能构成强奸罪与强制猥亵、侮辱罪。

第二,二级性骚扰,是指除了性攻击行为之外的性要挟、性挑逗以及性别骚扰、性贿赂行为。性要挟,是指骚扰者利用自身职位或职权以及在不平等权力关系中所处的强势地位,对处于弱势地位一方的被骚扰者进行胁迫,迫使其满足骚扰者性欲的行为。性挑逗,是指以引诱为目的对被骚扰者实施的不适当冒犯行为,通常该行为严重程度较轻,对被骚扰者产生的危害较小。性别骚扰,是指以性或性别为内容对被骚扰者予以侮辱或蔑视的言行。在职场性骚扰中,如果骚扰者以不直接损害他人健康的暴力或其他方式,并以性或性别为内容对被骚扰者之人格进行公然贬低与侮辱,则可能构成侮辱罪。如果骚扰者故意凭空捏造并散布某种带有性色彩的虚假事实,侵害被骚扰者的人格权或名誉权,则可能构成诽谤罪。

至于性贿赂,是指骚扰者要求被骚扰者对其提供与性相关的活动,并承

---

① 参见曹艳春、刘秀芬著:《职场性骚扰雇主责任问题研究》,北京大学出版社 2016 年版,第 40 页。

② 参见骆东平:《论性骚扰的类型划分》,载《三峡大学学报(人文社会科学版)》2009 年第 5 期。

诺予以回报的行为。在广义的性贿赂概念中,既包括刑法学界对性贿赂所下定义,即一方为另外一方提供性服务,对方利用职务上的便利向服务提供方进行利益输送的行为[①];也包括被骚扰者被迫以与性相关的活动换取自身正当利益的行为。两者的区别在于被骚扰者交换的利益是否属于其应得利益。若不属于,则该行为使无资格者通过不正当手段获得利益,而使其他劳动者遭受到不平等的待遇,由此对其他劳动者可能产生下文所述的敌意型职场性骚扰。同时,该行为本身有涉及刑法中贿赂罪之嫌,实务中对是否将性贿赂行为犯罪化也一直争议颇多。

(2) 交换型性骚扰与敌意型性骚扰

对于职场性骚扰的类型之划分,美国在立法与司法实践过程中所形成的经典分类是各国争相模仿与借鉴的对象。美国的学者与司法人员根据美国平等就业机会委员会于1980年颁布的指导原则,总结归纳出职场性骚扰的两大类型:交换型性骚扰与敌意型性骚扰。其分类的核心依据是性骚扰行为是否对被骚扰者有形的就业利益产生影响。

第一,交换型性骚扰案件之认定源于1976年联邦地方法院在 William v. Saxbe 一案中对交换型性骚扰构成性别歧视行为之判决。交换型性骚扰是指用人单位授权的管理监督人员等有权者通过明示或暗示的方式要求被骚扰者以性施惠的行为作为其维系劳动关系或变更就业条件之交换。其构成要件包括:原告系“被保护群体”的一员(男性或女性);原告受到令人厌恶的性接近;原告在对其不利的雇用决定下受害;该不利行动与原告的性别有因果关系;用人单位是可归责的。[②]

交换型性骚扰有如下三点特征:其一,该类性骚扰行为仅发生于用人单位授权的管理监督者与劳动者之间。骚扰者必须享有可支配、影响其他劳动者就业利益的权力,并基于此种权力对受其支配的劳动者实施了性骚扰行为。其二,该类性骚扰行为建立在利益交换的基础之上。被骚扰者因受到骚扰者的胁迫,以性为砝码换取其自身应当取得的正当职业利益,或以此换取免于遭受骚扰者的报复陷害。这与行为人双方达成合意,一方通过提供性行为换取另一方利用权力给予一定利益回报的性贿赂行为有本质区别。其三,骚扰行为涉及的是有形雇用行为。该行为导致被骚扰者在所处劳动关系地位上的改变,包括:雇用与解雇;提升与未能够提升;降级;不希望的重新任命;引起重大利益上改变的决定;补偿的决定与工作的分派等。但当被骚扰

---

① 参见康均心:《新问题还是老问题:性贿赂的入罪与出罪》,载《法治研究》2013年第2期。

② 参见郑津津:《美国就业歧视法制之研究》,载台湾《台大法学论丛》2003年第4期。

者因同意骚扰而免遭骚扰者的报复陷害时,即使没有有形雇用行为的发生,也构成交换型性骚扰。[1]

因此,性要挟以及性贿赂行为具有部分交换型性骚扰的特征。对于交换型性骚扰中用人单位责任的认定,因为实施骚扰行为的有权者利用用人单位提供的便利实施了不合法行为,其具有的雇用、解雇、升职、撤职等权力源于用人单位的授权,因此用人单位应对其代理人实施的行为负责,对交换型性骚扰所导致的劳动者损害承担严格责任。即无论用人单位在主观上是否知悉或是否应当知悉其管理监督人员实施的交换型性骚扰行为,其都对该行为承担全部责任。

第二,敌意型性骚扰之认定源于 1981 年联邦上诉法院在 *Bundy v. Jackson* 一案中对于劳动者在未受有形就业利益之损失但其所处的工作环境却受到非法恶化的情况下,遭受职场性骚扰行为侵害这一事实的认定。敌意型性骚扰是指管理监督人员或同事实施了以性为本质的不受欢迎的言语或肢体行为,而该行为导致劳动者处于一种具有敌意与胁迫性的工作环境中。敌意型性骚扰并不要求劳动者遭受有形就业利益的损失,只要该行为对受害者产生了性别歧视效果,使其蒙受精神上之困苦从而影响了其应享有的正常工作条件即可成立。

首先,在该类职场性骚扰行为成立与否的判断上,美国联邦最高法院在 *Meritor Savings Bank v. Vinson* 一案中认为应当以性骚扰行为是否受到欢迎而非被骚扰者是否对骚扰行为表示顺从为标准对该行为的性质进行判断。而对于是否"受到欢迎"的判断则是在一个"合理个人"的客观标准上结合被骚扰者的主观意志进行通盘考虑。所谓"合理个人"即是指该行为使一般常人感到不适与痛苦。但"合理个人"标准也存在无法弥合不同个体对某种行为理解上差异之困扰。因此联邦法院又在之后的司法审判中相继推出了"合理女性标准"以及"合理受害人标准",力求对被骚扰者的处境有客观合理之判断。[2]

其次,一般认为,除了在某些特定情形下,骚扰者仅通过一次身体接触即可构成对被骚扰者的敌意型性骚扰以外,通常情况下,以言辞以及设置环境方式实施的骚扰行为须具有反复性并达到一定严重程度才能构成敌意型性骚扰。例如在工作场所张贴色情海报、同事之间通过移动终端转发黄色信息以及传阅淫秽影片、图片以及书籍等行为可能会构成敌意型性骚扰。但应当注意此类行为与传播淫秽物品罪之间罪与非罪的界限,应当根据其行为的严

---

[1]　参见曹艳春著:《雇主替代责任研究》,法律出版社 2008 年版,第 252—256 页。

[2]　*Meritor Savings Bank v. Vinson*, 477 U. S. 57(1986).

重程度判断是否予以入罪。

最后,在雇主责任的承担上,美国最高法院形成的多数意见认为,雇主对其雇员实施的敌意型性骚扰行为承担过错责任。即当雇主已经尽到了合理的防御与纠正义务,例如已采取出台禁止职场性骚扰的政策、设立有效的职场性骚扰申诉渠道等措施,但被骚扰者却在没有正当理由的情况下未使用雇主提供的相关措施时,雇主得以免责。而对于来自于非雇员的外部第三人对雇员实施的性骚扰行为,一般认为只有当雇主明知或者应知此类性骚扰行为的存在时,才承担雇主责任。

（三）职场性骚扰行为的刑法适用

在我国现行刑法的框架下,与反职场性骚扰相关的罪名可分为三类。第一类是用人单位授权的管理监督者或者单位同事实施的以劳动者人身权利以及与人身有关的权利为犯罪客体的犯罪,包括强奸罪,强制猥亵罪,侮辱罪,诽谤罪。第二类是与特定类型的职场性骚扰——职场性贿赂行为相关的,以公司、企业或其他单位工作人员或国家工作人员职务的廉洁性为犯罪客体的犯罪,包括非国家工作人员受贿罪以及受贿罪。第三类是以良好的性道德风尚为犯罪客体的传播淫秽物品罪。这三类罪名与不同类型的职场性骚扰行为相对应,对劳动者依法享有的权利造成了不同程度侵害,但部分职场性骚扰行为是否入罪以及如何入罪仍颇具争议,需要进一步进行分析探讨。

基于我国职场性骚扰案件频发、相关法律规定对被骚扰者之救济不足的事实,理论界的一种观点认为性骚扰行为严重侵害了公民包括人身权利在内的各项权利,具有较大的社会危害性,且现行刑法规定的罪名不足以对性质各异、危害程度不同的性骚扰行为予以全面规制,有必要在《刑法》中对性骚扰单列罪名,以此完成对情节较轻的性骚扰行为的刑法规制,弥补立法空白,达到预防犯罪、遏制或者减少性骚扰犯罪的效果。[1] 但也有另外一种观点认为,"中国式性骚扰"与西方主流性骚扰话语的建构存在较大差异,目前社会公众对性骚扰行为的理解差异巨大,不具备将其单独列罪的社会基础,且贸然将性骚扰入刑违背了谦抑性原则,对于情节轻微危害不大的性骚扰行为通过完善民事或行政法律已足以对该行为进行有效控制和防范,而危害较大、满足犯罪构成要件的性骚扰行为又可以由现行的刑法规范予以调整,因此应

---

[1]　参见李莹莹:《女性维权——关于性骚扰的重思》,载《劳动保障世界(理论版)》2012 年第 6期。

尽可能限制性骚扰的犯罪化进程。① 第二种观点更为妥当,认为对职场性骚扰行为进行法律规制时,应根据其行为的特征以及危害程度进行分类,通过完善立法或颁布司法解释的手段实现民事、行政以及刑事责任之间的融合,明确涉及刑事责任的性骚扰行为的罪与非罪、此罪与彼罪之间的界限,实现劳动法与刑法之间的衔接,在惩治犯罪的同时对被骚扰者的权利予以全面救济。

1. 职场性骚扰与强奸罪适用

强奸罪,是指违背妇女的意志,使用暴力、胁迫或者其他手段,强行与妇女性交或者奸淫幼女的行为。根据我国《劳动法》第 15 条之规定,禁止用人单位招用未满 16 周岁的未成年人,但文艺、体育和特种工艺单位在履行审批手续后能招用未满 16 周岁的未成年人。未满 16 周岁的未成年人包括不满 14 周岁的幼女。因此,本章讨论的构成强奸罪的职场性骚扰行为包括强奸妇女与奸淫幼女的行为。

在我国司法实践中,往往根据案件中呈现的不同性骚扰行为之类型,将其侵犯的客体界定为现行法律规定的名誉权、隐私权、人格尊严权以及一般人格权等人身权利。而构成强奸罪的职场性骚扰行为所侵犯的客体是女性对于自身性利益能够进行自主支配的性自主权。性自主权的基本含义通常指在遵守法律与通行道德原则的前提下,独立表达本人性倾向以及是否与特定对象、采取何种方式发生性行为的独立权利。② 性自主权属于原《民法总则》第 109 条规定的一般人格权范畴,是尚未具体化的人格权,以性利益为客体,是自然人生而享有的一项权利,并非专属于女性,而由男女两性平等享有。但据我国《刑法》之规定,强奸罪的对象仅限于女性,这无疑是受传统观念中男性在性行为中占据主动地位,从而无法律保护其性利益之必要的影响。但如前文所述,所有类型的职场性骚扰(包括构成强奸罪的骚扰行为)均可发生在同性与异性之间,而无论被骚扰者的性别为何,其都有受到法律平等保护的权利。在现实中已然存在诸多男性的性利益遭受性行为侵害的案例,对这类具有严重危害结果的性侵害行为,根据现行《刑法》及其解释的规定,不将此类行为视为"性交行为",而是将其作为一种强制猥亵行为,通过强制猥亵、侮辱罪对该行为进行规制。但由于强制猥亵、侮辱罪的法定刑幅度低于强奸罪,这种法律规定对男性性利益保护之缺失,确有存在基于性别之歧视的嫌疑。

强奸罪的客观方面由违背妇女意志以及不经合意与女性性交这两项要

---

① 参见赵军:《话语建构与性骚扰刑事对策的本土之维》,载《河南大学学报(社会科学版)》2017 年第 4 期。

② 参见郭卫华:《论性自主权的界定及其私法保护》,载《法商研究》2005 年第 1 期。

素构成。其中,违背妇女意志是该罪的本质属性,而暴力等强制性手段则是外部表现。本章重点讨论的构成强奸罪的职场性骚扰行为,是骚扰者凭借职权及其所处的强势地位,以胁迫的方式使被骚扰者违背自身意志与其性交的行为。而判断一行为是否违背被骚扰者的意志,不能仅依据被骚扰者是否对该行为表示反抗,最关键的是要判断面对骚扰者的胁迫,被骚扰者有无选择的自由意志,是否还有作出选择的空间。[1] 这就需要法官结合具体案情予以全面分析。如果骚扰者利用职权以被骚扰者获得或丧失某项工作机会、某类工作待遇为由对被骚扰者进行胁迫,且该项胁迫对特定处境(如被解雇将难以维持生存)的被骚扰者而言足以达到精神强制的程度,使处于弱势地位的被骚扰者不能或不敢反抗,则即使被骚扰者作出了同意与骚扰者进行性行为的意思表示,骚扰者的行为依然可以认定为违背了被骚扰者内心真实意愿,构成强奸行为。而如果与骚扰者发生性行为的对象是 14 周岁以下的幼女,则根据我国法律法规以及刑法基础理论,幼女由于年龄以及心智发育的限制,没有完全刑事责任能力,不能准确认识和辨认自身行为,因此即使其作出了同意性行为的意思表示,与幼女发生性行为同样视为违背女性意志,构成强奸罪。

综上,在我国,强奸罪是身份犯,年满 14 周岁同时具有刑事责任能力的男性才能成为本罪主体。当然,女性不能成为本罪直接实行犯,不过可以成立教唆犯、帮助犯或者间接正犯。[2] 但事实上,随着女权运动在世界范围内的推广,传统贞操观念对女性性自由的限制已日渐式微。在职场中亦存在女性上司利用职权和所处的强势地位对男性下属实施性骚扰的案件。因此,为了更好地保护男性的性自主权,应当将女性纳入强奸罪的主体范围。

2. 职场性骚扰与强制猥亵、侮辱罪适用

根据我国《刑法》第 237 条,强制猥亵、侮辱罪是指以暴力、胁迫或者其他方式,针对他人进行强制猥亵或者对于妇女进行强制侮辱的行为,具体包括强制猥亵罪与强制侮辱罪两项罪名。在强制猥亵、侮辱罪中,强制猥亵罪的犯罪对象包括 14 周岁以上的男性与女性,强制侮辱罪的犯罪对象则仅限于14 周岁以上的女性。之所以将强制侮辱罪的犯罪对象限定于女性,也是出于对女性群体倾斜保护之目的。因为男女两性对于性侵害行为的认知具有较大差别,女性作为弱势群体,通常对涉及性内容的行为更加敏感,也更易受到伤害。本罪所侵犯的客体与强奸罪类似,均是他人享有的性自主权。从强制猥亵、侮辱罪的客观方面来看,构成强制猥亵、侮辱罪的职场性骚扰行为,

---

① 参见彭林泉:《对强奸案中违背妇女意志的把握》,载《中国检察官》2014 年第 6 期。

② 参见王作富主编:《刑法》,中国人民大学出版社 2011 年版,第 372 页。

是骚扰者利用职权及其所处的强势地位,以胁迫的方式强制猥亵或者侮辱被骚扰者的行为。由于强制猥亵罪与强制侮辱罪在犯罪对象上具有差异,其犯罪的客观方面亦有较大不同。猥亵行为,是指骚扰者基于刺激和满足性欲的要求而实施的性行为以外的侵犯被骚扰者性羞耻心的行为,而侮辱行为则是指骚扰者非基于刺激和满足性欲这种特定倾向而实施的侵犯被骚扰者性羞耻心的行为。① 两者的主要差别在于骚扰者主观上是否具有满足性刺激或者性欲之倾向。

在职场性骚扰中,如果骚扰者以满足自身性欲为目的通过强制手段对被骚扰者实施了性交之外的性侵犯行为,则构成强制猥亵罪。而如果骚扰者出于对被骚扰者的性别歧视以及报复等非基于性欲需要之目的,对被骚扰者通过强制手段实施了有损妇女人格或者损害其性观念、性心理的行为,则该行为构成强制侮辱罪。② 强制猥亵、侮辱罪将职场中存在的严重程度不足以构成强奸罪的性骚扰行为纳入刑法予以规制,与强奸罪构成了对被骚扰者权利的递进保护。关于构成猥亵儿童罪的职场性骚扰行为,由于其构成要件与强制猥亵、侮辱罪类似,并无予以特别分析的必要性,本章对此罪不进行特别讨论。

3. 职场性骚扰与侮辱罪适用

侮辱罪,是指以暴力或者其他方式公开地贬损他人人格、影响他人名誉,情节严重的行为。侮辱罪侵犯的客体是特定人的名誉权,即自然人对其社会评价享有的不受侵犯的权利。所谓"特定"是指侮辱行为的指向有确定范围,无明确范围的攻击谩骂行为不构成侮辱罪。其与强制侮辱罪是两种在理论与实务中易混淆的罪名,两者主要的区分就在于前者行为的严重程度较低,侵犯的客体是被骚扰者的一般人格权,而后者侵犯的是特殊的一般人格权——即具有法益优先保护性的性自主权。在职场性骚扰中,如果骚扰者通过暴力、胁迫等强制手段实施了有损妇女性自主权的行为,那么此种行为也必然涉及对被骚扰者名誉权的侵害,由此出现强制侮辱罪与侮辱罪的竞合。因此,在司法实践中,侮辱罪与强制侮辱罪之间的关系可谓是一般与特殊的关系。对于强制侮辱妇女的性骚扰行为应直接以强制侮辱罪入罪,而不再以侮辱罪定罪量刑。侮辱罪的客观方面有如下几点特征。

第一,该行为具有侮辱性,并达到情节严重的程度。对一种行为是否具有严重侮辱性的判断往往具有浓厚的主观色彩。除了将被骚扰者受到剧烈

---

① 参见陈家林:《〈刑法修正案(九)〉修正后的强制猥亵、侮辱罪解析》,载《苏州大学学报(哲学社会科学版)》2016 年第 3 期。

② 参见高铭暄、马克昌主编:《刑法学》,北京大学出版社 2016 年版,第 466 页。

刺激、已达精神崩溃的极端情形认定为受到了严重侮辱之外,对于其他行为是否构成侮辱罪不能仅依据被骚扰者的主观感受,还必须有一个合理的判断标准。在职场性骚扰中,涉及侮辱罪与诽谤罪的性骚扰行为多发生于无隶属关系的同事之间,可归类于敌意型性骚扰。

因此对于行为是否具有严重侮辱性之判断,可以参照美国联邦法院对敌意型性骚扰的判断标准。例如,美国联邦最高法院在 Harris 一案①中,提出以"合理个人"之标准,结合被骚扰者的主观感受,对是否存在敌意型性骚扰加以认定。而所谓"合理个人"则可以理解为具有一般理性的普通人。将社会对行为的客观评价与被骚扰者对行为的主观认识予以结合,对行为是否具有严重侮辱性进行判断,既能避免主观主义对刑罚权的滥用,也能充分地考虑不同个体对于同一行为是否具有严重侮辱性的认知差异,从而将具有严重社会危害性的侮辱行为与一般行为进行区分,并引入刑法对其予以规制。

第二,该行为具有公然性。公然,即指侮辱行为以公开的、使第三人或者不特定多数人知悉的方式实施。因为侮辱罪侵犯的客体是人的名誉权,而名誉必然涉及社会对人的评价。只有骚扰者通过让不特定多数人知悉的方式降低被骚扰者社会评价时,骚扰者的行为才构成侮辱罪。但在特定的情况下,例如骚扰者通过各种平面媒体和网络媒体进行传播,或者向特定群体传播侮辱他人的次数达到三次以上的,应当认定为公然,构成侮辱罪。②

第三,该行为以暴力或者其他方式实施。构成侮辱罪的职场性骚扰行为一般可归类于二级性骚扰中的性别骚扰。即骚扰者以性或性别为内容对被骚扰者实施侮辱或蔑视的言行,而侮辱罪中存在的暴力行为与属于一级性骚扰的性攻击行为具有本质差别。侮辱罪中骚扰者实施的暴力行为不以侵害被骚扰者的人身权为目的,而仅将其作为贬损被骚扰者名誉之手段,若骚扰者主观上存在侵害被骚扰者身体权、健康权等人身权之目的,则可纳入故意伤害罪之范围。

4. 职场性骚扰与诽谤罪适用

诽谤罪,是指故意捏造、散布事实贬低他人人格、破坏他人名誉,情节严重的行为。诽谤罪与侮辱罪侵犯的客体都是特定自然人所享有的名誉权。公民对涉及国家公共事务以及公共秩序管理所发表的言论,出于保护公民言论自由权之目的,一般不得将其纳入诽谤罪的规制范围。而诽谤罪与侮辱罪之间的差异主要体现在犯罪客观方面上。从诽谤罪的客观方面来看,骚扰者实施的诽谤行为由捏造虚假事实与散布虚假事实这两项行为内容构成。捏

---

① *Harris v. Forklift Systems*,*Inc.*,510 U. S. 17,114 S. Ct. 367 (1993).
② 参见张明楷:《刑法学》(上),法律出版社 2016 年版,第 822 页。

造虚假事实,是指骚扰者杜撰、虚构并不存在但足以使人信以为真的虚假事实。如果散布的事实是真实事实,即使有损名誉,也不构成本罪,但可能构成侮辱罪。① 如果散布的事实是荒诞不经、常人不足为信的事实,亦不构成诽谤罪,但可能构成侮辱罪。散布虚假事实,是指骚扰者向不特定的第三人公开虚假事实。公开的方式仅限定于与传播捏造事实相关的言语散布及文字散布,不存在诽谤罪中存在的为达到侵害他人名誉权而实施的暴力行为。

在职场性骚扰中,由于职场人员较为固定,不具有完全的公开性。但只要骚扰者作出了可以让职场中不特定第三人知悉虚假事实的传播行为,就足以让与被骚扰者存在工作关系的监督管理人员以及同事对被骚扰者的评价降低,使被骚扰者的名誉受到最直接的侵害。因此,在职场上捏造、散布虚假事实的行为亦构成诽谤罪。诽谤罪的主体与侮辱罪相同,为一般主体。诽谤罪的主观方面为直接故意,即明知为虚假事实仍然进行散布,并以侵害被骚扰者的名誉权为目的。如果客观证据表明,行为人散布的言论是其本人认为属实的,即使其中有某些内容与事实不符合,也不能认定为诽谤罪。②

5. 职场性骚扰与传播淫秽物品罪适用

在传播淫秽物品罪中,通说认为该罪侵犯的客体是国家对与性道德风尚有关的文化市场的管理秩序。③ 也有学者认为该罪侵犯的客体是"他人不愿意接触淫秽信息的权利"。④ 如果在用人单位的工作场所中充斥着以性或性别为内容的歧视信息,并且这些歧视信息通过图片、书刊、影片以及音像等多种载体予以呈现,使每一个进入职场的人无论主观意愿为何,都被迫接受该种歧视信息的影响,那么,对于在用人单位工作、心理健康和工作秩序受到影响的劳动者(主要是女性)而言,此种工作环境就构成敌意型性骚扰。敌意型性骚扰的危害在于其形成了一种具有敌意与胁迫性的环境。这种环境虽然不会直接侵害被骚扰者的人身权利,但足以使其陷入精神上的困苦。并且从传播学的角度来看,敌意型性骚扰行为与传播淫秽物品行为的共同点在于,两者都易使接受歧视或淫秽信息的人产生对女性的刻板印象。由此,产生貌视女性群体的观念,对遭受性攻击行为侵害的女性无动于衷甚至自身受到潜移默化的影响对女性实施性攻击行为,由此产生恶劣的危害后果。而传播淫秽物品的犯罪行为可以视为一种极度恶化工作环境的敌意型性骚扰行为。该罪的客观方面是行为人传播详细呈现性行为的纸质或者音频、视频物品达

---

① 参见陈兴良:《刑法学》,复旦大学出版社 2009 年版,第 349 页。
② 参见郑金火:《信守诽谤罪构成的法律底线——从"王鹏案"说起》,载《法学》2011 年第 5 期。
③ 参见高铭暄、马克昌主编:《刑法学》,北京大学出版社 2016 年版,第 606 页。
④ 参见周详、齐文远:《犯罪客体研究的实证化思路——以传播淫秽物品罪的客体界定为例》,载《环球法律评论》2009 年第 1 期。

到一定数量。该种传播行为以具有空间延展性的公开方式向其他人散布含有海淫性内容的信息,而此处的传播淫秽物品数量可以视为对工作环境遭受性骚扰行为恶化程度的衡量标准。

因此,对于已经构成传播淫秽物品罪的敌意型性骚扰行为,应当根据我国《刑法》第 364 条以及最高人民法院、最高人民检察院《关于办理利用互联网、移动通信终端、声讯台制作、复制、出版、贩卖、传播淫秽电子信息刑事案件具体应用法律若干问题的解释(一)》第 3 条以及最高人民法院《关于审理非法出版物刑事案件具体应用法律若干问题的解释》第 10 条之规定进行定罪量刑。但应当注意的是,该罪的主体可以是自然人也可以是单位。因此,当监督管理人员在用人单位指示下实施传播淫秽物品行为时,此时单位构成犯罪,根据我国《刑法》第 366 条之规定承担刑事责任。而对于在一般敌意型性骚扰中未尽到对劳动者的保护义务、使劳动者遭受侵害的用人单位,则应当承担对被骚扰劳动者损害的民事赔偿责任。

二、劳动关系群体性事件的刑法适用

近年来,我国劳动关系群体性事件呈上升趋势。据人力资源和社会保障部资料统计,"十一五"期间,我国各种类型的劳动关系群体性事件达 264.6 万件,与 1987 年至 2005 年近 20 年间的 172.3 万件相比,增长了 92.3 万件。[①] 具有规模性的重大劳动关系群体性事件已经成为影响社会和谐稳定的重要因素。"南海本田罢工事件""常德沃尔玛罢工事件""LGD(南京)罢工事件""东莞裕元鞋厂罢工事件"等群体性劳动争议事件与当代构建和谐劳动关系的主题相背离。针对群体性劳动争议行为,我国相关法律并未作出明确的规定,结合现实中工会作用难以发挥的情况,群体性劳动争议行为的正当性依据及标准尚不明确。因此,在司法实践中,法官在裁决各类劳动关系群体性事件引发的违法犯罪行为时,选择性忽视群体性劳动争议事件作为劳动者和用人单位间利益冲突解决机制的事实,从而导致国家公权力过度介入到劳动者和用人单位之间的劳动纠纷。

(一)劳动关系群体性事件的特征

1. 集体劳动争议与劳动关系群体性事件的区别

(1)集体劳动争议的概念

劳动争议是用人单位与劳动者双方围绕劳动合同产生的纠纷。根据争

---

① 杨欣:《我国集体劳动争议处理法制模式及其选择——以利益性争议为关注》,载《广东行政学院学报》2012 年 6 期。

议性质的不同,劳动争议可分为与权利相关的纠纷及与利益相关的纠纷。权利争议是因既定的权利义务而发生的纠纷,有司法审理之可能性,既定的权利义务来源于劳动法律法规的规定或劳动合同、集体合同的约定。而利益争议又称调整事项争议,是为了提高或变更劳动条件、获取更有利的经济利益而引发的争议。由于不存在既定的权利义务安排可作为司法裁判的依据,故双方可以采取自力救济的方式解决争议。根据争议当事人的不同,劳动争议又可分为个别性纠纷与集体性纠纷。个别性纠纷是劳动者与用人单位之间根据劳动法律或者劳动合同所发生的纠纷,属于权利争议,可以是单个雇员抑或是几名雇员与其雇主之间的争议,但这些雇员是作为个人而非团体行动。集体劳动争议又称团体争议、利益争议,是在集体劳动关系中发生的争议,即雇主或雇主团体与雇员团体之间的争议。

因此,集体劳动争议,又称团体争议,并不是以参与争议人数的多少进行界定。根据国际通行的概念,争议的劳动者一方主体只能是工会,目的在于团体契约的订立或变更,通常围绕利益争议展开。而我国当前所发生的劳动关系群体性事件,有些学者称为集体劳动争议,但实际上两者不属于同一概念。此外,从严格意义上分析,集体劳动争议与集体劳动争议行为其实也不是内涵同一的概念。集体劳动争议产生时存在公力救济与自力救济两种救济途径,集体劳动争议行为是当事人自力救济的方式。不过,本节在论述过程中对这两个概念不作特别区分。

集体劳动争议行为是劳资双方在集体谈判过程中给对方施加压力的最后武器。几种常见的集体劳动争议行为主要包括:罢工、纠察、杯葛。首先,罢工是最常见的一种集体劳动争议形式,是指多数雇员旨在获得劳动条件改善、劳动报酬提高等利益而为的劳动中止行为。通常认为,我国目前发生的大部分罢工都属于"野猫罢工",也即未经工会许可或违反团体协约之罢工。其次,纠察是指雇员在雇主营业场所外的示威抗议,旨在将劳资争议公之于众,并试图影响社会大众暂时不要与雇主有交易或消费。再次,杯葛系指集体地拒绝与某一单位进行交易或买卖以明确表达对该单位相关措施的不满。杯葛又可分为直接杯葛与间接杯葛。直接杯葛是指由工会会员发动的,停止与其雇主之间的所有交易。间接杯葛则是工会会员间接促使雇主的客户或厂商暂时停止对该雇主的惠顾或供应。此外,对劳动者而言,还有"集体怠工""占领工厂""好雇主名单""恶雇主名单"等争议形式。而雇主的集体劳动争议行为主要有"锁厂""雇用罢工替代者""黑名单"等形式。

(2) 劳动关系群体性事件的概念

劳动关系群体性事件不属于法律概念,自然也不属于传统劳动法领域的概念,而是行政文件中衍生出来的政治概念。2015 年中共中央、国务院《关于构建和谐劳动关系的意见》第 16 条指出要"完善劳动关系群体性事件预防和应急处置机制"。由于劳动关系群体性事件本身缺少法学理论和规范的支撑,理论研究和司法实践中不乏有将劳动关系群体性事件视为集体劳动争议的误认。劳动关系群体性事件是指发生在我国充斥着权利争议与利益争议交叠的群体性劳动争议,通常以人数多少作为界定指标。这其中既有人数众多为了实现既定权利而发生的权利争议,也有人数众多为了获取新的利益而引发的利益争议;既有工人自发组织的行动,也有工人通过选举工人代表来领导的有组织有纪律行动,是劳资双方之间利益博弈的集中体现。[1]

我国目前所发生的劳动关系群体性事件,呈现自发、无序、大规模、非理性且有时夹杂暴力、处理难度大等特点。

第一,劳动关系群体性事件往往呈现无序状态,缺乏企业工会的领导,由劳动者自发组织,对此,我国工会制度的不完善有不可推脱的责任。正当的集体劳动争议行为必须由工会领导,劳动者只有团结一致组建工会才具备与企业抗衡的对等能力,集体劳动争议作为最后的经济武器,目的是给对方施加压力,迫使双方重回谈判桌理性地进行谈判。另一方面,考虑到罢工等集体劳动争议行为一般会使企业遭受经济损失,如果罢工不符合正当性要求,罢工结束后,对于雇主所遭受的损害需要由工会和参与罢工的员工承担。工会作为独立的经济体,增加工会作为责任的承担主体对企业而言更有保障。

第二,实践中往往是先发生群体性劳动争议,而后可能会启动集体谈判程序。目前已曝光的劳动关系群体性事件大多不是由于集体谈判破裂而导致的。以南海本田罢工事件为例,2010 年 5 月 17 日广东省佛山市的本田汽车零部件制造有限公司的几百名劳动者因为对公司发放的薪酬以及相关福利待遇不满而且没有得到公司的合理回应,集体停工 1 天,中国国籍与日本国籍劳动者之间的薪酬差距过大是此次集体停工事件的导火索。5 月 20 日下午公司高层与劳动者代表的谈判没有能够达成一致,5 月 21 日晚间公司劳动者工人再次集体停工。直至 6 月 4 日晚,在多方斡旋之下,劳资双方终于正式签订了集体合同。[2] 此次南海本田罢工事件就是在罢工爆发后,劳资双方才启动协商谈判程序,最终签订了集体合同。集体劳动争议必须作为集体谈判的后续程序,当集体谈判破裂、双方交涉失败后方可进入争议阶段,此

---

[1]　参见罗燕、高贝:《我国群体性劳动争议的诉求与处理路径》,载《华南农业大学学报》2013 年第 1 期。

[2]　参见杨俊、李浩斌、张婷婷、张海萍等:《劳资争议引发的群体性事件原因调查》,载《企业导报》2013 年第 6 期。

时的争议手段实质是向对方施加压力的战术。因而通常认为,在劳动三权中,集体谈判权是核心,劳动者的结社权与集体行动权均是为了保障集体谈判有序顺利地进行。

　　第三,我国发生的劳动关系群体性事件呈现权利争议与利益争议交叠的状态。集体劳动争议只能因利益争议而启动。不能因权利争议而采取集体行动的原因在于,权利争议是与现行的法律法规或者已经签署的个人或者集体劳动合同履行相关,理应通过国家为其设定的法定途径来解决,而无自力救济途径适用的空间。况且,如果权利争议可以罢工,当资方诉诸司法救济时,罢工是不是存在向司法施压之嫌?① 而利益争议之所以可以通过自力救济的方式解决,就是因为双方之间尚不存在可作为司法裁决依据的权利义务安排。我国发生的劳动关系群体性事件特点在于,本应通过法定救济途径的权利争议,劳动者基于各种原因的考量选择了以群体性劳动争议的方式引起政府、社会各界以及企业的关注和重视,抱着"大闹大解决,小闹小解决"的心理状态。

　　第四,我国对劳动者是否享有罢工权没有明确规定。面对此类群体性劳动争议事件,由于事出有因且涉及人数众多,政府在事后处理时往往采取较为柔和的手段。但对于超出法律容忍界限的行为,劳动者仍可能面临被刑事拘留甚至被追究刑事责任的风险。2012 年 4 月,广州市番禺恒宝饰物有限公司发生了一起工人代表追缴社保费时被当地警方刑事拘留的事件,当时引起了社会各界的广泛关注。② 有民间机构的数据统计显示,2015 年因欠薪、裁员、经济补偿金以及社保问题所引发的集体停工事件中,有近三成的事件中公安机关参与了维持秩序,大约 140 起停工事件中劳动者因违法行为而遭受刑事拘留。③ 在规定了劳动三权制度的国家,符合正当要件的集体劳动争议享有刑事责任与民事责任的豁免。以日本为例,日本《劳动组合法》第 1 条第 2 款规定:"刑法(1907 年法律第 45 号)第 35 条的规定,是工会的团体交涉及其他行为为达到前款规定之目的而正当的适用。但在任何情况下,实施暴力不得被解释为工会的正当行为。"《日本刑法》第 35 条规定依照法律或正当的业务行为是免除刑事处罚事由。但即使此种情况下,使用暴力的行为也不能解释为属于工会的正当性行为范畴。

---

① 董保华、李干:《依法治国须超越"维权"VS"维稳"——基于沃尔玛"常德事件"的考察》,载《探索与争鸣》2015 年第 1 期。

② 参见《广州番禺:工人代表追缴社保费被警方刑拘》,载《河南工人报》2012 年 7 月 13 日第 3 版。

③ 李干:《我国集体劳动争议的难题与反思——基于自发罢工向制度外的"涌出"现象》,载《宁夏社会科学》2017 年第 1 期。

2. 劳动关系群体性事件的特征

引发劳动关系群体性事件的诉求既有权利争议又有利益争议,下面将分别分析基于权利争议与基于利益争议而引发的群体性劳动争议事件的特征。

(1) 基于权利争议的劳动关系群体性事件特征

针对欠薪、经济补偿金、社会保险费用等调整事项,法律已经为劳动者提供了公力救济的途径,包括劳动仲裁、司法诉讼、劳动监察。对于已经对劳动者予以特别保护与照顾的劳动法各项制度,劳动者为什么不一一寻求公力救济,转而选择自力救济的方式,试图通过欠缺明确合法性依据的群体性劳动争议来解决纠纷,而且还要面临可能被追究民事责任甚至刑事责任的风险,个中缘由的确值得深思。需要注意的是,劳动者基于权利争议而发动罢工与劳动者集体行使拒绝工作权利间的差异。当用人单位存在拖欠工资、拒不缴纳社会保险费用等不履行劳动合同主要义务的行为时,用人单位违约行为在先。立法赋予劳动者合同履行抗辩权,劳动者有权拒绝继续提供劳动,且合同履行抗辩权阻却了劳动者行为的违约性。当多数劳动者共同行使拒绝工作的权利时,所带来的结果与罢工造成的结果十分相似,极易混淆,但二者本质并不相同。

总之,基于权利争议而爆发的劳动关系群体性事件很大原因在于劳动者法定维权途径不畅通或存在不适应性。从程序法上分析,我国涉及权利争议,劳动者集体维权的道路主要有两种,包括根据《劳动争议调解仲裁法》①提起劳动仲裁以及依据《劳动法》②提起诉讼。法定维权途径的不适应性表现为以下三点。第一,针对劳动关系群体性事件,《劳动争议调解仲裁法》第7条所规定的劳动争议处理代表人制度在适用上不畅通。劳动关系群体性事件往往表现出规模大的特点,人数一般上百或上千,涉众范围广,直接或间接地影响着社会的稳定性。法院在司法实践过程中,也承担着"维稳"的价值权衡。为了避免劳动者不满情绪的集中爆发,激化劳资矛盾,法院对于群体性的劳动争议,往往不会采取并案处理的模式,而是拆分为若干个单独的个别劳动争议案件进行审理。"针对单个劳动者的裁判没有扩张效力,其他受

①　根据我国《劳动争议调解仲裁法》第2条、第7条规定,劳动者因劳动报酬、休息休假、经济补偿金或赔偿金等事由与用人单位发生争议时,可以寻求协商、调解、仲裁、诉讼;如果发生劳动争议的劳动者一方人数达到十人以上,并有共同请求的,可以推举代表参加调解、仲裁或者诉讼活动。

②　我国《劳动法》第84条第2款规定:"因履行集体合同发生争议,当事人协商解决不成的,可以向劳动争议仲裁委员会申请仲裁;对仲裁裁决不服的,可以自收到仲裁裁决书之日起15日内向人民法院提起诉讼。"

害劳动者要获得赔偿,需重新走一遍程序。"①对劳动者而言,劳动报酬、经济补偿金、赔偿金等与他们的生存发展息息相关,这种繁杂低效的处理方式不是他们所期盼的,所以劳动者极有可能转而选取激进的抗争手段来争取权利。

第二,我国集体合同制度存在流于形式的缺陷。许多企业的集体合同内容多为格式化条款,缺少实质性的内容,所以劳动者很少会因为履行集体合同而发生权利争议。集体合同的签订或变更往往出现在群体性劳动争议事件爆发之后也证明了这一点。所以我国《劳动法》第 84 条对集体合同履行争议的处理路径所发挥的作用不大。

第三,劳动者在个别维权路径上的不畅通和困境也是导致劳动者群起而攻之,团结众人力量以求加快争议解决效率的重要原因。劳动者希望通过群体性事件引起政府的关注和重视,借政府之手对用人单位施以压力,督促用人单位高效地解决相关问题。当体制内无法提供一套公平、畅通的制度规则时,遭受不利对待的一方寻求体制外的救济渠道也属无奈之举,但却反而使劳资双方的矛盾更为复杂难解。

(2)基于利益争议的劳动关系群体性事件特征

事实上,我国《劳动法》第 84 条也为利益争议的解决提供了途径,即对于劳动者与用人单位之间协商签订或者变更集体合同,在集体协商谈判过程中发生争议的,首先由当事人之间自行协商,如果双方不能达成一致的,当地劳动监察部门可以召集各方一起进一步调解,引导双方逐步消除分歧,达成一致。但为何该条款在实践中基本无用武之地?原因在于我国群体性劳动争议事件的爆发与集体协商的启动及集体合同的签订在顺序上存在倒置,而倒置的重要原因之一就是我国当前集体协商、集体合同制度仍不完善。因此,我国现行立法对基于利益诉求而引发的群体性劳动争议事件缺乏配套的治理疏通途径,如此恶性循环,当然不利于矛盾纠纷的化解。

对此,日本的经验可以借鉴。在日本关于集体劳动关系的调整途径中,最引人关注的应当是每年进行的全国性春斗,即工会与雇主团体在每年春天举行一次全国性的关于劳动条件的谈判。② 集体谈判实际上为处于弱势地位的劳动者提供了一个提出诉求、宣泄不满情绪的良好平台。劳资双方通过谈判,争取将矛盾在内部化解,维护产业和平,对劳方与资方而言都是互利共赢。国际劳工组织在有关集体谈判的公约中也主张劳资双方通过一种自行

---

① 王全兴、刘焱白:《我国当前群体劳动争议的概念辨析和应对思路》,载《中国劳动》2015 年第 2 期。

② 参见田思路、贾秀芬主编:《日本劳动法研究》,中国社会科学出版社 2013 年版,第 245 页。

交涉的方式展开谈判并签署集体性劳动合同。我国法律中通常使用的集体协商概念，与集体谈判不同。在一些欧美国家，集体协商与集体谈判属于劳动关系中不同的两个概念。集体协商所协商的对象是劳资双方在集体谈判中未涉及的事项，雇员通常只有建议权，最终的决定权掌握在雇主手中。集体谈判则是工会与雇主或雇主团体就劳动条件的提升或变更所进行的谈判，强调相互间的抗衡、博弈，劳资双方共同参与决策。

　　我国未对集体协商与集体谈判的概念做区分使用，一般对集体协商概念做广义理解，认为其涵盖了集体谈判的过程。故本文对集体协商与集体谈判的概念也不做区分使用。关于集体协商与集体合同的制度构建，目前我国已出台的相关文件较多，形成了以《劳动法》《劳动合同法》中相关规定为基础，以《集体合同规定》、集体合同地方性规定、《工资集体协商试行办法》及其他相关部门发布的规范性文件为具体施行依据的法律制度体系。① 但事实上，制度的实施效果并不尽如人意，主要存在以下几个方面的问题。

　　第一，集体谈判尚未形成社会共识。从资方的角度，多认为企业的首要目的是赚取利润，企业的经济效益提升了，劳动者的工资、福利待遇等劳动条件自然也能随之改善，因而多数企业不愿意或拒绝与劳动者进行集体谈判，以免徒增麻烦。《劳动法》《劳动合同法》《集体合同规定》等文件中有关集体协商以及集体合同签订的规定过于宣誓性，对企业的约束力不强。《集体合同规定》第32条明确规定，劳动者或者用人单位中如果有一方提出集体协商的要求，另一方应当在法律确定的时间内答复，如果没有正当理由不能拒绝开始集体协商。同时，《集体合同规定》第56条规定，用人单位如果在缺乏正当理由的情况下不与工会或者劳动者代表开始集体协商，按照相关法律法规处理，不过如何进行处理规定得并不具体。因此，对用人单位的责任追究并不明确，用人单位一方基于其优势地位抵制集体协商易如反掌。从劳动者的角度，劳动者对于集体协商、签订集体合同的意识薄弱，不敢向企业提出集体协商的要求，生怕因此丢失工作。意识的欠缺是导致集体协商、集体合同制度在我国执行效果不佳的重要原因。

　　第二，集体谈判主体的缺位。在集体谈判制度较为完善的国家，集体谈判的主体与集体行动的主体具有一致性，均为工会。因为这些国家通常认为，只有由工会参与谈判才能矫正劳资双方间的力量不均衡。由工会代表劳动者与用人单位进行集体谈判无疑是最好的体制内纠纷解决办法，但我国并没有充分发挥这项体制的优势，导致劳资争议向体制外蔓延。我国群体性劳

---

① 参见林嘉：《劳动法的原理、体系与问题》，法律出版社2016年版，第268页。

动争议事件多发,与工会体制存在的缺陷有着密不可分的联系。基层工会对企业的依赖程度过高,或多或少受企业牵制而没有实现真正的独立,在劳方与资方谈判的过程中,不能有效地代表劳动者利益,甚至以第三方协调者身份介入。在2014年常德沃尔玛罢工事件中,罢工由分店工会主席领导,该工会因而被媒体称为"最牛工会",可见目前我国企业工会在劳动者群体中的作用和地位。

第三,集体合同的内容缺乏针对性。在我国独特的社会背景之下,集体协商与集体合同制度是以自上而下方式推进的,缺乏制度推行前期的实践经验总结。许多企业为了完成签订集体合同的指标或考核,只注重合同签订的数量而不考虑合同的质量,采用格式化的集体合同文本,内容大量抄袭法律法规规章条款。签订的集体合同欠缺双方集体协商意志的体现,针对性、可操作性低。而且集体合同的落实效果差,并未能真正发挥作用,集体合同制度流于形式。

第四,劳动者争议行动合法性的模糊。在日本、美国等国家,集体谈判或称团体交涉属于劳动三权的范畴,且处于三权体系中的核心地位,集体行动权是实现集体谈判的辅助性权利,我国对此没有明确规定。对于劳动者的罢工行为是否合法,法律文本并无权利性规定,但也没有禁止性规定,对此有肯定与否定两种理解。肯定罢工行为合法性的理由主要包括以下几点。一是根据"法无禁止即自由"的法律逻辑,如果将自由扩大解释为包括集体自由,劳动者集体行动自由就可以获得正当性。二是2001年2月全国人大常委会批准的《经济、社会及文化权利国际公约》第8条第1款(丁)项规定"本公约缔约各国承诺保证:有权罢工,但应按照各个国家的法律行使此项权利",我国对前述条款未做保留,因而该公约可成为劳动者罢工的合法依据。三是我国《工会法》第27条规定可以视为立法对罢工的承认。[①]

不过,前述论据从另外的角度分析,也同样可以成为否定的理由。一是"法无禁止即自由"是指自由权的行使不会损害他人以及社会的公共利益,而劳动者罢工等行为本身就带有侵害性,扰乱企业的生产秩序甚至损害第三人和社会的利益,属于积极的自由。二是我国未对《经济、社会及文化权利国际公约》的内容通过国内立法作出转化适用,不能视其为罢工合法的依据。三是《工会法》第27条虽然规定了停工、怠工的内容,但停工、怠工的概念与罢

[①] 我国《工会法》第27条规定:"企业、事业单位发生停工、怠工事件,工会应当代表职工同企业、事业单位或者有关方面协商,反映职工的意见和要求并提出解决意见。对于职工的合理要求,企业、事业单位应当予以解决。工会协助企业、事业单位做好工作,尽快恢复生产、工作秩序。"

工能否等同仍有待商榷,且该条设定的目的是引导工会、企业及事业单位对停工、怠工事件作出处理,并未肯定罢工的合法性。因此,劳动者集体争议行为尚缺乏明确的合法性依据。

（二）劳动关系群体性事件域外刑法处置经验的借鉴

1. 域外正当集体劳动争议行为刑事免责制度的特点

域外关于劳动者正当的集体劳动争议行为刑事免责制度,实则建立在劳动者充分享有"劳动三权"的基础之上。"劳动三权"之间相辅相成,正是因为立法肯定劳动者集体行动的合法性,当行为符合正当性要件时,享有刑事责任豁免自然也合乎情理。在我国,第一,虽然劳动者有权组建工会,但我国的工会体制仍存在诸多缺陷,并没有充分发挥其应有的职能;第二,集体谈判制度流于形式,劳动者的诉求无法得到充分的表达,矛盾越积越深;第三,劳动者集体行动正当与否的定位始终处于模糊状态,游离于制度约束之外的集体行动反而被滥用。

因而,我国当前的劳动关系群体性事件呈现出自发、无序、复杂等状态,与国际上通行的集体劳动争议行为有着天壤之别,实践中也就出现了警察介入,职工被刑事拘留乃至被追究刑事责任等现象,有学者提出了"集体劳资争议的边际犯罪效应"①的说法。对此,笔者希望通过对其他国家关于正当的集体劳动争议行为刑事免责制度展开研究分析,在立足我国国情的基础上,从其他国家的历史发展中吸取有益经验,更好地解决我国劳动关系群体性事件的刑法适用问题。日本、美国等在这方面的制度发展较早,较为健全,因此笔者将对日本与美国的相关制度进行比较分析。

（1）日本的经验

日本关于正当集体劳动争议行为刑事免责的制度较为完善,体现在日本《日本劳动组合法》第 1 条与《日本刑法》第 35 条中,符合正当性要件的集体劳动争议行为,享有刑事免责。集体劳动争议行为阻碍了企业的正常经营活动,甚至会直接或间接地损害社会利益、第三人利益,同时争议行为也是对劳动合同义务履行的违反。对此,雇主可以处分或解雇雇员,雇员甚至可能被追究相应的刑事责任。但为了倾斜保护处于弱势地位的劳动者,平衡劳资双方间的利益不对等,《日本宪法》第 28 条规定了劳动者的团结、共同交涉以及其他共同行动的三项权利,从宪法的高度承认劳动者享有的集体行动权利。

关于如何认定集体劳动争议行为的正当性,可以从主体等四个方面综合

---

① 参见姜涛:《集体劳资争议的刑事责任研究——以日本〈劳动组合法〉第 1 条第 2 款为中心》,载《浙江社会科学》2011 年第 10 期。

判断。

第一,主体的正当性。集体劳动争议的双方应该还是集体谈判的双方,还属于是工会领导下的行动。对于缺乏工会领导的"野猫罢工",日本法院判例予以明确的否认。

第二,目的的正当性。集体劳动争议行为的目的必须围绕经济利益,并且最终能够通过签订或变更集体合同使目的得以实现。对于带有政治目的的行动,日本最高裁判所持否定态度,认定不能免除责任。①

第三,形式的正当性。集体劳动争议行为应当以和平的方式进行,不得以暴力的形式实施争议行为。此外,工会所采取的争议行为形式是多种多样的,不同类型争议行为的正当性判断标准也有所不同。值得注意的是,日本对于消极怠工原则上承认具有正当性,但如果以积极的行为对业务进行阻碍则是违法的。例如劳动者因拒绝转岗而强行在原岗位继续劳动、不是积极的电话应答而是随意与客户进行电话订货的行为以及未予通告而进行的怠工都属于不正当的争议行为。②

第四,手续的正当性。集体劳动争议行为必须先经过集体谈判,谈判破裂后才可能启动该程序。对于工会进行集体劳动争议行为是否需要向雇主作出预告通知,日本司法实践中不同判例的结论不同。学者们认为通常需要根据集体劳动争议中行为人的目的以及劳动者给用人单位造成负面影响的严重程度进行衡量。③ 如果集体劳动争议的行为不符合正当性标准,将被视为不正当,工会会员、工会干部仍可能被追究刑事责任,这主要依据日本刑法关于暴力妨碍业务罪④、暴行罪⑤、伤害罪⑥等规定。

(2) 美国的经验

通常认为,美国对劳工运动的态度经历了四个阶段:压制期、容忍期、承认期和紧缩期。美国最初对劳工运动也是采取镇压态度,主要通过刑事法律和反垄断法阻碍工会的活动。在刑事指控方面,19 世纪一些法院将雇员的一致行动认定为犯罪共谋。⑦ 在 1806 年 *Commonwealth v . Pulis* 一案中,工人因为工资太低而拒绝工作,并且试图阻止其他人在这种低工资的情况下工

---

① 参见田思路、贾秀芬:《日本劳动法研究》,中国社会科学出版社 2013 年版,第 258 页。
② 同上书,第 260 页。
③ 同上书,第 260、263 页。
④ 《日本刑法》第 234 条规定:"以威力妨害他人业务的,依照前条(第 233 条)的规定处段。"
⑤ 《日本刑法》第 208 条规定:"施暴行而没有伤害他人的,处 2 年以下的惩役、30 万日元以下的罚金、拘留或者科料。"
⑥ 《日本刑法》第 204 条规定:"伤害他人身体的,处 15 年以下惩役或者 50 万元以下的罚金或科料。"
⑦ 参见柯振兴编著:《美国劳动法》,中国政法大学出版社 2014 年版,第 2—8 页。

作,最后被法院判定被告涉嫌刑事共谋罪,八名领导者被处以每人 8 美元的罚款,外加诉讼费用。①

但在 20 世纪前后,工会的重要性开始为人们所逐渐认知,在 *Vegelahn v. Guntner* 一案中,霍姆斯法官的意见值得思考,"在很多时候,法律对这种故意造成的暂时性损失采取了容忍的态度,因为它认为这样做是合理的。这取决于是什么因素使该行为具有合理性。单纯地归纳法律规定往往不足以帮我们找到答案。对政策和社会内核的考量才是判断的真正基础。允许自由竞争的政策本身就让故意造成的暂时性损失具有了合理性,它包括对当事人生意干扰所带来的损失,即便是在某些情况下造成损害并非为了它自己的利益,而是为了在贸易战中取得胜利而实施的某种手段造成的。"②因此,当雇员的行为被看作是雇员与雇主之间的自由竞争行为时,就不应当追究其刑事责任。在反垄断法方面,法院将工会认定为劳动力销售联盟,是一种典型的卡特尔。在 *Lower v. Lawlor* 一案中,联邦最高法院援引《谢尔曼法》即第一部反托拉斯法禁止罢工,因为罢工阻碍了商业自由。

之后,美国对劳工运动进入了容忍期。直到 1935 年,《瓦格纳法》即《美国国家劳动关系法》第 7 条明确规定了工人享有组织工会、集体谈判和共同行动这三项权利。《瓦格纳法》的宗旨在于鼓励劳资双方的集体谈判,而且第 8 条③所列举的不当劳动行为也只是针对雇主的行为,但没有将任何工会活动认定为非法。④《瓦格纳法》颁布后,工会运动开始如火如荼地展开,但也逐渐发生了工会滥用权利损害雇主利益等问题。随后,美国对于工会的活动作出了一系列的规制。对于罢工、纠察、杯葛等争议行动的行使和限制,都有相关的正当性判断标准,当然更多的是在判例法中体现。

2. 劳动关系群体性事件域外法律处置制度的经验借鉴

结合上文对我国目前劳动关系群体性事件成因的分析,以及对日本、美国两国关于正当集体劳动争议行为刑事免责制度的初探,笔者试图理顺我国劳动关系群体性事件刑法适用问题在实然与应然层面的逻辑,并提出相关建议。

---

① 〔美〕迈克尔·C.哈珀等主编:《美国劳动法案例、材料和问题》(上),李坤刚、闫冬、吴文芳、钟芳译,商务印书馆 2015 年版,第 49—51 页。

② 同上书,第 58 页。

③ 《瓦格纳法》第 8 条规定:"干预、强迫或限制雇员享受第 7 条规定的权利;支持或控制劳工组织;为了鼓励或不鼓励某些劳工组织成员而实施歧视(行为);使用解雇或其他歧视方式对待提出指控作证的员工;拒绝同员工多数派的代表进行集体谈判。"

④ 〔美〕迈克尔·C.哈珀等主编:《美国劳动法案例、材料和问题》(上),李坤刚、闫冬、吴文芳、钟芳译,商务印书馆 2015 年版,第 114 页。

(1) 实然层面劳动关系群体性事件的法律适用状况

我国立法并未明确肯定劳动者享有集体行动权,理论界对劳动者是否享有该权利也是众说纷纭,法院作为社会矛盾的最后承接者与裁判者,在绝大多数情况下会将罢工行为认定为违反用人单位规章制度的行为,从而认定其无效。① 法院对待劳动者共同行动所采取的是如果法律没有明文规定即意味着禁止的标准,同时在案件审判中大部分都对行为本身的违法性进行审查而往往忽略目的的正当性。② 为了解实践中法院审理的具体思路,笔者下面结合北大法宝、中国裁判文书网等数据库中搜集到的涉及罢工行为合法与否的裁判文书进行分析。

第一,劳动者的连续停工行为违反基本的劳动纪律。2016 年 5 月,江苏省苏州市快捷半导体(苏州)有限公司爆发了上千名工人罢工的事件,在本案中,法院认为劳动者对于用人单位生产管理、劳动保护与福利待遇等方面如有意见,应在不违反公司规章制度的前提下,尽可能与用人单位通过沟通解决,并通过合法途径来表达相应诉求。原告连续停工的行为已经违反了被告《员工手册》的规定,亦违反了基本的劳动纪律。③

第二,劳动者要求取消《员工手册》降薪条款未果后停工的,属于较重违纪行为。诺基亚公司的劳动者对《员工手册》中直接降低有关薪酬和福利并且降低管理透明度的条款不满,要求取消前述条款,在未能协商一致的情况下引发了劳动者的大规模停工,参加人员最多时达到数千人。再审法院认为,《员工手册》的内容和形成程序均合法,故《员工手册》合法有效,员工林永兴的行为属于《员工手册》中规定"未经请假而未到岗"和"未经许可擅自离岗"的较重违纪行为,④法院作出裁定时并未考虑员工罢工的原因。

第三,未依法主张劳动权利而长时间停工的,构成旷工。法院认为,即使哥士比鞋业公司存在违反劳动法律法规的情形,李某书也应采取法律途径主张劳动法上的权利。李某书未采取法律途径主张劳动法上的权利而长时间停工的行为,客观上构成旷工。公司的《规章制度》合法有效,可以作为用工管理的依据。⑤

① 参见王天玉:《劳动者集体行动治理的司法逻辑——基于 2008—2014 年已公开的 308 件罢工案件判决》,载《法制与社会发展》2015 年第 2 期。
② 同上。
③ 参见"张远福诉快捷半导体(苏州)有限公司劳动争议纠纷案",江苏省苏州市苏州工业园区人民法院民事判决书[(2016)苏 0591 民初 7500 号]。
④ "诺基亚通信有限公司劳动合同纠纷案",参见广东省高级人民法院民事裁定书[(2015)粤高法民申字第 1460 号]。
⑤ "李荣书与哥士比鞋业(深圳)有限公司劳动争议纠纷案",参见广东省深圳市中级人民法院民事判决书[(2015)深中法劳终字第 551 号]。

综上所述,在目前司法实践中,劳动者的群体性劳动争议行为基本是不被承认的。而且法院在认定行为合法与否时也很少遵从比例原则去考虑行为产生的原因、用人单位是否存在过错、行为的严重程度以及行为所造成的后果等,这是出于司法效率的考虑。更何况,这些劳动关系群体性事件由于缺乏制度的约束而呈现自发、无序、松散、掺杂暴力等特点,即使是从日本抑或是德国等关于可免责的集体劳动争议行为的正当性标准判断,都很难得出行为具有正当性的结论。虽然我国立法中并没有关于群体性劳动争议行为的正当性判断标准,但可据此类比某些不当行为的可归责性。所以,当群体性劳动争议行为给企业的生产秩序、经济利益造成损害,或是因为罢工、纠察等行为扰乱社会公共秩序、交通安全等时,行为严重者很可能被刑事拘留,甚至以聚众扰乱公共秩序罪、以危险方法危害公共安全罪、妨害公务罪等罪名追究刑事责任。

（2）应然层面劳动关系群体性事件的刑法适用分析

第一,劳动关系群体性事件的刑法适用中应考虑国家中立原则。国家中立原则体现在立法、行政、司法三个方面。以行政方面为例,基于行政中立原则,如果争议行为是合法的,那么行政机关不得以维持公共秩序、保护公共安全为由而出动警察,应当允许劳方或资方正当地行使其争议权;但如果争议行为不符合合法标准,已经违反刑法或秩序法的规定时,警察当然需要介入,而不得以国家中立原则为由怠于履行职责。① 具体而言,采取积极的国家中立原则,即"法制上在规范争议手段时,对于社会自治当事人间所存在之权利关系,不得单纯地加以承受,而是国家必须善尽其规范之可能性,以促进对等的争议力量或对等的谈判力量之建立。"②

第二,劳动关系群体性事件的刑法适用中应考虑比例原则。从上文对日本、美国模式的分析可以发现,其处理模式都是建立在立法对劳动者集体行动权给予肯定的基础上,再构建集体劳动争议行为的正当性判断标准。对于正当的集体劳动争议行为豁免刑事责任,而对不正当的集体劳动争议行为仍旧需要追究相应的刑事责任,将集体劳动争议行为引入制度化的处理机制。通过行为正当性与非正当性的划分来决定刑法能否介入,实质是比例原则的体现。比例原则是处理法的价值冲突时的重要原则,如果实现一种法价值时会损害对另一种法价值的保护,那么应当将这种影响降到最低,也即行为一定要控制在正当合理的限度内。德国联邦劳动法院也在1971年将其作为罢

---

① 参见杨通轩:《集体劳工法理论与实务》,台湾五南图书出版公司2012年版,第166页。
② 同上。

工法的主导原则,以防止罢工滥用。①

第三,通过深化工会体制改革完善集体谈判和集体合同制度。只有先攻破制度难题,才能更好地解决劳动关系群体性事件的刑法适用问题。日本、美国、德国等处理集体劳动争议问题的思维逻辑可简单归纳为:承认劳动者享有集体行动权——集体行动符合比例原则才具有正当性——具有正当性的集体劳动争议行为刑事责任豁免——不具有正当性的集体劳动争议行为仍需根据刑法的相关罪名设定追究其刑事责任。可见,正当集体劳动争议行为刑事免责制度的前提条件是立法对劳动者所享有的集体行动权作出了肯定。但我国目前对劳动者是否享有集体行动权的立法态度尚不明朗,因此上述这种正当集体劳动争议行为刑事责任豁免制度不能完全被我国所借鉴,与我国的现实情况无法完全相容。而且必须承认的是,在我国,要肯定劳动者享有罢工等形式的集体行动权会面临许多制度瓶颈,包括工会体制的改革、集体谈判、集体合同制度的推动与完善等,同时还需要充分考虑我国的社会、经济、文化背景。

我国刑法明文规定的免责事由包括正当防卫和紧急避险,学界一般认为法令行为、正当业务行为、被害人的承诺以及自救行为也属于违法阻却事由。显然,劳动关系群体性事件难以被解释为正当防卫与紧急避险。而法令行为指的是根据立法机关通过的法律文件,进而基于行使权利或承担义务的理由实施的行为。我国对于劳动者是否享有罢工等权利,立法态度模糊,所以要将劳动关系群体性事件解释为法令行为过于牵强。正当业务行为是指法律法规虽然没有明确规定,不过在社会生活中经常惯例性实施并被认为具有正当性的行为。显然,群体性劳动争议行为不属于正当业务行为,也不能作为被害人承诺的违法阻却事由。

劳动关系群体性事件能否从"自救行为"上寻求免责的依据? 自救行为是在不能及时寻求公权力救助时,迫不得已所采取的临时措施。一般认为,自救行为需要具备以下条件:第一,必须是为了保护自身的法益;第二,不法侵害行为已经发生;第三,必须在紧急情况下采取;第四,行为应当符合比例原则。② 其中,紧急情况是指被害人来不及寻求公权力救助或寻求救助而被不当拒绝,此时如果不采取自救行为,被害人的权利将难以得到实现。在劳动关系群体性事件中,被害人受到侵害的可能是权利抑或是利益事项,对此立法均规定了救济途径,虽然法定的救济途径在一定程度上存在不畅通或不

① 〔德〕曼弗雷德·魏斯、马琳·施米特:《德国劳动法与劳资关系》,倪斐译,商务印书馆2012年版,第226—227页。
② 参见游伟、孙万恒:《自救行为及其刑法评价》,载《政治与法律》1998年第1期。

适应的问题,但也不属于可采取自救行为的紧急情况,尚未达到足以阻却行为违法的状态。综上,劳动关系群体性事件很难从刑事违法阻却事由上解释行为的非犯罪化。

那么,能否根据我国《刑法》第13条但书限制解释相关犯罪的构成要件从而认定行为的正当性?关于正当性的判断可借鉴德国、日本等国较为成熟的经验,大致可以从主体正当性、目的正当性、程序正当性、手段正当性等方面进行论证,但一定要符合我国的实际情况。当然,对于不具有正当性、已经明显超出法律所能容忍的界限、违反比例原则的争议行动,符合犯罪构成要件的,仍存在依据刑法相关规定追究行为主体刑事责任的可能性。但是,我国并不是判例法国家,如果要求法院在个案中依据自由裁量权一一判断争议行为是否具有正当性,显然不符合司法效率、司法理性原则,而且可能出现同案不同判的结果。在这种群体性事件中,同案不同判的社会负面效应极有可能被放大化。"法院的司法角色定位决定其没有足够的精力和能力以'实质公正'的标准处理每一起罢工案件,也没有足够的权力以'实质公正'的目标创制一套处理此类案件的规则……走向'形式法治'也就成为必然。"[①]

行为正当性的裁判模式涉及一套系统的正当性判断标准的构建,而正当性标准构建本身存在很大的难度。即使已有成熟的经验可供借鉴,但这些经验能否适应我国的现实情况,仍需进一步的论证。例如其中的主体正当性,由于我国当前工会体制存在缺陷,改革仍需推进,如果要求必须由工会来领导集体行动,在工会改革尚未有较大成果前,可操作性仍有待商榷。再如,目的正当性,我国目前的群体性劳动争议虽然已经具有从权利之争向利益之争转变的趋势,但当前仍是两者交叠,对基于权利争议而引发的群体性劳动争议能否全盘否定,如何引导争议行为只围绕利益争议展开,都需要更深入的研究。但更大的问题在于,正当性标准构建的本质还是回归到了立法对劳动者集体行动权是否明确承认的问题上。

所以,当前的首要任务还是要深化工会体制改革,进一步完善和推进集体谈判和集体合同制度。首当其冲的是对我国目前自上而下一元化的工会体制深入改革,增强工会的独立性和民主化,推动工会直选制度,真正落实劳动者组建工会的自由权。同时,重视集体协商中协商代表合法权益的保护。2014年全国人民代表大会内务司法委员会《关于第十二届全国人民代表大会第二次会议主席团交付审议的代表提出的议案的审议意见》明确提出,"针对实践中有的用人单位存在违法解雇参加集体协商的职工代表的行为,今后

----

① 王天玉:《劳动者集体行动治理的司法逻辑——基于2008—2014年已公开的308件罢工案件判决》,载《法制与社会发展》2015年第2期。

将从三个方面加以改进：一是加大劳动法、集体合同规定等法律法规的宣传力度。① 二是加强劳动争议仲裁工作，加大劳动保障监察力度。② 三是抓紧研究起草《集体协商和集体合同条例（草案）》，进一步细化集体协商代表的产生、协商程序、协商代表的权利义务和权利保护、争议处理等内容。"前述审议意见确立了正确的导向，后续工作就是以具体制度保障集体协商代表的权益。

（三）劳动关系群体性事件的刑法适用

1. 刑法介入劳动关系群体性事件的必要性

近年来随着社会经济的不断发展，我国正处于社会转型的重大变革阶段，劳动关系群体性事件呈现出多发性、自发性的态势，并具有蔓延趋势，严重威胁社会的和谐稳定。劳动关系群体性事件的表现形式复杂多样，但其中最极端的方式是严重危害社会稳定和谐的群体性犯罪。因此，刑法的介入具有必要性。

第一，不能一味地认定劳动关系群体性事件仅具有负面性、破坏性和违法性，而要将劳动关系群体性事件的概念扩展到更加包容的范围。因为在社会转型期的今天，利益关系和利益格局正处于剧烈变动中，多元化的利益主体必然带来更激烈、更普遍的利益冲突，利益主体间博弈所引发的劳动关系群体性事件亦会愈发频繁。此时的劳动关系群体性事件就可以看作是社会发展过程中劳资双方间利益表达和利益博弈的形式之一。③ 不能简单将这部分的劳动关系群体性事件认定为危害社会和谐稳定的治安事件，而应正视其中客观存在的利益表达行为。因此，劳动关系群体性事件的功能并不完全是负面的，其所相伴产生的社会冲突应被正确看待。劳动关系群体性事件中与社会主义核心价值观没有对立关系的，劳动者与用人单位对抗性强度较低的纠纷使得普通公民有了相对合理的维权宣泄渠道，这对于整个社会而言反而具有一定的安全减压作用，这样社会中积累的各种压力能够逐步释放，社会制度的调整以及纠错机制也能发挥，具有一定的积极作用。④

第二，劳动关系群体性事件伴随的社会冲突负面性问题仍不容小视。在

---

① 引导未建立工会的用人单位职工依法民主推荐参加集体协商的职工代表，让他们了解自己的合法权益以及维护自身权利的救济渠道。

② 对用人单位违法解除职工代表劳动合同的行为，依法严肃处理。

③ 孙立平：《解决群体性事件需要新思维》，载《经济观察报》主办：经济观察网"观察家"专栏，http://www.eeo.com.cn/observer/special/2008/10/05/115202.html，2008 年 10 月 5 日发布，2020 年 6 月 3 日访问。

④ 参见朱力：《中国社会风险解析：群体性事件的社会冲突性质》，载《学海》2009 年第 1 期。

实践中,许多的劳动关系群体性事件通常会采取阻碍交通或者扰乱国家机关工作秩序、在公共场所采取不理性的毁坏财物或者殴打他人等破坏社会安定的暴力形式。破坏性比较大,对于社会秩序的扰乱程度也很高,同时危及公共安全。据此,从防范社会风险、维护社会稳定的角度考虑,对于劳动关系群体性事件伴随的暴力行为应从严规制,绝不姑息。

2. 劳动关系群体性事件所涉罪名分析

劳动关系群体性事件具有正当利益诉求时可以视为利益博弈的劳资纠纷解决方式,属于群体性治安事件,只有严重侵害或威胁重要法益时才能归为群体性犯罪。可以肯定的是,群体性治安事件并不完全独立于群体性犯罪,当群体性治安事件没有得到及时有效的处理,导致社会危害持续产生和累积,危害结果的程度加重很容易导致群体性治安事件转化为群体性犯罪。[①] 我国刑法中对于劳动关系群体性事件及其相关的群体性犯罪没有规定具体的法律概念或者特别罪名,不过根据这些事件的特点,可能适用的罪名主要涉及以下几类。

(1) 危害公共安全罪

劳动关系群体性事件中,行为人可能采取放火、爆炸、决水、投放危险物质以及其他危险方法威胁或侵害公共安全,非法获取枪支或者违规携带枪支、弹药、管制刀具进入公共场所从而危及公共安全等,这些行为在缺乏规范制约的情况下都可能发生[②],且都可以在我国《刑法》中找到相应的罪名。企业员工因不满工资福利或者领导安排而放火、纵火等相关新闻屡见不鲜。例如,2017 年 11 月,王某因工资纠纷与被害人杨某发生矛盾;为报复、泄愤,王某携带汽油至嘉兴市秀洲区王店镇先锋村被害人杨某的毛纱加工作坊,用啤酒瓶向毛纱泼洒汽油并手持打火机点火,由于被杨某等制止而未得逞;王某被判决放火罪,判处有期徒刑 8 个月,缓刑 1 年。[③]

(2) 妨害社会管理秩序罪

劳动关系群体性事件可能适用最广泛的犯罪是妨害社会管理秩序罪,最常见的是涉嫌聚众扰乱社会秩序罪,聚众扰乱公共场所秩序、交通秩序罪,妨害公务罪,寻衅滋事罪,聚众斗殴罪,非法集会、游行、示威罪等。下面以一个案例分析劳资冲突导致的这类犯罪的内在一致性。在被告人陈某贵聚众扰

---

① 于建嵘:《当前我国群体性事件的主要类型及其基本特征》,载《中国政法大学学报》2009 年第 6 期。

② 姜涛:《劳动刑法制度研究》,法律出版社 2013 年版,第 435 页。

③ "王银彪放火案",参见浙江省嘉兴市秀洲区人民法院刑事判决书[(2018)浙 0411 刑初 223 号]。

乱社会秩序一案中①,1997 年 10 月,被告人陈某贵与吕某在工地的中型客车上,共谋以薪酬低、待遇差为由组织工地的劳动者集体停工。1997 年 10 月 18 日至 25 日劳动者集体停工期间,被告人陈某贵未经批准擅自成立工会而且未经合法程序自任工会主席,吕某担任工会代表。陈某贵多次纠集普通劳动者开会,其间煽动工人绝不轻易放弃集体停工,并带领一些劳动者毁坏了工地食堂的财物。后来,陈某贵对于公司总部内容诚恳的公开信恶意攻击,到处传播激烈的措辞,阻止甚至威胁劳动者不能继续工作。陈某贵还与吕某一起草了与事实严重不符合的申诉书,组织工地的劳动者签名,继续煽动劳动者保持停工的状态。此次集体停工事件给公司造成的直接经济损失折合人民币高达 49 万余元。检察机关以聚众扰乱社会秩序罪提起公诉,人民法院认为被告人陈某贵为了一己之私,谋划利用其他劳动者的集体停工事件来发泄本人对公司经理的不满,为了实现本人的种种无理要求,全程策划并组织劳动者多天的集体停工行为,致使企业的生产秩序被严重扰乱,直接经济损失重大,社会影响非常恶劣,其行为应该被认定为聚众扰乱社会秩序罪。

表面上看,依据我国《刑法》第 290 条的规定,如果行为人实施聚众扰乱企事业单位、社会团体的工作、生产、营业和教学、科研、医疗等社会秩序,情节严重并且损失重大的行为,应认定为聚众扰乱社会秩序罪。从客观情况来看,劳动者和用人单位间的这种利益博弈必然会危及企业的生产与经营,很可能给企业带来严重的经济损失和恶劣的社会影响,应当构成聚众扰乱社会秩序罪。但是,从实质的正当性层面分析,这种逻辑存在不合理之处。

第一,劳动者组织集体停工的目的并非旨在扰乱社会秩序,工作时间在工作场所停止工作的行为并不属于聚众扰乱社会秩序的行为。罢工的目的仅仅是为了通过劳动者集体停止工作的行为阻碍用人单位的正常生产经营,给用人单位造成经济压力,从而使其对劳动者作出妥协和让步。从性质上分析,这种利益博弈的本质是由劳资纠纷引发的,本身是劳动者主张劳动权利的一种形式,属于履行劳动合同中的一个环节,尚未达到影响甚至破坏社会秩序的程度。不过,如果集体停工和与公民生活息息相关的行业正常运营相关,例如市政交通、供水、供电或供气等涉及公共服务的重要部门集体停工就不属于此列。国外立法中也明确规定涉及公共服务的部门禁止罢工。

第二,对于这种本身由劳动者和用人单位间的劳资纠纷引发的利益博弈行为,其性质属于一种经济手段,并不会危害一国的社会秩序。这种劳动合同双方因为合同履行过程中的争议引发的纠纷,如果完全不考虑事件发生的

---

① "陈先贵聚众扰乱社会秩序案",参见四川省成都市中级人民法院刑事判决书[(2000)成刑终字第 17 号]。

原因,而将其视为普通刑事案件进行追诉,某种程度上有刑事权力随意介入经济纠纷的嫌疑。通过追究刑事责任以平息劳动者集体停工事件的策略,在自由资本主义时期曾经被广为采纳,不过早已被当代法治国家所抛弃。①

(3) 侵犯公民人身权利、民主权利罪和侵犯财产罪

近年来,劳动关系群体性事件时有发生,劳资冲突恶化最后走向暴力导致严重后果的事件更是不绝于耳。劳动关系群体性事件有可能出现造成财产损失、人员伤亡的恶劣情况。

例如,2009 年 7 月 24 日,吉林省通化钢铁集团股份有限公司(以下简称"通钢集团")发生了一起因改制引发的恶性劳资冲突事件。通钢集团的数万名工人、退休工人与家属通过停止工作和游行,抗议吉林省政府将通钢集团"第二次"转让出售给北京建龙重工集团有限公司(以下简称"建龙集团")。参与罢工的工人与警方发生暴力冲突,建龙集团派驻的总经理陈某军被当场围殴致死,数十辆警车被毁,数十名工人被捕。② 而此前,在通钢集团也曾发生一起炉前工捶杀炼轧厂厂长宋某的不幸事件。无独有偶,2009 年 8 月 11日,河南省濮阳市也发生了类似案件:林州钢铁有限责任公司(以下简称"林钢")的工人因不满企业改制后的工资福利待遇,将濮阳市国资委副主任董某印软禁了近 90 小时。③

因此,通钢集团这类事件如果仅仅以聚众扰乱社会秩序罪进行评价已经不合适,应当考虑对于其中故意侵犯人身权的行为单独评价。根据主观故意不同,可以认定为故意伤害罪或者过失致人死亡罪。其理由在于以下两点。

第一,聚众扰乱社会秩序罪是妨害社会管理秩序罪,故意伤害罪等是侵犯公民人身权利罪,两罪侵犯的客体以及主观方面不同。前罪要求各共同行为人之间有聚集在一起并实施影响社会秩序行为的意思,并不要求对于特定人员人身造成侵害的意思。总之,集体停工事件中部分劳动者希望或者放任他人死亡结果发生,或者过失引起他人死亡的结果已经超出了聚集然后扰乱社会秩序的主观故意范畴。

第二,集体停工事件中发生的人身伤亡不属于我国《刑法》第 290 条中的"严重损失"。根据文本以及逻辑解释的原理,严重损失是指经营生产和教学科研工作损失,对于公民人身权利的侵害不属于该条的损失范围。而且,聚

① 参见常凯:《关于罢工合法性的法律分析——以南海本田罢工为案例的研究》,载《战略与管理》2010 年第 4 期。

② 参见褚晓亮、姚湜:《通钢股权调整引发聚集上访》,载《新华每日电讯》2009 年 7 月 28 日第 4 版。

③ 参见王少波:《国企改制中劳资冲突走向暴力现象解析——以通钢集团和林钢集团改制中出现的暴力事件为例》,载《中国人力资源开发》2010 年第 3 期。

众扰乱社会秩序罪实际上属于轻罪,而对于人身权的侵害属于重罪。如果采纳一个轻罪来评价严重的危害社会行为,与罪责刑相适应原则不符合。同时,我国《刑法》第 290 条对于聚众扰乱社会秩序罪并没有如聚众斗殴罪一样规定转化条款,首要分子和积极参加者的法定刑最高为 7 年有期徒刑。这显然对于在罢工中实施的故意伤害或杀人等行为的惩处力度不够,无法实现刑法的一般预防和特殊预防功能。

综上所述,当劳动关系群体性事件中出现财产损失、人员伤亡等恶性后果时,已经不能简单地以聚众扰乱社会秩序罪追究相关人员的刑事责任,而应该适用侵犯公民人身权利、民主权利罪和侵犯财产罪中的相关罪名。

(4) 危害国家安全罪

劳动者与用人单位之间的纠纷本来属于正常的劳动合同纠纷,不过往往也有可能是一些具有政治目的的人员利用普通劳动者对于薪酬的不满,通过组织群体性事件来实现不可告人的政治目的,可能实施一些煽动分裂国家、煽动颠覆国家政权之类的犯罪活动。① 对此,应根据刑法严肃处理。不过,劳动关系群体性事件的本质都是劳资冲突,即劳资双方间的利益博弈,通常属于处理劳动者和用人单位间权利义务关系的经济手段,故而劳动关系群体性事件引发的危害国家安全犯罪的事件少之又少,此处不再赘述。

3. 劳动关系群体性事件中刑法的审慎介入

仍以 2009 年吉林省通钢集团罢工事件为例,愤怒的工人因为情绪失控,将与罢工工人进行对话的建龙集团派驻总经理陈某军殴打致死,现场情况一度混乱。对于这种行为,刑法应如何介入的问题需要慎重思考。从不法与归责的判断上,尽管这种罢工已经超出了正当的界限,并且剥夺了他人的生命,但是其仍不能等同于一般意义上的故意杀人或者有组织性地杀人。

第一,经济的发展使得劳资关系必然存在,劳资关系的存在就必然会有劳资冲突。法律作为武器的提供者,当其无法提供一个公平的游戏规则时,被不利对待的一方就会转而寻求体制外的机制来对抗,这种对抗可能就会导致其作出杀人放火的举动。

第二,在罢工过程中,因劳动者情绪失控而实施的杀人、放火或者故意毁坏财物的行为,与当时的场景密切相关,劳动者在极度愤怒的情况下,可能实施激情杀人等犯罪行为。兼之,由于法律自身对劳动关系群体性事件缺乏相关的规范,导致劳动者在罢工的过程中很难正确分辨合法和非法行为之间的区别,使得事态很难控制,最终造成恶性后果。因此,当劳动者因为劳资冲突

---

① 参见杨俊:《群体性事件中刑事政策的运用》,载《苏州大学学报(哲学社会科学版)》2014 年第 4 期。

而涉嫌刑事犯罪时,应当对此种情况进行一定的限制,从严把握犯罪的构成要件。即使要追究刑事责任,也应与一般意义上的刑事犯罪有所区别,对被告人可以从轻或者减轻处罚。其中,动机良好、被害人有过错的,可以减轻处罚。

第三,刑法介入相关劳动关系群体性事件时,应注意区分正当和不正当的劳动关系群体性事件,其中正当的劳动关系群体性事件具有刑事免责性。结合国外的立法经验,劳动关系群体性事件的正当性以工会领导为先决条件。结合我国的现实情况来看,不难发现,实践中工会发挥正确作用的少之又少,所谓的正当劳动关系群体性事件的标准在我国缺乏现实土壤,难以具有说服力。

长期以来,大陆法系国家可罚的违法性学说都认为形式与实质的违法性应互相补充,应同时具备入罪以及出罪的功能,目的与手段正当性也应兼顾,这已经成为刑法解释学中具有相对独立体系的理论。在"可罚的违法性"学说中,正当的劳动关系群体性事件具有刑事免责性,相当于刑法中所规定的正当防卫、紧急避险以及正当行为等正当化事由,因其通常处于特定情境下,属于适法行为,不具有违法性,对具体的司法实践起着重要的指导作用。[①] 以日本为例,1972 年京都地院 4 号刑事判决书认定,即使有些行为从形式上具有集体暴行罪构成要件行为该当性,其本质也是根据《日本宪法》第 28 条的劳动者共同维权行为,这种目的正当应予以充分考虑,如果行为的手段对于个人法益以及社会法益并无严重的侵害或者威胁,那么就不能认定存在可罚的违法性。同时,一般认为,在可罚的违法性下,不正当的劳动关系群体性事件也并不必然构成劳动犯罪。构成劳动犯罪不仅需要是不正当的劳动关系群体性事件,同时对"不正当"还有要求。也就是说,根据法律,具备正当事由的劳动关系群体性事件可以纳入违法阻却事由的分析框架。即使这些行为可能对于用人单位造成一些直接经济损失,但如果只是以非暴力方式进行,其本质也在于劳资纠纷中劳动者一方采纳了过激的手段。对于这些经济损失给予民事赔偿也就足矣,如果将其规定为犯罪,就与比例原则的通行原理不符合。

但是,结合我国的制度环境,可罚的违法性学说并不具有合适的生存环境,也无法在大量"劳动者自发聚集"导致劳动关系群体性事件发生的社会现实中发挥应有的指导作用。简言之,在我国,正当的群体性争议事件具有刑事免责性的前提是进行工会体制改革,发挥工会的作用,只有这样,才能以法律的形式肯定"野猫罢工"的违法性。

[①]　参见姜涛:《劳动刑法制度研究》,法律出版社 2013 年版,第 441 页。

总之,没有涉及暴力的劳资争议是企业经营权和财产权以及劳动者正当劳动权利之间的博弈,显然劳动者的权利主张是否合法合理应当在司法实践中被考量。当然,不正当的劳动关系群体性事件会妨碍社会秩序,但是却很难认定非暴力实施的罢工等劳动关系群体性事件会对社会秩序法所保护的法益造成必然损害。与此同时,国家公权力对此进行干预的话反而可能演变成暴力冲突。换言之,危害社会秩序、企业财产等法益并非正当劳动关系群体性事件必然造成的结果,自然也没有刑法保护法益的存在。因此,把正当劳动关系群体性事件规定为犯罪,就违背了目的和达成目的之手段适合性的比例要求。如果简单的仅仅根据形式主义特征将这类事件纳入犯罪的范畴,就与比例原则的要求不一致。如果失去了比例原则的限制,那么刑事立法的入罪标准就会扩大化,入罪范围将失去刚性标准,很可能导致不当入罪。因此,刑法应审慎介入劳动关系群体性事件。对于正当的劳动关系群体性事件,因其刑事免责性,应作为一般的治安事件处理;而不正当的劳动关系群体性事件,由于暴力手段的使用,应对其根据相应罪名定罪处罚。

因此,劳动者与用人单位之间的劳资纠纷涉及刑事犯罪时,应采取特别之立场,建立劳动刑法之特殊性。例如,台湾地区劳资争议引起的一起强制罪典型案例中,甲公司员工 A、B、C、D、E 五人因工厂迁址要求公司支付交通补助遭到拒绝后,请求台北市劳工局协调期间,甲公司借口解雇 A、B、C、D、E,后来五人寻求民意代表 W 协助,共同到甲公司在百货公司多处专柜前,拉横幅或海报,向不特定消费者散发要求甲公司依法资遣交通费之传单,在近一个月期间多次开展抗争行为。其中,W 之朋友 X(某劳工团体秘书长)曾代替 W 到专柜前声援 A 等人一次,A 等人的亲友 Y、Z 也陪同 A 等人出现在现场数次;抗争行为影响了百货公司生意,百货公司纷纷终止与甲公司的契约。台北地方法院判决 A 等人共同成立“刑法”第 304 条之强制罪,判处 A、B、C、D、E 与 Y 有期徒刑 4 个月,W、X 有期徒刑 5 个月,Z 有期徒刑 6 个月;台湾“高等法院”肯定 A 等人系为解决劳资纠纷而抗争的情节影响量刑,维持定罪但改判了量刑,判处 A、B、C、D、E 与 W、Y、Z 罚金 600 元,X 罚金 500 元。但是,法院应借由本案阐述劳动刑法特殊性之法理,从劳动法角度分析争议行为正当性之标准,回答权利事项是否为争议行为、个别或少数劳动者能否实施争议行为、工运人士介入劳资争议事件之法律地位等问题,应考虑参考美国及日本的经验,认定劳动者目的正当、手段也无特别之恶劣性与粗暴性的集体抗争行为具备正当性,以保障劳动者权益。①

---

① 参见魏千峰:《劳动刑法之特殊性——台湾“高等法院”八十二年度上易字第五〇九〇号刑事判决评释》,载《劳动法裁判选辑(二)》,台湾元照出版公司 1999 年版,第 372、376 页。

三、非典型劳动关系中的刑法适用

正如本书第一章第二节"我国劳动刑法的体系创新"论及的,劳务外包、劳务派遣等非典型用工形式日益广泛,其刑法适用问题也逐渐产生。目前,非典型劳动关系是用工单位(包括个人)与劳动者之间没有签订通常的全日制性质劳动合同,通过按件计酬、按时计酬、远程就业、劳务派遣等形成的工作关系。刑事司法实践中的问题主要涉及用人单位与劳动者身份认定两类。

（一）用人单位身份认定与刑法适用

第一类是非典型劳动关系中用人单位的认定,直接涉及拒不支付劳动报酬罪的主体,从而影响罪与非罪问题。《审理拒不支付劳动报酬案件的解释》第 7 条①的规定其实是刑法对于"违法用工"(用人单位或者劳动者不具备主体资格)或者"黑工"(劳动者在我国没有合法身份)这类非典型劳动关系中劳动者劳动报酬权的保护。因此,劳动法中对于多种形式的非典型劳动关系尚未完全承认双方劳动者、用人单位身份的,刑法涉及此类问题时应从刑法法益保护和人权保障机能出发整体思考该类现象,即使不具备劳动关系的也应纳入劳动刑法范畴定罪量刑。

在最高人民法院 2015 年 12 与 4 日公布的王某拒不支付农民工工资案中,葫芦岛某建筑工程有限公司与某某集团签订合同,获得了葫芦岛市某小区住宅楼的施工建设工程,被告人王某是该建筑公司项目部承建其中 1 栋楼的施工负责人,2014 年 1 月 13 日龙港区人力资源和社会保障局劳动监察大队向某建筑公司下达了《劳动保障监察责令改正决定书》责令其支付工资,虽然该决定书是向用人单位某建筑公司送达的,不过刑事判决中认定被告人王某属于建筑公司所属项目部的负责人,具有向工人发放工资及其他福利待遇的实际责任,判决被告人王某犯拒不支付劳动报酬罪,处有期徒刑 1 年 6 个月,并处罚金人民币 10 万元。② 这一判决,就符合刑法关于非典型劳动关系中用人单位、劳动者身份的实质性原则。

---

① 最高人民法院《关于审理拒不支付劳动报酬刑事案件适用法律若干问题的解释》第 7 条规定:"不具备用工主体资格的单位或者个人,违法用工且拒不支付劳动者的劳动报酬,数额较大,经政府有关部门责令支付仍不支付的,应当依照刑法第二百七十六条之一的规定,以拒不支付劳动报酬罪追究刑事责任。"

② 参见《最高人民法院 12 月 4 日公布拖欠劳动报酬典型案例》,载最高人民法院官网,http://www.court.gov.cn/zixun-xiangqing-16207.html,2015 年 12 月 4 日发布,2020 年 2 月 11 日访问。

(二) 劳动者身份认定与刑法适用

第二类是非典型劳动关系中劳动者的身份认定,典型问题是劳务派遣人员的身份认定与刑法适用。下面结合类似案例的不同判决进一步分析。2013年河南杜某、陈某非国家工作人员受贿案(简称杜案)的裁判要旨是,国有企业中国家工作人员的身份认定需要考虑用工形式,以劳务派遣用工方式到国有企业工作的劳动者,如果利用职务便利收受贿赂,并为他人谋取利益,其受贿行为构成非国家工作人员受贿罪。2013年2月26日,法院判决被告人杜某有期徒刑3年,被告人陈某有期徒刑2年、缓刑3年。① 杜案中,河南省栾川县龙宇钼业有限公司属于国有控股企业,根据法律规定取得了栾川县某村土地使用权并计划进行商业开发,在前期拆迁工作中人手不足,就向河南某劳务派遣服务有限公司雇用人员。劳务公司是非国有企业,根据劳务派遣用工合同,派遣本公司劳动者杜某、陈某前往龙宇公司工作。杜某、陈某的工作任务是代表龙宇公司在村中驻点负责拆迁登记具体工作,逐户登记各家房屋等财产的数据并汇编成册。村民璩某通过种种渠道分别向杜某、陈某送较大金额的礼金,希望在拆迁登记中得到照顾。后来在杜某、陈某的操作之下,璩某儿子的房屋登记面积多了一层,龙宇为此多支付了大约18万元的补偿款。简而言之,杜案采取身份论,认为劳务派遣工不属于用工单位的工作人员。主要理由在于劳务派遣的特征是三方关系,派遣单位和劳务派遣工之间具有劳务关系,杜某与陈某虽然为用工单位工作,但与用工单位只有工作关系,用工单位并没有加入到劳动关系中来,被派遣到用工单位工作的人员不属于该单位员工。

但与此相反,2014年江苏张某贪污案(以下简称张案)的裁判要旨是,国有事业单位中国家工作人员身份的认定,不能只考虑是否存在劳动关系,以劳务派遣用工形式到国有事业单位工作的人员不能一律排除在国家工作人员范围之外;实质性标准还是看工作的性质属于从事公务还是劳务,如果行为人的工作性质属于行政管理活动或者对国有财产的监督管理,则属于国家工作人员,反之则是非国家工作人员。张案中,江苏省徐州市某房屋租赁监理处属于事业单位,被告人张某以劳务派遣的用工方式到该单位工作,派遣单位为徐州华泰宏润劳务代理服务有限公司。自2012年3月开始的18个月期间张某在监理处的办公室工作,工作性质是受单位负责人安排办理票据报销事宜。在工作期间,张某利用经手向财务部门报销公务支出各项票据的

---

① 参见杨顺渠、武淑娟:《被劳务派遣到国企的人员受贿如何定罪——河南栾川法院判决杜宗理等非国家工作人员受贿罪》,载《人民法院报》2013年7月11日第6版。

职务上便利,在处理公支出票据报销工作时,多次将大量私人票据添加到报销的票据中,并私自篡改报销单上的票据汇总金额,然后将多报销的款项据为己有,骗取的公款高达约 100 万元。法院判决被告人张某犯贪污罪,处有期徒刑 12 年,并处没收个人财产 20 万元。[①]

总之,张案采取职能论,认定对劳务派遣工身份应该结合工作内容以及人身依附性具体判断。张案的裁判逻辑之一在于,如果劳务派遣工从事公务而非劳务,则具备国家工作人员身份。公务表现为与职权相联系的公共事务以及监督、管理国有财产的职责,属于代表国家从事一定管理性工作。劳务主要表现为劳动形式相对简单、不具有职权内容及公共属性,工作主要内容是从事生产或者简单的服务工作,工作性质与国有财产的监督管理无关。张案中,被告人张某的确没有编制,采取了合同制用工方式,而且还仅仅是劳务派遣合同,房屋租赁监理处与张某本人之间没有劳动合同,但是不能据此认定张某不具有国家工作人员的身份。因为,张某在该单位办公室工作期间,单位负责人安排张某从事因公支出各项票据的报销以及结算工作,包括公务车辆的维修保养费用结算、采买办公用品、公务接待费用结算等工作,这些工作并不是仅仅凭体力或者简单的技能即能实现的工作,而是需要一定职权才能完成。显然这些属于支出结算工作,是单位财务管理如会计之类人员的职责范围,已经初步具备行政事务管理的特征,其经手的款项也属于公款,张某的工作性质应当认定为从事公务,张某的身份当然应该属于在事业单位中从事公务的国家工作人员。所以,被告人张某利用经手办理单位因公支出各项票据的报销以及结算的职务上便利,通过多次添加私人票据同时修改报销单票据汇总金额的手段侵吞公款行为应当属于贪污罪。

张案的裁判逻辑之二在于,劳动者与工作单位的人身关系依附程度以及劳动报酬发放方式也是判断被告人是否属于国家工作人员的依据之一。如果劳务派遣人员在被派遣到用工单位工作后,其工作时间以及工作内容完全接受用工单位的安排进行并只接受用工单位的管理,劳动报酬也直接由用工单位发放,则应当被认定为用工单位工作人员。如果该用工单位系国家机关、国有事业单位、国有公司、企业、人民团体,则应当认定其为国家工作人员。张某虽系非国有公司劳务派遣人员,但其在事业单位工作期间,完全接受事业单位工作安排、管理,每月工资也由事业单位按时发放,其与劳务派遣公司没有实际的劳动、薪酬及人事管理关系,其明显属于事业单位工作人员。

---

① 参见王涛、王松:《事业单位劳务派遣人员职务犯罪主体辨析——江苏徐州鼓楼法院判决张腾贪污案》,载《人民法院报》2014 年 9 月 11 日第 6 版。

　　笔者赞成张案的裁判逻辑。因为,伴随着国家机关、事业单位、企业人事制度改革,用工方式渐趋灵活多样,劳务派遣逐渐成为许多用人单位的重要用工方式。劳动法领域采取形式性原则,根据劳动者与单位之间是劳动关系还是劳务派遣关系,确定是适用《劳动法》还是人力资源和社会保障部令第22号《劳务派遣暂行规定》确定各方权利义务。劳动刑法则应当采取实质性原则,围绕工作内容、劳动者与单位的人身及薪酬依附关系判断劳动者是否"从事公务",从而确定劳动者身份。如果劳务派遣人员符合国家工作人员的特征,也就具备贪污罪、受贿罪、挪用公款罪、渎职罪等职务犯罪的犯罪主体适格性。全国人民代表大会常务委员会《关于〈中华人民共和国刑法〉第九章渎职罪主体适用问题的解释》[①]完全贯彻《刑法》第93条"从事公务"的实质标准。根据该解释精神,确定职务犯罪身份犯的形式标准在于编制或者劳动关系,即具备国家机关人员编制、国家事业单位人员编制、国有企业员工劳动合同。即使具备前述形式标准,还必须同时具备实质标准,即工作性质属于从事公务,从事公务即代表国家机关、国有事业单位或国有企业行使行政管理或者经营管理国有财产的职权。例如,公车改革之前有很多单位有具有编制的司机,虽然有编制但是属于"从事劳务工作",不应具有国家工作人员身份。行为人只有同时具备形式标准与实质标准,或者具备实质标准,才可以被认定为具备特定身份。

　　另外一个典型案例即范某玩忽职守案,该案在劳务派遣用工人员的身份判断方面没有把握前述立法解释的精神。范某玩忽职守案中,2012年3月27日成立的长沙市某经济技术开发区工程建设开发有限公司(以下简称开发区工程公司)系长沙市某经济技术开发集团有限公司旗下的国有独资子公司,2009年长沙县人民政府将长沙市某经济技术开发区工业项目等报建管理有关事项的行政管理职能授权给长沙市某经济技术开发区管理委员会建设发展局行使,2013年该局将市政工程建设项目的施工及验收等管理职能委托给开发区工程公司代为行使。被告人范某与长沙市某经济技术开发区星沙劳务派遣服务有限公司于2012年9月16日签订劳动合同后,被派往开发区工程公司建设工程部工作,被安排为梨江港污水顶管工程甲方(业主)代表,其职责有:督促落实项目进度、质量安全、依法施工等,负责工程款的支

[①]　全国人民代表大会常务委员会《关于〈刑法〉第九章渎职罪主体适用问题的解释》规定:"在依照法律、法规规定行使国家行政管理职权的组织中从事公务的人员,或者在受国家机关委托代表国家机关行使职权的组织中从事公务的人员,或者虽未列入国家机关人员编制但在国家机关中从事公务的人员,在代表国家机关行使职权时,有渎职行为,构成犯罪的,依照刑法关于渎职罪的规定追究刑事责任。"

付、供应材料的把关、洽商签证等管理,对项目进行验收检查等。范某等3名被告人(被告人喻某、罗某系长沙市某经济技术开发区管理委员会建设发展局质量安全监督站的质量安全监督员,具备国家工作人员身份)在梨江港污水顶管工程中怠于履行职责,导致谭某、贺某在无人监管之下,擅自联系无施工资质的熊某等3人进行毫无安全防护措施的拆除隔水墙施工,发生熊某等3人窒息死亡的重大责任事故。法院判决,范某犯重大责任事故罪,另2名被告人犯玩忽职守罪;而检察院起诉范某犯玩忽职守罪。① 实际上,检察院的起诉是符合刑法及其立法解释精神的。本案中,被告人范某行为的可罚性在于,在梨江港污水顶管工程施工过程中未审查施工人员的资质,在谭某、贺某明确告知将组织人员拆除隔断墙时,未前往施工现场予以阻止。被告人范某对事故发生具有的责任属于开发区工程公司工作人员对施工项目的监督责任,而非判决书认定的"对本次事故的发生负有现场管理责任"。我国《刑法》第134条规定的在工程作业中违反安全管理规定的行为是针对生产、作业中具体从事生产作业的人员或者对生产作业直接负责的主管人员,不具备工程施工资质的谭某、贺某通过挂靠湖南某建设集团有限公司中标梨江港污水顶管工程,该二人才是对生产作业直接负责的主管人员,在工程建设中前述人员均属于乙方即施工单位人员,谭某、贺某被判重大责任事故罪符合刑法规定。被告人范某是项目的业主代表,属于甲方即建设单位代表,显然不属于前述人员,其行为理应构成玩忽职守罪。

　　综上所述,前述案例表明,非典型劳动关系已经日益普及并且在刑事司法中形成法律适用的焦点问题。因为我国刑法对于国有经济与非国有经济实行差别保护的立法体例,行为人是否具有国家工作人员身份或者是否属于国有公司、企业人员可能影响到罪与非罪、此罪与彼罪的认定。前者,例如挪用、侵占单位财产以及收受贿赂的行为,因为身份不同,而分别构成挪用公款罪与挪用资金罪、贪污罪与职务侵占罪、受贿罪与非国家工作人员受贿罪,两组罪名在追诉的数额标准方面是2∶1的关系。后者,如我国《刑法》分则第三章许多罪名为身份犯,仅仅由国有公司、企业人员构成,例如为亲友非法牟利罪,签订、履行合同失职被骗罪,国有公司、企业人员滥用职权罪,国有公司、企业人员失职罪。对于前述行为,如果行为人身份认定为国有公司人员则其行为构成犯罪,需要追究刑事责任,如果其身份认定为非国有公司工作人员,则其行为不构成犯罪,仅能根据劳动法与之解除劳动合同关系并对其

---

① "范某、喻某、罗某玩忽职守案",参见湖南省长沙市长沙县人民法院刑事判决书[(2015)长县刑初字第00436号]。

追偿经济损失。另外,在国有公司、企业人员滥用职权罪和国有公司、企业人员失职罪这两个罪名中,如果行为人被认定为国家机关工作人员则要构成滥用职权罪或者玩忽职守罪。因此,国家机关、国有事业单位、国有公司、企业、人民团体中的工作人员,如果涉嫌犯罪的行为与工作具有相关性,身份认定往往是定罪量刑的决定性因素。此时,显然不能囿于形式要件,仅仅根据行为人是否具有国家干部身份或者属于签订标准劳动合同的所谓正式工来认定,应该考察工作性质和工作内容,彻底贯彻职能论观点。

参 考 文 献

一、中文文献

（一）著作

[1]〔日〕松宫孝明：《刑法各论讲义》，王昭武、张小宁译，中国人民大学出版社 2018 年版。

[2] 王全兴：《劳动法》，法律出版社 2017 年版。

[3]〔德〕汉斯·海因里希·耶赛克、托马斯·魏根特：《德国刑法教科书》（上），徐久生译，中国法制出版社 2017 年版。

[4] 马克昌、莫洪宪：《刑法》，高等教育出版社 2017 年版。

[5]〔德〕沃尔夫冈·多伊普勒：《德国劳动法》（第 11 版），王倩译，上海人民出版社 2016 年版。

[6] 杨鹏飞：《劳动法律制度比较研究》，法律出版社 2016 年版。

[7] 马克昌：《近代西方刑法学说史》，中国人民公安大学出版社 2016 年版。

[8] 张明楷：《刑法学》（下），法律出版社 2016 年版。

[9] 林嘉：《劳动法的原理、体系与问题》，法律出版社 2016 年版。

[10] 班小辉：《非典型劳动者权益保护研究》，法律出版社 2016 年版。

[11] 曹艳春、刘秀芬：《职场性骚扰雇主责任问题研究》，北京大学出版社 2016 年版。

[12] 张明楷：《责任刑与预防刑》，北京大学出版社 2015 年版。

[13] 潘灯译：《西班牙刑法典》，中国检察出版社 2015 年版。

[14]〔美〕迈克尔·C.哈珀等：《美国劳动法案例、材料和问题》（上），李坤刚、闫冬、吴文芳、钟芳译，商务印书馆 2015 年版。

[15]〔日〕日高义博：《违法性的基础理论》，张光云译，法律出版社 2015 年版。

[16]〔德〕雷蒙德·瓦尔特曼：《德国劳动法》，沈建峰译，法律出版社 2014 年版。

[17] 程凡卿：《行政刑法立法研究》，法律出版社 2014 年版。

[18] 柯振兴：《美国劳动法》，中国政法大学出版社 2014 年版。

[19] 姜涛：《劳动刑法制度研究》，法律出版社 2013 年版。

[20] 田思路、贾秀芬：《日本劳动法研究》，中国社会科学出版社 2013 年版。

[21] 张二军：《牵连犯中的牵连关系研究》，法律出版社 2013 年版。

[22] 张晓明：《宪法权利视野下的劳动权研究》，知识产权出版社 2013 年版。

[23] 王作富：《刑法分则实务研究》（上、中、下），中国方正出版社 2013 年版。

［24］〔日〕西田典之:《日本刑法总论》,王昭武、刘明祥译,法律出版社 2013 年版。

［25］涂龙科:《经济刑法规范特性研究》,上海社会科学院出版社 2012 年版。

［26］〔德〕曼弗雷德·魏斯、马琳·施米特:《德国劳动法与劳资关系》(第 4 版),倪斐译,商务印书馆 2012 年版。

［27］杨通轩:《集体劳工法:理论与实务》,台湾五南图书出版公司 2012 年版。

［28］〔英〕约翰·埃默里克·爱德华·达尔伯格－阿克顿:《自由与权力》,侯健、范亚峰译,译林出版社 2011 年版。

［29］张勇:《劳动刑法:侵权与自救的刑事一体化研究》,上海人民出版社 2011 年版。

［30］王作富:《刑法》,中国人民大学出版社 2011 年版。

［31］周光权:《刑法各论》,中国人民大学出版社 2011 年版。

［32］刘树德:《政治刑法学》,中国法制出版社 2011 年版。

［33］孙燕山:《劳动关系法律调整中的刑事责任问题研究》,中国人民公安大学出版社 2011 年版。

［34］刘树德:《政治刑法学》,中国法制出版社 2011 年版。

［35］黄河:《行政刑法比较研究》,中国方正出版社 2001 年版。

［36］陈兴良:《刑法学》,复旦大学出版社 2009 年版。

［37］祝磊:《美国商业秘密法律制度研究》,湖南人民出版社 2008 年版。

［38］曹艳春:《雇主替代责任研究》,法律出版社 2008 年版。

［39］肖中华:《生产、销售伪劣商品罪办案一本通》,中国长安出版社 2007 年版。

［40］吴振兴:《罪数形态论》,中国检察出版社 2006 年版。

［41］张爱宁:《国际人权法专论》,法律出版社 2006 年版。

［42］《法国新刑法典》,罗结珍译,中国法制出版社 2005 年版。

［43］杨立新:《中国人格权法立法报告》,知识产权出版社 2005 年版。

［44］陆士桢、魏兆鹏、胡伟:《中国儿童政策概论》,社会科学文献出版社 2005 年版。

［45］李双元:《儿童权利的国际法律保护》,人民法院出版社 2004 年版。

［46］〔日〕大谷实:《刑法总论》,黎宏译,法律出版社 2003 年版。

［47］〔德〕K·茨威格特、H·克茨:《比较法总论》,潘汉典、米健、高鸿钧、贺卫方译,法律出版社 2003 年版。

［48］赵微:《俄罗斯联邦刑法》,法律出版社 2003 年版。

［49］张绍明:《反击性骚扰》,中国检察出版社 2003 年版。

［50］周长征:《全球化与中国劳动法制问题研究》,南京大学出版社 2003 年版。

［51］白桂梅:《法治视野下的人权问题》,北京大学出版社 2003 年版。

［52］刘明逵、唐玉良:《中国近代工人阶级和工人运动》,中共中央党校出版社 2002 年版。

［53］焦兴铠:《劳工法论丛》(一),台湾元照出版公司 2001 年版。

［54］焦兴铠:《劳工法论丛》(二),台湾元照出版公司 2001 年版。

［55］佟丽华:《未成年人法学》,中国民主法制出版社 2001 年版。

[56]《德国商法典》,杜景林、卢谌译,中国政法大学出版社 2000 年版。

[57]〔德〕哈贝马斯:《公共领域的结构转型》,曹卫东、王晓珏、刘北城、宋伟杰译,学林出版社 1999 年版。

[58] 侯国云、白岫云:《新刑法疑难问题解析与适用》,中国检察出版社 1998 年版。

[59]〔日〕新企业法务研究会:《详解商业秘密管理》,张玉瑞译,金城出版社 1997 年版。

[60] 黄越钦、王惠玲、张其恒:《职灾补偿论》,台湾五南图书出版公司 1995 年版。

[61] 陈晓枫:《中国法律文化研究》,河南人民出版社 1993 年版。

[62]〔美〕约翰·罗尔斯:《正义论》,何怀宏、何包钢、廖申白译,中国社会科学出版社 1988 年版。

[63]〔英〕戴维·M.沃克:《牛津法律大辞典》,社会与科学文献出版社 1988 年版。

[64]〔德〕汉斯·豪斯赫尔:《近代经济史:从十四世纪末至十九世纪下半叶》,王庆余等译,商务印书馆 1987 年版。

[65] 史尚宽:《劳动法原论》,台湾正大印书馆 1978 年版。

[66]〔德〕中共中央马克思恩格斯列宁斯大林著作编译局:《马克思恩格斯全集》(第 23 卷),人民出版社 1972 年版。

(二) 论文

[1] 叶小琴:《公民就业权视域下劳动者前科报告义务的体系解释——以美国雇员案犯罪记录争议为切入》,载《法学评论》2019 年第 2 期。

[2] 宋世勇、邢玉霞:《美国〈特别 301 报告〉商业秘密问题综述与中国对策分析》,载《法学杂志》2019 年第 5 期。

[3]〔美〕苏珊·沃特金斯:《女性主义何去何从?》,全红译,载《国外理论动态》2018 年第 7 期。

[4] 谢焱:《德国背信罪在股份公司中的适用——以沃达丰收购曼内斯曼案为例》,载《兰州学刊》2018 年第 10 期。

[5] 刘强:《论劳动权的权利性质》,载《学术交流》2018 年第 9 期。

[6] 孙国祥:《20 年来经济刑法犯罪化趋势回眸及思考》,载《华南师范大学学报(社会科学版)》2018 年第 1 期。

[7] 闫洪师:《论侵犯商业秘密罪中"重大损失"计算范围的确定》,载《中国检察官》2017 年第 17 期。

[8] 赵军:《话语建构与性骚扰刑事对策的本土之维》,载《河南大学学报(社会科学版)》2017 年第 4 期。

[9] 邓恒:《德国的竞业禁止制度与商业秘密保护及其启示——兼论〈劳动合同法〉第 23、24 条的修改》,载《法学杂志》2017 年第 3 期。

[10] 杨猛宗:《劳动权刑法规制的解构与进路》,载《甘肃社会科学》2017 年第 4 期。

[11] 欧阳本祺:《我国刑法中的"从其规定"探究——以〈刑法〉第 37 条之一第 3 款的规定为分析对象》,载《法商研究》2017 年第 3 期。

[12] 李干：《我国集体劳动争议的难题与反思——基于自发罢工向制度外的"涌出"现象》，载《宁夏社会科学》2017 年第 1 期。

[13] 罗斯琦、余敏：《"危机"还是"希望"？——从最低工资立法看德国的工会运动》，载《德国研究》2016 年第 2 期。

[14] 聂立泽、胡洋：《单位犯罪中的预见可能性：兼论结果无价值单位过失犯罪论的疑问》，载《贵州民族大学学报（哲学社会科学版）》2016 年第 6 期。

[15] 张明楷：《法条竞合与想象竞合的区分》，载《法学研究》2016 年第 1 期。

[16] 何勤华：《比较法的早期史》，载《比较法研究》2016 年第 6 期。

[17] 党日红：《雇用童工从事危重劳动罪若干问题研究》，《山东工商学院学报》2016 年第 3 期。

[18] 陈家林：《〈刑法修正案（九）〉修正后的强制猥亵、侮辱罪解析》，载《苏州大学学报（哲学社会科学版）》2016 年第 3 期。

[19] 熊新发、曹大友：《劳动关系集体化转型的历史回顾与治理启示》，载《中国行政管理》2016 年第 5 期。

[20] 孙有力：《日本企业安全管理探讨》，载《中国安全生产科学技术》2010 年第 2 期。

[21] 魏昌东：《中国经济刑法法益追问与立法选择》，载《政法论坛》2016 年第 6 期。

[22] 〔德〕克劳斯·梯德曼：《经济刑法总论"序言"》，周遵友译，载陈兴良主编：《刑事法评论》2015 年第 2 期（总第 37 期），北京大学出版社 2016 年版。

[23] 李冠煜：《单位犯罪处罚原理新论——以主观推定与客观归责之关联性构建为中心》，载《政治与法律》2015 年第 5 期。

[24] 何荣功：《社会治理"过度刑法化"的法哲学批判》，载《中外法学》2015 年第 2 期。

[25] 王天玉：《劳动者集体行动治理的司法逻辑——基于 2008—2014 年已公开的 308 件罢工案件判决》，载《法制与社会发展》2015 年第 2 期。

[26] 孙晓柳：《日本〈劳动安全卫生法〉修正案考察》，载《张家口职业技术学院学报》2015 年第 3 期。

[27] 林孝文：《语言、法律与非确定性——哈特的法官自由裁量权理论研究》，载《中南民族大学学报（人文社会科学版）》2015 年第 2 期。

[28] 刘晓兵、刘宏波、王鹏：《美国安全生产监察体制特点》，载《现代职业安全》2015 年第 3 期。

[29] 梅锦、何莹：《拒不支付劳动报酬罪在当下适用之不足及完善——以 2014 年司法判例分析为视角》，载《中国劳动》2015 年第 12 期。

[30] 董保华、李干：《依法治国须超越"维权"VS"维稳"——基于沃尔玛"常德事件"的考察》，载《探索与争鸣》2015 年第 1 期。

[31] 王全兴、刘焱白：《我国当前群体劳动争议的概念辨析和应对思路》，载《中国劳动》2015 年第 2 期。

［32］杨俊：《群体性事件中刑事政策的运用》，载《苏州大学学报（哲学社会科学版）》2014 年第 4 期。

［33］刘金祥、高建东：《论我国集体劳动争议行为及其正当性判断标准》，载《华东理工大学学报（社会科学版）》2014 年第 3 期。

［34］梅传强、滕超：《论群体性事件中的犯罪鉴别与刑法处置》，载《经济研究导刊》2014 年第 4 期。

［35］彭林泉：《对强奸案中违背妇女意志的把握》，载《中国检察》2014 年第 6 期。

［36］申巍：《强迫劳动罪的立法解读及其完善》，载《山西高等学校社会科学学报》2014 年第 8 期。

［37］曾文科：《强迫劳动罪法益研究及应用》，载《刑事法判解》2014 年第 1 期。

［38］何荣功：《经济自由与经济刑法正当性的体系思考》，载《法学评论》2014 年第 6 期。

［39］苏永生：《论我国刑法中的法益保护原则——1997 年〈中华人民共和国刑法〉第 3 条新解》，载《法商研究》2014 年第 1 期。

［40］翟业虎：《竞业禁止的域外法律实务考察》，载《法学杂志》2013 年第 12 期。

［41］王林清：《公司法与劳动法语境下竞业禁止之比较》，载《政法论坛》2013 年第 1 期。

［42］薛锐：《论强迫劳动罪与故意伤害罪的竞合》，载《学理论》2013 年第 8 期。

［43］周培国、李彦明：《国内外安全生产监管模式的对比分析》，载《郑州轻工业学院学报（社会科学版）》2013 年第 2 期。

［44］〔德〕汉斯·阿亨巴赫：《德国经济刑法的发展》，周遵友译，载《中国刑事法杂志》2013 年第 2 期。

［45］邬燕云：《〈矿山安全法〉修订的原则与问题》，载《劳动保护》2013 年第 5 期。

［46］康均心：《新问题还是老问题：性贿赂的入罪与出罪》，载《法治研究》2013 年第 2 期。

［47］王海军：《拒不支付劳动报酬罪的规范性解读——基于"双重法益"的新立场》，载《法学评论》2013 年第 5 期。

［48］罗燕、高贝：《我国群体性劳动争议的诉求与处理路径》，载《华南农业大学学报》2013 年第 1 期。

［49］蔡雷雷：《煤矿安全生产事故的原因及对策》，载《山西煤炭》2013 年第 5 期。

［50］章建军：《拒不支付劳动报酬罪初探》，载《中国刑事法杂志》2012 年第 4 期。

［51］解彬：《解析"拒不支付劳动报酬罪"》，载《法制与社会》2012 年第 4 期。

［52］苏宏杰、曹欢：《英国和丹麦安全生产立法及监察的启示和思考》，载《中国安全生产科学技术》2012 年第 5 期。

［53］李运强：《英国安全生产行政许可制度初探》，载《华北科技学院学报》2012 年第 3 期。

［54］赵秉志、张伟珂：《不支付劳动报酬罪立法研究》，载《南开学报（哲学社会科学

版)》2012 年第 2 期。

　　[55] 王胜华:《对强迫劳动罪之"强迫劳动"的规范诠释》,载《贵州警官职业学院学报》2012 年第 4 期。

　　[56] 李莹莹:《女性维权——关于性骚扰的重思》,载《劳动保障世界》2012 年第 6 期。

　　[57] 晋涛:《强迫劳动罪研究——以规范为视角》,载《绵阳师范学院学报》2012 年第 6 期。

　　[58] 李凤梅:《群体性事件中的犯罪认定问题研究》,载《中国检察官》2012 年第 11 期。

　　[59] 谢天长:《拒不支付劳动报酬罪的法律适用问题探讨》,载《中国刑事法杂志》2011 年第 11 期。

　　[60] 郑金火:《信守诽谤罪构成的法律底线——从"王鹏案"说起》,载《法学》2011 年第 5 期。

　　[61] 康均心、吴凤:《对〈刑法修正案(八)〉新增的"拒不支付劳动报酬罪"若干问题探讨》,载《时代法学》2011 年第 5 期。

　　[62] 姜涛:《集体劳资争议的刑事责任研究——以日本〈劳动组合法〉第 1 条第 2 款为中心》,载《浙江社会科学》2011 年第 10 期。

　　[63] 高瑾:《集体劳动争议调整机制之路径选择——劳资矛盾引发的群体性事件带来的法律思考》,载《社会科学研究》2011 年第 5 期。

　　[64] 梁凌:《论我国侵犯商业秘密罪相关法律的完善——兼与美国和德国相关制度比较》,载《山东工商学院院报》2011 年第 5 期。

　　[65] 赵秉志、刘志伟、刘科:《关于侵犯商业秘密罪立法完善的研讨》,载《人民检察》2010 年第 4 期。

　　[66] 于志刚:《"犯罪记录"与"前科"混淆性认识的批判性思考》,载《法学研究》2010 年第 3 期。

　　[67] 韩桂君:《完善劳动者权益刑法保护研究》,载《中国劳动》2010 年第 3 期。

　　[68] 常凯:《关于罢工合法性的法律分析——以南海本田罢工为案例的研究》,载《战略与管理》2010 年第 4 期。

　　[69] 王璐:《强迫劳动对国际贸易的影响分析》,载《现代商贸工业》2010 年第 15 期。

　　[70] 党日红:《强迫职工劳动罪的几个问题》,载《中国劳动关系学院学报》2010 年第 2 期。

　　[71] 王少波:《国企改制中劳资冲突走向暴力现象解析——以通钢集团和林钢集团改制中出现的暴力事件为例》,载《中国人力资源开发》2010 年第 3 期。

　　[72] 刘助仁:《煤矿安全生产管理我们还缺什么——谈美国煤矿安全管理的特点和启示》,载《城市与减灾》2009 年第 5 期。

　　[73] 徐楷、宋敏:《俄罗斯刑法恶意欠薪罪解构与借鉴》,载《山东省青年管理干部学院学报》2009 年第 2 期。

[74] 周详、齐文远:《犯罪客体研究的实证化思路——以传播淫秽物品罪的客体界定为例》,载《环球法律评论》2009 年第 1 期。

[75] 李梁、李蕾:《"恶意欠薪"行为入罪之合理性探讨》,载《河南公安高等专科学校学报》2009 年第 4 期。

[76] 徐选礼:《侵犯商业秘密罪:50 万元起刑点是否合适》,载《检察日报》2009 年 6 月 15 日第 7 版。

[77] 朱力:《中国社会风险解析:群体性事件的社会冲突性质》,载《学海》2009 年第 1 期。

[78] 骆东平:《论性骚扰的类型划分》,载《三峡大学学报(人文社会科学版)》2009 年第 5 期。

[79] 于建嵘:《当前我国群体性事件的主要类型及其基本特征》,载《中国政法大学学报》2009 年第 6 期。

[80] 蒋晓玲、庄乾隆:《矿山安全生产刑事责任若干问题浅析》,载《煤矿安全》2008 年第 10 期。

[81] 刘湘琛、曾嵘:《集体劳动争议的法律调整问题——以和谐社会的构建为视角》,载《求索》2007 年第 2 期。

[82] 王成:《性骚扰行为的司法及私法规制论纲》,载《政治与法律》2007 年第 4 期。

[83] 叶良芳:《劳动权的刑法保护论纲》,载《法治研究》2007 年第 8 期。

[84] 张军:《非公有制经济法律地位的变迁及其启示》,载《中国法学》2007 年第 4 期。

[85] 郑爱青:《欧盟及其主要成员国反性骚扰立法的主要内容》,载《妇女研究论丛》2006 年第 74 期。

[86] 邵维国、朴宗根:《中外侵犯商业秘密罪主观方面立法比较研究》,载《大连海事大学学报(社会科学版)》2006 年第 3 期。

[87] 黎建飞、丁广宇:《竞业禁止义务规范研究——以英国法为比较视角》,载《法学杂志》2006 年第 4 期。

[88] 申柳华:《单位作为重大责任事故罪主体研究》,载《河南公安高等专科学校学报》2006 年第 5 期。

[89] 张新宝、高燕竹:《性骚扰法律规制的主要问题》,载《法学家》2006 年第 4 期。

[90] 吴凯敏:《不应增设"拖欠工资罪":以刑法谦抑为视角》,载《中山大学学报论丛》2006 年第 11 期。

[91] 郑津津:《美国劳资争议行为正当性之探讨》,载台湾《台北大学法学论丛》2006 年第 60 期。

[92] 李双元、黎平:《论世界儿童立法的趋同化——兼对完善中国儿童立法的几点思考》,载《湘潭大学学报(哲学社会科学版)》2005 年第 3 期。

[93] 皮艺军:《儿童权利的文化解释》,载《山东社会科学》2005 年第 8 期。

[94] 王守俊:《强迫职工劳动罪若干问题研究》,载《中国刑事法杂志》2004 年第

2 期。

　　[95] 常凯:《WTO、劳工标准与劳工权益保障》,载《中国社会科学》2002 年第 1 期。

　　[96] 严励、刘志明:《我国劳动权的刑法保护研究》,载《山西大学学报(哲学社会科学版)》2002 年第 3 期。

　　[97] 郑津津:《美国就业歧视法制之研究——兼论我国相关法制应有之发展》,载台湾《台大法学论丛》2002 年第 4 期。

　　[98] 赵星:《单位犯罪中的个人责任理论初探》,载《政法论丛》2001 年第 2 期。

　　[99] 刘方权、张森锋:《〈刑法〉第 100 条之我见》,载《河北法学》2001 年第 4 期。

　　[100] 冯彦君:《强迫职工劳动罪若干问题探讨》,载《法制与社会发展》2001 年第 2 期。

　　[101] 谢亚雄、千叶百子:《日本劳动卫生管理体制》,载《日本医学介绍》2000 年第 2 期。

　　[102] 魏千峰:《劳动刑法之特殊性——台湾"高等法院"八十二年度上易字第五〇九〇号刑事判决评释》,载《劳动法裁判选辑(二)》,台湾元照出版公司 1999 年版。

　　[103] 游伟、孙万恒:《自救行为及其刑法评价》,载《政治与法律》1998 年第 1 期。

　　[104] 黄程贯:《由罢工权及工作拒绝权之法律性质谈劳工集体休假》,载台湾《政大法学评论》1988 年第 37 期。

　　[105] 焦兴铠:《论国际组织对抗工作场所性骚扰之努力》,载台湾《东吴大学法律学报》2000 年第 1 期。

　　[106] 安卫栋、刘志勇:《如何理解〈刑法〉第 100 条中的"依法受过刑事处罚的人"》,载《河北法学》1997 年第 6 期。

　　[107] 姜涛:《劳动刑法:学术视域与核心命题》,载赵秉志主编:《刑法论丛》2009 年第 3 卷(总第 19 卷),法律出版社 2009 年版。

二、英文文献

　　[1] H. L. A. Hart, *The Concept of Law*, reprinted by China Social Sciences Publishing House (1999).

　　[2] MacKinnon CA, *Sexual Harassment of Working Women: A Case of Sex Discrimination*, Yale University Press (1979).

　　[3] Oncale v. Sundowner Offshore Services Inc, 523 U. S. 75(1998).

　　[4] Harris v. Forklift Systems, Inc., 510 U. S. 17, 114 S. Ct. 367(1993).

　　[5] U. S. Equal Employment Opportunity Commission, *Guidelines on Discrimination because of Sex-Sexual Harassment*, EEOC (1996).

　　[6] Organisation for Economic Co-operation and Development, *Trade, Employment and Labour Standards: A Study of Core Workers' Rights and International Trade*, OECD Publications (1996).

　　[7] Kaushik Basu, *International Labour Standards and Child Labor*, Challenge, 1999

（42）.

〔8〕Martha Minow，"What Ever Happened to Children's Rights?" *Minnesota Law Review*，1995（80）.

三、德文文献

〔1〕German，Strafgesetzbuch.

〔2〕Alexander Ignor，Stephan Rixen：Grundprobleme und gegenwärtige Tendenzen des Arbeitsstrafrechts-Das Gesetz zur Erleichterung der Bekämpfung von illegaler Beschäftigung und Schwarzarbeit und die Sanktionsregeln des neuen Arbeitsver-mittlungsrechts-NStZ（2002）510.

后 记

特别感谢敬爱的恩师莫洪宪教授。自从我 1997 年考入武汉大学法学院,恩师在本科课堂上的精彩讲授引领我步入刑法学的研究殿堂,博士毕业时恩师"超越今天,跨出新步"的寄语一直激励我前行,本书的写作及项目申请也一如既往得到了恩师弥足珍贵的指点。非常感谢亲爱的师兄何荣功教授,他不仅以自己丰硕的学术成果为我树立榜样,对本书也提出了诸多建设性意见。

万分感谢亲密的劳动刑法研究小组的同事与同学,包括武汉大学法学院经济法教研室喻术红教授,经济法专业硕士生聂紫薇、林娜、麻亦凡同学以及刑法学专业硕士生代明明、韩博文、谢宁同学。我对刑法与劳动法交叉问题的兴趣与喻老师不谋而合,师生 8 人遂组成了劳动刑法研究小组。正是在2016 年 11 月至 2017 年 4 月每月定期例会的与谈中,本书主要观点逐渐打磨成形,喻老师等人为本书贡献了部分重要观点以及资料。同时也十分感谢书稿修改期间上海交通大学法学院周铭川副教授及武汉大学法学院硕士生刘彦修同学协助补充收集部分资料。

诚挚感谢以下朋友在大陆法系劳动刑法理论方面给予的帮助:对德国劳动刑法理论的理解,感谢德国奥斯纳布吕克大学中国法律与经济研究所所长葛祥林教授(Prof. Dr. Georg Gesk)、同事熊琦副教授、刑法学硕士生霍雨佳同学;对日本劳动刑法理论的理解,感谢日本甲南大学名誉教授及律师齐藤丰治(斉藤豊治)、同事李颖峰讲师;对法国劳动刑法理论的理解,感谢刑法学硕士生徐澍同学。

衷心感谢严谨认真的国家社科基金后期资助项目五位匿名评审专家。感谢专家充分肯定本书的学术价值,更感谢专家提出的专业修改意见。当然,劳动法与刑法、刑法学与犯罪学以及中国法与外国法的结合问题,本人在书稿修改过程中虽然进一步完善论证,可能仍然存在不足,将在今后的研究中继续努力改进。

特别感谢北京大学出版社编辑李铎、郭薇薇、郭栋磊三位同志非常敬业的工作。

叶小琴
2020 年 2 月于珞珈山